TECNOCIÊNCIAS E HUMANIDADES: NOVOS PARADIGMAS, VELHAS QUESTÕES

O DETERMINISMO NEWTONIANO NA VISÃO DE MUNDO MODERNA

Volume I

LUIZ PINGUELLI ROSA
Curso de Pós-graduação Interdisciplinar
de História da Ciência e da Técnica e Epistemologia
COPPE – UFRJ

TECNOCIÊNCIAS E HUMANIDADES: NOVOS PARADIGMAS, VELHAS QUESTÕES

O DETERMINISMO NEWTONIANO NA VISÃO DE MUNDO MODERNA

Volume I

PAZ E TERRA

CIP-Brasil. Catalogação-na-fonte
Sindicato Nacional dos Editores de Livros, RJ.

R695t

Rosa, Luiz Pinguelli, 1942-
Tecnociências e humanidades : novos paradigmas,
velhas questões / Luiz Pinguelli Rosa. —
São Paulo : Paz e Terra, 2005

ISBN 85-219-0761-3

1. Ciência — História. 2. Tecnologia — História.
3. Ciência e humanidades. 4. Física — Filosofia.
5. Teoria do conhecimento. 6. Civilização moderna. I. Título.

04-3416   CDD-509
                                                CDU-50(091)

                                                008603

EDITORA PAZ E TERRA S/A
Rua do Triunfo, 177
Santa Ifigênia, São Paulo, SP — CEP 01212-010
Tel.: (011) 3337-8399
E-mail:vendas@pazeterra.com.br
Home Page:www.pazeterra.com.br

2005
Impresso no *Brasil / Printed in Brazil*

Índice

Prefácio pág. 9

CAPÍTULO ZERO – INTRODUÇÃO

**Revoluções da Civilização Ocidental e as "Duas Culturas":
Tecnociências e Humanidades** pág. 13
1 – Tecnociências e Humanidades: "Duas Culturas" ou Diferentes Etos e Linguagens?; 2 – Do Determinismo Newtoniano na Visão de Mundo Moderna aos Novos Paradigmas; 3 – As Revoluções na História Ocidental; 4 – Da Revolução Científica à Revolução Industrial, Capitalismo e Socialismo; 5 – Revolução Tecnológica e Globalização; 6 – As Teorias do Conhecimento Científico no século xx; 7 – Uma abordagem das "Duas Culturas" em uma Mesma Linguagem

**I – A Revolução Racional e as Origens da Ciência:
Materialismo e Atomismo, Física e Astronomia** pág. 47
I.1 – As Origens da Ciência; I.2 – O Cosmo e o Materialismo Pré-Socrático; I.3 – O Atomismo I: Origem Filosófica; I.4 – Física, Matemática e Metafísica; I.5 – As Físicas Celeste e Terrestre e a Astronomia

**II – A Questão do Conhecimento e a Lógica: Idealismo e
Indutivismo** pág. 83
II.1 – A Questão do Conhecimento e o Idealismo; II.2 – O Método

Hipotético-Dedutivo; II.3 – A Lógica do Conhecimento Científico; II.4 – A Observação da Natureza e a Indução

III – A Revolução Científica e o Determinismo Newtoniano   pág. 117
III.1 – A Conceituação de Revolução Científica; III.2 – A Revolução Copernicana na Astronomia; III.3 – O Instrumentalismo e a Geometrização da Astronomia; III.4 – A Revolução da Mecânica e o Determinismo Newtoniano; III.5 – Espaço e Tempo Absolutos e Ação a Distância; III.6 – A Origem da Lei de Atração Gravitacional; III.7 – A História do Conceito de Força; III.8 – Do Conceito de Força ao de Energia e o Atomismo II; III.9 – A Crítica ao Conceito de Força

IV – O Método Científico, o Realismo e a Politização da Ciência   pág. 167
IV.1 – O Método da Física como Paradigma do Método Científico; IV.2 – A Polêmica Contemporânea sobre Galileu e a Ciência; IV.3 – A Origem do Método Matemático-Experimental da Física; IV.4 – O Princípio de Relatividade da Mecânica; IV.5 – A Filosofia da Física: o Realismo I e o Atomismo III; IV.6 – O Método Escolástico e os Comentadores: a Contribuição Árabe e o Nominalismo; IV.7 – A Politização da Ciência

V – O Impacto da Revolução Científica e as Teorias do Conhecimento: Empirismo, Racionalismo e a Crítica à Lógica da Indução   pág. 203
V.1 – Empirismo *versus* Racionalismo; V.2 – Origem do Empirismo Moderno; V.3 – O Método Empírico Precursor do Método Científico; V.4 – O Racionalismo no Advento da Mecânica: o Método Cartesiano; V.5 – As Regras, o Mecanicismo Reducionista e o Atomismo IV; V.6 – A Separação Cartesiana entre Mente e Matéria; V.7– O Princípio da Razão Suficiente e as Mônadas; V.8 – A Filosofia da Mecânica e a Teoria do Conhecimento de Leibniz; V.9 – O Empirismo Conseqüente da Mecânica Newtoniana: o Indutivismo; V.10 – O Empirismo Idealista: o Questionamento do Mundo Real; V.11 – O Empirismo Cético: a Crítica à Lógica Indutiva

VI – A Crítica ao Empirismo e ao Racionalismo na Teoria do Conhecimento Kantiana e sua Solução do Problema da Indução   pág. 265

VI.1 – A Teoria do Conhecimento Kantiana; VI.2 – O Problema da Indução na Crítica da Razão Pura; VI.3 – Sintéticos *a Priori* e a Solução do Problema de Hume; VI.4 – O Espaço e o Tempo como Sintéticos *a Priori* e a "Coisa em Si"; VI.5 – O Problema da Verdade e do Conhecimento; VI.6 – A Síntese e a Unidade da Diversidade do Mundo no Pensamento; VI.7 – Os Princípios do Entendimento; VI.8 – A Discussão da Simultaneidade e a Antevisão da Relatividade; VI.9 – Limites da Razão: Fenômenos e Noumenos e a Antinomia da Razão

VII – Teorias do Conhecimento e as "Duas Culturas" – Tecnociências e Humanidades I: Da Crítica à Teoria Kantiana e ao Determinismo Newtoniano à Crise do Marxismo   pág. 303

VII.1 – Crítica à Teoria Kantiana: Ciência e Senso Comum; VII.2 – Do Iluminismo à Filosofia Natural do Romantismo Pós-kantiano; VII.3 – A Dialética Idealista Hegeliana; VII.4 – A Teoria Materialista do Conhecimento em Marx; VII.5 – Materialismo Histórico, Ciência e Determinismo; VII.6 – A Crítica ao Marxismo como Teoria Científica; VII.7 – O Materialismo Dialético como Método da Ciência; VII.8 – A Crítica ao Materialismo Dialético; VII.9 – Refutação Empírica do Socialismo ou Crise Teórica da Esquerda?; VII.10 – A Crise do Marxismo como Doutrina Política; VII.11 – Ciência e Tecnologia, Globalização e Neoliberalismo; VII.12 – Humanidades x Humanismo; VII.13 – Utopia e Resistência, Racionalidade e Ética

Adendo ao Cap. I –   A Matemática na Natureza: do Movimento dos Corpos Celestes às Formas das Flores e aos Perfis das Montanhas

Adendo ao Cap. VII –   Crítica Social e Epistemológica da Economia: Estado, Mercado e Pobreza

PREFÁCIO

Face aos novos paradigmas que se estão anunciando, derivados da biologia e das assim chamadas ciências da Terra faz-se mister realizar um balanço histórico-crítico do paradigma referencial para os vários saberes e para seus desdobramentos econômicos, sociais e políticos: o paradigma científico newtoniano, também denominado de determinismo newtoniano(não confundir com mecanicismo).

Este paradigma, mesmo com os limites reconhecidos, mantém sua validade porque dá conta da experiência cotidiana e das dimensões macroscópicas da realidade.

Esta tarefa ingente de balanço assumiu o prof. Luiz Pinguelli Rosa nesta obra, cujo primeiro volume de três agora vem a lume. E o faz numa elaboração soberba de natureza pedagógica e histórico-crítica. A questão central de sua disquisição é como articular as duas culturas que marcam o nosso tempo, a cultura da tecnociência e a cultura das humanidades.

As humanidades possuem larga tradição. Elas trabalham o sentido que o ser humano confere à sua presença neste mundo, respondem aos significados que elabora em sua prática social, que propósitos persegue com o projeto da tecnociência e, finalmente, quer saber a que título participa na evolução do todo, do qual é parte e parcela.

A tecnociência é fruto do diálogo experimental com a natureza que caracteriza a operação originária daquilo que chamamos ciência moderna. Por ela o ser humano procura compreender a natureza (ciência) e intervir nela (técnica). O prof. Pinguelli Rosa rastreia este percurso desde as suas origens gregas, chegando à sua formulação clássica com Newton, Galileu

Galilei e Descartes até seus ulteriores desdobramentos na época contemporânea particularmente com a termodinâmica e a mecânica quântica.

Aqui se mostra a vasta cultura científica que o autor maneja com o recurso das fontes diretas e de seus melhores comentadores. Com a mesma maestria analisa seja os diálogos platônicos do *Timeu* e do *Teeteto*, seja as argumentações complexas da *Crítica da razão pura de Kant* ou mesmo a cerrada argumentação de Marx ou de modernos "marxistas" como Mészáros e Lukacs.

O autor vem do campo da física, mas tem consciência de que quem sabe somente física, acaba não sabendo nem sequer física. Por isso seu discurso pratica coerentemente a transversalidade dos saberes. Mostra as imbricações que o paradigma newtoniano possui sobre a visão do mundo, a epistemologia, a economia, a política e a sociedade. Mantém vigilantemente os dois regimes que presidem a toda produção científica: a autonomia e a dependência.

A autonomia designa o modo próprio de funcionamento da ciência. Sua gramática não lhe é dada de fora ou ditada a partir de uma instância extrínseca. Ela possui suas regras internas que organizam coerentemente seu discurso. Neste sentido não é a posição social de uma produção científica, nem sua destinação política nem mesmo sua relevância temática que vão decidir sua qualidade teórica. Assim o julgamento sobre a sua "verdade" não pode ser pronunciado a não ser no interior de seu perímetro epistemológico.

Por outro lado há a dependência, pois a produção científica está inserida dentro de uma rede complexa de injunções materiais e históricas que a situa em algum lugar sócio-histórico. Qualquer teoria é susceptível de uma localização geográfica e de uma datação histórica e até linguística (Newton escreveu em 1687 sua obra principal em latim *Philosophiae naturalis principia mathematica*). Isto significa que ela é, antes de tudo, dependente de condições de produção múltiplas e em seguida, seus resultados podem ser destinados a tal e tal objetivo social, político ou militar e assim por diante.

Ambos os aspectos sempre coexistem e se os distinguimos é para melhor perceber a relação teórica de verdade (autonomia) e a relação prática de função (dependência). Mas a correta articulação de ambos nos permite dizer que toda ciência é a um só tempo neutra e engajada. Como bem dizia Goethe: "posso me comprometer a ser objetivo mas não imparcial".

Mérito especial do prof. Pinguelli Rosa é ter articulado constantemente os dois regimes e realizado o que diz o título de seu livro *Tecnociências e*

Humanidades: novos paradigmas, velhas questões. Por um lado deixa falar a ciência no rigor de seu discurso o mais objetivo possível. Por outro ressalta suas ressonâncias históricas, face às quais o autor não se mostra indiferente, mas engajado e comprometido com uma visão de mudança e de melhoria da sociedade e da condição humana em geral. Faz as duas culturas, das tecnociências e das humanidades convergirem numa mesma linguagem, como se propôs conscientemente desde o começo.

No fundo, o que move o prof. Luiz Pinguelli Rosa não é simplesmente saber como surgiu o paradigma da ciência moderna e que desenvolturas conheceu na história, mas através da física e suas ressonâncias entender melhor a sociedade e ver como pode ser transformada numa perspectiva humanística e ética. Ao nosso ver, o conseguiu plenamente.

Esta obra revela um pensamento que chegou à sua maturidade. Precisou, seguramente, de muito tempo, de muita leitura, de muito confronto de teorias, de muita acumulação de saberes, mas principalmente, de muito trabalho de síntese pessoal. Temos a ver com um pensamento-águia. Confronta-se soberbamente com toda uma tradição de dois milênios sem se sentir refém dela. Estamos orgulhosos em saber que o país dispõe de um pensador da densidade e da criatividade do Prof. Luiz Pinguelli Rosa.

Leonardo Boff
Da Comissão Internacional da Carta da Terra

Petrópolis 29 de março de 2005.

Introdução

Revoluções da Civilização Ocidental e as "Duas Culturas": Tecnociências e Humanidades

1. Tecnociências e Humanidades: "Duas Culturas" ou Diferentes Etos e Linguagens?

A questão do conhecimento científico tem sido objeto de um grande número de livros dedicados à divulgação dos avanços da ciência e das suas aplicações tecnológicas e, à toda hora, são referidos paradigmas da ciência incorporados à visão de mundo moderna. O conceito de paradigma é usado com significado impreciso e será objeto de um capítulo,[1] mas vou defini-lo aqui de maneira preliminar, de modo simplificado, como um conjunto supostamente coerente de princípios e procedimentos, julgados eficazes na elaboração de teorias e práticas, para interpretar fatos e abordar e resolver problemas. E fazer previsões que permitam planejar ações e interferir no curso dos acontecimentos para controlá-los de acordo com objetivos definidos. Isto envolve diferentes esferas do conhecimento, desde a filosofia e a ciência até a tecnologia e a economia, a administração empresarial e pública e, portanto, a política. Fala-se hoje em sociedade do conhecimento.

---

1. Discuto criticamente o conceito de paradigma da teoria de Thomas Kuhn das revoluções científicas e da ciência normal, esta última enquadrada por ele no que chamou de paradigmas.

Este livro aborda o tema que tem sido meu objeto de estudo e de ensino na disciplina de Teorias do Conhecimento.[2] Enfoco o conhecimento científico a partir das relações da física com a filosofia da ciência, com outras áreas do conhecimento e com a sociedade. Trato assim da relação entre o que alguns autores vêem como "duas culturas" universais paralelas na Civilização Ocidental, cujas linguagens são relativamente estanques entre si: as ciências da natureza e as humanidades. Nestas últimas, são incluídas as ciências sociais e humanas, bem como, em geral, a filosofia. As ciências da natureza usam o método científico, caracterizado pela experimentação e, em alguns casos, pela teorização matemática, embora esta última seja plenamente realizada apenas nas ciências físicas. As demais ciências naturais são experimentais e usam a matemática na análise dos dados, mas nem todas as suas teorias são matemáticas. Já as humanidades não são experimentais e utilizam basicamente uma linguagem discursiva, ancorada por vezes na lógica formal, por vezes em uma lógica difusa, própria da linguagem natural. Mobilizam múltiplos métodos desde a hermenêutica até o próprio método científico e a matemática. Tal é o caso da economia, na parte em que desenvolve modelos matemáticos e computacionais, bem como da sociologia, ao aplicar técnicas estatísticas de pesquisa por amostragem. Aqui, entra também em jogo a capacidade de as ciências sociais fazerem previsões e quantificarem grandezas expressas por números, em correspondência com fatos observáveis, como as ciências da natureza. Um caso típico é o das pesquisas eleitorais, com êxito maior do que o dos modelos da economia, mas esta não é uma característica constante das ciências sociais, sendo mesmo negado por correntes importantes que deva ser este o seu escopo.

Tomo no título a palavra "tecnociência" emprestada dos construtivistas, que veremos ao seu tempo. Ela, aqui, apenas significa a junção da ciência com a tecnologia dela derivada e que retroativamente a alimenta. Devo advertir que nem tudo na tecnologia vem da ciência, mas esta tem um importante campo de aplicação na tecnologia. A palavra "cultura" foi pega emprestada da antropologia por C. Snow em um livro de 1959 para caracterizar a diferença entre humanidades e tecnociência, tomadas por ele como "duas culturas universais". No entanto, conforme será mostrado,

---

2. Disciplina da pós-graduação da Área Interdisciplinar de Epistemologia e História da Ciência e da Técnica na UFRJ, em colaboração da COPPE com os Institutos de Física, Química, Matemática e Filosofia e Ciências Sociais.

tanto a tecnociência como as humanidades derivam do Iluminismo, que se situa no cerne da modernidade, na qual emergiu a sociedade industrial e tecnológica do capitalismo. Fala-se hoje em sociedade pós-industrial e pós-moderna, talvez pós-científica, mas não pós-tecnológica. A tecnociência, juntando a ciência com a tecnologia, impregna o mundo atual profundamente. Deste ponto de vista, vejo, a tecnociência e as humanidades como duas faces da mesma moeda na Civilização Ocidental e não como "duas culturas" separadas. Talvez, fosse melhor caracterizar as humanidades e a tecnociência pela diferença de etos,[3] palavra cujo significado na antropologia é menos forte do que o de cultura, ou apenas diferenciá-las pelas suas linguagens. Entretanto, vou buscar falar destas "duas culturas" — entre aspas, isto é, usando o termo sem rigor científico — em uma linguagem comum capaz de unificá-las em uma visão crítica, mas racional, diversa tanto da vulgarização propagandista da ciência como do anticientificismo em moda no limiar do século XXI, associado por vezes à pós-modenidade. Nesta concepção, o termo "ciência" é restrito às ciências da natureza, excluindo as ciências sociais, ou seja, as humanidades. Em várias passagens e citações, inevitavelmente uso este sentido restrito do termo "ciência", embora mantenha um ponto de vista crítico. A filosofia da ciência tem pretendido estabelecer pontes entre estas "duas culturas", etos ou linguagens nem sempre com sucesso. O subtítulo *Novos Paradigmas, Velhas Questões* pretende indicar que muitos problemas atuais da filosofia da ciência têm raízes históricas e filosóficas, em geral pouco conhecidas pelos cientistas, do mesmo modo que, simetricamente, questões atuais das ciências são, por vezes, mal compreendidas pelos filósofos. Procurarei evidenciar isso no texto.

Algumas premissas ou hipóteses serão formuladas *a priori* nesta introdução como pontos de partida, para buscar sustentar logicamente minhas teses e confrontá-las, ao longo do texto, com a história da ciência e das teorias do conhecimento.[4] Julgo melhor usar este método do que buscar em fatos históricos escolhidos a dedo induzir empiricamente as hipóteses, *a posteriori*, para formular teorias. A primeira hipótese é a de que a ciência

---

3. Devo esta idéia ao antropólogo Gilberto Velho do Museu Nacional da UFRJ, em uma conversa informal; Leonardo Boff, por sua vez, publicou livro recente com o título *Ethos do Mundo*.
4. O método julgado mais adequado neste caso se aproxima do método hipotético-dedutivo empregado por Platão e das conjecturas do falseacionismo de Karl Popper.

não se desenvolve de modo autônomo no plano intelectual das idéias. Seus conceitos e teorias têm uma profunda relação com o contexto histórico, tanto nos aspectos intelectual e cultural como nos aspectos econômico, social e político. Esta relação se dá em mão dupla. A ciência é influenciada pelo contexto social em que nasce e se desenvolve, de onde se nutre com os meios materiais e institucionais de que necessita e com a motivação intelectual e ética dos cientistas, tanto quanto com a demanda tecnológica e econômica pela aplicação de seus resultados e inovações. Dessa demanda depende o apoio dado à ciência, na expectativa que contribua para equacionar e resolver problemas práticos. A ciência em outro sentido influi neste contexto social, seus resultados são apropriados pela sociedade, mas de modo diferenciado pelas diversas classes sociais, predominando o interesse da classe dominante em cada época. O veículo mais comum desta apropriação é, em geral, a aplicação tecnológica. Entretanto, a ciência influi também, este é um tema que abordaremos mais detalhadamente, na visão de mundo dominante e é influenciada por esta, seja exportando seus paradigmas para outras áreas do saber e da prática, seja incorporando idéias destes outros campos e legitimando ideologias. Esta é a tese central que procurarei mostrar, não como fazemos na demonstração de um teorema da geometria, mas através de uma análise crítica sustentada por argumentos históricos e lógicos. Espero que estes permitam ao leitor chegar comigo às conclusões que, com base em premissas claras, procurarei mostrar serem verdadeiras ou pelo menos verossímeis dentro das condições explícitas no texto.

Assim, paradigmas da ciência têm sido usados para legitimar a ordem social e econômica. É o que ocorre na justificação do capitalismo pelo paradigma que engloba desde a teoria econômica liberal clássica — influenciada pela concepção de lei natural da mecânica de Newton — até a teoria neoclássica, cujo formalismo é inspirado na mecânica analítica do século XIX. Ou têm sido usados para contestá-la, como fez Galileu, enfrentando a velha ordem e, conseqüentemente, a Santa Inquisição, em nome da nova ciência, no alvorecer da Revolução Científica precursora da Revolução Industrial que consolidou o capitalismo. E também Marx, no século XIX, fez o mesmo ao elaborar uma teoria crítica do capitalismo, como um modo de produção historicamente determinado e superável como os que o antecederam. Sua formulação teórica do que foi denominado determinismo histórico e socialismo científico teve uma conotação indisfarçável que veio da concepção newtoniana de ciência. Por isso, é compreensível o interesse intelectual de um grande número de leitores pelas questões epistemológicas, às quais os cientistas nem sempre estão atentos no afã do dia-a-dia da sua pesquisa. O avanço da ciência depende pouco das contendas acadêmicas entre escolas da epistemologia, exceto em situações de crises e rupturas, quando a ciência volta aos braços da filosofia, da qual nasceu. Nestas condições, cientistas revolucionários se confundem com filósofos, desde Descartes, Galileu, Leibniz e Newton até Einstein, Bohr, Schroedinger e Heisenberg. Na abordagem histórica das teorias do conhecimento científico, centrarei o foco da atenção na física e no método científico surgido com ela. Não há aqui uma pretensão de imitar o rigor da ciência, como pretendeu a teoria do conhecimento científico fundada na filosofia analítica. Do ponto de vista lógico, seria recorrente usar a linguagem da ciência para falar sobre a ciência de fora dela, para isto seria preciso usar uma metalinguagem, mais geral que a linguagem da ciência. Para evitar tais complicações, vou fazer uma abordagem histórica e crítica.

Para definir alguns termos usados acima, posso dizer de modo sucinto que a epistemologia[5] tem como objeto de estudo o conhecimento, em particular o científico, relacionando-o à filosofia e à lógica. Assim, ela recobre a filosofia da ciência,[6] na qual um ramo muito influente é a filosofia analítica — caracterizada pela especialização temática e pela valorização da lógica formal como instrumento. A filosofia analítica é estritamente conceitual, ou seja, trata da ciência em si sem relacioná-la ao contexto histórico quanto aos aspectos cultural, econômico, social e político. A contextualização da ciência levando em conta estes aspectos externos à ciência costumava ser denominada de abordagem externalista. Esta velha designação ganhou novo nome: ao invés de abordagem "externalista" passou a se denominar "contextualizada socialmente" em oposição à abordagem "internalista",

---

5. Esta palavra vem do grego, episteme (conhecimento) + logos (teoria, doutrina), do mesmo modo que ontologia vem de onto (ente) + logos e significa o estudo do ente ou do que existe, como parte da metafísica — o estudo do ser, especialmente no que está além (meta) da física, entendida no sentido amplo dado por Aristóteles (Cap. I).

6. Refiro algumas publicações de autores brasileiros: sobre filosofia da ciência: Hagenberg (1969); Dias de Deus (1974); Escobar (1975); Vieira Pinto (1979); Prado Junior (1980); Japiassu (1981); Epstein (1985); Tolmasquim (1989); Carvalho, Souza Filho, Rezende Martins, Matallo, Pessanha, Peluso, Trigo, Guerreiro, Von Zuben, Bueno, Vidal, Rod e Carvalho (organizadora, 1989), Oliva (organizador, 1990), Maia (1995); Costa (1997); Lacey (1998); Margutti Pinto, Magro, Frizzera Santos, e Guimarães (1998); Moraes (organizador); Rosito, Harres, Gallazzi, Ramos, Costa e Borges (2000).

que passou a ser designada de "conceitual",[7] embora o velho significado dessas palavras se mantenha em uso em trabalhos recentes.[8]

Apesar de estar assumindo como ponto de partida a inserção da ciência no contexto histórico e social em que se desenvolve, não pretendo relacionar cada teoria científica ou epistemológica, que veremos nos capítulos seguintes, aos condicionantes históricos e sociais. Não é esse o escopo deste estudo, embora, nessa introdução torne explícitas estas relações históricas e sociais, em termos gerais, para a ciência como um todo. O que tentarei fazer nos capítulos é relacionar as teorias do conhecimento mais importantes às teorias científicas que nelas influíram. Vou neste livro à história das teorias do conhecimento e à influência que nelas teve a física, abordando o determinismo newtoniano como um paradigma geral na visão hegemônica de mundo da modernidade, desde suas origens até a ruptura deste paradigma iniciada no fim do milênio, nos séculos XIX e XX. Procurarei neste caminho estabelecer uma conexão entre as principais teorias epistemológicas e o desenvolvimento da física. Uma tese que buscarei demonstrar ao longo do texto é que a física forneceu o paradigma para as teorias epistemológicas mais influentes na modernidade.[9] A influência da física na epistemologia não se restringiu às ciências naturais, mas se estendeu às humanidades. Para mostrar isto, discutirei o caso da teoria marxista, muito influenciada pelo êxito da ciência newtoniana. Em um volume posterior passarei a outras áreas da ciência,[10] como a econo-

---

7. Internalismo e externalismo ganharam outro significado, relacionado ao naturalismo na denominada teoria da justificação. No internalismo, as condições para a justificação devem estar transparentes e explícitas; no externalismo é a relação entre a crença e os fatos que justifica a crença, ainda que dependa de fatores aos quais não se tenha acesso [Arantes e Bensuan, em Simon (2003)].

8. Sardar (2002).

9. Sobre questões da física, refiro: Schenberg (1984); Leite Lopes (1987); Nussenzveig, Lobo Carneiro e Pinguelli Rosa (1988); Novello (1988) e Lobo Carneiro (1989); Bassalo; (1998), Videira e Salinas (2001).

10. Sobre ciências físicas e outras áreas: Silveira, Castro Moreira, Cintra Martins e Fuks (organizadores, 1995); Cardoso Dias, Andrade Martins, Castro Moreira, Moraes Garcia, Vidal de Carvalho, Mendonça, Legey e Araujo (em Fuks, 1998); e Nussenzveig (organizador, 1999); sobre ciência e tecnologia: Bartholo (1986); Souza Dias, Bartholo, Pinguelli Rosa, Valle Barbosa, Trein e Leite Lopes (1987); Weigert (organizador, 1999); De Méis (1998); El Hani e Videira (2000); Santos et al. (2002); as teses que co-orientei na COPPE sobre este tema, de Campos Machado (1987); Domingues (1994); Koeller (1995) e Martins Roque (2001), a tese de Falcão (1999); sobre ciência e religião: Betto (1995).

mia e a biologia, a teoria da computação e a inteligência artificial, a linguística e a teoria da mente. Ao final voltarei a tratar da relação da ciência e da tecnologia com a sociedade, analisando problemas concretos como a ética na ciência e as armas nucleares, a tecnologia e a poluição ambiental local e global, a globalização e o desemprego de base tecnológica.

2. DO DETERMINISMO NEWTONIANO NA VISÃO DE MUNDO MODERNA AOS NOVOS PARADIGMAS[11]

Vou defender a tese de que a física se incorporou em um paradigma geral de enorme abrangência e permanência na história moderna. A ciência serviu de matriz da visão de mundo dominante na modernidade e ao mesmo tempo a refletiu dialeticamente. E a física, através do determinismo newtoniano, assumiu um papel de destaque em nome da ciência como um todo. Atribuo isso a vários fatores: sua precedência histórica, no bojo das revoluções que balizaram a modernidade; a posição chave e instrumental para outras ciências e para a tecnologia; o êxito de seu método matemático-experimental, generalizado como o método científico, embora poucas áreas das ciências usem plenamente a teorização matemática fora da física. Portanto, a abordagem tem por base a física, a partir do determinismo newtoniano, desde o seu nascimento, passando por seu apogeu, até sua ruptura. A ele é associada, em geral, a previsibilidade, isto é, a capacidade de fazer previsões sob certas condições restritas. Isto permite até certo ponto controlar a natureza, projetar máquinas e planejar indústrias. Por isto, correspondeu à visão de mundo da Revolução Industrial, do capitalismo e, depois, do socialismo real que existiu no Leste Europeu ou onde ainda exista.

Adiciono ainda duas teses coadjuvantes, negativas, para desfazer confusões de designações sobre a física e o seu método. Primeiro, o determinismo newtoniano não se reduz ao mecanicismo de que é em geral rotulado. Bem ao contrário, Newton não foi um mecanicista como Descartes. Segundo, há outra confusão de designações: o positivismo na filosofia da ciência é uma corrente que se opõe ao realismo. Entretanto, o rótulo de positivista é dado genericamente pelas humanidades ao método da física e

---

11. Referências bibliográficas dos autores citados desta seção em diante estão ao longo de cada capítulo.

das ciências naturais, em contraste com as ciências sociais. Galileu e Einstein, por exemplo, batalharam pelo realismo que é o contrário do positivismo na filosofia da física. O importante nesta distinção é que o positivismo em senso estrito é associado a posições politicamente conservadoras, enquanto Galileu e Einstein não só foram realistas, mas progressistas, no sentido de que se identificaram com correntes que lutaram por mudanças que apontavam para um mundo melhor para um maior número de pessoas. Acrescento a eles Boltzmann sob certo aspecto.

A esta altura, cabe um glossário de termos, para defini-los da maneira que vou usá-los. Faço-o de modo simplificado, fugindo do rigor da filosofia da ciência, a partir das oposições:

- entre materialismo (desde os atomistas pré-socráticos até os teóricos marxistas) e idealismo (Platão, Hegel);
- entre indutivismo (Aristóteles) ou empirismo (Bacon, Locke, Berkeley, Hume) e racionalismo (Descartes, Leibniz, Kant);
- entre realismo (Galileu, Einstein) e instrumentalismo (implícito no sistema Ptolomaico e no prefácio de Osiander para Copérnico) ou positivismo (explícito no próprio positivismo do século XIX e no neopositivismo do século XX);
- entre determinismo (Newton, tradicionalmente associado à capacidade de fazer previsões) e probabilismo (qualitativo, na filosofia clássica; e matemático, nas mecânicas estatística e quântica contemporâneas);
- entre reducionismo (explícito em Descartes) e holismo (presente na física, de certo modo, desde a abordagem fenomenológica e sistêmica da termodinâmica clássica, anterior à mecânica estatística, até a teoria da complexidade atual, inspirada na biologia).

O materialismo reduz a explicação última dos fenômenos à matéria e às forças da natureza, enquanto o idealismo dá um papel superior às formas abstratas que se produzem na mente ou, para os religiosos, na alma. O indutivismo e o empirismo postulam que as teorias se desenvolvem a partir das impressões produzidas pelas sensações na mente; em oposição a estes, os racionalistas colocam acima destas impressões a razão, o raciocínio lógico. O realismo entende que as teorias tratam do que ocorre realmente no mundo físico, enquanto o positivismo as considera como uma descrição formal dos fenômenos, ou seja, das aparências que os nossos sentidos percebem, e não da realidade em si. O determinismo postula que o futuro está determinado pelo presente. Deve-se distingui-lo modernamente da previsibilidade, admitindo que algo pode estar determinado, mas ser imprevisível pelas teorias existentes ou de previsibilidade muito limitada, tal é o caso do caos determinista. O probabilismo dá papel fundamental ao acaso. O paradigma da mecânica passado à sociedade como modelar na modernidade e seguido por outras áreas do conhecimento, como a economia neoclássica, é determinista e com poder de previsão. O reducionismo parte do princípio da análise do objeto de estudo decompondo-o em partes, para depois fazer a síntese, enquanto o holismo considera, como o estruturalismo, acima das partes, o todo e as relações entre elas, como um sistema complexo irredutível.

Ao contrário do que possa parecer, este glossário não esgota o assunto. O realismo, por exemplo, ganhou outros significados. Na matemática, realismo significa atribuir aos números e às abstrações matemáticas uma realidade em si e se confunde com o idealismo de Platão na filosofia da ciência. Recentemente, os construtivistas passaram a identificar como realismo científico a própria crença do cientista na existência dos objetos de estudo da ciência. Para uma corrente do construtivismo contemporâneo, não só as ciências naturais, mas também seu objeto, a natureza, são puras construções mentais e não possuem realidade. Neste aspecto, o construtivismo atual se aproxima do idealismo de Berkeley no século XVIII. Curiosamente, o pai do neoliberalismo econômico, Hayek, chamava de construtivistas os que acreditavam que a sociedade podia ter algum controle político-racional sobre a economia e o mercado. Na filosofia da matemática, novamente há um outro uso da palavra construtivismo, designando uma corrente que se opõe aos intuicionistas na interpretação dos conceitos matemáticos. Por outro lado, o racionalismo de Kant, para alguns autores, como os marxistas, nada mais é que uma forma do idealismo. Há ainda muitos outros "ismos": o empiriocriticismo de Mach e o energetismo de Ostwald, ambos dentro do positivismo; o convencionalismo de Poincaré e o pragmatismo de Peirce, ambos variantes do positivismo; o fisicalismo de Carnap e o operacionalismo de Bridgman como variantes do neopositivismo; o racionalismo crítico ou o falseacionismo, atribuídos a Popper, um dissidente do neopositivismo; o racionalismo dialético de Bachelard, fora da corrente principal da epistemologia de línguas inglesa e alemã; o anarquismo metodológico de Feyerabend. Vou parar por aqui, mas há outros.

No fim do milênio, englobando neste rótulo desde o fim do século XIX ao limiar do século XXI, ocorreram rupturas de paradigmas em diversas áreas do conhecimento, a começar da física. O determinismo newtoniano foi rompido parcialmente pela mecânica estatística e totalmente pela mecânica quântica. A mecânica de Newton também foi rompida em outros aspectos com a teoria eletromagnética e com a teoria da relatividade, que mudaram a idéia rígida newtoniana de matéria. Houve outras rupturas neste período: na lógica matemática, com Frege, Russell e Godel; na lingüística, com Wittgenstein e Chomsky; na biologia, com a teoria da evolução de Darwin, com o DNA de Crick e Watson e a biologia molecular. A previsibilidade da mecânica clássica e dos sistemas dinâmicos foi rompida com a teoria do caos determinista e, hoje, a teoria da complexidade dá uma alternativa ao papel do acaso na teoria da evolução. Finalmenre, a insipiente teoria da mente questiona o dualismo cartesiano entre mente e matéria.

Concomitante com este acúmulo de rupturas de paradigmas no campo do conhecimento científico, há hoje uma crise da visão de mundo dominante na sociedade, refletindo o fracasso do capitalismo e do industrialismo, inclusive no socialismo real, em resolver problemas cruciais da humanidade. Estes se estendem desde a poluição do meio ambiente, nos níveis local e global, até a exclusão social da maior parte da população mundial, passando pela insegurança dos cidadãos, mesmo nos países ricos, frente à ameaça constante do desemprego e frente à violência. A isso se somam a perda da utopia socialista após o colapso soviético, no fim do século XX, e a insatisfação crescente com o neoliberalismo e a barbárie da competição sem freios. Os sinais desta insatisfação e os frutos da violência ficam cada vez mais claros no início do século XXI, marcado por episódios trágicos, como aviões lotados de passageiros arremessados impiedosamente contra o World Trade Center em Nova York e o violento revide militar norte-americano no Afeganistão e, depois, no Iraque.

Embora a visão de mundo hoje dominante esteja em crise, ainda não está claro no que ela está se transformando. Mesmo incorporando dissidências, ela continua ainda a ser funcional ao capitalismo enquanto ele domina. Mas sua mudança reflete contradições do sistema e forças sociais em disputa, buscando um avanço no sentido da transformação da sociedade. Não há uma única visão de mundo. Em uma época, podem conviver várias, mas uma delas é dominante ou hegemônica — sem diferenciar bem estas duas qualificações por enquanto — e tem a ver com a ideologia que reflete os interesses da classe dominante. Tampouco utilizo uma definição precisa de "visão de mundo", usando esse conceito em uma lógica nebulosa própria da linguagem comum. Assim, a visão de mundo do socialismo é oposta à do capitalismo em muitos aspectos essenciais, mas ambas podem estar de acordo quanto ao industrialismo moderno e ao papel da ciência. A visão de mundo dominante em cada época reflete na superestrutura da cultura as condições objetivas do mundo, com sua base material e econômica e sua ordenação política e social. Assim, ela depende em primeiro lugar das condições objetivas estruturais, econômicas e sociais. A ciência fornece paradigmas que se incorporam na visão de mundo e, ao mesmo tempo, refletem essas condições objetivas. Uma vez que um desses paradigmas torna-se hegemônico e serve à ideologia dominante ou em ascenção, é generalizado e passa a influir em diferentes áreas, tal como ocorreu com o determinismo newtoniano na modernidade, desde o século XVII até os nossos dias. Torna-se um paradigma de uso geral, inclusive fora do campo da ciência em que surgiu.

Portanto, minha última tese é de que, em substituição ao determinismo newtoniano, está em gestação um novo paradigma geral na ciência. Poderá tornar-se hegemônico e ser incorporado em uma nova visão de mundo, dependendo de fatores econômicos, políticos e sociais, além do avanço da própria ciência. No campo da ciência, está ocorrendo hoje uma aproximação entre a biologia e a física, o que já está influindo em outras áreas do conhecimento. Este processo começou pela ruptura do paradigma newtoniano no âmbito interno da física, em pleno apogeu da mecânica no século XIX, com a Revolução da Termodinâmica e do Eletromagnetismo. Entretanto a ruptura completou-se no âmbito da física apenas no século XX com a Revolução da Relatividade e da Mecânica Quântica. Mas o determinismo "preditivo" da mecânica newtoniana sobreviveu até agora como paradigma geral para outras áreas do conhecimento. Seu recuo efetivo na visão de mundo dominante só está ocorrendo contemporaneamente, abalando inclusive a teoria econômica que dá sustentação teórica ao capitalismo neoliberal. Contribui para isto sua limitação em lidar com algumas questões atuais em nível global, incluindo a degradação do meio ambiente natural, afetado pela poluição, e os desequilíbrios sociais, econômicos e políticos do capitalismo. Por outro lado, ocorre na ciência a ascensão da biologia, com a biotecnologia e a engenharia genética. Sua influência em outras áreas se evidencia nos modelos computacionais — de redes neurais, algorítmos genéticos, autômatos celulares, criticalidade auto-organizada. Este caminho levou à busca de uma teoria da complexidade inspirada na biologia.

Com a difusão dos computadores, a pesquisa em uma espécie de matemática experimental permitiu a simulação da evolução temporal de sistemas dinâmicos, mesmo quando não se tem uma solução analítica para as equações que descrevem seus comportamentos. Tal é o caso de sistemas governados por equações diferenciais não-lineares que se revelam muito sensíveis às condições iniciais, o que ocorre na própria mecânica de Newton, em problemas não-lineares, como percebera Poincaré, na virada do século XIX para o XX, no problema de três corpos em interação gravitacional entre si. Chama-se isto de caos determinista, pois, apesar de o sistema ter seu futuro teoricamente determinado por uma equação, seu futuro é imprevisível, pois mínimas variações iniciais levam a imensas diferenças após certo tempo. Um sistema pode transitar do regime bem comportado para o regime do caos. Na fronteira entre a ordem e o caos surge o que se convencionou chamar de complexidade, caracterizada pela possibilidade de emergência do novo, do inusitado. A complexidade é associada ao fenômeno da vida, inspirando assim um novo paradigma geral para a visão de mundo, influenciado pela biologia. Examinarei com espírito crítico a pretensão de eleger o caos e a complexidade como um novo paradigma geral substituto do determinismo de base newtoniana.

Há aqui um processo histórico que comporta uma interpretação dialética, método que vou abordar em capítulos posteriores, desde Platão a Hegel e Marx. Dou dois argumentos para esta interpretação. As novas teorias biológicas que disputam o lugar da física, como paradigma geral, receberam um importante impulso da biologia molecular fundamentada na física. Ademais, embora a biologia molecular tenha ganho importância nas últimas décadas do século XX com o DNA, a crescente influência da biologia tem um marco histórico, no século XIX, na teoria da evolução originada de Darwin. Mas, a atual teorização da complexidade coloca em questão o papel do acaso inerente à teoria da evolução darwiniana.

3. As Revoluções na História Ocidental

Tendo estas hipóteses presentes, argumentarei a favor das teses expostas em uma abordagem histórica e crítica. Para tanto, necessito organizar as idéias. Uma maneira de sintetizar as relações da ciência com a cultura, a tecnologia, a economia e a política é alinhar em um quadro matricial as etapas da história da Civilização Ocidental e suas denominadas grandes revoluções, nelas incluída a Revolução Científica. Mostro no quadro 1 as transformações que mudaram radicalmente as bases técnicas e econômicas da sociedade, transformando também a visão de mundo e o papel da ciência. Nesse quadro, procuro identificar as grandes revoluções da história ocidental, os estágios da produção econômica e tecnológica, com os modos de produção, o desenvolvimento das forças produtivas, as relações

sociais e as revoluções na superestrutura cultural e política. Sem pretender muita originalidade sigo a cronologia histórica balizando-a convencio-
nalmente pelas Revoluções Agrícola, Comercial e Industrial até chegar à
Revolução Tecnológica, que vivemos atualmente.

A primeira revolução na pré-história, a Agrícola ou Neolítica, criou
condições para o início das civilizações que surgiram muito mais tarde graças à geração de excedentes para alimentar toda uma população com o
trabalho de uma parte dela. A segunda delas, a Revolução Comercial, corresponde o mercantilismo precursor do capitalismo, consolidado pela terceira, a Revolução Industrial. A Revolução Tecnológica, centrada na informática e, em seguida, também na engenharia genética, é contemporânea
ao nosso tempo e, ao invés dela, alternativamente eu poderia falar em primeira, segunda e terceira revolução industrial, associando a primeira à
máquina a vapor, a segunda à eletricidade e ao motor a explosão, e a última à eletrônica, à telecomunicação e à informática. Isto, porém, não passa
de uma escolha de nomenclatura, que não deve atormentar os não-espe-
cialistas. Talvez, deva acrescentar uma quarta revolução industrial ou
segunda revolução tecnológica associada à biotecnologia e à engenharia
genética, iniciada no limiar do século XXI. Não importa a denominação.
Importa que a evolução e estas revoluções na base da produção mudaram
não só o modo de produzir, mudaram o mundo. Busco no quadro 1 relacionar a elas as revoluções no plano da superestrutura da sociedade, nos
campos político, religioso, cultural e científico-filosófico, que marcaram o
modo de pensar e contribuíram para organizar a sociedade em cada etapa.
Estas revoluções foram: (I) no campo cultural, a Revolução Racional
Grega, o Renascimento ou Revolução Cultural e Artística, a Reforma Protestante ou Revolução Religiosa e a Revolução Científica; (II) no campo
político, a Revolução Burguesa e a Revolução Socialista.

Vou me restringir à Civilização Ocidental, de acordo com o objeto de
estudo aqui definido, embora assinalando a existência de outras importantes civilizações, que geraram conhecimentos absorvidos e incorporados pela ciência e pela tecnologia ocidentais. Para alguns, a revolução tecnológica da informática, que marca o nosso tempo atual, coroando todos
os avanços anteriores, possibilitou a globalização sob a égide do capitalismo sem limites, o aborto do socialismo e o fim da história, enquanto,
para outros, ela é ainda uma esperança de um mundo melhor, mais justo
onde ressurgirá algum novo socialismo, democrático ou algo que o supe-
re e o substitua, em escala planetária resgatando a solidariedade humana
como um valor em si. Vou valorizar a busca da utopia, embora de modo

Quadro 1. Revoluções na história ocidental

PERÍODOS HISTÓRICOS	ECONOMIA – PRODUÇÃO	ESTÁGIO TECNOLÓGICO	SUPERESTRUTURA CULTURAL E POLÍTICA
8 mil a.c. REVOLUÇÃO AGRÍCOLA	Período Neolítico Geração de excedentes ----------------------------	Passagem da coleta e da caça para a agricultura ----------------------------	Condições para estruturação de grupos sociais ----------------------------
Antiguidade	Civilizações	Uso de energia eólica, hidráulica, animal e da biomassa vegetal	Civilização Greco-Romana Cidadãos e escravos REVOLUÇÃO RACIONAL
Idade Média	---------------------------- Feudalismo	---------------------------- Técnicas agrícolas Tecnologia artesanal	---------------------------- Igreja e Feudos Senhores x servos Corporações de artesãos
Séc. XV-XVII REVOLUÇÃO COMERCIAL	Origem do capitalismo Mercantilismo Comércio Finanças	Navegação Caravela e bússola Grandes Descobrimentos Manufaturas Metalurgia	Estados Nacionais Nobreza, clero e povo REVOLUÇÃO RELIGIOSA Reforma Protestante REVOLUÇÃO CULTURAL Renascimento REVOLUÇÃO CIENTÍFICA
Séc. XVIII-XIX REVOLUÇÃO INDUSTRIAL	Capitalismo Industrial Produção elevada Distribuição desigual	Carvão Máquina a vapor Petróleo Motor a explosão Indústria Química Eletricidade	REVOLUÇÃO BURGUESA Democracia representativa Patrões x proletários Sindicatos e greves Liberalismo econômico Colonialismo x conflitos nacionais pela independência
Séc. XX – XXI REVOLUÇÃO TECNOLÓGICA	Capitalismo x Socialismo Alta produtividade Transacionais Globalização Desregulamentação Privatização Desemprego Exclusão social Miséria x afluência	Energia nuclear Telecomunicações Informática Engenharia genética Riscos tecnológicos: Bomba nuclear Poluição ambiental Produtos transgênicos Mudanças globais: Inverno nuclear Camada de ozônio Efeito estufa	REVOLUÇÃO SOCIALISTA Crises do capitalismo Imperialismo x nacionalismo Nazismo x socialismo Guerras mundiais Guerra Fria CRISE DO SOCIALISMO Tecnocracia x povo Colapso soviético Neoliberalismo Império mundial x resistência Movimentos sociais e ONG's Guerras locais Fundamentalismo-Terrorismo

racional, no mínimo como resistência à barbárie que o neoliberalismo nos oferece.

Estou admitindo que na história humana existiram descontinuidades, às quais associamos as revoluções, que devem ser vistas, no entanto, como resultados de processos que levaram às rupturas. Essa concepção é a do materialismo histórico que discutirei em um capítulo adiante e para o qual a história evolui de acordo com uma lógica expressa por uma teoria. Em contraste, há abordagens puramente evolucionárias que reduzem a história a um enredo ordenado cronologicamente, começando pelas culturas primitivas de caçadores e coletores, passando às comunidades agrícolas, chegando ao desenvolvimento de estados de base agrária até à emergência das sociedades modernas no Ocidente. Vou considerar as revoluções não como descontinuidades súbitas, mas sim no bojo da evolução histórica em que emergem as novas estruturas.

Tomei como ponto de partida no quadro 1 a Revolução Agrícola Neolítica, ocorrida cerca de 8 mil a.c. caracterizada pelo advento do cultivo do solo e da domesticação e criação de animais. Isso significa a passagem da simples coleta de alimentos vegetais naturais e da caça e pesca, como meios exclusivos de sobrevivência individual e de reprodução social, para a sociedade de base agrícola em que o ser humano começa a mudar mais substancialmente o meio natural. E a poluir. Tal processo histórico pressupõe o uso e o desenvolvimento de algumas técnicas e fontes de energia apropriadas diretamente da natureza, como o fogo, em primeiro lugar, obtido da queima controlada da biomassa. Inicialmente, para produzir calor, iluminação à noite e proteção contra animais. Depois, para cozinhar alimentos e conservá-los, ampliando as possibilidades de alimentação e de sobrevivência, bem como para alterar os materiais e formas de objetos úteis, fabricando ferramentas, utensílios e armas, primeiro de pedra lascada e depois de bronze e de ferro. É o nascimento do que veio a ser a tecnologia. Assim, o homem prolonga no espaço seus membros superiores para lidar com a natureza usando ferramentas e para caçar animais ou lutar com outros seres humanos usando armas. Prolonga o tempo em que pode enxergar as coisas, usando a iluminação artificial, que começa com a fogueira e culmina no nosso tempo com a luz elétrica. Pode passar maior tempo acordado para fazer algo, alterando o próprio ritmo biológico da natureza determinado pela rotação da Terra em torno do seu eixo, que produz, conforme a exposição da superfície terrestre ao Sol, a noite e o dia alternadamente, o escuro e o claro. Dessa forma, o descanso e a atividade dos homens são alterados pela iluminação da fogueira, das velas e principalmente com o advento dos lampiões a combustível e, finalmente, da lâmpada elétrica hoje insubstituível.

O espaço que os seres humanos podiam percorrer, antes limitado pela capacidade de seus membros inferiores, foi estendido através da domesticação de animais e, depois, com a roda e o veículo de tração animal no transporte terrestre. O transporte aquático evoluiu de algum tipo de jangada ao barco a remo e ao navio a vela. A máquina a vapor, o motor a explosão, e o motor elétrico, viabilizaram o navio a vapor, o trem a vapor e, depois, a diesel ou elétrico, o automóvel e o avião. Distâncias, antes percorridas em meses, passam a ser percorridas em semanas ou dias, depois em uma jornada ou em horas. Uma viagem do Brasil à Europa levava meses de caravela, depois semanas ou vários dias em navios a vapor, passou a durar um dia inteiro em aeroplanos a motor de combustão interna do ciclo Otto à gasolina e agora dura apenas uma noite nos aviões a jato. Hoje, os foguetes podem levar o homem ao espaço externo à Terra. Mas devemos recordar que os Grandes Descobrimentos dos ibéricos também foram um notável feito tecnológico. Envolveram a técnica da construção naval e da navegação, incluindo a caravela, o astrolábio, a bússola e as cartas geográficas. E tiveram um impacto muito maior na história do que a viagem do homem à Lua. Podemos dizer que a globalização teve início com os Grandes Descobrimentos, que levaram os europeus a dominar o Oriente e as Américas, impondo ao mundo a cultura ocidental.

A Revolução Agrícola do período neolítico, no nosso esquema simplificado do quadro 1, abriu sucessivas etapas históricas viabilizadas por estágios sucessivos da produção material, caracterizada pela geração de excedentes, permitindo a prosperidade de base agrícola. A urbanização e a indústria artesanal culminaram, já na Idade Média, na organização de corporações fabris. As fases do desenvolvimento de base agrícola iniciam-se com o período neolítico vão até o feudalismo, passando pelo surgimento das civilizações.

A Civilização Ocidental que me interessa abordar mais especificamente deita suas raízes na Civilização Greco-Romana na antiguidade clássica. Este interesse não significa julgar irrelevantes as demais civilizações ou culturas, como as orientais e a árabe ou as indígenas africanas e ameríndias destruídas, assimiladas ou ainda resistindo. Elas foram importantíssimas e muito do que é creditado à cultura ocidental foi simplesmente incorporado a partir dessas civilizações. Mas os problemas que pretendo enfocar são os decorrentes da Civilização Ocidental com a frenética industrialização de base tecnológica, potencializada pela ciência. Ela permitiu o crescimento demográfico e da urbanização em todo o mundo, deu a uma significativa parcela da humanidade conforto e progresso, embora excluindo grande parte desses benefícios. Entretanto, encontra hoje seus limites na poluição ambiental, no esgotamento de recursos naturais, na pobreza da maior parte da humanidade excluída, na violência e na desordem social. Isto é simbolizado dramaticamente pela criminalidade e uso das drogas em todo o mundo, de um lado e, por outro lado, em guerras locais fratricidas com a dissolução de estados nacionais, como ocorreu na ex-Iugoslávia e em parte da ex-União Soviética, e como ocorre no ex-Terceiro Mundo. Os ataques ao World Trade Center em Nova York e ao Pentágono em Washington em 2001 evidenciam que mesmo a superpotência dominante não está mais isenta de ameaça no seu território.

A organização social e a produção na Civilização Greco-Romana eram baseadas na divisão da sociedade entre cidadãos e escravos. No feudalismo da Idade Média na Europa, a divisão passou a se dar entre senhores e servos, sustentada pelo poder local da nobreza e global da Igreja Católica sobre o povo. Neste, estavam incluídos os pobres, os camponeses e os artesãos, mas também a burguesia, formada de comerciantes e profissionais que viviam nos burgos. Estes burgos foram a base das mudanças que conduziram ao capitalismo, no qual a burguesia conquistou o poder real.

A Revolução Comercial antecedeu a Revolução Científica e criou o contexto econômico e social no qual ela se deu. Houve o crescimento do comércio, as grandes navegações dos portugueses e espanhóis que abriram as rotas marítimas para a África e a Índia e descobriram a América e o Brasil. Foi a fase do mercantilismo como prelúdio do capitalismo, coadjuvado pela instituição do poder dos reis sobre os senhores feudais, abrindo o caminho para os estados nacionais e dando escala às trocas comerciais, enquanto crescia a influência da cultura dos burgos e se ampliavam as cidades e o mercado para os negócios.

Os precursores mais remotos da ciência moderna foram os sacerdotes das tribos e das primeiras religiões, que encarnavam o pensamento mágico sobre a natureza em um estágio pré-científico fetichista. A Revolução Racional Grega ocorreu a partir do século IV a.C, abrangendo a filosofia, a geometria, a astronomia. São impressionantes a profundidade da filosofia e o desenvolvimento da lógica na revolução grega, com questões ainda hoje latentes na ciência e na filosofia. Entre elas, estão os conceitos de cosmo, como natureza organizada capaz de ser compreendida pela mente humana, de atomismo e de causalidade.

Na origem da ciência ocidental, está a geometria euclidiana com seus teoremas sobre as relações no espaço, demonstrados a partir de axiomas e postulados de base intuitiva. O mundo físico passa a ser descrito sistematicamente desde o materialismo e o atomismo pré-socráticos, passando pelo idealismo e pelas formas matemáticas platônicas para cristalizar-se, por um lado na física discursiva e indutivista de Aristóteles, alicerçada na sua lógica dos silogismos e, por outro lado, na astronomia geometrizada de Ptolomeu. Esta deu início ao uso dos modelos matemáticos no estudo da natureza, restritos na filosofia natural grega aos movimentos celestes e, depois, generalizados na física a partir da mecânica de Galileu, Descartes, Leibniz e Newton.

A física aristotélica e a astronomia ptolomaica, através da interpretação da filosofia de S. Tomás de Aquino, se incorporaram na doutrina cristã da escolástica medieval, com a qual se confrontará a Revolução Científica Moderna. Iniciada pela Revolução Copernicana, que substituiu o geocentrismo pelo heliocentrismo na astronomia, culminou na grande síntese da Mecânica Newtoniana. Esta foi precedida pelo advento do método científico matemático-experimental a partir de Galileu, contemporâneo de Descartes. Ambos estudaram o movimento dos corpos contrapondo-se às idéias aristotélicas, já criticadas por alguns comentadores medievais, por estudiosos árabes, pelos nominalistas como Occam e por pensadores como Leonardo da Vinci no Renascimento, que antecederam a Revolução Científica.

4. DA REVOLUÇÃO CIENTÍFICA À REVOLUÇÃO INDUSTRIAL, CAPITALISMO E SOCIALISMO

Na esteira deste processo, ocorreram no campo religioso a Reforma Protestante e no campo cultural e artístico o Renascimento. Finalmente, no campo do conhecimento da natureza, até então na esfera da filosofia, se deu a Revolução Científica. Por um lado estas revoluções — religiosa, cultural-artística e científica — foram viabilizadas pelas mudanças materiais em curso e, por outro lado, em uma retroalimentação positiva, elas impeliram estas mudanças transformando a concepção de mundo. Foi o tempo da ascensão do paradigma newtoniano na ciência, o qual hegemonizou grande parte do pensamento moderno até os nossos dias. Ciência e tecnologia se aproximaram. Foram muitas as aplicações da nova ciência à tecnologia, especialmente a militar, inclusive por Galileu e Newton. O segundo livro dos *Principia* de Newton se ocupou de problemas práticos, embora sua maior contribuição não seja esta mas a nova concepção do mundo físico.

Houve um grande impacto filosófico da Revolução Científica e da mecânica de Newton. A ciência se separou da filosofia. Antes mesmo da mecânica newtoniana, no século XVI, Francis Bacon propusera um empirismo pragmático, mas ingênuo se comparado ao chamado empirismo britânico que depois floresceu na esteira do êxito da mecânica — com Locke, um dos pais do liberalismo, Berkeley e Hume, apesar de este último ter sido um crítico cético da lógica indutiva do empirismo atribuído a Newton. Nesta época, em contraste com o empirismo, houve outra influência da mecânica na filosofia: a do racionalismo de Descartes e de Leibniz, eles próprios fundadores da mecânica ao lado de Galileu e Newton. A estes dois últimos vou associar respectivamente o realismo e o determinismo. Kant, talvez o último dos grandes filósofos inspirados pelo veio da mecânica newtoniana, buscou a partir do ceticismo de Hume fazer uma síntese do empirismo com o racionalismo, mas subordinando o primeiro ao segundo na sua *Crítica da razão pura*.

A estrada que estamos percorrendo chega à Revolução Industrial, caracterizada pela aceleração da produção, pelo uso intenso dos recursos naturais e de energia, com grande crescimento econômico e ampliação do consumo, apesar das desigualdades na distribuição. Os impactos sobre o meio ambiente foram crescentes. O capitalismo, alavancado pela Revolução Industrial, foi consolidado politicamente com a Revolução Burguesa, balizada pelas revoluções Francesa e Norte-Americana do século XVIII, com o advento da democracia representativa e do liberalismo político, ao lado do liberalismo econômico que tomou o lugar do mercantilismo da Revolução Comercial. A divisão principal da sociedade, do ponto de vista econômico-social e das relações de produção, passou a ser entre patrões capitalistas e empregados assalariados, destacando-se entre estes o proletariado industrial, embora permanecessem com papel importante os proprietários da terra, os camponeses e os profissionais pertencentes à pequena burguesia.

No campo científico, no século XIX ocorreu na física a Revolução da Termodinâmica e do Eletromagnetismo. Esta revolução pós-newtoniana da física foi concomitante com o ápice do determinismo. A mecânica, embora no seu apogeu, reduziu seu domínio. Surgiram os conceitos de campo e de ondas eletromagnéticas, imateriais, carregando energia sem matéria. Na mecânica, a energia era um atributo da matéria, embora Newton não usasse jamais o conceito de energia. O determinismo newtoniano entrou em contradição com o indeterminismo do caos molecular na teoria cinética dos gases e na mecânica estatística, surgidas da termodinâmica. No entanto, com uso de médias sobre sistemas de grande número de moléculas, há previsibilidade do comportamento do sistema termodinâmico, apesar da indeterminação atribuída à trajetória de cada molécula. As repercussões desta revolução da física no campo filosófico foram muito diferenciados: o materialismo dialético, a filosofia natural do romantismo e o positivismo.

Ainda no campo político outro fruto da Revolução Industrial foi a Revolução Socialista, que abrange desde a Revolução Soviética de 1917 até as revoluções chinesa de 1949 e cubana já na década de 1950. Devo assinalar que a última revolução política da época moderna foi a socialista. Portanto ela constitui um balizamento histórico, a despeito do colapso atual do socialismo real na maioria dos países em que vigorou. Pelo menos nominalmente ele persiste, embora recuado, no início do século XXI em alguns países, como Cuba e China, que mantêm aspectos do marxismo-leninismo, e em países do norte da Europa, que mantêm aspectos do socialismo democrático. Cuba é uma pequena ilha acuada pela maior potência mundial, os EUA. A China, entretanto, é imensa, temida e cresce economicamente, mantendo a denominação de socialista, embora recuando na propriedade coletiva exclusiva dos meios de produção. Ademais há o socialismo europeu, com diferentes matizes, que disputa e ganha eleições, embora enfraquecido pelo neoliberalismo. Negar o socialismo por seu colapso atual pode ser um equívoco de generalizar para todo o tempo uma situação histórica contingente. Do mesmo modo teria sido um erro, durante o período do Império Napoleônico, negar para sempre o regime republicano. A Revolução Francesa foi parte da Revolução Burguesa. A República ressurgiu na França depois de Napoleão, que promoveu no seu país e difundiu na Europa, pelas conquistas, as instituições do Estado republicano. Posso ver isto como mais um processo dialético na história. Mas, a república que se consolidou após os reinados de Napoleão e dos seus sucessores era diferente do regime revolucionário de Robespierre e do Termidor. É plausível que o socialismo se consolide no mundo, porém em uma forma muito diferente do soviético. Portanto, vou criticar os teóricos neoliberais do fim da história e da perpetuação do capitalismo tal como o experimentamos hoje. Logo, não vou reduzir a relação entre ciência e sociedade à teoria liberal do mercado. Nem ao materialismo histórico marxista. Mas, vou usar de forma não ortodoxa parte de suas explicações e linguagem em uma visão crítica. Nos países socialistas o paradigma filosófico marxista deu origem à doutrina política marxista-leninista, que sofreu uma degeneração no stalinismo. Surgiu, infelizmente, naqueles países uma nova classe privilegiada de dirigentes estatais e burocratas que tomaram o lugar dos capitalistas no controle da sociedade. Isto contribuiu para a crise do socialismo soviético.

Neste meio tempo ocorreram duas guerras mundiais. O poder de destruição cresceu exponencialmente pela aplicação da ciência e da tecnologia aos armamentos, culminando na Segunda Guerra com as bombas de Hiroshima e Nagasaki — um mau legado da ciência para a humanidade. Foi fruto do temor de alguns dos maiores cientistas do século, como Einstein, Fermi, Bohr e Szilard, que propuseram ao presidente norte-americano Roosevelt desenvolver a bomba antes que a Alemanha nazista a fizesse. Constituiu-se em um dos maiores erros da história da humanidade, pois os nazistas não estavam tendo êxito no desenvolvimento da bomba nuclear. O nazismo, que chegou a tomar grande parte da Europa, foi derrotado por uma aliança do ocidente capitalista com a União Soviética. Com o fim da guerra intensificou-se no plano ideológico o confronto entre capitalismo e socialismo, cristalizando-se na Guerra Fria, cujo marco foi a bomba nuclear. As duas superpotências criaram um mundo bipolar, sob a égide da ameaça do holocausto da guerra nuclear. Nos países ocidentais de economia capitalista as crises econômicas e o confronto com o socialismo levaram à aplicação de políticas social-democratas distributivas via estímulo estatal. Ocorreram no século XX movimentos nacionalistas e de libertação nacional nos países subdesenvolvidos e alguns países, como o Brasil, se industrializam excluindo, porém, a maior parte da população. As conquistas da ciência e da tecnologia não beneficiam a todos igualmente.

5. Revolução Tecnológica e Globalização

É uma história impressionante a da tecnologia viabilizada pelas aplicações da ciência, embora não só por elas. Fontes de energia foram sendo dominadas: os combustíveis, desde a biomassa até os fósseis — carvão, petróleo e gás natural, a energia eólica e hídrica até a energia elétrica e a nuclear, com crescente interferência no meio ambiente.

Vivemos contemporaneamente, a Revolução Tecnológica, hoje centrada na informação e nas telecomunicações, com o desenvolvimento exponencial da microeletrônica, com os computadores popularizados na sociedade, com grande influência das telecomunicações por satélite e do uso da Internet. Há enorme aceleração da produtividade e da globalização financeira. Por outro lado, ocorre crescente desemprego por razões estruturais propiciadas pelas mudanças tecnológicas, resultantes em boa parte do progresso científico. O crescimento da pobreza e da miséria em muitos países contrasta com grandes realizações científicas e com o exuberante poderio tecnológico das grandes empresas transnacionais. Com o colapso do socialismo realmente existente, novas formas de resistência política envolvem a luta pelos direitos de minorias, contra as armas nucleares e contra a poluição. As organizações não governamentais proliferaram. O problema ambiental ganhou importância, desde a poluição local, das águas e do ar das cidades, e a poluição regional, pela radioatividade ou pela chuva ácida, até a global, da atmosfera como um todo. Surgiram as questões da poluição global da atmosfera, envolvendo:

I)   o inverno nuclear, que esfriaria a superfície da Terra devido à obstrução da luz solar pelas emissões de poeira e fumaça em uma guerra nuclear total entre as potências militares;

II) o buraco da camada de ozônio produzido por emissões de gases de cloro-flúor-carbono desobstruindo a entrada da radiação solar ultravioleta nociva aos seres vivos;

III) a intensificação do efeito estufa pela emissão de gases como o dióxido de carbono na queima de combustíveis fósseis, aquecendo a atmosfera junto à superfície do planeta e provocando assim mudanças climáticas globais.

O capitalismo passou de uma fase de construção através do desenvolvimento econômico, reconhecido por Marx, para outra em que cresce a preocupação ambiental, mas com forte destruição social, pelo aumento da produtividade com alto desemprego. A questão atual é a possibilidade de recolocar como objetivo a distribuição da riqueza, o que retoma a questão do socialismo. Uma visão do problema é a de que há várias eficiências:

I)   a que otimiza a alocação dos recursos, esposada pela economia liberal, hegemônica;

II) a de maximização de empregos, da economia keynesiana influente na social democracia antes do neoliberalismo;

III) a eficiência das inovações tecnológicas, da teoria econômica de Schumpeter;

IV) a eficiência na conservação dos recursos naturais, da economia ambiental ou ecológica que hoje tende a ser uma variante da teoria neoclássica com a internalização dos custos ambientais nos custos econômicos;

v) e, finalmente, a eficiência distributiva, cuja melhor expressão permanece sendo a da teoria marxista, até prova em contrário.

Apesar do seu impressionante avanço, a fase atual da Revolução Tecnológica, da informática, para o homem comum, representou de modo contraditório, no dia-a-dia, muito menos em termos de progresso visível do que se apregoa vulgarmente. Comparativamente, foram muito mais impressionantes as mudanças tecnológicas ocorridas no fim do século XIX até pouco mais da metade do século XX, ou seja, até a década de 1960. Elas trouxeram a substituição do lampião pela eletricidade em grande escala e da carroça puxada por cavalos pelo automóvel. Trouxeram coisas antes inimagináveis como o avião, as telecomunicações e os computadores. De lá para cá, pouco se criou de realmente novo deste ponto de vista, apesar da criação de novos processos de produção e de novos materiais constituintes dos produtos ou do aperfeiçoamento de produtos já existentes. Mas poucas coisas realmente novas, radicalmente diferentes, foram introduzidas no mercado, apesar do impressionante aumento na capacidade e na velocidade dos aviões, das telecomunicações e dos computadores, e das enormes conseqüências da sua difusão. A comparação entre fotografias do centro de uma cidade importante no fim do século XIX e no meio do século XX exibe uma diferença muito maior do que entre o meio do século XX e o início do século XXI. A paisagem urbana mudou radicalmente na primeira metade do século, mas não na segunda metade.

Na percepção da vida cotidiana da maioria o salto do telefone comum para o telefone celular ou para a Internet foi menor do que o salto representado pelo advento do telefone e do telégrafo. Até então, a comunicação a distância e a informação dependiam do transporte de matéria pelos meios de transportes, inclusive pelo correio que tinha sido um grande avanço. Passaram a ser feitas por uma corrente elétrica em um fio, inicialmente, e depois por ondas eletromagnéticas que se propagam no espaço com a velocidade da luz. Hoje, essas ondas também são transmitidas por fibras óticas com grande eficiência. Ademais, a Internet é essencial para os que navegam nela, e para as comunicações entre profissionais no mundo da ciência e da técnica ou no mundo dos negócios. Mas, a passagem dos precários meios de comunicação anteriores ao telefone para a telefonia foi muito mais impressionante para as pessoas em geral. Analogamente, a mudança da régua de cálculo para o computador, como um antigo IBM 1620, típico em universidades na década de 1960, ou um IBM 1130 na década de 1970, impressionou mais do que a passagem destes para um pequeno PC Pentium, de muito maior capacidade, ou para um super-computador. Os saltos do mimeógrafo para a xerox e do telex para o fax ocorreram no início da segunda metade do século XX. Apesar dos impressionantes avanços tecnológicos recentes, como o uso de satélites nas telecomunicações e na informação, o Sputinik soviético, o primeiro satélite artificial, é de 1957. O primeiro vôo espacial tripulado do russo Yuri Gagarin data de 1961, e o norte-americano Neil Armstrong comandou o primeiro pouso na Lua em 1969, ainda na década de 1960. A descoberta do DNA — base da revolução atual da biotecnologia — data da década de 1950. Mesmo a revolução atual da engenharia genética não foi ainda percebida de forma tão dramática no cotidiano — apesar de seus efeitos práticos e de seu potencial — quanto foi a explosão nuclear de Hiroshima na década de 1940, inaugurando a Guerra Fria. A tecnologia nuclear foi uma concretização tecnológica da transformação da massa em energia prevista pela teoria da relatividade restrita e realizada experimentalmente pela física nuclear. Houve casos também de excesso de tecnologia. O mais gritante é o do avião comercial de passageiros supersônico Concorde, desativado por razões de mercado apesar de ser uma realização tecnológica considerável. Outro é o dos reatores rápidos regeneradores do tipo Super-Fenix francês. Entretanto, é inegável que, hoje, o potencial da engenharia genética é imenso e deverá ter enorme impacto no século XXI.

Estamos no limiar de uma nova fase da revolução tecnológica. Vivemos um período em que o papel do conhecimento na produção e na economia cresce exponencialmente. Após a Revolução Agrícola, o fator de produção principal era a terra, passando, com a Revolução Industrial, a serem mais importantes o capital e o trabalho, mas a Revolução Tecnológica alçou o conhecimento como fator de produção essencial. Mesmo em um produto agrícola, como uma simples fruta no Brasil, o valor agregado pelo conhecimento em vários casos ultrapassa 50%. Nas exportações de países desenvolvidos, como os EUA, por exemplo, os bens imateriais, como softwares, tecnologia, direitos autorais, cresceram de um percentual muito pequeno no total da produção econômica até os anos 1990 a mais de 25% nos anos 2000.

6. As Teorias do Conhecimento Científico no Século XX

As ciências físicas nas primeiras décadas do século XX mantiveram sua hegemonia e influência com a Revolução da Teoria da Relatividade e da

Mecânica Quântica, rompendo definitivamente o domínio do paradigma newtoniano. A mecânica quântica confronta-se com o determinismo, ao admitir a incerteza no movimento de uma partícula — como um elétron no átomo —, e não apenas, como fazia a mecânica estatística no século XIX, em uma multidão de moléculas em um gás. O impacto desta nova física na filosofia se refletiu na superação do velho positivismo antiatomista do século XIX pelo neopositivismo nas primeiras décadas do século XX. Deste se originou a filosofia analítica, dominando a epistemologia de línguas inglesa e alemã como filosofia especializada da ciência.

O neopositivismo foi encarnado pelo Círculo de Viena, ao qual pertenceu Wittgenstein, célebre pela filosofia da linguagem. Como precursor está Russell, filósofo, lógico e libertário defensor dos direitos humanos. Entre os críticos do neopositivismo, destaca-se Popper — um dos pais do neoliberalismo e, ao mesmo tempo, fundador na epistemologia do falseacionismo, doutrina cujo nome vem do seu critério de demarcação das teorias científicas. De acordo com esse critério, uma teoria para ser científica tem de se expor à refutação por confronto de suas previsões com os fatos reais. O falseacionismo, por sua vez, foi objeto da crítica de Kuhn, ao teorizar os paradigmas da ciência e as revoluções científicas como fatos sociais, envolvendo disputas de poder entre grupos de cientistas, sujeitos a injunções políticas, e não só epistemológicas. Lakatos conciliou o que definiu como núcleos duros das teorias científicas, submetidos aos paradigmas, com cinturões protetores sujeitos à refutação pelos experimentos. Feyerabend radicalizou com seu anarquismo, negando que haja um método nas ciências. São, entretanto, todos eles herdeiros do neopositivismo que criticam.

Fora da corrente principal balizada pela filosofia analítica e por seus críticos mencionados, desenvolveram-se outras teorias epistemológicas, como, na língua francesa, o racionalismo dialético de Bachelard. Por outro lado surgiu uma forte crítica à ciência entre autores pós ou neomarxistas, como Habermas na Escola de Frankfurt e Wallerstein. Contemporaneamente, o chamado construtivismo vê toda teoria científica e inclusive os fatos experimentais como construções sociais, em oposição à autonomia do conhecimento científico. As tendências atuais da epistemologia, denominadas de pós-modernas, incluem ainda o neopragmatismo de Rorty — herdeiro do pragmatismo de Peirce, um dissidente do positivismo do século XIX — além do construtivismo que se relaciona à sociologia da ciência, cujas origens remotas estão na teoria materialista do conhecimento de Marx.

Quadro 2. Paradigmas e revoluções da física e teorias epistemológicas

ÉPOCA	PARADIGMAS E REVOLUÇÕES NAS CIÊNCIAS FÍSICAS	TEORIAS EPISTEMOLÓGICAS	CIÊNCIA E FILOSOFIA
8 mil a.c.	Período Neolítico Pensamento mágico	Fetichismo – Misticismo	Mitos
Séc. IV a.C.	REVOLUÇÃO RACIONAL Filosofia. Geometria. Astronomia. Cosmo. Causalidade. Atomismo. Lógica dos silogismos	Materialismo x Idealismo Método Hipotético – dedutivo (Platão) Indutivismo (Aristóteles)	A Ciência faz parte da Filosofia
Idade Média	Escolástica / Física Aristotélica Astronomia de Ptolomeu/Geocêntrica Comentadores de Aristóteles	Tomismo Nominalismo	
Séc. XVI Séc. XVII	REVOLUÇÃO CIENTÍFICA Astronomia de Copérnico/ Heliocêntrica Revolução da Mecânica de Newton Determinismo Reducionismo Mecanicismo	Realismo (Galileu) Racionalismo x Empirismo Racionalismo Crítico (Kant)	A Ciência separa-se da Filosofia
Séc. XIX	1ª REVOLUÇÃO PÓS-NEWTONIANA Eletromagnetismo e Termodinâmica Campo e Onda Eletromagnética Entropia e Caos molecular Mecânica estatística	Materialismo Dialético Romantismo-Filosofia Natural Positivismo Convencionalismo Pragmatismo	A Filosofia imita a Ciência
Séc. XX	2ª REVOLUÇÃO PÓS-NEWTONIANA Relatividade e Mecânica Quântica Unificação Tempo e Espaço Massa e energia Incerteza	Neopositivismo Falseacionismo Filosofia Analítica Racionalismo Dialético	A Filosofia critica a Ciência
	OUTRAS RUPTURAS DE PARADIGMAS: Lógica Matemática /Teorema de Godel Lingüística / Revolução Cognitiva Mecânica / Caos – imprevisibilidade Teoria da Evolução/ Complexidade Teoria da Mente/ Crítica ao dualismo Cartesiano	Paradigmas e Revoluções Programas Heurísticos Anarquismo Metodológico Pós-positivismo Neopragmatismo Construtivismo Social	A Filosofia critica a Ciência

No século XX grandes físicos revolucionários, segundo o ponto de vista de Kuhn, assumiram as questões filosóficas da ciência como Einstein, Bohr e Heisemberg. Os dois primeiros com uma visão de mundo progressista e próxima da esquerda democrática e o último à direita, pois foi complacente com o nazismo. Ao fim do século XX e início do XXI, os fenômenos não lineares rotulados como caos determinista e a possibilidade da matemática empírica, aberta pelo uso generalizado dos computadores, terminam por deslocar a influência da física como paradigma da visão de mundo. Ganhou espaço a biologia com a decodificação do genoma/DNA, inspirando modelos computacionais baseados nos algoritmos genéticos, nas redes neurais, na criticalidade auto-organizada, nos autômatos celulares. Tudo isto costuma ser relacionado, de forma mais geral, à complexidade de inspiração biológica. Um novo desafio assumido pela ciência é o de explicar a mente humana.

No quadro 2, alinho os principais paradigmas e as revoluções científicas com suas conseqüências epistemológicas e filosóficas. O meu objetivo é olhar este panorama visto do nosso tempo, vindo do passado ao presente para procurar entender melhor como surgiram os paradigmas, o que significam as mudanças hoje e o que poderá resultar no futuro.

7. UMA ABORDAGEM DAS "DUAS CULTURAS" EM UMA MESMA LINGUAGEM

Divido o tema do curso que ministro na universidade em três partes: Parte I — O Conhecimento Científico e a Influência da Física; Parte II — As Rupturas de Paradigmas: Caos, Complexidade e Teoria da Mente; Parte III — Ciência, Tecnologia e Sociedade no Limiar do Século XXI. A Parte I se divide em: 1 — O Determinismo Newtoniano na Visão de Mundo Moderna; 2 — As Revoluções Pós-newtonianas, Incerteza e Pós-modernismo. O presente volume trata de O Determinismo Newtoniano na Visão de Mundo Moderna.

A Parte I inicia-se com as origens da ciência (Cap. I) e das teorias do conhecimento (Cap. II) na filosofia, incluindo o materialismo pré-socrático *versus* o idealismo platônico e o método indutivo-dedutivo aristotélico *versus* o método hipotético-dedutivo platônico. A seguir, trato da Revolução Científica (Cap. III) e com ela discuto o determinismo newtoniano e o realismo galileano (Cap. IV). Defendo aí a tese coadjuvante de que o determinismo newtoniano não deve ser confundido com o mecanicismo.

Abordo o impacto da Revolução Científica na filosofia, em duas correntes oponentes: o racionalismo e o empirismo (Cap. V). Sigo com a crítica kantiana (Cap. VI) a estas duas correntes, a partir da crise da lógica do indutivismo na ciência, provocada pelo empirismo cético de Hume. A crítica do kantismo por Hegel e Marx, bem como o materialismo histórico e o dialético são vistos no capítulo VII, juntamente com a filosofia da natureza do romantismo, precursora do positivismo.

Pretendo publicar em continuação a este livro o Volume II sobre As Revoluções Pós-newtonianas, Incerteza e Pós-modernismo. Este futuro volume começará pelos dois capítulos seguintes: o positivismo (Cap. VIII) e o neopositivismo (Cap. IX), nos quais relacionarei o primeiro com a Revolução da Termodinâmica e do Eletromagnetismo e o segundo com a Revolução da Relatividade e da Mecânica Quântica. O neopositivismo será confrontado pelo falseacionismo no mesmo capítulo (IX). Serão deixadas para outro capítulo (Cap. X) as críticas ao falseacionismo e ao neopositivismo pela teoria dos paradigmas e revoluções científicas, pela teoria dos programas heurísticos e, finalmente, pelo anarquismo metodológico. A seguir, tratarei da herança deixada pelo positivismo e pelo neopositivismo (Cap. XI), incluindo nela a filosofia analítica contemporânea e o pragmatismo, contrastando-os com alternativas fora da corrente principal da epistemologia, como o pluralismo epistemológico. Voltarei à teoria do conhecimento em geral para discutir a relação entre ciências da natureza e as humanidades (Cap. XII), inclusive a fenomenologia de Heidegger e Husserl, bem como as investigações filosóficas de Wittgenstein. Discutirei no capítulo XIII as tendências atuais, como a sociologia da ciência, o construtivismo e o neopragmatismo, contrapondo a ambos outras alternativas que levam em conta valores cognitivos e sociais.

No curso que ministro de Teorias da Ciência, volto à ciência em si na Parte II (Vol. III), com a ruptura do paradigma newtoniano na física. A seguir, discuto a influência do determinismo newtoniano e de sua ruptura na economia, com a incerteza e a imprevisibilidade. É desenvolvida nesta parte a tese de que a influência do paradigma determinista da física sofre a disputa da crescente influência da biologia. É feita uma síntese da visão das ciências físicas sobre o surgimento da vida como evento ímpar na história do universo. Discuto as teorias da evolução e faço um esboço o que pode vir a ser um novo paradigma fundado na idéia de complexidade, segundo as idéias de Kauffman. Introduzo as questões da lógica colocadas por Frege, Russell e Godel, passando pelas teorias da linguagem de Wittgenstein e Chomsky, até os problemas atuais da teoria da mente e da inteligência artificial. A estranheza do mundo quântico para a intuição humana será abordada, para discutir a polêmica idéia, assumida por Penrose, de explicar a mente pela teoria quântica. A Parte III (Vol. III) extrapola a questão para fora da ciência. Trata da relação entre ciência e sociedade e dos impactos da tecnologia. Incluímos outras abordagens e trataremos do externalismo e da crítica da ciência, do ponto de vista social. Nesta direção, discuto as relações entre ciência e religião e entre ciência e ética, tomando o caso das armas nucleares. Vejo as relações entre ciência e tecnologia, dos seus impactos ambientais e principalmente sociais no contexto atual da globalização e da automação com crescente desemprego. A difusão da ciência, sua reprodução e a questão da universidade, centros produtores de conhecimento, fecham a terceira parte.

Há uma ordenação cronológica na Parte I (Vol. I e II), pois a abordagem nesta parte é histórica, embora em cada capítulo sejam feitas referências a pontos de capítulos posteriores freqüentemente, bem como são referidos muitas vezes pontos já tratados em capítulos anteriores para enfatizá-los ou considerá-los de um outro ângulo. São por vezes seguidas abordagens consagradas,[12] como as de Cassirer e Duhem sobre Kepler, de Russell sobre Leibniz e de Habermas sobre Marx e sobre os positivistas. Em alguns casos, lanço mão de compêndios e antologias, como a de Stegmuller sobre filosofia, de Knealle e Knealle sobre lógica, de Oldroyd sobre epistemologia, de Kockelmans e Kisiel sobre a fenomenologia, de Baillie sobre a filosofia analítica, de Kojève sobre Hegel e de Mészáros sobre o marxismo. Na maioria das vezes, entretanto, faremos uma leitura direta dos textos originais clássicos, ou traduções deles para o inglês, o francês, o espanhol ou o português. Assim, leremos os gregos, especialmente Platão e Aristóteles, os fundadores da mecânica, Galileu, Descartes, Newton e Leibniz, os empiristas, começando por Bacon e seguindo com Locke, Berkeley e Hume até o racionalismo crítico de Kant. Este é o único a ter um capítulo dedicado exclusivamente a ele, com a *Crítica da razão pura*. Faremos também uma leitura crítica dos textos originais dos positivistas Duhem, Mach e Ostwald, de seus contemporâneos Peirce e Poincaré, dos materialistas Marx e Engels, dos seus sucessores marxistas Rosa Luxemburgo, Gramsci, Althusser e Lucaks. Discutiremos ainda — lendo os originais ou traduções — textos de outros filósofos, como Spinoza, Niesztche e Schopenhauer, até os autores contemporâneos, do neopositivismo em diante, cujos nomes já citamos anteriormente.

---

12. As referências bibliográficas dos autores estão em cada capítulo.

Portanto, busco o tempo todo confrontar diferentes correntes de pensamento e discuto os conflitos na história da epistemologia desde os gregos entre Aristóteles e Platão e entre estes e os pré-socráticos; entre Francis Bacon e os aristotélicos, bem como de Galileu com a Igreja; de Newton com Leibniz e os cartesianos; de Boltzmann com os positivistas; e de Einstein contra o neopositivismo na interpretação da mecânica quântica. Discuto também os conflitos entre correntes epistemológicas contemporâneas, envolvendo o construtivismo e o neopragmatismo, chegando à chamada guerra da ciência da década de 1990. Nas humanidades, confronto as correntes em torno do marxismo até a teoria crítica pós ou neomarxista e entre diferentes vertentes da epistemologia das ciências sociais envolvendo o estruturalismo, a hermenêutica e a fenomenologia.

Faremos na maior parte do texto uma leitura comentada, comparada e crítica, por vezes polêmica, de textos clássicos e contemporâneos. Por isso, faço citações abundantes, marcadas apenas por trechos entre aspas, dado o caráter deste texto, ao mesmo tempo pedagógico e crítico, tentando relacionar autores e teorias diferentes. Coloco em um mesmo capítulo teorias do conhecimento juntamente com teorias da física que as inspiraram, estabelecendo vínculos entre ciência e epistemologia. Esta não é uma tarefa fácil. Quando julgado necessário, são abertos adendos sobre alguns temas e apêndices explicativos sobre tópicos específicos com notas técnicas para os não especialistas. O formalismo matemático, quando indispensável para a discussão conceitual, é reduzido ao estritamente necessário no texto. Coloco poucas fórmulas, contendo explicações simples para quem não tenha formação em física e se interesse em ir um pouco mais fundo nos problemas. São também feitas exposições extensivas sobre tópicos das humanidades com citações de diferentes autores do século XX, como Rosa Luxemburgo, Karl Polany, Raymond Aron, Hanna Arendt, J. M. Keynes, Eric Hobsbawm, Celso Furtado, Amatya Sen, Ralph Miliband, e Immanuel Wallerstein. É uma tentativa de superar a separação estanque entre as linguagens das "duas culturas" ou dos dois etos. A ciência em livros para leigos é em geral descrita, evitando a matemática, por analogias quase infantis ou, ao contrário, por metáforas misteriosas e enigmáticas. A epistemologia em livros que vulgarizam os novos paradigmas é reduzida a superficialidades, omitindo as velhas questões não respondidas da filosofia da ciência. Meu objetivo é mostrar que as "duas culturas" ou etos — as humanidades e as ciências naturais, inclusive sua parte matematizada como é a física — podem relacionar-se entre si por meio de uma linguagem comum, ancorada na tradição intelectual herdada dos gregos e do Iluminismo, atualizada ou transformada pelas teorias contemporâneas. Esta herança deve ser criticada e revisada, combatida ou revolucionada,[13] mas jamais ignorada, seja em nome do cientificismo instrumentalista, seja em nome do anticientificismo por vezes associado ao pós-modernismo.[14]

REFERÊNCIAS DE AUTORES BRASILEIROS

ANDRADE MARTINS, R. Descartes e a Impossibilidade de Ações a Distância. Em FUKS, S. (Org.); *Descartes 400 anos*: Relume Dumará, Rio de Janeiro, 1998.

ARAÚJO, R. M. R. *Westfall e a Historiografia da Ciência no Século XX*. Em FUKS, op. cit.

BARTHOLO, R. S. *Os labirintos do silêncio*. Marco Zero: Rio de Janeiro, 1986.

BASSALO, J. M. *Crônicas da física*, T. 5, Universidade Federal do Pará, 1998.

BETTO, Frei. *A Obra do Artista*. Ed. Ática: São Paulo, 1995.

CAMPOS MACHADO, A. *O conceito de energia*. Tese de Mestrado, COPPE — UFRJ, 1987.

CAMPOS MACHADO, A. *Pensando a energia; memória da eletricidade*. Eletrobrás, 1998.

CARDOSO DIAS, P. M. *O desafio do círculo: Descartes e o "Demônio da Desilusão"*. Em FUKS, op. cit.

CARVALHO, M. C. (Org.). *Paradigmas filosóficos da atualidade*. Papirus: Campinas, 1989.

CASTRO MOREIRA, I. *Complexidade e caos*. Em NUSSENZVEIG, M. (Org.), 1999.

CASTRO MOREIRA, I. *Fermat x Cartesianos: Uma Economia da Natureza*. Em FUKS, op. cit.

COSTA, N. C. A. *O conhecimento científico*. FAPESP, Discurso Editorial: São Paulo, 1997.

DEMEIS, L. *Ciência e educação*. Fundação Vitae e Ed. Colorfax: Rio de Janeiro, 1998.

DOMINGUES, B. H. *Modernidade ibérica e revolução científica do século XVII*. Tese de Doutorado, COPPE — UFRJ, 1994.

DOMINGUES, B. H. *Tradição na modernidade e modernidade na tradição*. COPPE — UFRJ, 1996.

EL HANI, C. e VIDEIRA, A. A. *O que é vida?* FAPERJ e Rio de Janeiro: Relume Dumará, 2000.

EPSTEIN, A. *Revoluções científicas*. Ed. Ática: São Paulo, 1985.

ESCOBAR, C. H. *As ciências e a filosofia*. Imago Editora: Rio de Janeiro, 1975.

---

13. Não fujo da politização das ciências naturais em suas relações com as humanidades, tratadas especificamente nos capítulos IV, VII.
14. Isto não impede metáforas, tais como, discutindo Kant, falar em Noel Rosa ou de referir-me a Carlos Drumond de Andrade.

FALCÃO, E. B. *Pensamento científico entre cientistas*. Tese de doutorado, COPPE-UFRJ, 1995, Ciência e Cultura, SBPC, V. 52, nº 1, 2000; Ciência Hoje, V. 18, nº 104, 1994, p. 17.

FUKS, S. (Org.). *Descartes 400 anos: Um legado científico e filosófico*. Rio de Janeiro: Relume Dumará, 1998.

FUKS, S. e LEGEY, L. F. *Algumas considerações sobre os paradigmas analítico e sistêmico*. Em FUKS, op. cit.

HEGENBERG, L. *Explicações científicas: introdução à filosofia da ciência*. Ed. Pedagógica e Universitária: São Paulo, 1969.

JAPIASSU, H. *Introdução ao pensamento epistemológico*. Francisco Alves: Rio de Janeiro, 1988.

KOEHLER, C. B. G. *Origens históricas e conceituais do indeterminismo na dinâmica clássica*. Tese de doutorado, COPPE — UFRJ, 1994.

LACEY, H. *Valores e atividades científicas*. FAPESP, Discurso Editorial: São Paulo, 1998.

LEITE LOPES, J. *Ciência e desenvolvimento*, Tempo Brasileiro, Ed. da UFF: Rio de Janeiro, 1987.

LOBO CARNEIRO, F. 350 Anos dos "Discorsi Intorno a Due Nuove Scienze" de Galileo Galileu, COPPE — UFRJ e Marco Zero, 1989.

MAIA, Carlos. *A história da ciência e a sociedade liberal*. Tese de Doutorado. USP: São Paulo, 1995.

MARGUTTI PINTO, Paulo Roberto; MAGRO, Cristina; FRIZZERA SANTOS, Enesto; GUIMARÃES, Lívia. *Filosofia analítica, pragmatismo e ciência*. Ed. UFMG: Belo Horizonte, 1998.

MENDONÇA, W. P. Descartes, Individualismo e Autoconhecimento. Em FUKS, op. cit.

MORAES GARCIA, E. *O Necessário, o Possível e o Provisório no Discurso do Método de René Descartes*. Em FUKS, op. cit.

MORAES, Roque (Org.). *Construtivismo e ensino de ciências*. EDIPUCRS, 2000.

NOVELLO, M. *Cosmos e contexto*. Forense Universitária: Rio de Janeiro, 1988.

NUSSENZVEIG, M. (Org.); Complexidade e Caos, COPEA, Ed. da UFRJ, 1999.

NUSSENZVEIG, M.; LOBO CARNEIRO, F. e PINGUELLI ROSA, L. 300 Anos dos "Principia" de Newton, COPPE — UFRJ, 1988.

OLIVA, A. (Org.). *Epistemologia: a cientificidade em questão*. Papirus: Campinas, 1990.

OLIVA, A. *Ciência e ideologia*. PUC/RS, 1997.

PRADO JÚNIOR, C. *Dialética do conhecimento*. Ed. Brasiliense: São Paulo, 1980.

ROQUE, Tatiana M. *Sistemas dinâmicos, caos e suas implicações na ciência atual*. Tese de doutorado, COPPE — UFRJ, 2001.

SANTOS, Sueli; ICHIKAWA, Elisa; SENDIN, Paulo e CARGANO, Doralice. *Ciência, tecnologia e sociedade*. IAPAR: Londrina, 2002.

SARDAR, Z. Thomas Kuhn and the Science Wars, em Appignanesi, Richard. *Postmodernism and the Big Science*, Icon Books, Cambridge, UK, 2002, p. 197.

SCHENBERG, M. *Pensando a física*. Ed. Brasiliense: São Paulo, 1984.

SILVEIRA, A. M. CASTRO MOREIRA, I. CINTRA MARTINS, R.; FUKS, S. (Org.). *Caos, acaso e determinismo*. Ed. UFRJ: Rio de Janeiro, 1995.

SIMON, Samuel. *Filosofia e conhecimento. Das formas platônicas ao naturalismo*. Ed. UNB, 2003.

SOUZA DIAS, D.; BARTHOLO, R.; PINGUELLI ROSA, L.; VALLE BARBOSA, W.; TREIN, F.; LEITE LOPES, J. *A travessia do espelho*. Tempo Brasileiro: Rio de Janeiro, 1987.

TOLMASQUIM, Alfredo Tiomno. O Distanciamento do Mundo na Construção do Saber Moderno. Em *A crise da ciência*. Idéia 1/89, Fórum de Ciência e Cultura, UFRJ, 1989.

VIDAL DE CARVALHO, L. A. *Teoria da Mente: a Alma Humana em Busca de Si Mesma*. Em FUKS, op. cit.

VIDEIRA, A. A. e SALINAS, S. *A cultura da física — homenagem a Amélia império Hamburger*. Ed. Livraria da Física: São Paulo, 2001.

VIEIRA PINTO, A. *Ciência e existência*. Paz e Terra: São Paulo, 1979.

I

A Revolução Racional e as Origens da Ciência: Materialismo e Atomismo, Física e Astronomia

I. 1. As Origens da Ciência[1]

As origens do que hoje chamamos na Civilização Ocidental de ciências da natureza,[2] incluindo o estudo sistematizado qualitativo e quantitativo de certas classes de fenômenos naturais, segundo uma concepção teórica unificadora dentro de cada ciência,[3] são encontradas na antiguidade clássica, na Grécia particularmente. Mas, estes estudos têm raízes mais antigas em civilizações anteriores à grega. Embora a Civilização Ocidental tenha se tornado dominante, podemos dizer que houve, em especial no Oriente, uma ciência anterior à ciência ocidental. Esta é a posição de estudiosos do tema, como George Sarton[4] e Joseph Needham,[5] que pesquisaram sobre a ciência na China, na Índia e no mundo islâmico. Naturalmen-

1. Baseado em PINGUELLI ROSA, L, em NUSSENZVEIG, M., LOBO CARNEIRO, F. e PINGUELLI ROSA, L; *300 anos dos principia de Newton*, Homenagem a Plinio Sussekind Rocha, COPPE – UFRJ, 1988, p. 45.
2. A palavra ciência no latim, "scientia", de "scire", designava conhecimento; em inglês "science" foi freqüentemente usada para as ciências naturais; em alemão "wissenschaft" tem um uso mais amplo [DAMPIER, William Cecil; *A History of Science and Its Relations with Philosophy & Religion*, Cambridge Univ. Press, 1929, reprited 1987].
3. Conforme foi observado na Introdução (Cap. 0), vamos usar a palavra "ciência" de modo a incluir as ciências sociais, embora em várias passagens ela designe ciência natural, como foi advertido.
4. SARTON, George. *Introduction to the History of Science*, 1927-1928.
5. NEEDHAM, Joseph. *Science and Civilization in China*, 1954.

te, pode-se questionar a definição do que seja ciência, sua racionalidade, objetividade e universalidade. Alguns autores ocidentais colocam a ciência das outras culturas em um plano diferente da geometria, da astronomia e da física na cultura grega. Por outro lado, não há como separar, na sua origem, a ciência da filosofia nem da religião. Há filósofos que apontaram uma ruptura radical entre a filosofia grega e a filosofia oriental devido ao predomínio do aspecto religioso nesta última.[6] Devemos ver com cuidado esta diferenciação, pois a filosofia grega incorporava aspectos da religião e da ciência. Logo, a ruptura entre questões místicas e questões racionais ocorreu, se ocorreu, dentro da filosofia grega e não entre ela e a filosofia oriental. Há uma visão segundo a qual a filosofia surgiu de um princípio — batizado de apolíneo em alusão ao deus Apolo — de luminosidade, perfeição das formas, harmonia e racionalidade, em contraposição a um princípio dionisíaco — devido ao deus Dionísio — primitivo, bárbaro, desmedido, desequilibrado e emocional.[7] Este último princípio estaria subjacente à tragédia grega e, portanto, à mitologia, da qual nasceu a filosofia.[8] A este assunto voltaremos na seção seguinte (I.2). A ciência ocidental, na sua origem, formava uma unidade com a metafísica dentro da filosofia grega.

É importante reconhecer os avanços do conhecimento científico em outras civilizações, apesar de a ciência ocidental ser muitas vezes apresentada como única, negligenciando as contribuições de outras culturas.[9] Isto é feito de diversos modos. Primeiro, a história ocidental descreve, em geral, a civilização européia como autogerada, tomando a cultura grega como predominantemente européia e relegando suas raízes em outras culturas. Segundo, os conhecimentos das culturas não ocidentais não são incluídos geralmente na história da ciência, sendo usual a identificação do conceito de ciência com a ciência ocidental, exclusivamente. Terceiro, partindo do postulado de que a cultura ocidental é a única capaz de produzir ciência relevante, as contribuições de outras culturas, quando referidas, são minimizadas ou consideradas irrelevantes. A cultura européia, no entanto, se apropriou de contribuições científicas e técnicas importantes vindas de ou-

---

6. HEGEL; cit em CHAUÍ. Marilena. *Introdução à História da Filosofia, Dos Pré-Socráticos a Aristóteles*, Companhia das Letras: São Paulo, 2002, p. 29.
7. NIETZSCHE; cit. em Chauí, Op. cit., p. 27.
8. Voltaremos a usar os adjetivos apolíneo e dionisíaco no contexto da teoria do conhecimento contemporânea no capítulo XIII (XIII.10 – V. II).
9. SARDAR, Z., em ASHMAN, K. e BARINGER, P.; After the Science Wars, Routledge, Nova York, 2001, p. 120.

tras civilizações, incorporando-as. Por exemplo, as raízes da matemática estão nas culturas anteriores à grega (ver Adendo). Ademais, árabes e hindus foram importantes no desenvolvimento da matemática. No campo tecnológico, as três invenções que marcaram o advento da Europa moderna — a imprensa, a pólvora e a bússola — foram todas oriundas do Oriente. Após os Grandes Descobrimentos feitos pelos ibéricos, técnicas agrícolas transferidas da América pré-colombiana, como a cultura da batata, ajudaram a salvar a Europa da fome.

Em sua tese sobre observações e descrições astronômicas de indígenas brasileiros, Flávia Pedroza Lima[10] cita o capuchinho francês Claude D'Abbevilli[11] que em 1614 escreveu: "Eles atribuem à lua o fluxo e o refluxo do mar e distinguem muito bem as duas marés cheias que se verificam na lua cheia e na lua nova..." A autora comenta que isto "tem um significado importante" pois Galileu escreveu "Discorso del flusso e reflusso del mare" em 1616 e "Dialogo sopra i Due Masini Sistemi del Mondo" em 1632 portanto, quando D'Abbeville registrou a associação empírica entre as marés e o movimento da lua no céu, no conhecimento dos indígenas brasileiros em geral, "as causas das marés ainda não eram conhecidas" na ciência ocidental. E, ademais, Galileu não resolveu o problema e só Newton, mais tarde, resolveu a determinação das marés pelas forças de atração gravitacional da lua e do sol sobre a terra. A diferença essencial é que na mecânica a determinação é estabelecida matematicamente, além da observação empírica à qual o conhecimento indígena é restrito. Mas, a determinação matemática é antes a exceção do que a regra na ciência ocidental.

Apesar de ser essencial nas ciências físicas, não ocorre o mesmo nas demais ciências naturais, como veremos nos capítulos adiante.

Seria injusto generalizar a omissão da importância de outras culturas na origem da ciência. Os próprios autores citados servem de contra exemplo. Colin Ronan dedica a este tema quase um inteiro volume da sua didática *The Cambridge History of the World's Science*.[12] Dampier, em *A History of*

---

10. LIMA, Flávia Pedroza. *Observações e descrições astronômicas de indígenas brasileiros, a visão dos missionários, colonizadores, viajantes e naturalistas*, tese de mestrado, Área Interdisciplinar de História das Ciências e das Técnicas e Epistemologia, COPPE/UFRJ, Dezembro de 2004.

11. D'ABBEVILLE, Claude. *História da missão dos padres capuchinhos na Ilha do Maranhão e terras circunvizinhas*, Livraria Martins Editora, 1945.

12. RONAN, Colin. *História ilustrada da ciência* – Universidade de Cambridge; trad. Jorge Zahar Ed.: Rio de Janeiro, 1987.

Science and It's Relations with Philosophy & Religion, observou que, embora tenham sido os gregos "os primeiros a submeterem o conhecimento ao exame racional, para tentar traçar relações causais", o conhecimento empírico apareceu no Egito e na Babilônia: "unidades e regras de medidas, aritmética simples, calendário e periodicidade na astronomia".[13] Regras empíricas egípcias para relacionar distâncias medidas no terreno foram convertidas em teoria geométrica a partir de Tales de Mileto e de Pitágoras de Samos. Tales visitou o Egito, usou tabelas da Babilônia para prever um eclipse, não se sabe se em 610 ou 585 a.C. e julgava que a Terra era um disco sólido flutuando na água, possivelmente inspirado em teorias dos egípcios e babilônios de que o universo era uma caixa fechada, da qual a Terra era o chão.[14] Os primeiros filósofos gregos tiraram grande parte de suas constatações sobre a natureza de fontes de informação transmitidas de culturas mais antigas, como a astronomia da Babilônia e a geometria do Egito.[15] O mérito dos gregos foi submetê-los a uma análise racional exaustiva além de adicionar conhecimentos novos.[16]

Voltando a um ponto referido na Introdução (Cap. 0), embora a menção da magia na origem da ciência possa parecer estranha, nas palavras de Ronan "a magia foi um modo de expressar uma síntese do mundo natural e do seu relacionamento com o homem". O curandeiro e o sacerdote tinham uma "visão sutil das relações entre os elementos da natureza... e um certo conhecimento empírico de várias substâncias". Apesar das crenças de que "espíritos e forças anímicas" causassem os processos naturais, "o ponto de vista mágico era um meio de correlacionar os fenômenos".[17] Dampier é categórico: mágica, astrologia e religião estão na origem da ciência.[18]

No Oriente, bem antes dos gregos, surgiu um tipo de conhecimento mais sistemático, que foi progressivamente destacando-se da visão mágica do mundo, colocando-se em plano diferente, mais técnico. As raízes mais remotas do conhecimento empírico sistemático da natureza podem ser localizadas no Oriente Médio,[19] muito antes da Revolução Racional grega

---

13. DAMPIER, op. cit., p. 15.
14. Op. cit., p. XIII.
15. Op. ci.t, p. 14.
16. WHEWELL, W.; *History of the Inductive Sciences*, V. I, 1857, p. 25; cit. em Dampier, op. cit., p. 14.
17. RONAN, op. cit., p. 13.
18. DAMPIER, op. cit., p. XIV.
19. Op. cit., p. 16.

ocorrida a partir dos anos 600 a.c., portanto, há cerca de 2600 anos. O conhecimento sistemático voltava-se às questões práticas da vida, envolvendo plantas para uso medicinal, agricultura de alimentos, catalogação de animais e sua domesticação, fundição e fabricação de instrumentos como roda e roldanas. Surgiu a idéia de quantidade e de número. A astronomia foi motivada pela necessidade de se medir o tempo, se fazer o calendário, "o homem pré-histórico voltou seu olhar para o céu noturno... com espanto e curiosidade... as estrelas moviam-se como um todo através do céu, como se toda a abóbada celeste girasse".[20] Parece que as primeiras civilizações surgiram na China e nos vales dos rios Eufrates e Tigre, bem como na Índia e no vale do rio Nilo.

No Egito e na Mesopotâmia, onde é hoje o Iraque, surgiram as raízes da Civilização Ocidental, entre os anos 3 mil e 4 mil a.c. A capacidade técnica da engenharia dos egípcios é evidenciada pelas grandes pirâmides, cada uma delas constituída de milhões de blocos de pedra, cada um pesando algumas toneladas. Heródoto, o historiador grego, narra que trabalhavam nessas obras até 100 mil pessoas. Embora tivessem muitos conhecimentos práticos, os egípcios não tinham um sistema teórico baseado em princípios como a geometria de Euclides na Grécia. Ao contrário dos gregos, os egípcios tinham interesse maior pela técnica do que pela filosofia da natureza, aliás semelhantemente aos romanos sucessores dos gregos na Civilização Ocidental. A astronomia mais do que uma teoria sobre o movimento do Sol, da Lua e dos planetas servia para fazer previsões das cheias do rio Nilo e das colheitas. Em um papiro funerário datado do ano 970 a.c. foi encontrada uma representação simbólica do universo.[21] Os egípcios chegaram a determinar a duração do ano com as estações, desenvolveram rudimentos da aritmética com fins práticos e mediam áreas e volumes.

Na Mesopotâmia, os sumérios inventaram a escrita, essencial para a ciência, desenvolveram a medicina e tinham alguns conhecimentos de biologia. Na geometria, estabeleceram as relações entre os lados do triângulo retângulo, mas não tinham um sistema formal como os de Pitágoras e Euclides. Os caldeus, já no período que antecedeu imediatamente à revolução racional grega, aplicaram a matemática à astronomia e faziam previsões dos movimentos dos planetas. Verificaram empiricamente que a

---

20. Op. cit., p. 19.
21. RONAN, op. cit., p. 25.

velocidade do Sol vista da Terra é maior no inverno e menor no verão e construíram um esquema de variação descontínua como mostra a figura 1a, depois por eles substituído pela variação linear progressiva entre um máximo e um mínimo (Fig. 1b). Ronan considera este caso como exemplo de uma descoberta verdadeiramente científica.[22]

Figura 1. Variação da velocidade do Sol vista da Terra, registrada pelos caldeus [Ronan, 1987].

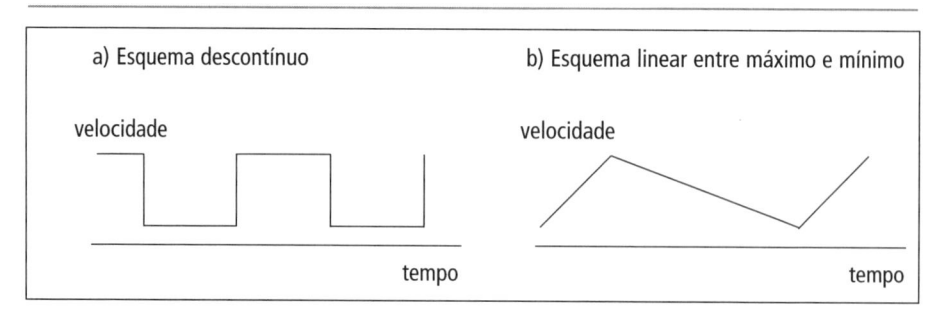

A figura 2 procura evidenciar que houve um forte incremento do conhecimento que podemos chamar de científico no Ocidente durante a Revolução Racional Grega (A), após o que o incremento do conhecimento se deu mais no Oriente do que no Ocidente (B), até a Revolução Científica no século XVII (C). Na figura 2, adaptada de Needham[23] e de Blue,[24] está assumido que no período considerado o crescimento do conhecimento sobre a natureza no Oriente foi linear, isto é, não houve revoluções como no Ocidente.

O método científico, que inclui o desenvolvimento matemático das teorias combinado com a confrontação experimental dos seus resultados foi estabelecido com a Revolução Científica do século XVII (Fig. 2c). Isto ocorreu no surgimento da física tal como a conhecemos nos anos 1600, com Descartes, Leibniz e, principalmente, Galileu e Newton, que tiveram papel proeminente entre os criadores da mecânica e da teoria da gravitação, com base nos resultados de Copérnico e Kepler.

---

22. Op. cit., p. 51.
23. NEEDHAM, J. *Clerks and Craftsmen in China and the West,* 1970; citado em Blue, 1982.
24. BLUE, Gregory; em Malek, A. A.; Blue, G.; Pecujlic, M. *Science and Technology in the Transformation of the World,* The United Nations University, 1982.

Figura 2. Desenvolvimento do Conhecimento Científico no Ocidente e no Mundo Oriental [Needham, 1970; Blue, 1982] (curvas de formato puramente qualitativo).

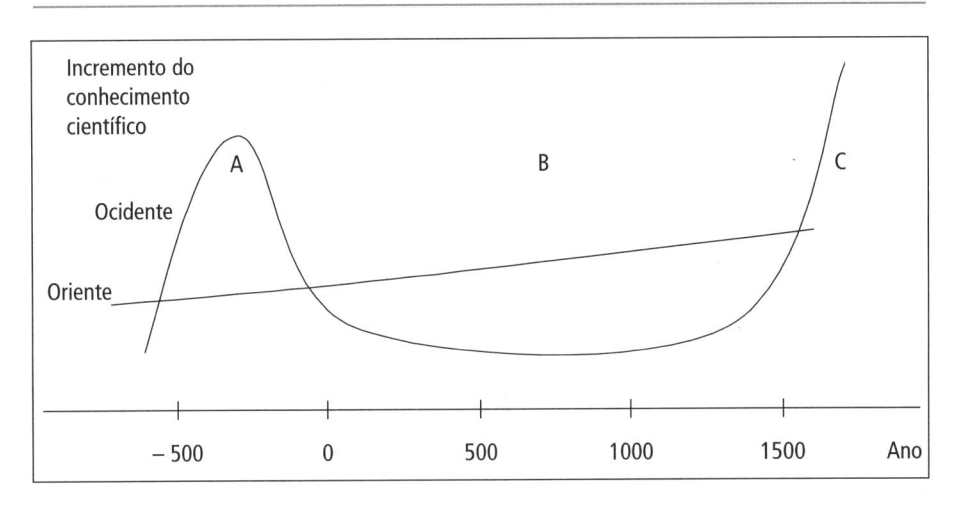

Legenda: A — Revolução Racional — Filosofia Grega
B — Predomínio do Oriente no Desenvolvimento da Ciência
C — Revolução Científica — Predomínio da Ciência Ocidental na Modernidade

A tabela 1 mostra as revoluções da física ou rupturas de paradigmas da física, no sentido dado por Kuhn[25] a esta palavra, que discutiremos mais tarde no capítulo X (Vol II). O termo "revolução" é melhor aplicado à Revolução Científica que rompeu a concepção aristotélica do cosmo, herdada da filosofia grega e cristianizada na escolástica de S. Tomás de Aquino, e a substituiu pela concepção científica do universo.

A mecânica e a gravitação newtonianas constituíram o primeiro paradigma da física moderna. Essas teorias permanecem até hoje, apesar de terem sofrido redução de seus limites, demarcados após a revoluçao da mecânica quântica e da relatividade no século XX: a mecânica de Newton é mantida válida no limite macroscópico normal da experiência cotidiana.

A outra vertente da física, após a ruptura da física antiga de Aristóteles foi uma física qualitativa, próxima da idéia de Francis Bacon (Cap. V) de uma ciência puramente empírica, não matemática. A eletricidade, o magnetismo e a óptica, atribuídos em maior ou menor grau a esta verten-

---

25. KUHN, T. *The Structure of Scientific Revolutions*, University of Chicago Press, 1962.

Tabela 1. Paradigmas e Rupturas / Revoluções da Física

Física Antiga	Física Clássica		Física Moderna
Escolástica Medieval	Século XVI Século XVII	Século XVIII Século XIX	Século XX
PARADIGMA ARISTOTÉLICO: Sistema Geocêntrico de Ptolomeu + Física da Terra + O Céu	REVOLUÇÃO CIENTÍFICA: Sistema Heliocêntrico de Copérnico + Mecânica Newtoniana + Gravitação	Século XVIII: PARADIGMA NEWTONIANO: Evolução da Mecânica Mecânica Analítica PARADIGMA BACONIANO: Método Empírico: Óptica Eletricidade / eflúvio Magnetismo Calor / calórico	2ª REVOLUÇÃO PÓS NEWTONIANA: Mecânica Quântica + Relatividade Restrita + Relatividade Geral Restante do
Método Aristotélico: Indução → universais + Lógica dos Silogismos	Método científico matemático – experimental	Século XIX 1ª REVOLUÇÃO PÓS NEWTONIANA: Teoria Eletromagnética + Termodinâmica	Evolução da Física: Teoria Quântica dos Campos + Termodinâmica Irreversível
Atomismo Pré-socrático X Antiatomismo Aristotélico	Mecanicismo Cartesiano X Atomismo Newtoniano	Antiatomismo Positivista X Mecânica Estatística Caos Molecular	Física Atômica, Nuclear e de Partículas e Campos + Caos Determinista e Complexidade

Principais teorias da física de partículas e campos: Eletrodinâmica Quântica e Modelo de Quarks; Teorias de Calibre (Gage): (I) de unificação das forças eletromagnéticas com as forças nucleares fracas; e (II) Cromodinâmica Quântica, das forças nucleares fortes; Teoria das Supercordas e Grande Unificação, para incluir a força gravitacional

te baconiana, unificaram-se com o eletromagnetismo maxwelliano, que se completou com a revolução pós-newtoniana da física no século XIX, quando também a termodinâmica superou as velhas idéias sobre o calor. Até então se acreditava haver um fluido relacionado aos fenômenos elétricos, o eflúvio, e o calor seria ele próprio um outro fluido que passava do corpo quente ao frio, o calórico. Newton participou também desta vertente baconiana com sua Óptica, que escreveu além dos *Principia* — obra que baliza a revolução científica no século XVII, que veremos no capítulo III.

Nas seções que se seguem neste capítulo nos ocuparemos da origem das ciências físicas na filosofia grega (Fig. 2a), a começar dos pré-socráticos, seguindo com Platão e Aristóteles.

I.2. O COSMO E O MATERIALISMO PRÉ-SOCRÁTICO[26]

Segundo Dampier,[27] estudos antropológicos ligam tanto a origem da religião como a da ciência à mágica. Alguns separam esta influência da magia, de um lado, sobre a religião e, de outro lado, sobre a ciência, enquanto outros acreditam ter havido uma seqüência: mágica ➜ religião ➜ ciência. Dampier cita Malinowski, para o qual os povos primitivos fazem uma distinção entre fenômenos com os quais lidavam e sobre os quais adquiriam um conhecimento empírico controlável e fenômenos de maior impacto e fora do controle, aos quais atribuíam um caráter de mistério. Os primeiros levaram à ciência e os últimos à magia e à religião, segundo Malinowski. Entretanto, a própria mágica pode ser vista como a origem das leis naturais, pois estabelecia regras, ainda que inoperantes, para o homem controlar a natureza por meio de rituais.

As primeiras explicações da natureza têm a origem em mitos. No fundo, mitos diferem de especulações filosóficas e de explicações científicas pelo grau de sofisticação racional das teorias na filosofia e na ciência e, além disso, ao controle empírico no caso das ciências naturais. Em geral os mitos têm base natural e também antropomórfica, na explicação da origem do universo, da geração biológica e da ordem social.[28] Uma interessante cosmogonia mitológica anterior à grega é encontrada na Babilônia cerca de 2 mil a.c. O primeiro estágio do universo seria caracterizado pela água em estado caótico, sob três formas: (I) água doce, (II) o mar e (III) as nuvens, bem como a umidade. Toda a água nas três formas constituía inicialmente uma massa disforme. Não havia o solo nem o céu, tampouco havia deuses. A uma certa altura, em meio ao caos aquático, dois deuses são concebidos da água doce e do mar. Este par de deuses por sua vez dão

---

26. Baseado em PINGUELLI ROSA, L. *A metafísica na origem da física moderna*. Em Tempo Brasileiro, 1988/89. Ed. Tempo Brasileiro: Rio de Janeiro, 1987, p. 7.
27. DAMPIER, op. cit., p. XXVII.
28. MUNITZ, Milton. *Theories of the Universe from Babylonian Myth to Modern Science*, The Free Press – MacMillan; Nova York, 1957, p. 6.

à luz dois outros deuses que representam o horizonte: (i) a circunferência que circunscreve o céu e (ii) outra circunscrevendo a Terra, que teria a forma de um disco.[29] Como veremos na filosofia pré-socrática, Tales também tomou a água como a origem dos seres. Há a conjetura de que ele poderia ter-se inspirado nos escritos de Homero que falavam ter sido o oceano a origem de tudo.[30] Curiosamente esta é uma possibilidade da origem da vida na ciência atual.

O mito não tem compromisso com a razão e usa a irracionalidade para valorizar o componente místico incompreensível para a mente humana.[31] Há uma discussão filosófica sobre a questão se houve ruptura com o mito ao surgir a filosofia grega[32] ou se houve uma absorção do mito na filosofia,[33] que herdou as indagações colocadas pela mitologia. Esta, não conseguindo respondê-las com argumentos baseados na experiência humana e na razão, apelava para os deuses. Os filósofos gregos pré-socráticos substituíram a pura mitologia na explicação da natureza por idéias físicas, mecânicas e biológicas, ou seja, materialistas, e, no caso dos pitagóricos, matemáticas.

O ápice do materialismo pré-socrático está no conceito de cosmo, de onde vem a palavra cosmologia, e no atomismo. A própria filosofia grega nasceu no período pré-socrático, que poderia ser chamado alternativamente de pré-platônico,[34] em torno da questão da origem do mundo, colocada anteriormente na mitologia grega pela teogonia — a geração dos deuses à imagem humana através de relações sexuais — e pela cosmogonia — a criação do mundo pelos deuses.[35] Portanto, a filosofia nasce com a cosmologia, que se propõe a encontrar uma descrição racional do universo, daí o sufixo que vem do conceito grego de "logus" — cujo significado é razão, pensamento, explicação lógica — que discutiremos no capítulo XIV (XIV.8, Vol. II). Os primeiros filósofos estudavam a "physis",[36] que

29. JACOBSEN, T. *The Babylonian Genesis*, em Munitz, op. cit., p. 9.
30. JAEGER, W., Paideia, *Los Ideales de la Cultura Grega*, Fondo de Cultura, México, 1957.
31. CHAUÍ, op. cit., p. 32.
32. BURNET, J., trad. *L´Aurore de la Philosophie Grècque*, Payot, Paris, 1952.
33. CORNFORD, F. *From Religion to Philosophy*, Harper and Brothers, Nova York, 1957.
34. BARNES, J. *Les Penseurs Pré-platoniques*; em Canto-Sperber, M. (org.), Philosophie Grècque, PUF, Paris, 1997.
35. CHAUÍ, op. cit., p. 37.
36. Op. cit., p. 47.

podemos entender como natureza, força criadora ou constituinte dos seres e cuja tradução latina é "natura".[37] Seu estudo veio a ser o objeto da ciência moderna.

A separação estanque entre ciência e religião na modernidade ligou-se à separação cartesiana entre espírito e matéria ou entre mente e corpo, objeto de grande polêmica atual na nascente teoria da mente e da consciência que veremos no Vol. III. Na cultura grega, o estudo da natureza fazia parte da filosofia, como um de seus capítulos — a filosofia natural — ao lado de outros capítulos, igualmente ou até mais importantes, que tratavam do homem, da sociedade, da ética, da religião, etc. Não só inexistiam os cientistas não filósofos, bem como a própria concepção do conhecimento unificava todos os campos do saber.

A filosofia busca resposta para perguntas como: Qual a forma correta de raciocinar? Quais os fundamentos de tudo que existe? Como conhecer o mundo em que vivemos? Como se comportar na vida? As respostas a elas são dadas, respectivamente, pela lógica filosófica, pela metafísica, pela epistemologia e pela ética.[38] A filosofia envolve a análise de argumentos em favor de uma posição assumida ou contra uma posição contrária dentro dos temas considerados no âmbito filosófico, que é muito amplo. Modernamente, a filosofia pode contar com o auxílio da lógica simbólica.[39] Embora qualitativa, em geral, a filosofia natural grega desenvolveu conceitos que permanecem na linguagem científica e da filosofia da ciência. São exemplos os conceitos[40] de: essencial x acidental; material x formal; qualitativo x quantitativo; causa x condição; capacidade x potencialidade; necessário x contingente; substância x propriedade; teoria x hipótese; definição x demonstração; dedução x indução. Na física, estes termos são absorvidos ou substituídos simbolicamente pela sua linguagem matemática, mas mesmo na ciência a linguagem natural é usada para nos referirmos aos símbolos e fazer a ponte entre a teoria e o mundo.

A história da filosofia grega pode ser subdividida em três períodos por um critério temático: 1 — período cosmológico, dos pré-socráticos; 2 —

---

37. Op. cit., p. 46.

38. BECHTEL, William, P. *Filosofia della Sienza e Scienza Cognitiva*, trad., Editori Laterza: Roma, 2001, p. 5.

39. HITCHCOCK, Cristopher, *Contemporary Debates in Philosophy of Science*, Blackwell Pub., Oxford, 2004.

40. VAN MELSEN, A. G. *From Atoms to Atom*, Duquesne University Press, Pittsburgh, 1952, p. 10.

período antropológico — dos sofistas[41] até Sócrates e seus seguidores; 3 — período de sistematização — de Platão e Aristóteles, que criticaram e sintetizam os anteriores.[42] Na sistematização, podemos incluir Euclides com a geometria e Ptolomeu com a astronomia matemática. Esta classificação está longe de ser única[43], havendo o período helenístico, posterior a estes, o período arcaico, anterior a eles, por oposição ao período clássico em que floresceu a filosofia, desde os pré-socráticos aos estóicos, que pretenderam resgatar a filosofia anterior a Platão e a Aristóteles, por eles criticados. Isto sem falar nas escolas da filosofia pré-socrática que estudaremos na seção seguinte — de Mileto, Pitagórica e Eleática — podendo-se acrescentar a elas os materialistas atomistas.

A concepção pré-socrática do cosmo foi incorporada na filosofia aristotélica, com a qual se confrontou a Revolução Científica no Século XVII. O cosmo era o universo regido por uma ordem. A filosofia da natureza de Aristóteles distinguia-se daquela de Platão, que, resgatando Pitágoras, admitia terem os números e as proporções geométricas um papel importante na compreensão da natureza. Entretanto, a física aristotélica em um aspecto estava muito mais próxima de Platão, de cuja filosofia era herdeira direta, do que da concepção de natureza física dos materialistas pré-socráticos, como a dos atomistas Demócrito e Leucipo. A diferenciação entre as concepções de Platão e Aristóteles, de um lado, e dos materialistas pré-socráticos, do outro lado, é precisamente o papel da metafísica e da religião na filosofia da natureza tanto de Aristóteles como de Platão. A filosofia materialista grega pré-socrática havia na prática abolido as considerações de ordem teológica na elaboração da explicação e da descrição dos fenômenos naturais. Isso ocorreu concomitantemente ao surgimento da concepção do cosmo como um sistema do universo natural ordenado, em que os deuses não intervêm a cada momento. O cosmo ordenado foi uma

---

41. Os sofistas, bem como Sócrates, não serão objeto específico deste texto, embora apareçam no Teeteto de Platão, que veremos no Cap. II (II.2). Muito criticados por Platão e Aristóteles – tornando-se uma qualificação pejorativa, com significado de retóricos vazios – os sofistas se dedicavam mais ao ensino e à pedagogia que à filosofia, destacando-se entre eles Protágoras, que é citado no Teeteto, e Giorgias. Colocavam tudo em dúvida, tratando, por exemplo, a moral e o bem como convenções [Chauí, op. cit., p. 160].

42. WINDELBAND, W. *Historia de la Filosofia Antigua*, Editorial Nova: Buenos Aires, 1955.

43. CHAUÍ, op. cit., p. 51.

invenção conceitual dos filósofos materialistas gregos, pré-socráticos. Antes deles, os fenômenos naturais eram associados a manifestações da ira ou do prazer dos deuses, como era o caso da tempestade, do trovão, do relâmpago. O Sol era a carruagem flamejante de Febo, a trovoada e o relâmpago eram armas de Zeus.[44] Homero se referia a Zeus como "ajuntador de nuvens" e havia uma expressão que significava algo como: ele — Zeus — faz chover.[45] Com o advento do conceito de cosmo a natureza passa a ser um sistema regido por uma certa racionalidade que os filósofos procuravam descobrir. A mudança feita pelos filósofos materialistas pré-socráticos no papel dos deuses nos fenômenos materiais é exemplificada pela concepção do Sol como um anel de fogo girando em torno da Terra, obstruído visualmente com exceção de uma janela por onde se vê sua luz. Outro exemplo é o atomismo.

I.3. O ATOMISMO I: ORIGEM FILOSÓFICA

Nesta vista panorâmica da física grega é interessante nos determos na estrutura da matéria segundo o atomismo pré-socrático, em contraste com a concepção posterior antiatomista aristotélica, absorvida pela escolástica medieval. Além do atomismo de Leucipo e Demócrito, os filósofos gregos, desde os pré-socráticos, fizeram especulações interessantíssimas sobre o que constituía matéria. Van Melsen[46] e Pullman[47] traçam a história das idéias sobre a natureza da matéria e o atomismo desde os gregos (Fig. 3).

A figura 3 mostra os principais filósofos gregos que contribuíram para estas idéias, em ordem cronológica e pelas diversas escolas de pensamento filosófico. A Escola de Mileto caracterizou-se pelo monismo: havia um só elemento fundamental constituinte da matéria. Tales, fundador da Escola de Mileto, postulava que a substância primordial que estava na base de todas as coisas era a água. Teria sido levado a esta conclusão por serem os alimentos úmidos, bem como as sementes e os locais aquecidos onde se pode gerar a vida, enquanto sai água de um cadáver em necro-

---

44. DAMPIER, op. cit., p. XIII.
45. VLASTOS, G. *O universo de Platão*, trad., Ed. Universidade de Brasília, 1987.
46. VAN MELSEN, 1952.
47. PULLMAN, B. *The Atom in the History of Human Thought*, Oxford University Press, 1998.

Figura 3. Os filósofos gregos e a natureza da matéria.

```
Tales - M X
   Anaximandro – M X
      Pitágoras – P XX
         Xenófanes – E XX
         Anaxímenes – M X
            Heráclito – M X                              Pré-socráticas
               Parmênides – E XX
                  Anaxágoras – XX
                     Leucipo – A
                      Zenão – E
                    Empédocles – XX
                       Filolau – P  XX
                          Demócrito – A
                        Sócrates ------------------------Divisor  (+)------------------
                          Platão  A (*)
                             Aristóteles – AA
                                Epicuro - A (**)
                                   Crisipo-S -AA
                                            (***) Lucrécio A
 _|_____|_____|___
  - 600 a.C.                    - 400 a.C.                      - 100 a.C.

Legenda:
M – Escola de Mileto; P – Escola Pitagórica; E – Escola Eleática; S – Escola Estóica;
X – Monistas; XX – Pluri substancialistas; A – Atomistas; AA – Antiatomistas
(*) Átomos geométricos; (**) Átomos com declinação; (***) Romano narrou Epicuro
(+) A designação de pré-socráticos não é puramente cronológica, mas temática: a
    figura mostra pré-socráticos contemporâneos de Sócrates
```

Fonte: Figura adaptada de Pullman (1998).

se terminando seco[48]. Para Anaximandro, pertencente à mesma escola, havia o "apeiron", invisível e ilimitado, de que tudo era feito, primeiramente a água, o fogo, o ar e a terra e depois tudo o mais. Anaximenes substituiu a água, postulada por Tales, pelo ar como substância fundamental. Por rarefação com o aumento da temperatura se tornava fogo, enquanto por condensação, com a redução da temperatura, tornava-se sucessivamente vento, água e terra — que constituíam tudo que existe. Heráclito achava ser o fogo a substância fundamental, constituinte do mundo; a água era fogo liqüefeito e a terra fogo sólido, extinto. Esses

---

48. PULLMAN, op. cit.

três elementos se transformavam continuamente entre si: a chama (fogo) vive pela extinção do óleo, líquido (água) bem como pela extinção da madeira, sólida (terra). Havia princípios estéticos e morais nessas transformações — justiça e harmonia — segundo Heráclito. Fogo, água e terra estariam assim em oposição, se aniquilando um ao outro, mas em uma harmonia que perpetua o mundo, conservando a quantidade total da matéria existente no universo, em uma simetria dinâmica muito a gosto das que pontificam na física atual. Portanto para estes membros da escola de Mileto havia um só constituinte fundamental (monismo) da matéria (Quadro 1).

Quadro 1. O Monismo na Estrutura da Matéria

Água	Tales
"Apeíron"	Anaximandro
Ar	Anaxímenes
Fogo	Heráclito

Parmênides, o membro mais proeminente da Escola Eleática, acreditava, como Xenófanes que o fogo e a terra eram os elementos primordiais e da mistura deles se originavam a água e o ar, sendo tudo o mais composto destes quatro elementos. Empédocles postulou que estes quatro elementos eram primordiais e elementares, não se decompunham. Por isso é considerado como pluri-substancialista,[49] do mesmo modo que Anaxágoras, para quem, em franca oposição ao monismo da Escola de Mileto, havia em cada coisa uma pequena parte de todas as outras coisas. As pequenas partículas de tudo e que constituíam tudo foram denominadas de "homeomerias".[50] Cabe aqui um paralelo entre Heráclito e Parmênides.[51] Para o primeiro deles, há uma contínua transformação na natureza, nada permanecendo idêntico a si mesmo: "ser é mudar". A chama no fogo a cada instante tem uma forma diferente, a água de um rio está sempre passando. A planta cresce, o animal nasce, vive e morre. Heráclito considera que temos a impressão de que algo permanece ao olharmos a água, mas, para ele, mesmo quando há a aparência de identidade prevalece o princípio da mudança.

---

49. Op. cit.
50. Op. cit.
51. VAN MELSEN, op. cit. p. 13.

Para Parmênides, ao contrário, a realidade é imutável e a mudança nada mais é que uma ilusão. A experiência através dos sentidos exige uma interpretação do intelecto. Os olhos e os ouvidos não bastam, é necessária a alma para entendermos a linguagem dos sentidos. Pela reflexão podemos mostrar que algumas vezes a percepção pode nos levar a crer que existem coisas inexistentes. Parmênides é considerado por Van Melsen[52] como o primeiro metafísico, pois falava sobre o "ser". Enunciou que "o ser é" e "fora do ser nada é". Por este caminho abstrato, chegou à unidade e à permanência do ser, concluindo que não pode haver a transformação do "ser" no "não ser", nem de um ser em outro. Logo nada muda em última análise. Enfatizamos este problema porque o atomismo de Leucipo e Demócrito foi a chave para desatar o nó: o átomo permanece imutável, enquanto a aparência das coisas muda. De um ponto de vista dialético (Cap. VII) o átomo foi a síntese entre a tese de Heráclito e a antítese de Parmênides.

Pitágoras via nos números a explicação de todas as coisas, estavam na base de tudo que é real, eram de uma forma mística os constituintes de toda a matéria — o "arché". Foi Filolau, da Escola Pitagórica, quem pela primeira vez associou aos quatro elementos fundamentais os poliedros regulares, idéia desenvolvida depois por Platão com algumas mudanças.[53] Em resumo após a Escola Eleática foi substituído o monismo de um só elemento fundamental e passou-se a acreditar que havia múltiplos elementos primordiais, ainda na fase pré-atomista (Quadro 2).

Quadro 2. Múltiplos Constituintes da Matéria

Fogo e terra	Parmênides e Xenófanes
Fogo, ar, água e terra	Empédocles
"Homeomerias"	Anaxágoras
Números	Pitágoras
Poliedros	Filolau

Leucipo e Demócrito são considerados os fundadores do atomismo. Para os atomistas gregos, a matéria era formada de constituintes indivisíveis — os átomos — que se moviam no vácuo em todas as direções e colidiam entre si. Embora derrotado pela concepção depois dominante na Gré-

---

52. VAN MELSEN, op. cit.
53. PULLMAN, op. cit.

cia — a da física aristotélica que negava a existência do vazio interatômico — o atomismo grego é a base filosófica sobre a qual se assentam as físicas atômicas, nuclear e das partículas elementares do século XX. No atomismo de Leucipo e Demócrito, os átomos eram indivisíveis e não se transformavam. Eram eternamente idênticos a si mesmos, imutáveis. Um aspecto fundamental é que os átomos se moviam no vácuo, ou seja, havia um vazio entre eles, um espaço sem matéria — o que os diferencia de todos os demais filósofos gregos, anteriores e posteriores. Portanto, a "physis" dos atomistas era o átomo e o vácuo.[54] Tudo o que existe é formado por átomos que se movem no vácuo, colidindo entre si, dotados de um movimento espontâneo independente de qualquer causa externa a eles, de um modo logicamente necessário, ou seja não contingente ou por caso. Os átomos se diferenciam entre si apenas por suas formas e tamanhos, além da posição que ocupam e da velocidade com que se movem; não têm qualidades com as que percebemos na matéria, como cor. Estas qualidades derivam da maneira pela qual se combinam para formar as coisas, que também podem ser desfeitas e refeitas em variadas formas por recombinação dos átomos — no espírito das reações químicas e nucleares da ciência atual.

Encontramos em Demócrito um germe da teoria do conhecimento (Cap. II), quando lhe é atribuída a idéia de que "há duas espécies de conhecimento, um genuíno e outro obscuro"; ao último deles devemos a "vista, audição, olfato, paladar e tato"; o primeiro está separado deste e precisa ser procurado "mais finamente", ou seja, não bastam os sentidos, precisamos da razão para chegar a eles. Assim, temos "por convenção" o doce, o amargo, o quente, o frio, a cor, "na realidade, porém átomos e vazio". Não percebemos nada precisamente, "mas a opinião de cada um depende da disposição do corpo e das coisas que nele penetram e chocam, a afluência dos átomos".[55]

O atomismo grego, assumido por Platão, negado por Aristóteles, tornou-se um paradigma da física moderna, sua herdeira — desde as partículas materiais da mecânica newtoniana, passando pelas moléculas e átomos dos físico-químicos do século passado, até chegar aos elétrons e aos núcleos atômicos, por sua vez formados de prótons e nêutrons, cujos constituintes são os quarks. Estes ao lado do elétron e de outras partículas, como

54. CHAUÍ, op. cit., p. 121.
55. DEMÓCRITO, fragmentos atribuídos a Demócrito segundo Sexto Empírico, século II; em Chauí, op. cit., p. 123.

ele chamadas léptons (Cap. XI, Vol. II), são, na física de hoje, os átomos indivisíveis dos atomistas gregos.

Na teoria da matéria de Aristóteles, havia na natureza um substrato informe e desprovido de qualidades, a "hylé". A este substrato podiam entretanto ser impressas qualidades formando os quatro elementos — terra, água, ar e fogo — que constituíam todas as coisas. Uma interpretação é a de que cada elemento resultava da união da "hylé" como substância com a forma a ela impressa. A substância é a causa material, e a causa formal dá forma à matéria com atributos e propriedades que percebemos. Os quatro elementos combinavam-se de várias maneiras compondo todas as coisas, inclusive explicando o que hoje entendemos como reações químicas, observadas pelos gregos. Parece que havia uma espécie de paralelismo entre a estrutura lógica da língua e a estrutura da matéria, ou seja, do mesmo modo que há um sujeito para os predicados, deveria haver um substrato da matéria que seria o sujeito dos predicados da matéria.[56] Este problema filosófico ontológico da matéria veio a ser retomado em um livro relativamente pouco divulgado de Whitehead[57] (Cap. XI, Vol. II), mais conhecido por sua parceria com Bertrand Russell no estudo dos princípios da matemática. Para Aristóteles, portanto, não havia os átomos, e sim uma substância, que passaremos a chamar de éter, que preenchia todo o espaço. A matéria era constituída pelos quatro elementos, fogo, ar, terra e água, que combinavam as quatro propriedades, seco, úmido, quente e frio, como mostra o Quadro 3.

Quadro 3. Os Quatro Elementos

	Quente	Frio
Seco	Fogo	Terra
Úmido	Ar	Água

Na escolástica medieval, ensinava-se uma figura para representar a teoria aristotélica da matéria[58] (Fig. 4). Vamos, inspirados nessa figura, re-

56. MC MULLIN, E. *The Concept of Matter in Greek and Medieval Philosophy*, Notre Dame University Press, 1963, p. 173.
57. WHITEHEAD, Alfred. *O conceito de natureza*, trad.; Martins Fontes Ed.: São Paulo, 1994.
58. OLDROYD, David. *Storia della Filosofia della Scienza*, trad., Il Saggiatore, Milano, 1989, p. 60.

presentar os quatro elementos, tomando as propriedades que os distinguem segundo Aristóteles, usando um gráfico no estilo da física de partículas elementares moderna (Cap. IX, Vol. II), convencionando os números +1 para quente e -1 para frio, no eixo vertical, e +1 para úmido e -1 para seco, no eixo horizontal (Fig. 5a).

Figura 4. Representação dos quatro elementos fundamentais da matéria na escolástica.

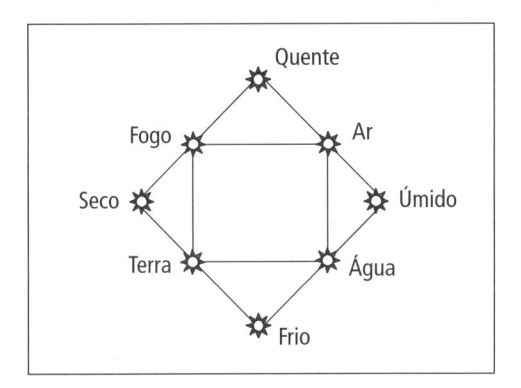

Apenas por curiosidade podemos fazer uma analogia com uma representação dos quarks do modelo de Gell Mann da física de partículas elementares (Fig. 5b), que estudaremos no capítulo X (Vol. II).

Figura 5a. Representação arbitrária dos quatro elementos constituintes da matéria na física aristotélica em um gráfico em que as propriedades "quente ou frio" e "seco ou úmido" estão marcadas nos eixos horizontal e vertical, respectivamente, com a convenção: quente = +1, frio = -1 e seco = -1, úmido = +1

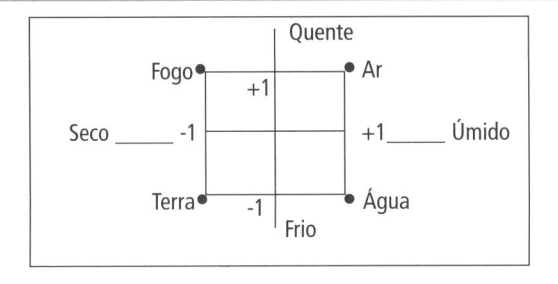

Figura 5b. Representação dos quarks u, d, s constituintes de partículas elementares da matéria, como os prótons e os nêutrons, no modelo de Gell Mann original; as propriedades quânticas isospin e hipercarga estão no eixo horizontal e vertical, respectivamente[59] (Fig. 1, Cap. X)

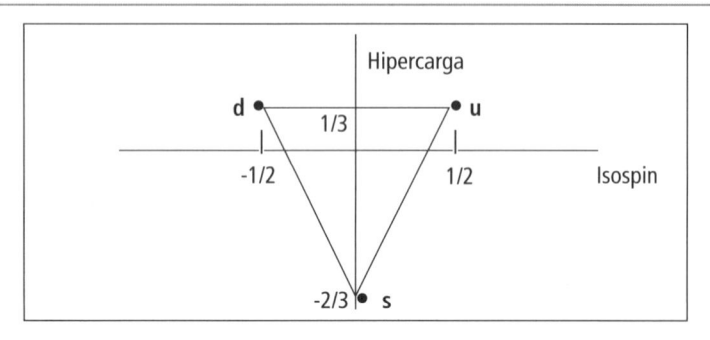

Além dos elementos da matéria, Aristóteles acreditava que a mente humana fosse dotada de uma faculdade — "nous" — que permitia o conhecimento dos universais, o que nos inspira uma analogia com a "res cogitans" de Descartes que veremos no capítulo V. Apesar de não ser atomista, a estrutura da matéria para Aristóteles era repleta de entidades fundamentais.

Após ter sido negado por Aristóteles, o atomismo voltou à tona com Epicuro, referido séculos depois pelo romano Lucrécio no poema "Sobre a Natureza das Coisas". Epicuro mudou a teoria filosófica de Leucipo e Demócrito, acrescentando uma propriedade aos átomos: o "clinamen" ou a declinação. Do que se tratava? Admitindo que os átomos são graves, ou seja, tendem em linha reta para a Terra, de acordo com a teoria de Aristó-

---

59. LEITE LOPES, José. *A estrutura quântica da matéria, do átomo Pré-socrático às partículas elementares*. Ed. UFRJ, 1992, p. 697. JOSÉ LEITE LOPES, professor emérito de física da UFRJ e também um dos fundadores do CBPF (ver outras referências biográficas no Vol. II), foi um precursor da unificação da força nuclear e da força eletromagnética em uma só teoria. Sua contribuição de associar uma espécie de fóton pesado às interações fracas foi referida como pioneira por A. Salam na sua conferência na Academia Real de Ciência da Suécia quando ganhou o Nobel junto com S. Weinberg por esta unificação. Voltaremos a tocar neste assunto na Parte II. Leite Lopes também se destacou como um nacionalista, defensor do desenvolvi-mento tecnológico do Brasil e foi atingido pelo AI–5, indo então para a Universidade Carnegie Mellon nos EUA e de lá para a Universidade de Estrasburgo, na França, onde se tornou professor titular. Continua atuante e lutando contra os efeitos negativos do neoliberalismo na América Latina, especialmente contra as privatizações do setor de energia no Brasil.

teles que veremos adiante, eles cairiam como a chuva (em dia sem vento) verticalmente em linhas paralelas (localmente). Logo não colidiriam entre si. Portanto, não se produziria o movimento caótico que se pode imaginar com base em Leucipo e Demócrito. Ao contrário "desprovido de liberdade seus movimentos (dos átomos) seriam ordenados", escreveu Cícero sobre o atomismo de Epicuro.[60] Assim, para produzir o movimento caótico a partir do movimento vertical em linha reta imposto pela gravidade, eles deveriam se desviar ligeiramente da vertical para possibilitar as colisões. Este desvio inicial era o "clinamen": o desvio espontâneo ou declinação no movimento atômico, postulado para fugir do determinismo e introduzir o caos no movimento dos átomos.

O "clinamen" tem uma relevância histórica e se liga a várias questões posteriores da epistemologia:[61]

a) a passagem do movimento determinista da mecânica newtoniana para o movimento caótico molecular da mecânica estatística formulada no século XIX;
b) a incerteza na posição de uma partícula e da trajetória na mecânica quântica criada no século XX;
c) a imprevisibilidade da trajetória no caos determinista, que, embora mostrada por Poincaré ao fim do século XIX no problema de três corpos, só ganhou repercussão nas últimas décadas do século XX com o uso dos computadores no estudo de sistemas não lineares;
d) o livre arbítrio, ainda hoje mal resolvido na incipiente teoria da mente, em formulação no início do século XXI.

O "clinamen" tem duplo papel: de viabilizar colisões e permitir o caos e de introduzir a liberdade no movimento. Com isto se introduzia uma "desordem fecunda". O que Lucrécio escreveu nos lembra a imagem do movimento browniano, observado em um fluido, devido às colisões moleculares: "é apropriado examinar com grande atenção os corpúsculos cujo movimento desordenado pode ser observado nos raios de Sol: tal movimento caótico atesta o movimento da matéria escondido e imperceptível".[62] No movimento browniano da física moderna, colisões das moléculas

---

60. PULLMAN, 1998, p. 39.
61. Trataremos das duas primeiras na Parte I (Vol. I e II) e deixaremos as demais para a Parte II (Vol. III).
62. PULLMAN, op. cit., p. 40.

em agitação térmica provocam um movimento randômico em corpúsculos perceptíveis no fluido.

Haveria também segundo Lucrécio "uma sutil substância da mente". Ele escreveu: "se a alma não é predeterminada em todas as suas ações por uma necessidade inanimada e se ela não é uma substância passiva, ela deve ser o resultado de ligeiras declinações a intervalos de tempo espaçados, que são indeterminadas".[63] Portanto, Epicuro, referido por Lucrécio, tinha uma explicação materialista e atomista para a mente em termos de átomos da alma. Mais tarde Descartes formulou a idéia de, além da matéria, existir uma "res cogitans" que formaria a mente, alvo de debate hoje.

Fechando esta seção, registremos que para os estóicos, pós-aristotélicos, entre os quais destacamos Crisipo (Fig. 1), o universo é composto de matéria contínua e de uma substância imaterial — o "pneuma". Os estóicos assumem o princípio de que a matéria é contínua, passiva e indestrutível, infinitamente divisível, e negavam, como Aristóteles, o vácuo. Por outro lado, o pneuma, ativo, representava a vida, a razão, a alma e mundo é corruptível. Davam um papel primordial primeiramente ao fogo, considerado quase divino, e depois ao ar, enquanto a água e a terra não eram capazes de se sustentar por si mesmas. Negavam o papel do acaso, acreditando na presença de uma força organizadora no destino. Portanto, eram antiatomistas embora de um modo diferente de Aristóteles, ao qual voltaremos adiante neste capítulo, após vermos Platão, um atomista não materialista. O quadro 4 resume o que vimos sobre o atomismo *versus* a matéria contínua na filosofia grega.

Quadro 4. Átomos x Meio Material Contínuo

Átomos indivisíveis + vácuo	Leucipo e Demócrito
Átomos geométricos ideais	Platão
Matéria contínua / hylé + éter	Aristóteles
Átomos com "clinamen"	Epicuro
Matéria contínua — pneuma	Crisipo

63. Op. cit., p. 42.

Esta oposição entre atomismo e a matéria contínua preenchendo todo o espaço atravessou os séculos. Pode ser considerada um tema recorrente fundamental da física. Na visão contemporânea, do fim do século XX e início do XXI, há a dualidade quântica entre a função de onda (ocupando continuamente o espaço) e partícula, espacialmente localizada. Com a teoria quântica dos campos (Tabela 1), todo o espaço físico é preenchido por campos, mas seus quanta correspondem às partículas, como em uma síntese dialética (Cap. X, Vol. II) entre a tese atomista e a antítese da matéria contínua.

I.4. Física, Matemática e Metafísica

I.4.1. A física de Platão

Platão apropriou-se do conceito de cosmo, mas negou o materialismo, introduzindo novamente uma metafísica idealista na explicação do mundo natural. Na filosofia platônica, há explicações de fenômenos dadas por razões éticas ou estéticas.[64] Os princípios estéticos permanecem implícitos nas simetrias das teorias físicas atuais. A idéia de simetria é um ingrediente fundamental da física na sua concepção mais moderna. Em primeiro lugar, as simetrias foram ligadas às transformações no espaço e no tempo (ver Adendo). Por exemplo, a simetria das equações de mecânica por translações temporais é associada à conservação de uma grandeza que se interpreta como a energia. A simetria por translações no espaço gera a conservação da quantidade de movimento (Adendo ao Cap. I). Há, além disso, na física das partículas elementares simetrias intrínsecas, associadas a operações de transformações nas equações, não geradas por mudanças no espaço e no tempo. A conservação da carga elétrica pode ser interpretada como conseqüente de uma simetria intrínseca, associada à chamada transformação de calibre (Cap. IX, Vol. II). A idéia de simetria tem um fundo estético em Platão. Isso fica mais claro na concepção geométrica de átomos na física platônica (Fig. 6), que lembra as simetrias matemáticas da física atual.

---

64. PLATÃO, Timaeus, The dialogues of Plato, *Great Books of the Western World*, 1978, pag. 442.

Figura 6. Os cinco sólidos regulares, quatro deles associados aos elementos fundamentais: octaedro = ar; tetraedro = fogo; cubo = terra; dodecaedro = universo; icosaedro = água.

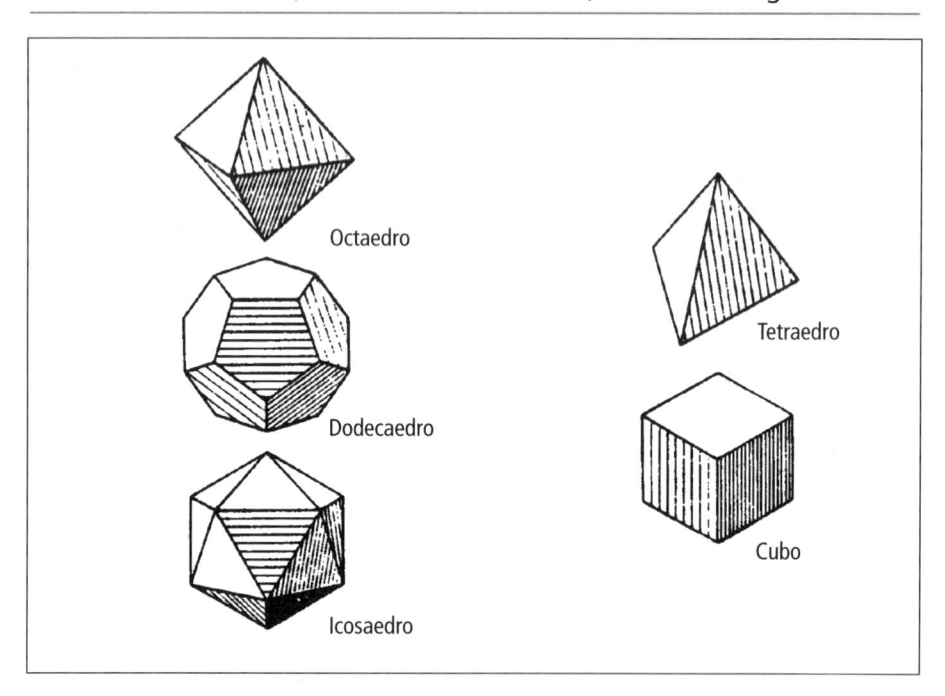

Para Platão, aos quatro elementos fundamentais — fogo, ar, água e terra –, eram atribuídas dignidades decrescentes nessa ordem. Era típico dos gregos atribuir qualidades humanas às coisas inanimadas. A cada um desses elementos fazia corresponder uma forma geométrica bem definida (Fig. 6). Com exceção da terra, os elementos fundamentais tinham forma geométrica tridimensional limitada por triângulos eqüiláteros idênticos entre si. Ao átomo do fogo, muito móvel, correspondia um tetraedro (quatro faces triangulares) enquanto à terra, mais estável, um cubo. O ar era um octaedro (oito faces triangulares), e a água um icosaedro (20 faces triangulares).

Ao quinto poliedro regular — o dodecaedro (12 faces) — Platão reservava um papel muito especial para a harmonia do universo estabelecida pelo criador, o demiurgo. Também Aristóteles incluía além dos quatro elementos um quinto — uma quinta-essência que podemos associar ao "hylé" ou ao éter que ocupa todo o espaço, pois ele negava o vácuo e era antiatomista.

Estes poliedros podem se decompor de modo que suas faces se partem em triângulos — que corresponderiam aos átomos indivisíveis. Assim, os constituintes do fogo, do ar e da água podiam transformar-se uns nos outros por permuta e reagrupamento dessas faces triangulares. Por exemplo, na queima do óleo, a água (20 faces) contida no óleo transformava-se em fogo (5 x 4 faces). Os átomos nessa concepção eram dois tipos de triângulos (Fig. 7), resultantes da decomposição das faces dos poliedros que constituíam os quatro elementos e, assim, constituíam tudo o mais:

— um triângulo retângulo isósceles (alfa) para compor as faces do cubo;
— um triângulo retângulo escaleno (beta) para compor as faces do octaedro, do tetraedro e do icosaedro.

Figura 7. Átomos de Platão.

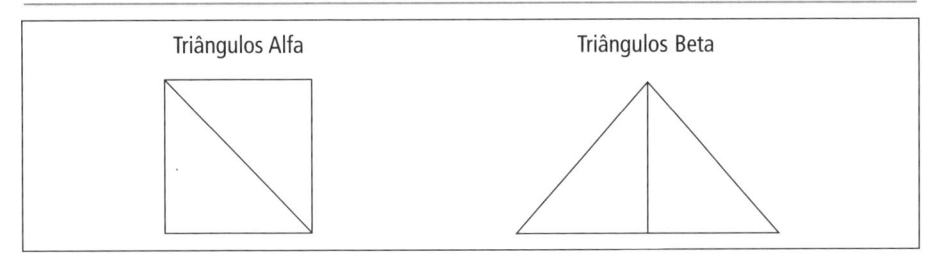

O recurso à metafísica idealista na explicação da natureza pela filosofia platônica, após os materialistas gregos, pode ser considerado como um recuo necessário ao avanço do conhecimento humano. Essa proposição originalmente exposta por Gregory Vlastos é muito instigante.[65] Baseia-se na interpretação de que os materialistas gregos não teriam meios científicos empíricos para dar conseqüências às suas conjecturas sobre a natureza. Assim, o apelo à metafísica por Platão teria possibilitado a superação desse impasse por meio de hipóteses que permitiram a solução dos problemas principais efetivamente solúveis naquela época. Como exemplo dado por Vlastos, a teoria dos movimentos celestes circulares, idealizada por Platão no seu esquema metafísico, era nesse sentido melhor do que a explicação mecânica pelos vórtices de Demócrito. Segundo esta última, os corpos celestes se moviam sob o efeito de um vórtice, como ocorre em um

---

65. VLASTOS, 1987.

fluido girando e arrastando os corpos sólidos. O valor explicativo dessa hipótese era entretanto limitado pela impossibilidade de derivar dela correlações verificáveis de velocidades dos corpos celestes. O esquema metafísico de Platão dava suporte para o astrônomo na sua atividade observacional e nos cálculos preditivos de trajetórias no céu, livrando-o da necessidade de construir um modelo dinâmico. Contentando-se com um modelo puramente cinemático que partia de certos movimentos postulados, concentrava-se então nas deduções matemáticas do movimento sem buscar as suas causas dinâmicas, então indecifráveis cientificamente. Assim, abriu o caminho para Eudoxo, Hiparco, até Ptolomeu e, dialeticamente, para a revolução copernicana que contestou aquele sistema geocêntrico já ao tempo do advento do método científico inaugurado com a mecânica moderna.

Esta concepção de Vlastos tem algo a ver com o papel do paradigma nas teorias científicas proposto por Kuhn,[66] que discutiremos no capítulo X (Vol. II). O paradigma guia e limita o trabalho dos pesquisadores fazendo-os bater toda a área alcançada pela teoria até exauri-la, resolvendo com eficiência os problemas solúveis pela teoria. Essa seria uma vantagem das ciências "exatas" como a física em que os paradigmas dominantes têm adesão total, até se mostrarem insuficientes e ocorrer uma ruptura, o que seria uma revolução científica, segundo Kuhn. Nas ciências sociais, isto não ocorre, os paradigmas coexistem competitivamente. Mal comparando, Platão, ao colocar a explicação metafísica na conceituação de cosmo dos materialistas gregos, fez algo similar a Marx ao colocar o materialismo histórico na dialética de Hegel, só que em sentido oposto. Platão no sentido do materialismo para a metafísica; Marx da metafísica para o materialismo (Cap. VII). Há também certa analogia longínqua na física contemporânea. Bohr (Cap. IX, Vol. II) foi levado a postular o movimento circular dos elétrons em torno do núcleo do átomo em órbitas estáveis embora não por razões puramente metafísicas, mas sim fenomenológicas. A teoria vigente na eletrodinâmica clássica não permitia tal órbita estável devido à perda da energia pela emissão de radiação eletromagnética fazendo o elétron cair em espiral na direção do núcleo. Assim, Bohr contribuiu para se chegar à mecânica quântica, seguindo o caminho aberto por Planck (Cap. IX).

O esquema metafísico idealista da natureza exposto no *Timeu* por Platão baseava-se em colocações como as seguintes:

---

66. KUHN, 1962.

a) as estrelas são divinas e seus movimentos são dos deuses;
b) as almas dos deuses são perfeitamente racionais;
c) tudo que é racional é harmônico;
d) o movimento perfeitamente harmônico é circular.

Nessa axiomática, a racionalidade divina vem do atributo de bondade dos deuses (ética), e o movimento circular vem da harmonia e beleza (estética) que era inerente a tudo que é racional. Assim, o Sol sendo um deus move-se em movimento circular seguindo esquema que associa ética — estética — racionalidade:

Bondade Divina → Racionalidade → Beleza harmoniosa
(Sol)   (Lei Natural)   (Movimento Circular)

A observação revela a trajetória do Sol no céu vista da Terra aparentemente circular a cada dia, mas a trajetória desloca-se ao correr do ano, variando sua inclinação em relação ao plano vertical de forma nitidamente perceptível.[67] O movimento observado dos planetas era mais complicado, afastando-se do circular. Para Platão, o princípio do movimento circular decorrente dos seus axiomas era preservado, graças ao engenhoso artifício da composição de dois movimentos circulares — um deles denominado de Mesmo e o outro de Diferente. Essa idéia foi precursora da complexa formulação dos epiciclos de Ptolomeu para explicar os movimentos planetários, que se afastam do movimento circular.

I.4.2. DE PLATÃO A ARISTÓTELES

A física aristotélica segue o caminho de Platão no que concerne à argumentação metafísica, em que pese outras diferenças. A filosofia de Aristóteles colocava cada coisa no seu devido lugar em uma cristalização hierárquica e estática que ia dos deuses à natureza, passando pelos homens. No que concerne ao mundo físico, nele era separada a física do céu, onde o movimento natural era circular e eterno, da física da Terra, onde o movimento natural era retilíneo (queda livre dos corpos pesados)

---

67. Isso é o resultado dos movimentos da Terra, de rotação em relação ao seu eixo e em relação ao Sol, sendo o eixo da rotação da Terra inclinado em relação ao plano da órbita.

e corruptível pela ação do homem (arremesso de projéteis). Não havia a separação entre metafísica e ciência na argumentação qualitativa da lógica aristotélica, rigorosa embora não matemática, ou seja, para demonstrar por que e como tal ou qual fenômeno ocorre, fazia suposições místicas. Entretanto, seu método dedutivo, apesar de discursivo, procurava ser rigoroso no encadeamento das premissas e dos conseqüentes nas sentenças lógicas, tal como nas deduções matemáticas da geometria grega, usada na astronomia de Ptolomeu e incorporada na ciência matematizada após Galileu e Newton.

Assim é no estudo do movimento dos corpos na Terra e no Céu. No *De Caelo*, Aristóteles[68] trata do movimento no céu: diz que o movimento circular é primário, pois o perfeito tem naturalmente prioridade sobre o imperfeito e o círculo é uma coisa perfeita, o mesmo não podendo ser dito de uma reta nem para uma linha infinita, pois se ela fosse perfeita deveria ter um limite e um fim, nem para uma linha finita, pois há sempre algo além dela porque qualquer linha finita pode ser estendida.

O movimento prioritário pertence ao corpo prioritário e os corpos celestes são prioritários, logo seu movimento é circular. Ademais a atividade de Deus é a vida eterna, logo o movimento do que é divino deve ser eterno e assim é no céu. A circunferência fechando-se sobre si mesma permite a eternidade do movimento sobre ela. Essa é a argumentação de Aristóteles para a física celeste.[69]

Já para os corpos na Terra, a física aristotélica estabelece como movimento natural o retilíneo, que pertence aos corpos simples: o fogo move-se para cima e a terra, seu contrário, move-se para baixo. Os corpos simples não são eternos, pois os contrários interagem entre si e destroem-se mutuamente.[70] O movimento dos contrários é tal que o de um deles é contrário ao do outro. Assim, o fogo sobe para o seu lugar natural que é em cima, e a terra cai para o seu lugar natural que é embaixo. Os corpos celestes são divinos, logo indestrutíveis e, portanto, não têm contrários e tampouco há movimento contrário ao circular, de que eles são dotados. Se tudo no céu move-se circularmente, tem de haver um centro onde há algo

---

68. Livro I do *De Caelo*, Aristóteles, em ARISTÓTELES, tradução para o inglês de ROSS, W. D.; editado por HUTCHINS, R. M., *Great Books of the Western World*, Encyclopaedia Britannica, 1978.
69. ARISTÓTELES, op. cit.
70. Na física atual, para cada partícula elementar como o elétron há uma antipartícula (pósitron no caso) que a aniquila, desaparecendo ambas na reação.

em repouso. Assim, a Terra (planeta) tem de existir em repouso no centro para onde cai e fica em repouso a terra (elemento simples), pois lá é seu lugar natural. Mas se a terra existe e não é divina, não é indestrutível; então tem de existir seu contrário — o fogo. Ademais, se a terra e fogo existem, os corpos intermediários — água e ar — existem também. Eis um retrato da lógica aristotélica com toda sua força, beleza e misticismo.

Enfim, a filosofia natural funde-se com a metafísica em Platão como em Aristóteles, cuja física foi incorporada à escolástica medieval. O homem como Deus estava integrado à natureza e vice-versa. Esta última servindo a Deus, servia ao homem e o castigava às vezes por desígnios divinos. A explicação dos fenômenos naturais era freqüentemente teleológica, ou seja, a explicação era dada pelas finalidades que podiam ter os eventos. A física era humanizada tanto quanto deificada.

I.5. As Físicas Celeste e Terrestre e a Astronomia

I.5.1. O movimento dos corpos celestes e a física

Vamos sintetizar aqui alguns pontos da física aristotélica que julgamos essenciais para o entendimento da revolução científica e do paradigma do determinismo newtoniano. Usaremos como fonte os textos de Aristóteles na versão para a língua inglesa dos "Great Books" da Enciclopédia Britânica.[71] Vamos segui-los ao pé da letra para nos deliciarmos com o gênio de quem os escreveu há tantos séculos.

No De caelo, Aristóteles[72] cita Pitágoras: "o mundo e tudo que está nele é determinado pelo número três, desde que o início, o meio e o fim dão o todo, e o número que eles dão é a tríade". Assim, a dimensão dos corpos é três: não podemos passar além da dimensão dos corpos para uma ainda maior, como passamos do comprimento à superfície e da superfície ao volume. O volume é a magnitude completa. Para Aristóteles, todo movimento é em linha reta ou circular ou uma combinação destes, que são os únicos movimentos simples. A revolução em torno do centro é movimento circular, enquanto que os movimentos para cima e para baixo são em uma linha reta, para cima significando movimento se afastando do centro

---

71. ARISTÓTELES, op. cit.
72. Primeiro capítulo do Livro I do De caelo, Aristóteles, 1978.

e para baixo movimento em direção a ele. Todo movimento simples é então se afastando ou em direção ao centro ou ainda em torno dele.

Os corpos na filosofia aristotélica da natureza são simples ou compostos; os corpos simples possuem um princípio de movimento na sua própria natureza. O movimento natural do fogo é para cima e o da água e da terra é para baixo. Todo movimento é natural ou não natural e o que é natural para um corpo pode não ser para outro: o movimento para cima é natural do fogo e não natural para a terra. Aplica-se o termo pesado para os corpos que se movem naturalmente para o centro, e o termo leve para os que se movem se afastando do centro. Das coisas que existem, algumas existem pela natureza, algumas por outras causas. Por natureza existem os animais e suas partes, as plantas e os corpos simples (terra, fogo, ar, água). Essas coisas mencionadas apresentam uma característica que as diferencia das coisas que não são constituídas por natureza: cada uma delas tem em si mesma o princípio de movimento ou de estacionaridade, com respeito ao lugar, ou ao crescimento e diminuição ou à alteração.

Segundo Aristóteles os corpos que se movem em uma circunferência não possuem nem peso nem leveza. O movimento circular tem prioridade sobre o retilíneo, que pertence aos corpos simples: o fogo que se move para cima e a terra, seu contrário, que se move para baixo. Ademais, não é concebível que um corpo móvel seja eterno se o seu movimento não pode ser considerado eterno. Assim, o problema de sua geração é necessariamente envolvido. O movimento dos contrários é contrário. É razoável supor que os corpos que se movem circularmente em torno do centro são não gerados e indestrutíveis, pois não há movimento contrário ao circular[73] e, portanto, tais corpos não podem ser contrários. A natureza parece ter justamente privado de contrários os corpos que não são gerados e são indestrutíveis. Tudo que tem uma função existe para sua função. A atividade de Deus é imortalidade, a vida eterna. Portanto, o movimento do que é divino deve ser eterno. Mas tal é o Céu, divino, e por esta razão a ele é dado o corpo cuja natureza é se mover em circulo. Por que, então, não teria o Céu todo o mesmo caráter desta sua parte! Porque tem de haver algo em repouso no centro. A Terra (planeta) então tem de existir pois é a terra (elemento simples) que está em repouso no centro, para onde ela vai pelo seu movimento natural para baixo. Mas, se a terra existe, então deve

---

73. O movimento circular não é considerado o contrário do movimento circular reverso, *De caelo*, Livro II, Capítulo 3, Aristóteles, 1978, p. 359.

existir o fogo, seu contrário, pois se um do par de contrários existe, então o outro existe também naturalmente.

I.5.2. As causas do movimento dos corpos na Terra

"Tudo que está em movimento deve ser movido por alguma coisa", estabelece Aristóteles na primeira frase do Livro VII da Física[74]. Há três tipos de mudanças (no tempo) — de local, qualitativa e quantitativa — correspondendo a três tipos de movimento: o que causa locomoção, o que causa alteração e o que causa aumento ou diminuição. A locomoção é o movimento primário. Tudo que está em locomoção é movido por si mesmo ou por alguma outra coisa. O movimento das coisas movidas por alguma outra deve ser produzido por uma das quatro maneiras: puxando, empurrando, carregando e girando. Quando o movente causa um movimento este é mais violento do que a locomoção natural. Se em algum momento algo esta causando movimento e vinha causando movimento até então, deve haver sempre uma certa distância que foi percorrida e uma certa quantidade de tempo que foi ocupada. Assim, se o movente A moveu B de uma distância x num tempo t, então no mesmo tempo a mesma força A moverá $1/2$ B por uma distância 2x, e em $1/2$ t ele move $1/2$ B da distância x. Portanto, as regras de proporção serão observadas. Além disso, se uma dada força move um peso de uma certa distância em um certo tempo e metade da distância na metade do tempo, metade da força motriz moverá metade do peso da mesma distância no mesmo tempo.

Embora Aristóteles tenha desenvolvido seu raciocínio aritmético discursivamente, podemos esboçar uma fórmula algébrica para obter uma expressão da força A (no sentido que ele usou esta palavra: expressão quantitativa da causa do movimento), de modo análogo ao que fazemos na mecânica newtoniana (aliás, nos *Principia*, Newton não usa praticamente expressões algébricas, formulando sua teoria através de uma linguagem geométrica).

Procedendo como dissemos, teríamos: $\dfrac{A}{B} = \dfrac{x}{t}$.

Traduzindo na nossa linguagem cinemática da mecânica moderna v = x / t seria a velocidade do movimento que o corpo tem sob a influên-

---

74. ARISTÓTELES, 1978, p. 259.

cia da força F tomada como A, enquanto que B compreende tudo que resiste ao movimento, aí incluídas a inércia dada pela sua massa na concepção moderna, bem como a fricção e a resistência do ar,[75] estas duas, propriedades do corpo relativas ao meio. Em resumo: a velocidade é proporcional à força e inversamente proporcional à resistência. Conforme a fórmula acima, quando não há força (causa), A = 0 ou F = 0, então v = 0, o corpo estaria em repouso segundo a mecânica aristotélica, ao contrário do que estabeleceu mais tarde a mecânica de Newton, onde a força é causa da aceleração. Traduzindo esta relação na linguagem atual da física, se usamos o conceito de resistência ao movimento, R, como um fator, ficaria F = R v. Esta fórmula é uma das interpretações possíveis, com o intuito exclusivo de comparar com a segunda lei de Newton onde aparece a massa newtoniana, como o que resiste ao movimento, sendo a força a causa não da velocidade, mas da aceleração, que é a variação da velocidade no tempo. Em Newton (Cap. III) veremos que a aceleração a é proporcional à força F e inversamente proporcional à massa m, pela sua segunda lei: F = m a. A resistência devido ao atrito é colocada como uma outra força em oposição à força aplicada e se expressa como uma parcela subtrativa a esta.

Aqui, cabe uma observação. O princípio de inércia de Galileu incorporado na primeira lei de Newton, que estabelece a possibilidade de haver movimento com velocidade constante sem haver força aplicada, não é simplesmente verificado nas experiências triviais que fazemos, por exemplo, empurrando objetos. Há sempre resistência do atrito e do ar (caracterizando a irreversibilidade dos processos físicos no mundo real), logo elas exigem que se aplique uma força para que o corpo não seja freado por elas e pare. Para confirmarmos o princípio da inércia, temos de imaginar uma experiência em que estas resistências sejam eliminadas, como fez Galileu. Isto ocorreria no caso de o corpo deslizar numa superfície ideal sem atrito (mesmo um corpo liso sobre superfície espelhada, como gelo, tem atrito muito pequeno mas não nulo). Um corpo movendo-se no vácuo (caso aproximado de um foguete indo da Terra a outro planeta) seria uma realização do princípio da inércia. Mas, para Aristóteles, isto seria inadmissível. Para ele não havia o vácuo.

---

75. DIJKSTERHUIS, E. J. *The Origins of Classical Mechanics*, em M. Clagett, *Critical Problems in the History of Science*, 1969.

Aliás, é interessante notar que ao argumentar contra o vácuo Aristóteles, segundo Ross,[76] enunciou quase a primeira lei de Newton para rejeitá-la *a priori*.[77] O argumento é: como o ar resiste ao movimento, se o ar fosse evacuado, um corpo poderia ou permanecer em repouso, porque não haveria causa para movê-lo, ou, se em movimento, iria com mesma velocidade para sempre. Como isto é um absurdo não pode haver o vácuo. Portanto, a física de Aristóteles era mais próxima do senso comum do que a de Newton. Esta mesma constatação se repete quando estudamos a queda dos corpos.

Invertendo a fórmula da força A, temos que $t = x \dfrac{B}{A}$.

Podemos interpretar t como o tempo que um corpo de peso A leva para cair de uma altura ×, representando B a resistência ao movimento oposta pelo ar. Para Aristóteles o tempo de queda é inversamente proporcional ao peso, enquanto, segundo as leis de Newton (Cap. III), ele independe do peso se for desprezada a resistência do ar. Entretanto, quando consideramos a resistência do ar e a forma dos corpos obtemos que um corpo leve cai mais lentamente do que um pesado, como verificamos experimentalmente ao deixarmos cair uma pena ou um prego. Ou seja a física de Aristóteles pode levar a um resultado qualitativo aparentemente correto, com respeito à observação da natureza.

A herança da física de Aristóteles, incorporada na escolástica medieval, nem sempre foi tão próxima do senso comum. Para explicar a trajetória dos projéteis, um movimento não natural na sua definição, foi formulada a hipótese de que o projétil é impelido pelo ar que o rodeia, por um mecanismo extremamente sofisticado — de motor *conjunctus* — segundo o qual o ar se abre pela passagem do projétil, à frente, e se fecha, atrás, de modo a impeli-lo.

Devemos fazer um lembrete: Arquimedes, ao contrário de Aristóteles, usou a matemática na física, na sua teoria do equilíbrio, inaugurando na Grécia o método experimental-matemático na estática e na hidrostática. Um historiador da mecânica, D'Abro,[78] lamentou que Arquimedes tenha

---

76. ROSS, W. D. *Aristotle Physics*, 1836, cit. em Bernall, 1971.
77. BERNALL, J. D. *Science in History 4*, MIT Press, 1971, p. 202.
78. D'ABRO, A. *The Rise of the New Physics*, Dover Pu., Nova York, 1952.

vivido já na época próxima da ascensão de Roma, quando o pragmatismo das realizações técnicas tomou o lugar da filosofia da natureza.

I.5.3. A ASTRONOMIA

Havia uma diferenciação entre a física descritiva de caráter lógico-discursivo e as ciências chamadas de especiais, onde se inclui a astronomia, que usa a geometria para fazer previsões. Fazia-se distinção entre a representação física de fenômenos naturais e sua descrição matemática. Em Aristóteles o fenômeno físico é descrito na linguagem comum e em generalizações dela, a física trata dos princípios gerais e seu estudo com base em observações dos fenômenos naturais conduz à verdade sobre a natureza e o movimento. Por outro lado as ciências especiais fazem predições quantitativas, com resultados práticos verificáveis, através de construções matemáticas particulares, com ajuda de hipóteses simples que podem contradizer a verdade. Aí está a raiz da oposição entre instrumentalismo ou positivismo e realismo, que veremos em capítulos posteriores. A questão é se as teorias físicas devem ser vistas como descrições verdadeiras do mundo ou como instrumento para fazer previsões.[79]

A filosofia grega deixou uma visão de mundo em que há o cosmo regular e ordenado, sujeito aos princípios da metafísica para explicar o movimento dos corpos no céu e na Terra bem como a estrutura da matéria. Não foi essencialmente nesta última, mas no movimento dos corpos, especialmente dos planetas, que se deu a revolução da física dos anos 1600.

O sistema planetário geocêntrico grego sofisticara-se a ponto de explicar os desvios da trajetória circular no movimento dos planetas, observados da Terra, através da hipótese dos epiciclos de Ptolomeu. Segundo esta teoria os planetas moviam-se em círculos cujos centros também descreviam círculos com centro na Terra. Estava assim preservada a harmonia mística do movimento circular perfeito e incorruptível no céu, compatibilizada com as observações astronômicas. Ao contrário da física terrestre aristotélica, na astronomia ptolomaica, a que voltaremos no capítulo III, era aplicada a matemática como um modelo para descrever as observações de movimentos no céu.

---

79. FEYERABEND, Paul, *Il Realismo Cientifico e l'Autoritá della Scienza*, trad., Il Saggiatore, Milão, 1983, Cap. 5; p. 140.

A física aristotélica, transmitida para a cultura medieval, em parte graças aos árabes, foi incorporada e modificada em alguns aspectos secundários pela filosofia religiosa de Santo Tomás de Aquino. Esta se tornou a doutrina oficial da Igreja e do poder temporal. Nas palavras de Burtt,[80] o Motor Imóvel de Aristóteles e o Pai personalizado dos cristãos haviam se tornado uma só coisa na síntese escolástica medieval da filosofia grega com a teologia judaico-cristã. No início da Idade Média, esta síntese se dera entre a teologia cristã e a filosofia platônica ou neoplatônica, passando depois ao aristotelismo, dominante ao fim da Idade Média. Era limitante e autoritária, mas confortante e inteligível para o senso comum a visão de mundo que aquela filosofia passava: a chuva caía porque beneficiava as plantações, corpos leves como o fogo e o ar tendiam a subir para o céu, assim como corpos pesados como a água e a terra tendiam a cair dirigindo-se para o centro da Terra, cada qual para o seu devido lugar. A Terra era uma coisa vasta e sólida em repouso, e o céu era etéreo e se movia. O universo finito e fechado era relativamente pequeno, aconchegante, regular e ordenado pela vontade de Deus, com o homem no seu centro. Física e metafísica fundiam-se em uma mesma filosofia que estabelecia o cosmos ordenado e estático.

Foi contra essa visão de mundo que a Revolução Científica, de Copérnico a Newton, se contrapôs. Do ponto de vista místico, uma questão central foi a do movimento da Terra em torno do Sol, o que levou Giordano Bruno à fogueira, condenado pela Santa Inquisição e Galileu à prisão, obrigado a retratar-se. O heliocentrismo, já levantado minoritariamente na filosofia grega, evidenciou-se com os estudos de Copérnico, Kepler, Tycho Brahe, coroados pelas teorias de Galileu e de Newton. Coube a este último mo fazer a grande síntese da mecânica e da gravitação unificando a física do céu com a Terra, explicando por uma mesma teoria os movimentos planetários em torno do Sol e o movimento dos corpos na Terra. Ao mesmo tempo, deu forma acabada ao método científico, formulando leis da natureza a partir das quais se desenvolve a teoria com auxílio da matemática, chegando-se a previsões de resultados quantitativos a serem confrontados com medições experimentais adrede preparadas para responder a perguntas bem específicas, capazes de testar a teoria.

---

80. BURTT, E. *As bases metafísicas da ciência moderna*, trad., Ed. Universidade de Brasília, 1983.

II

A Questão do Conhecimento e a Lógica: Idealismo e Indutivismo

II.1. A Questão do Conhecimento e o Idealismo

II.1.1. A origem da teoria do conhecimento

Encontramos na filosofia grega não só a origem da ciência mas, também, a origem da teoria do conhecimento e da lógica. Podemos identificar duas direções completamente diferentes. A primeira que abordaremos é a do método hipotético-dedutivo usado por Platão[1] na sua dialética, da qual o *Teeteto* é um belo exemplo, até porque discute o próprio problema do conhecimento. Platão, como veremos, era partidário do idealismo, pondo as idéias acima das observações da natureza através dos órgãos dos sentidos, que ele considerava enganosos, como discutiremos com base em uma passagem de *A república*.

Aristóteles segue em outra direção: a do indutivismo. Segundo este é da observação do mundo natural que podemos chegar à verdade sobre a natureza, através da indução, a qual teria uma fundamentação lógica de modo a permitir ir do particular observado ao universal verdadeiro sempre, ou do contingente ao necessário, à essência das coisas. Este é o ramo ascendente do arco do saber, que veio a ser polêmico ao longo da história da teoria do conhecimento científico. De posse de verdades universais ob-

---

1. PLATÃO, trad.; editado por Hutchins, R. M., *The Dialogues of Plato*, Great Books of the Western World, 1978.

tidas pela indução, o arco do saber (Fig. 1) se completa com o uso da dedução, para a qual Aristóteles desenvolveu a lógica dos silogismos. Assim, outras verdades sobre a natureza podem ser deduzidas.

Figura 1. O arco do saber.

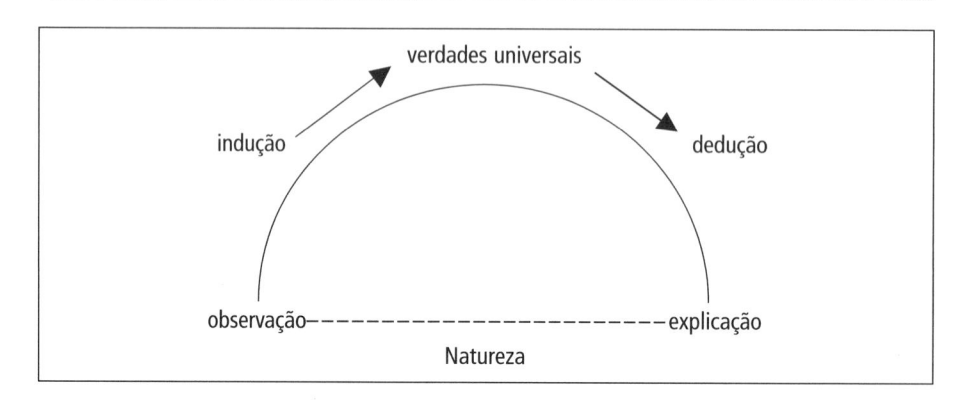

Em Platão, entretanto, a hipótese é o ponto de partida e não tem de ser necessariamente verdadeira, estando sempre exposta à refutação por razões lógicas, como a redução ao absurdo, a inconsistência ou a contradição, e quase nunca pela observação da natureza (Fig. 2).

Figura 2. O método hipotético-dedutivo.

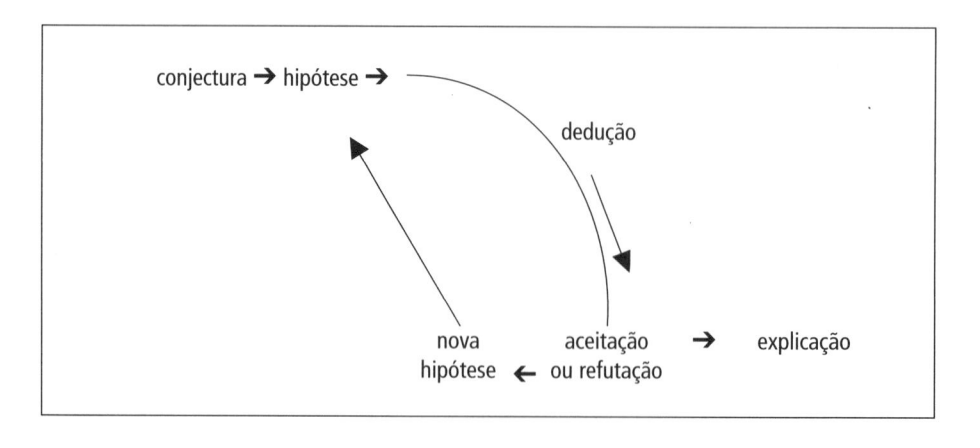

Os gregos colocaram perguntas, hoje velhas questões, que permaneceram guiando a busca do conhecimento: O que é a realidade? O que é a verdade? O que é o conhecimento? À primeira se liga a metafísica e a ontologia, à segunda a lógica e à terceira a epistemologia. A ciência fica subjacente às três. Tinham uma resposta simples para a verdade, era como desvendar algo aos nossos olhos, ou seja desvendar a realidade.[2] Platão se contrapôs ao conceito de verdade e de realidade em que o ser se apresenta aos sentidos humanos diretamente no mundo e colocou em seu lugar como verdadeiras e reais as idéias compreensíveis apenas através do intelecto.[3] Mas, desde os pré-socráticos, Heráclito via a realidade em eterna mudança, tal como percebemos pelos sentidos, enquanto para Parmênides, por trás das mudanças, havia algo idealizado que permanece idêntico a si mesmo, o ser. Como vimos no capítulo anterior, Leucipo e Demócrito sintetizaram no mundo físico estas tese e antítese no átomo, sempre idêntico a si mesmo, combinando-se e recombinando-se de múltiplas maneiras formando tudo que percebemos em mutação incessante.

Aqui, surgem duas maneiras de ver a realidade. Uma é pela reflexão, buscando a verdade daquilo subjacente por trás das aparências, a essência imutável das coisas, chegando Platão a ver o real apenas no mundo das idéias, que desvendamos pelo pensamento. Outra é pela observação direta do mundo real, como propôs Aristóteles, buscando chegar à essência das coisas através da experiência sensível. Na modernidade houve na epistemologia uma separação entre o observador — destacado do que é observado como um sujeito abstrato — e o objeto observado. Foi assim colocado entre a realidade e o conhecimento pelo sujeito o problema da representação. Isto complicou a questão da verdade e a questão da realidade, já problematizadas pelos gregos com o idealismo. Para estes inicialmente havia duas respostas para a questão da realidade[4]: uma delas é que a realidade é a "physis" (Cap. I), o que vem da interpretação de Heráclito e dá na cosmologia grega, na astronomia de Ptolomeu e na física de Aristóteles; a outra é que o real é o "ser", o que vem de Parmênides e dá na ontologia idealista de Platão e na metafísica de Aristóteles. Vemos aqui que Aristóteles aparece dos dois lados, embora sua abordagem da física seja

2. CHAUÍ, op. cit., p. 41.
3. Op. cit., p. 264.
4. GIRARDELLI, Paulo, *Neo-pragmatismo, Escola de Frankfurt e Marxismo*, DP&A Ed.: Rio de Janeiro, 2001, p. 27.

indutiva. A "physis" é a natureza, em contraposição ao "nomos" — a intervenção humana, incluindo convenções, costumes, regras, o que tem a ver na filosofia com a ética. Poderíamos identificar aí a raiz longínqua da separação moderna entre ciência e humanidades (Cap. 0), mas seria enganoso atribuir esta separação aos gregos que incluíam a ciência e as humanidades como ramos de uma mesma filosofia. Nela, os sofistas negavam a relevância da "physis" e a reduziam ao "nomos",[5] o que nos remete ao construtivismo do século XX que estudaremos no Capítulo XIII (Vol. II), para o qual o objeto de estudo das ciências naturais é uma construção social. Os sofistas, como Protágoras, questionavam a pretensão da filosofia de conhecer a verdade última das coisas e, portanto, a diferenciação entre o "nomos" — como convenção humana — e a "physis" — que independe do conhecimento.[6] Eis aqui um exemplo de uma velha questão recorrente nos novos paradigmas da epistemologia contemporânea.

II.1.2. O IDEALISMO PLATÔNICO

Quando chamamos alguém pelo seu nome próprio há uma clara correspondência entre a palavra e a pessoa, fisicamente existente e perceptível aos nossos olhos. Isto ocorre não só com as pessoas, mas com qualquer coisa, como esta folha de papel que temos a nossa frente. A situação muda completamente com o que os gregos chamaram de universais, que designam classes de coisas, constituindo um conjunto abstrato e não um indivíduo particular. Jamais podemos perceber aos nossos olhos todas as mulheres do mundo, ademais a palavra mulher designa todas as que

---

5. CHAUÍ, op. cit., p. 165.
6. Há uma certa confusão no campo das humanidades, apontada na Introdução (Cap. 0) que identifica ciência natural, em particular a física, com positivismo, como revela a transcrição: "os adeptos da noção de physis se pareciam com certos positivistas e cientistas, os que ... perscrutam o mundo físico em busca ... do que seria formada a estrutura última da matéria" [Ghirardelli, op. cit., p. 27]. Ora, ao pé da letra, os positivistas se restringiam aos fenômenos e negavam o átomo (Cap. VIII, Vol. II); por outro lado, segundo os neo-positivistas, do século XX, os cientistas se limitam a perscrutar a estrutura da matéria buscando uma representação teórica que dê conta dos fenômenos observados, como veremos na interpretação da mecânica quântica (Cap. IX, Vol. II). A confusão apontada empobrece os embates históricos que estudaremos, de Boltzmann com os positivistas, bem como de Einstein com os neopositivistas.

existem, as que existiram e que venham a existir. Fazemos uma abstração mental que inclui todas elas como uma idéia. A questão das idéias ocupou Platão, para quem os universais e as idéias existem realmente fora da nossa mente. No caso da matemática, o teorema de Pitágoras existia, segundo Platão, antes de ter sido formulado por Pitágoras ou por quem quer que o tenha feito antes dele, pois estabelece uma relação entre os lados do triângulo retângulo, independentemente de alguém ter pensado nela. Além do mundo físico, há na filosofia platônica um mundo à parte constituído das idéias. Este mundo, para ele, é real, existe fora das nossas mentes, daí a doutrina de Platão ser também chamada, ao invés de idealismo, de realismo, que não deve ser confundido com a doutrina epistemológica de mesmo nome que associaremos a Galileu (Cap. IV). Voltando a Platão, ele propunha que devemos nos esforçar para descobrir o mundo das idéias e para isto devemos nos prevenir contra os enganos que as aparências percebidas pelos sentidos podem produzir na nossa mente.

O idealismo de Platão é bem expresso no famoso trecho que abre o Livro VII de *A república*.[7] Seres humanos vivem em uma caverna subterrânea onde a luz apenas penetra por uma abertura; eles lá estão desde a infância presos por correntes de tal modo que não se podem mover e só vêm o que está a sua frente, impedidos de girar suas cabeças. Atrás e acima deles há um fogo produzindo uma iluminação precária. Entre este e os prisioneiros há um caminho pelo qual passam homens carregando vasos, estátuas, figuras de animal em madeira e pedra — tudo isto projetando sombras sobre uma parede existente à frente dos prisioneiros, que as vêm como em um teatro de marionetes. Portanto, eles só vêm sombras, e há na caverna um eco que faz com que as vozes que eles ouvem pareçam também vir das sombras. A verdade, escreve Platão, para estes prisioneiros, não passa das sombras das imagens! O que aconteceria, pergunta, se fossem libertados e pudessem ver a realidade, olhar para fora à luz do Sol? Inicialmente, sentiriam dores na vista, teriam dificuldade de enxergar a realidade e de entender que tudo antes era ilusório. Com esta imagem Platão procura mostrar que o mundo da percepção sensível é feito apenas de sombras. É através das idéias que o homem compreende o mundo.

Ainda no Livro, VII Platão[8] diz que os objetos dos sentidos são de dois tipos: alguns deles não nos levam a pensar pois a sensação fornece um jul-

---

7. PLATÃO, Livro VII de *A república*, 1978, p. 388.
8. PLATÃO, 1978, p. 392.

gamento adequado do que eles significam; outros não, a sensação nos leva a uma indagação como um imperativo. Dá como ilustração os dedos da mão. São apenas dedos, cada um deles nos aparece como um dedo e isto, em si, não nos leva a pensar nem nos compele à indagação. Não há nada que nos convide a exercitar a inteligência. Mas, acrescenta, é isto igualmente verdade quando observamos a grandeza ou a pequenez dos dedos? O que é grande? O que é pequeno? Qual o significado de leve e de pesado? Nestas perplexidades, a alma naturalmente é levada a buscar ajuda do cálculo, da inteligência. Estas são impressões que convidam à atividade intelectual. A qual das classes acima pertence o conceito de unidade e de número? A simples unidade poderia ser diretamente percebida pela visão como no caso do dedo. Mas a unidade e o seu reverso envolvem a concepção de pluralidade, levando à perplexidade, como no segundo tipo de conceitos, definido por Platão, que estimula a reflexão e o estudo.

Platão identifica então a aritmética, a geometria e a astronomia como campos básicos para a educação em nível mais elevado do que o vulgar senso comum. Inclusive na guerra, estes conhecimentos são necessários para se saber dispor as tropas no terreno, diz ele. Quem estudou geometria é infinitamente mais rápido na apreensão das idéias, afirma Platão.[9] Também o filósofo necessita da matemática como base sobre a qual vai assentar a dialética. Este é o estágio superior da busca do conhecimento. Por intermédio da dialética pode-se descobrir a verdade absoluta pela luz da razão apenas, sem nenhuma assistência dos sentidos. Esta posição de Platão será criticada por Kant como veremos no capítulo VI.

Voltando aos prisioneiros da caverna, a libertação deles levando-os das sombras para a luz é comparável ao poder que a alma tem de elevar seus mais altos princípios para a contemplação do que é o melhor da existência; este poder é dado pelo estudo das matemáticas acima descritas e pela dialética, segundo Platão. Mas, adverte que a dialética só pode revelar tudo isto a quem estudou as ciências prévias a ela (matemáticas). A dialética vai diretamente aos primeiros princípios. Os dialéticos buscam a essência das coisas.

Ao fim do Livro VII são identificados quatro tipos de conhecimento: ciência, entendimento, crença e percepção (Quadro 1).[10] A ciência é associada ao intelecto (episteme) e a crença à opinião (doxa).

---

9. Op. cit., p. 394.
10. Op. cit., p. 398.

Há ainda o conhecimento das artes práticas (Tecne). A opinião concerne ao vir a ser, ao devir; o intelecto ao que é, ao ser. Platão[11] estabelece as proporções: "o ser está para o devir como o puro intelecto está para a opinião. E o intelecto está para a opinião como a ciência está para a crença, e como o entendimento está para a percepção".

Em resumo há uma correspondência: o ser está para o devir (vir a ser) assim como o intelecto está para a opinião, a ciência para a crença e o entendimento para a percepção:

ser / devir = intelecto / opinião = ciência / crença = entendimento / percepção

Quadro 1. Tipos de Conhecimento em Platão

Intelecto (Episteme)	Opinião (Doxa)
Ciência (conhecimento certo)	Crença
Entendimento	Percepção

II.2. O Método Hipotético-Dedutivo

II.2.1. O *Teeteto* de Platão e a maiêutica socrática

O *Teeteto* de Platão,[12] do qual faremos agora uma leitura crítica comentada, para introduzir a essência do método hipotético-dedutivo. Sócrates, personagem do diálogo escrito por Platão, pergunta à queima roupa a Teodoro, personagem secundário, e a Teeteto, jovem discípulo de filósofo: "eis o que me suscita dúvidas, sem nunca eu chegar a uma conclusão satisfatória: o que seja propriamente conhecimento. Será que podemos defini-lo?" Teeteto se apressa a responder que tudo o que se aprende é conhecimento, a geometria e outras disciplinas, a arte dos sapateiros e dos outros artesãos. Sócrates retruca que não perguntava quantos conhecimentos particulares pode haver, como o do sapateiro para fazer sapatos, o do marceneiro para fabricar móveis. Queria, sim, saber o que seja o conhecimento em si mesmo. Ironiza dizendo que se alguém perguntasse o que é lama e lhe respondêssemos que há a lama que vemos no quintal quan-

---

11. Op. cit,. p. 398.
12. PLATÃO, op. cit., p. 512.

do chove, a dos oleiros que fazem com ela tijolos, etc... nos tornaríamos ridículos. A resposta trivialmente simples é: lama é terra molhada.

O diálogo segue o método da maiêutica socrática de extrair as conclusões do interlocutor. Nas palavras de Sócrates: "a minha arte obstétrica tem atribuições iguais às das parteiras, com a diferença de eu não partejar mulheres, porém homens, e de acompanhar as almas, não os corpos". Insiste então para Teeteto explicar o que é conhecimento. Este responde que "conhecimento não é mais do que sensação". Sócrates imediatamente liga esta interpretação à definição de Protágoras, de que o homem é a medida de todas as coisas, querendo dizer que "as coisas são para mim conforme me parecem, como serão para tu segundo te parecerem". Comenta a seguir que por vezes "acontece, sob ação de um mesmo vento, um de nós sentir frio e outro não...". E indaga: "nesse caso, como diremos que seja o vento em si mesmo frio ou não frio?". Conclui que aparência e sensação se equivalem em relação ao calor. Mas, acrescenta, a sensação é sempre sensação do que existe, logo não pode ser ilusória. No eterno vai e vem da sua maiêutica, associa entre si as idéias:

a) conhecimento e sensação se confundem;
b) a sensação é a aparência das coisas;
c) o homem é a medida de todas as coisas (Protágoras).

Como veremos, Sócrates negará esta caracterização de conhecimento, percorrendo um logo caminho. Para começar faz nova associação: a de não se poder dizer com acerto o que uma coisa é verdadeiramente se tudo estiver em permanente mudança, o que daria razão a Protágoras. O dilema entre a mudança permanente (Heráclito) e a unidade de cada coisa que existe (que levou Parmênides à conclusão de que nada muda) fora resolvido pelos atomistas (Demócrito e Leucipo). Mas este não é o aspecto que Sócrates quer explorar. "A rigor nada é ou existe, tudo devém." Este é o princípio da mudança permanente de Heráclito em oposição a Parmênides. A favor do argumento de que movimento é a causa de tudo o que devém e que parece existir, Sócrates toma os casos do calor e do fogo, gerados pela translação e pela fricção que também são movimentos. Esta relação entre movimento e calor aqui observada em um texto de cerca de 2400 anos atrás está na raiz da equivalência entre calor e energia cinética, formulada no século XIX, por Mayer e por Joule (Cap. VIII, Vol. II).

Páginas à frente, Sócrates critica os que "só acreditam na existência daquilo que eles são capazes de segurar com as duas mãos, porém não admitem que participe da realidade... tudo o mais que não se vê". Esta frase de Platão[13] parece uma crítica antecipada ao positivismo do século XIX. Não só ao positivismo (Cap. IX, Vol. II), mas também ao materialismo, pois Platão é um idealista. É no contexto do primado do mundo das idéias sobre o mundo das coisas materiais e das aparências que a questão do conhecimento deve ser compreendida nos Diálogos de Platão. Independentemente disto, sua crítica à concepção ingênua do conhecimento é profunda e estimulante à compreensão do problema, que continuará a ser desvendado por Descartes, Leibniz, Locke, Berkeley, Hume[14] e Kant,[15] após a Revolução Científica do Século XVII.[16]

II.2.2. O VEROSSÍMIL E O PROVÁVEL

No Diálogo com Teeteto, Sócrates vai adiante refutando que o conhecimento venha da sensação produzida pela aparência das coisas. Enumera entre as sensações: visão, audição, olfato, frio e quente, mas também prazeres, dores, desejos, temor e muitas outras. Afirma que "nada existe em si e por si e que cada coisa só devém por causa de outra", elas se formam e depois destroem-se ou alteram-se. Fala dos sonhos, das doenças, da loucura, das alterações da visão, da audição, etc. como casos em que nossas sensações revelam-se falsas. Como então, pergunta, pode-se afirmar que sensação é conhecimento? Quando se está com saúde sente o paladar do vinho agradável e doce, mas quando doente o sente amargo. Logo, há uma relação entre o que existe e quem percebe. Aqui, há claramente a idéia de fenômeno envolvendo objeto e sentidos.

Neste ponto, de acordo com a maiêutica, Sócrates resgata Protágoras: "minha sensação, portanto, é verdadeira para mim, pois sempre faz parte do meu ser, sendo eu, por isso mesmo, o único juiz". Confunde Teeteto e o alerta por não compreender "que os argumentos não saem de mim, porém sempre da pessoa com quem eu converso". Ironiza, então: "se a verdade para cada indivíduo é o que ele alcança pela sensação, se as impressões de alguém não encontram melhor juiz senão ele mesmo, e se ninguém tem autoridade para dizer se as opiniões de outra pessoa são ver-

---

13. PLATÃO, op. cit., p. 512.
14. Ver capítulo V.
15. Ver capítulo VI.
16. Ver capítulo III.

dadeiras ou falsas, formando cada um de nós sozinhos suas opiniões", como Protágoras poderia ensinar os outros (e receber dinheiro por isto)? E por que razão "devemos nós aprender o que ele ensina se cada um de nós é a medida de todas as coisas?". O raciocínio de Sócrates é recorrente, mas mordaz para confundir Teeteto que muda sua posição anterior. A esta altura Sócrates critica estarem usando em assunto de tamanha transcendência "argumentos baseados apenas em verossimilhança e probabilidade", o que será suficiente para qualquer geômetra desclassificar sua validade lógica. Propõe conseqüentemente uma nova abordagem da questão. Chega à pergunta: "quem viu alguma coisa, adquiriu o conhecimento desta coisa?". Se sensação e conhecimento se confundem entre si a resposta é afirmativa. Mas, afirma, "não mais a tendo diante dos olhos ou fechando-os, deixando de vê-la, não se perde o conhecimento dela". Logo, conhecimento, que permanece, não é idêntico à sensação, que é passageira. Voltando a ironizar diz que se houvesse identidade entre conhecimento e sensação se poderia perguntar se há conhecimento perto ou conhecimento longe, conhecimento agudo, etc. correspondente à visão, à audição, etc.

Sócrates volta a Protágoras para provocar Teeteto, afirmando que um indivíduo difere do outro ao infinito e que o sábio é aquele capaz de mudar o aspecto das coisas e melhorar a condição das pessoas. Assim, "no domínio da educação, cumpre passar os homens do estado pior para o melhor". E continua ele: "um indivíduo" com a mudança apropriada passará a ter opiniões diferentes... melhores do que as primeiras; mais verdadeiras nunca". O médico consegue as modificações por meio de drogas; o sofista capaz de educar seus discípulos é sábio e "merece ser muito bem pago" (referindo-se a sua própria acusação a Protágoras de não merecer o dinheiro que ganhava).

Mantendo o diálogo virtual com Protágoras, Sócrates pergunta se sabedoria é o pensamento verdadeiro, e ignorância é a opinião falsa. Afirma a Teeteto e a Teodoro, este último como se representasse os discípulos de Protágoras, que nas opiniões dos homens há verdades e erros. Podemos fazer um paralelo com os personagens dos diálogos de Galileu que veremos no capítulo IV, de Sócrates com Salviati, de Teeteto com Sagredo e de Teodoro com Simplício, que representava o aristotelismo. Cada um de nós formando sua própria opinião sobre determinado objeto torna-se um juiz quanto às opiniões alheias, ao mesmo tempo que é julgado pelos demais. Aqui, Sócrates coloca como inconsistente a definição de verdade pela medida de cada homem, pois "se é contestada por todo o mundo, a verdade de Protágoras não é verdadeira para ninguém". Mais uma vez uma velha questão se revela na raiz do novo paradigma, pois na epistemologia moderna a teoria consensual da verdade ressalta o papel do consenso para a construção da verdade (Cap. XI, Vol. II). Como deixar de admitir que, "como é a opinião geral, há pessoas mais sábias que outras, como as há também mais ignorantes?". Em matéria de saúde ou de doença "não está ao alcance de qualquer mulher ou criança curar-se a si próprio". Em frases como esta revelam-se costumes e as características da sociedade grega, como a supremacia social masculina. Neste mesmo trecho, logo a seguir, Sócrates exprime o desprezo do filósofo pelas atividades práticas, dos que "só falam com o tempo marcado pelas águas da clepsidra, que não os deixa alargar-se à vontade na apreciação dos temas prediletos". "Em confronto com os educados na filosofia são como escravos comparados a homens livres." De modo recíproco, ele descreve a visão do senso comum com respeito ao filósofo, contando a história segundo a qual Tales olhando para o céu caiu em um poço, o que teria feito uma moça zombar dele dizendo que ele queria conhecer o céu, mas não via o que estava junto aos seus pés.

Sócrates volta a rebater a idéia de Protágoras por ele associada à de Heráclito, dizendo que se tudo muda (por translação e por alteração) "toda a resposta a respeito seja do que for é igualmente justa, pois tanto faz dizer que uma coisa é deste jeito como daquele...". Em conseqüência, nega que conhecimento seja sensação "pelo menos em conexão com o princípio de que tudo se move".

II.2.3. MODELO EPISTEMOLÓGICO GENÉTICO

É impossível transmitir aqui a riqueza do diálogo, que a certa altura penetra nos aspectos psicológicos do problema do conhecimento, sem perder de vista sua totalidade lógica e filosófica. Das sensações Sócrates, passa a falar da memória, onde elas são impressas, para buscar desvendar o que seja conhecimento. Diz ele que se pode supor que na alma há uma massa de cera. Em umas pessoas é maior, noutras é menor, pode ser limpa ou com impurezas, dura ou úmida. É uma dádiva de uma deusa. Para lembrar-nos de algo visto, ouvido ou pensado, calcamos a cera mole sobre as nossas impressões ou pensamentos e nela ficam gravados em relevo. Temos lembrança do que fica impresso. Sócrates, usando o modelo da massa de cera, esgota todas as possibilidades lógicas de erros e acertos nas combinações da percepção e das sensações, da memorização e da opinião que cada uma forma. Seguindo o diálogo: "quando a cera que se tem na alma (o que revela o idealismo de Platão) é profunda e abundante, abranda tudo o que se transmite pelo canal das sensações e vai gravar-se no coração" (e não cérebro). Saem puras as impressões deixadas, profundas e duradouras. "Os indivíduos com semelhante disposição aprendem facilmente e de tudo se recordam e sempre formam pensamentos verdadeiros sem virem jamais a confundir as marcas de suas sensações".

Sócrates não para aí: "sendo nítidas e bem espaçadas todas as impressões, com facilidade elas põem em relação cada imagem com as coisas reais". Passa então a descrever um indivíduo medíocre e outro de pouca inteligência. Neste, além da má qualidade da massa de cera (dura, seca) há exiguidade de espaço e as marcas gravadas a partir das sensações e dos pensamentos ficam amontoadas e indistintas. Indivíduos, neste caso, são propensos a emitir juízos errados, falta-lhes agilidade para relacionar de imediato cada coisa com sua marca peculiar. Por este caminho, chega à conclusão de que as opiniões falsas resultam do desajuste entre pensamento e sensação. Convence Teeteto disto e, mal acaba de fazê-lo, questiona a conclusão, tomando como contra-exemplo a soma de cinco e sete, que é doze, mas que alguém sempre pode por erro confundir com onze. Indaga então "e isso não implica simplesmente tomar por onze o próprio doze gravado na cera". Ou seja, neste engano confunde-se uma coisa que se conhece com outra que também se conhece. Não se trata de nenhum desajuste entre pensamento e sensação. Entretanto, é uma opinião falsa. Logo, opinião falsa não se reduz tão só a desajuste entre pensamento e sensação.

Deixa perplexo Teeteto ao autocriticar-se por estar empregando as expressões "conhecemos e não conhecemos como se entendêssemos o que falamos, quando em verdade, ignoramos o que seja conhecimento". Teeteto exclama que não poderia conversar se for proibido usar a palavra cujo significado preciso quer descobrir. Este é um problema recursivo, segundo a lógica moderna, que discutiremos no Volume III. O personagem Sócrates ultrapassa a questão com nova pergunta: o que é saber? Responde que é possuir conhecimento. Cria então novo modelo que expande o anterior: "a exemplo do que fizemos com nossa alma ao modelar uma espécie de ficção de cera construamos em cada alma um viveiro com os mais variados pássaros a voarem por onde bem lhes apetece". Em vez de pássaros "imaginemos conhecimentos" em seu lugar, na infância esta gaiola está vazia. Por julgamento falso, então, toma, no modelo do aviário, o caso em que "na caçada dos conhecimentos... apanha-se um pássaro errado em lugar do que se pretendia".

Leva Teeteto a concluir que opinião verdadeira é conhecimento. O pensamento certo está isento de erro e tudo o que sai dele é belo e bom. Funde-se nesta frase o conhecimento com a ética e com a estética — o certo é belo e bom — e que é característico do pensamento grego. Mas Sócrates não se satisfaz com a resposta de Teeteto e argumenta com um julgamento em um tribunal onde o juiz forma sua opinião ouvindo a explicação da testemunha. Esta opinião é verdadeira quando sentencia com acerto, ou seja, quando se pode demonstrar a verdade do fato. É novamente Teeteto quem arrisca uma conclusão: "conhecimento é opinião verdadeira acompanhada de explicação racional".

II.2.4. O PROBLEMA DA EXPLICAÇÃO

Sócrates argüi o significado da explicação: "os denominados elementos primitivos de que somos compostos, como tudo o mais, não admitem explicação". "A cada um só poderás dar nome, sem nada mais acrescentar", diz. Platão trata aqui de uma característica dos sistemas lógicos axiomatizados, como a geometria euclidiana, que necessitam partir de termos primitivos tomados como conhecidos para, a partir deles, construir o sistema dedutivo através dos axiomas e dos teoremas. Também é uma característica dos sistemas lingüísticos, como Sócrates mostra: "a verdade, em suma, é que nenhum desses elementos admite explicação; só podem ser nomeados... Diferentemente se passa com os compostos desses elementos: por serem complexos, são expressos por uma combinação de nomes, pois a essência da definição consiste numa combinação de nomes. Desse modo, as letras são inexplicáveis e desconhecidas, porém percebidas pelos sentidos, ao passo que as sílabas são conhecíveis, explicáveis, e podem ser objeto da opinião verdadeira". Este ponto aproxima Platão de questões modernas, como a filosofia do conhecimento de Popper e a filosofia da lingüística de Wittgenstein, e se relaciona com a simbologia da semiótica, como se verá a seguir na discussão sobre as letras do alfabeto.

Continuando a explanação de Sócrates, como personagem do diálogo fala: "quando alguém forma opinião verdadeira de qualquer objeto sem a racional explicação, fica a sua alma de posse da verdade a respeito desse objeto, porém sem conhecê-lo. Pois quem não sabe nem dar nem receber explicação de alguma coisa carece do conhecimento dessa coisa". Fixa-se no problema da escrita, cujos elementos são as letras e as sílabas. Estas últimas "admitem definição, o que não acontece com as letras". Toma a primeira sílaba do seu nome, Sócrates, e pergunta a Teeteto o que é So. Este responde que é S e O, justapostas. Então, pergunta o que é S e Teeteto diz ser "uma letra muda, simples ruído, como que um sibilo da língua". E continua: "O B... não tem nem som (...) as letras são irracionais... não sendo, por conseguinte, passivas de ulterior explicação".

Sócrates volta à carga cogitando que, nesse caso, o elemento não poder ser conhecido, e a sílaba sim. "Quem conhece a sílaba, conhecerá também as duas letras". Joga Teeteto em um raciocínio circular: para conhecer o todo era preciso explicá-lo a partir do conhecimento das partes, mas neste caso as partes são conhecidas a partir do todo. Aqui, Platão se aproxima da crítica atual ao reducionismo característico da ciência moderna e explícito no método cartesiano. Com isso, estabelece uma limitação à redução do conhecimento ao pensamento verdadeiro com explicação racional.

II.2.5. O Conhecimento

Para analisar o que seja um carro de guerra de cem peças, poderíamos dizer que é composto de rodas, eixo, mesa, parapeito e cabo. Entretanto, Platão, através do personagem Sócrates, aduz que "formamos opinião certa a respeito do carro de guerra, mas só quem estiver em condições de acompanhar a essência do carro com a enumeração completa das cem peças de sua fabricação é que (....) adicionou a explicação racional à opinião verdadeira, trocando, assim, sua condição de simples entendido pelo de técnico da essência do carro".[17] Faz aqui uma tipologia do conhecimento, diferenciando-o conforme o nível com que se trata o problema. Por aí, vai associar o conhecimento de algo à diferença, àquilo que o distingue dos demais. Exemplifica com o próprio Teeteto, que tem nariz chato e olhos salientes, semelhantemente a ele próprio, Sócrates. Escreve: "Supõe que eu dissesse de mim para comigo: aquele ali é Teeteto visto ser homem e ter nariz, olhos e boca... esse pensamento me permitirá pensar mais em ti do que em Teodoro... E se eu não pensar apenas em alguém com nariz e olhos, mas também de nariz chato e olhos saltados, por ventura pensarei mais em ti do que em mim mesmo? Acho que não poderei fazer uma idéia perfeita de Teeteto, enquanto essa forma achatada de nariz não se diferenciar de todos os outros narizes rombos que eu já vi". E conclui: "logo, a opinião verdadeira de qualquer coisa diz respeito às diferenças".

---

17. PLATÃO, 1978, p. 512.

Chega-se ao fim do diálogo com Sócrates, afirmando mais o que não é o conhecimento do que aquilo que é conhecimento: "Conhecimento não pode ser nem sensação, nem opinião verdadeira, nem a explicação racional acrescentada a essa opinião verdadeira". Finaliza perguntando a Teeteto, de acordo com a arte da maiêutica, se ainda está "em estado de gravidez e com dores de parto a respeito do conhecimento ou já se deu a expulsão de tudo". Teeteto responde que disse mais do que tinha dentro de si. Sócrates faz votos de que Teeteto venha a conceber melhores frutos graças à presente investigação, mas diz que de qualquer modo já é vantajoso "não imaginares saber o que não sabes".

O *Teeteto* permanece um objeto de estudo importante e rico, como mostram publicações recentes no campo da filosofia.[18] Foi totalmente dedicado ao problema do conhecimento ou à "episteme", sem tratar da teoria das idéias, podendo ser visto como um resultado da "crise definitiva do projeto iniciado com *A república* e evidenciando a "impossibilidade de fornecer uma definição clara" do que é o conhecimento.[19]

II.3. A Lógica do Conhecimento Científico

II.3.1. Da dialética à lógica dos silogismos

O *Teeteto* de Platão é um clássico exemplo do que podemos chamar de método dialético de argumentação na filosofia. A resposta, de Teeteto — conhecimento é percepção — é tomada como premissa por Sócrates para chegar a conclusões que são refutadas e levam Teeteto a abandonar a premissa. De uma hipótese derivam-se conseqüências e se estas forem inaceitáveis por algum critério de verificação da verdade a hipótese é rejeitada. Isto está na base do método hipotético dedutivo incorporado à ciência moderna. Segundo Willian Kneale e Martha Kneale,[20] este método foi sugerido a Platão pela prática de Sócrates e tem sua origem na redução ao impossível ou ao absurdo usado por Zenão na filosofia e mais remotamente por Pitágoras na matemática.

---

18. TRINDADE SANTOS, J. Gabriel, em SIMON, Samuel; *Filosofia e conhecimento*, Ed. UnB; Brasília, 2003, p. 47.
19. DI CAPUA, Luigi, em Simon, op. cit., p. 23.
20. KNEALE, W. & KNEALE, M. *The development of logic*. Oxford Univ. Press, 1962.

Não é nosso objetivo aqui penetrar nos meandros da lógica, mas a questão do conhecimento é inevitavelmente ligada à questão da validade das inferências lógicas, embora possamos fazer corretamente inferências sem formular regras explícitas para elas. Aristóteles escreveu o *Organum* sobre os princípios de validade das inferências. A lógica trata destes princípios e da reflexão sobre eles. Nem todos os discursos envolvem a verificação lógica. Em geral ao contarmos uma história ocorrida na vida diária não estamos preocupados com tal verificação rigorosa. Entretanto, quando desejamos provar algo surge o problema da verificação da verdade do resultado que queremos demonstrar, exigindo que as premissas de que partimos sejam verdadeiras e a argumentação usada seja válida logicamente.

Aristóteles[21] nos Tópicos do *Organum*, estabelece a diferença entre a demonstração e a dialética. Quem demonstra não responde diretamente a uma questão, mas parte de algo admitido como verdade *a priori* para tirar conseqüências. Já na dialética a premissa é uma hipótese contida na questão formulada, e a resposta é buscada, por exemplo, comparando alguma conseqüência desta hipótese com algo que se conhece. Na demonstração, parte-se de premissas tomadas como verdadeiras, e a conseqüência é necessariamente verdadeira. Na dialética, não é assim, a premissa não é tomada como verdadeira e nem sua conseqüência é necessária. A demonstração tem uma óbvia conexão com o método da geometria. Esta foi muito usada na astronomia grega e depois foi apropriada pela mecânica de Galileu e Newton, além de ter sido considerada como exemplo de método na filosofia de Spinoza, de Leibniz e de Kant.

Apesar do papel fundamental do *Organum*, alguns princípios da lógica como a lei da contradição, estavam enunciados em Platão, que embora não tenha sido um lógico, foi um precursor da filosofia da lógica. Tratou de questões como o que é a verdade e o falso, o que faz uma inferência válida ser possível, etc. Mas, sua abordagem não era dirigida propriamente a estas questões. Elas apareciam nos seus textos, como no *Teeteto*, em que discute o conhecimento, a opinião e a verdade.

A identificação do pensamento ou da opinião com o discurso sugere a transferência do predicado verdadeiro ou falso de um para o outro, observam Kneale e Kneale. A lógica tem muito a ver com o problema da linguagem. Às vezes, Platão designa verdadeira ou falsa uma sentença, outras

---

21. ARISTÓTELES, trad., W. D.; editado por Hutchins, R. M., *The Works of Aristotle*, Great Books of the Western World, 1978, p. 143.

um evento. Na lógica, reserva-se o predicado verdadeiro às proposições contidas em certos tipos de sentenças. Em Platão, a questão da verdade liga-se à doutrina das formas, em que se revela o idealismo platônico em contraste com Aristóteles. A este assunto voltaremos mais tarde.

II.3.2. A LÓGICA ARISTOTÉLICA: AS CATEGORIAS E OS SILOGISMOS

A palavra lógica só modernamente adquiriu seu sentido atual; o *Organum*[22] era um instrumento para a ciência. As partes que o compõem são: As Categorias, Sobre a Interpretação, Analítica Primeira, Analítica Posterior, Tópicos, Sobre as Refutações Sofistas. Seu pensamento mais maduro sobre a lógica está na *Analítica*. A doutrina das categorias tem importância no sistema de Aristóteles. Não vamos aqui examiná-la, mas apenas assinalar seus ingredientes relevantes para irmos à questão do silogismo, que é a base da lógica aristotélica.

Segundo as Categorias as expressões são compostas de termos que significam: substância (homem, cavalo), quantidade (comprimento), qualidade (branco), relação (maior), lugar (no liceu), tempo (ontem), posição (sentado), estado (vestido), ação (lançar), afecção (ser lançado). Estas cinco categorias são predicados que podemos atribuir às coisas. Nenhum desses termos, escreve Aristóteles, envolve em si uma afirmação. É pela combinação deles com outros que são construídas as declarações afirmativas ou negativas. Estas sim são verdadeiras ou falsas, enquanto que as expressões não compostas não são nem verdadeiras nem falsas. A substância é primária quando não é predicado de nenhum sujeito e nem presente num sujeito. Dá como exemplo um homem (indivíduo), Sócrates, um cavalo individualmente. São substâncias secundárias as espécies em que as primárias estão incluídas (espécie humana) e os gêneros em que as espécies estão incluídas (animal). Assim, homem é um predicado do indivíduo homem: Sócrates é um homem. As qualidades estão presentes em uma substância.

No início dos Tópicos, são classificados os predicados de um sujeito em: gênero, espécie (diferença), essência (definição), propriedade e acidente. A figura plana, por exemplo, é um gênero, que comporta várias espécies — quadrado, círculo, etc. Uma circunferência é definida como a figura cujos pontos são eqüidistantes (lugar geométrico) de um ponto fixo.

---

22. ARISTÓTELES, 1978, p. 5.

Esta é sua essência, que é conversível ao sujeito. Nem todo predicado é conversível ao sujeito. B é conversível a A se tudo que tiver o predicado B for necessariamente A, ou seja, B define A. Se o predicado não for conversível, é chamado de acidente, não é essencial. Os acidentes se constatam e não necessitam de explicação, têm a ver com os *a posteriori* revelados empiricamente pela observação, como veremos em Kant (Cap. VI). Voltando ao exemplo da circunferência, ela pode ter diferentes cores, ser preta, o que é um mero acidente que nada tem a ver com o fato de ser circunferência. Já o fato de a linha ser curva é uma propriedade de toda a circunferência, embora nem todas as linhas curvas sejam circunferências. Nesse caso, todo A tem o predicado B, mas nem tudo que tenha o predicado B é A, ou seja B é uma propriedade de A.

Figura 3. Árvore de Porfírio.

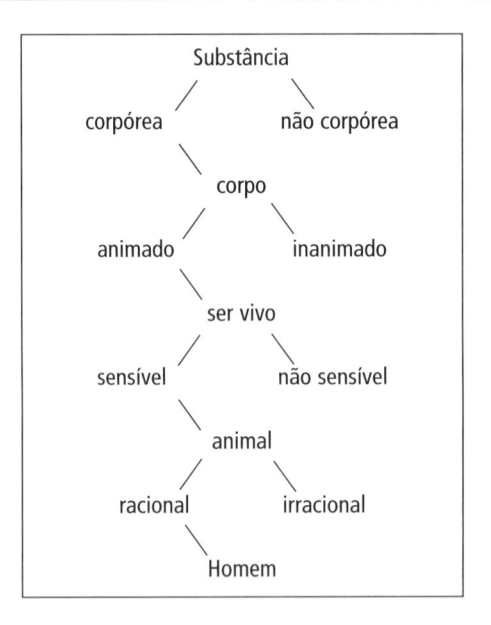

Para dar uma idéia de como se usavam as diferenças para se chegar à essência, é interessante vermos a árvore de Porfírio,[23] um comentador de Aristóteles que viveu entre os anos 232 e 304 (Fig. 3).

---

23. OLDROYD, D.; *History of the Philosophy and Methodology of Science*, Methuen, Nova York, 1986, p. 39.

Para Aristóteles, há três formas de declarações que afirmam um predicado de um sujeito: singular, universal e particular. É singular a declaração em que o sujeito é um indivíduo, que não pode ser predicado de nada. Exemplo: Sócrates é branco. A declaração é universal quando o sujeito designa um conjunto e pode ser predicado de muitos indivíduos. Exemplo: Todo homem é branco. Finalmente, é particular a declaração em que o sujeito particulariza uma parte de um conjunto. Exemplo: algum homem é branco. Aristóteles chega à classificação dada no quadro 2.

São contrárias as declarações opostas que não podem ser ambas verdadeiras nem ambas falsas. São contraditórias as declarações que não podem ser ambas verdadeiras, mas podem ser ambas falsas. Esta caracterização evidencia a diferença essencial entre declarações gerais e singulares. Embora sejam semelhantes "Sócrates é branco" e "Algum homem é branco", a primeira não se enquadra dentro das possibilidades acima e não tem o mesmo conteúdo lógico da segunda declaração.

Quadro 2. Quadro das Oposições.

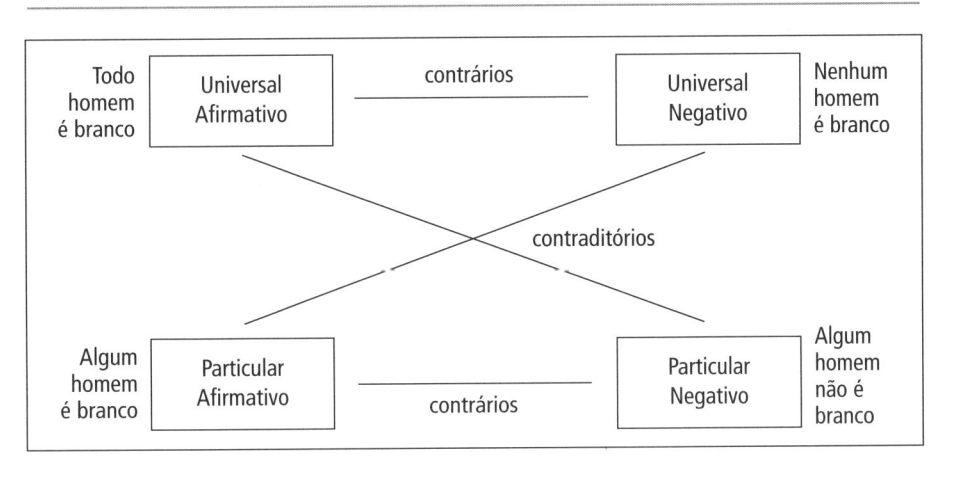

Em Sobre a Interpretação,[24] são estudados os tipos de sentenças e sua estrutura. Nos Tópicos do *Organum*, silogismo designa qualquer argumentação que parte de mais do que uma premissa, mas na Analítica é usado apenas para o raciocínio em que dois termos gerais são relacionados por

---

24. ARISTÓTELES, 1978, p. 25.

intermédio de um termo médio. Aristóteles considera na Analítica Primeira que toda a prova deve envolver o silogismo. Embora os Tópicos tenham exercido grande influência na filosofia, é na elaboração das regras do silogismo na Analítica que está a maior importância do *Organum* para a lógica. Entretanto há contribuições lógicas relevantes nos Tópicos, como a primeira versão do princípio da transitividade, a formulação do princípio da indiscernibilidade dos idênticos.[25] Mas, são também aí tratados argumentos sobre a linguagem comum. Na lógica formal, os atributos "verdadeiro" e "falso" tem um significado mais preciso que na linguagem comum, em que se usam sentenças com sujeito e predicado, mas seus significados nem sempre são claros e precisos.

Para contornar esses problemas, a lógica que se desenvolve a partir da aristotélica vai estabelecer diferenciações entre as sentenças. As declarações são sentenças indicativas para afirmar algo, e a proposição é aquilo que é afirmado na declaração. Fundamentalmente, o predicado "verdadeiro" ou "falso" se aplica à proposição, sendo dela propagado para as sentenças e declarações. As sentenças são verdadeiras quando expressam proposições verdadeira. As declarações são verdadeiras quando são sentenças declarativas que expressam proposições verdadeiras. As crenças e opiniões poderão ser consideradas verdadeiras quando o que expressam coincidir com o que expressam proposições verdadeiras.

II.3.3. Os silogismos categóricos

No silogismo a conclusão decorre de duas premissas que relacionam os termos, em número de três sempre — dois extremos e um termo do meio. Assim, não é um silogismo um argumento válido do tipo: "se chover, o chão ficará molhado; choverá, logo o chão ficará molhado". Aristóteles classifica em três grupos os silogismos categóricos:

1º)   o termo do meio é o sujeito em uma premissa e é predicado na seguinte;
2º)   o termo do meio é predicado em ambas as premissas;
3º)   o termo do meio é sujeito em ambas as premissas.

---

25. KNEALE & KNEALE, 1962.

Em resumo:

a) Definindo: L — 1º termo extremo
                 S — 2º termo extremo
                 M — termo do meio

b) Ordenando verticalmente: 1ª premissa
                             2ª premissa
                             Conseqüente

c) Ordenando na horizontal cada premissa e o conseqüente: sujeito-predicado.

d) Temos os três grupos de silogismos categóricos de Aristóteles:

(1º) $M - L$	(2º) $L - M$	(3º) $M - L$
$S - M$	$S - M$	$M - S$
$S - L$	$S - L$	$S - L$

e) Devemos considerar em cada grupo as diversas possibilidades mostradas no quadro 3. As letras A-I e E-O, ordenadas verticalmente, vêm das vogais das raízes latinas de "afirmo" e "nego", respectivamente (Quadro 3).

Quadro 3. Componentes do Silogismo.

Declaração	Afirmativa	Negativa
Universal	A) todo / é	E) nenhum / é
Particular	I) algum / é	O) algum / não é

Considerando as diversas possibilidades de declarações universais e particulares, afirmativas e negativas, obtemos as múltiplas combinações matematicamente possíveis, das quais Aristóteles distinguiu 14 logicamente válidas: 4 do primeiro grupo, 4 do segundo e 6 do terceiro. São designadas pelos nomes que ganharam na Idade Média (para fins mnemônicos) como o famoso silogismo *Bárbara*, em que a letra A comparece por três vezes, ou seja, contem três afirmativas universais.

Os silogismos foram usados em duas formas de demonstrações: a partir da causa ("demonstratio quia" em latim) e a partir do efeito ("demonstratio propter quid"). O exemplo para o primeiro caso é:[26]

Os corpos celestes vizinhos da Terra não cintilam.
Os planetas são vizinhos da Terra.
Os planetas não cintilam.

---

26. OLDROYD, op. cit., p. 32.

O segundo tipo de demonstração pode ser exemplificado trocando acima a segunda premissa ou termo do meio com a conclusão:

Os corpos celestes vizinhos da Terra não cintilam.
Os planetas não cintilam.
Os planetas são vizinhos da Terra.

Alguns comentadores de Aristóteles tentaram usar uma combinação destas duas formas de demonstração para terem um arco do saber que permitisse ir com certeza absoluta do efeito à causa, sem fazer uso da indução e sem a formulação de hipóteses, mas Aristóteles estava ciente da impossibilidade disto.

II.3.4. SILOGISMOS MODAIS E CONDICIONAIS. OS ESTÓICOS E O *MODUS TOLLENS*

Foram desenvolvidos, além da teoria dos silogismos categóricos para as declarações gerais (assertóricas), os silogismos modais. Uma declaração modal é o que contém as palavras "necessário" ou "possível". É chamado de apodídico quando contém a expressão "é necessário que" e de problemático quando contém "é possível que". Caso não contenha nem uma nem outra é assertórico. São contingentes as declarações que envolvem a possibilidade.

A lógica não se limita aos silogismos. O *modus tollens* não é silogismo no sentido categórico. A lógica teve um desenvolvimento após Aristóteles. Segundo Oldroyd,[27] os filósofos estóicos, posteriores a Aristóteles, formam com ele, Platão e os atomistas pré-socráticos, o veio fundamental da filosofia grega sobre o conhecimento. Atribui-se aos estóicos, especificamente a Crisipo, a formulação dos silogismos hipotéticos, em contraste com os silogismos categóricos de Aristóteles.

O *modus tollens*, que ganha um papel crucial com a ciência experimental que nascerá com a Revolução Científica do século XVII, pode ser enquadrado como um silogismo hipotético ou condicional. De acordo com a lógica formal, o método da refutação da hipótese pela negação do conseqüente relaciona-se ao *modus tollens*:

---

27. OLDROYD, op. cit.

Se P então Q; Não Q então não P

Seu inverso não pode provar a hipótese caso o conseqüente seja verdadeiro, pois é uma falácia:

Se P então Q; Q então P.

Exemplos:

1º — Modus Tollens:

— A mecânica de Newton (P) estabelece que a energia de um sistema só pode variar continuamente (Q).

— A energia interna dos átomos não varia continuamente (não Q), mas sim aos saltos.

— Portanto, a mecânica de Newton não é válida (não P) na física atômica.

2º — Inverso:

— A mecânica quântica (P) estabelece que a energia de um sistema de partículas ligadas varia aos saltos (Q).

— A energia interna dos átomos varia aos saltos (Q é verdade).

— Não podemos concluir que a teoria quântica (P) é verdadeira; ela pode ser refutada por outras razões.

Uma teoria científica na concepção moderna, quando confrontadas suas predições com os fatos, ou é refutada ou não é, mas jamais é confirmada definitivamente, permanecendo provisória, pois não pode jamais ser validada pela comparação com os fatos. Esta concepção de ciência, atual, não era a de Aristóteles, como veremos.

II.4. A Observação da Natureza e a Indução

II.4.1. A observação da natureza *versus* o idealismo

Aristóteles[28] critica, na *Metafísica* as filosofias dos pré-socráticos Leucipo, Demócrito e Heráclito, de Sócrates e de Platão. Dos dois primeiros rebate o atomismo, segundo o qual as causas das qualidades das coisas são as diferenças nos elementos que as constituem, ou seja, a forma, a ordem

---

28. ARISTÓTELES, 1978, p. 499.

e a posição desses elementos constituintes das coisas. Vê com simpatia a doutrina de Heráclito, de que todas as coisas sensíveis estão em fluxo de permanente mudança. Mas reprova Sócrates por ter-se ocupado basicamente de questões éticas negligenciando o mundo natural. A Platão atribui o erro de ter considerado fundamentais não as coisas sensíveis, porque estão em permanente mudança, mas as idéias. As coisas sensíveis são nomeadas pelas idéias e existem em virtude de uma relação a estas, na visão platônica. Aristóteles diz que segundo Pitágoras as coisas existem por imitação dos números, enquanto em Platão elas existem por participação nas idéias. O idealismo, que considera as coisas como produto de idéias, levará Berkeley[29] ao que Kant[30] chamou de idealismo dogmático.

Para Platão, entre as coisas sensíveis e as formas, há os objetos da matemática ocupando uma posição intermediária. Diferem das coisas sensíveis por serem eternos e imutáveis e das formas porque estas são únicas em cada caso. As formas são para Platão as causas de todas as coisas e seus elementos são os elementos de todas as coisas. Em contraste com Platão, Aristóteles se atém a explicação de aspectos muito particulares da natureza, buscando causas para cada um deles. Define na metafísica alguns termos, que permanecerão usados pelos filósofos de diferentes correntes. Elemento significa o componente primário, imanente em uma coisa, indivisível. Caracteriza a Natureza como sendo o gênero das coisas em crescimento. Necessário é aquilo sem o que, como uma condição, uma coisa não pode existir. As coisas podem ser por acidente e pela sua própria natureza. Acidente é tudo aquilo que pode ser ou não predicado de alguma coisa sem por isto alterar sua essência. Os corpos simples como a terra, o fogo, a água e o ar e tudo que é composto deles são substâncias, bem como os animais, pois são sujeitos e não predicados. É também substância aquilo que, estando presente nas coisas, não é predicado e é a causa do ser, como a alma e a essência de cada coisa.

Aristóteles considera que a filosofia deveria ser chamada de conhecimento da verdade, pois o fim do conhecimento teórico é a verdade, enquanto que o do conhecimento prático é a ação. Mas, observa, não conhecemos a verdade sem a sua causa. O fogo é a mais quente das coisas, logo ele é a causa do calor de todas as outras coisas. Considera que as causas das coisas não formam uma série infinita, mas há sempre um primeiro

29. BERKELEY (Cap. V).
30. KANT (Cap. VI).

princípio. Entretanto, quando aprendemos, diz, devemos às vezes começar não do começo do assunto, mas de um ponto a partir do qual possamos aprender mais facilmente.

II.4.2. AS DIFERENTES CAUSAS NA METAFÍSICA

"Todo homem naturalmente deseja saber" escreve Aristóteles[31] no Livro I da *Metafísica*. Uma indicação deste desejo é o prazer que temos com os nossos sentidos e, acima de todos, com o sentido da visão. Não só para a ação mas também quando não vamos fazer nada gostamos de ficar vendo as coisas. Revela aqui o prazer da contemplação, valor freqüentemente atribuído à filosofia grega. Mas, diz ele, o motivo é que ver nos faz saber o que existe e traz à luz as várias diferenças entre as coisas existentes. A memória é produzida a partir das sensações e dela vem a experiência. Aristóteles caracteriza-se assim como um naturalista. Considera que com vistas à ação a experiência é melhor do que a teoria, pois um homem com teoria mas sem experiência sabe o que é universal mas não conhece os casos individuais.

Entretanto, para Aristóteles o conhecimento e o entendimento não pertencem à experiência. O homem com experiência sabe como as coisas são, mas não sabe por que. O mestre em cada profissão sabe mais do que o trabalhador manual porque conhece as causas das coisas que faz, enquanto este último executa seu trabalho através do hábito. Aristóteles considera os trabalhadores manuais como coisas sem vida. Transparece aqui uma determinada concepção do conhecimento. Para ele, as ciências, as quais não têm por objetivo resolver as necessidades da vida, foram descobertas primeiramente nos lugares onde o homem começou a ter o lazer para poder pensar mais profundamente.

As ciências são mais exatas tanto menos primeiros princípios necessitarem. Assim, considera a aritmética mais exata do que a geometria. A ciência que investiga as causas é particularmente instrutiva segundo a Metafísica, pois os primeiros princípios e as causas permitem o conhecimento das outras coisas que deles derivam. Por isso, é importante conhecê-los.

As causas para Aristóteles têm quatro sentidos na Física:

— causa material — é aquilo do que uma coisa é feita, como o mármore de uma estátua;

---

31. ARISTÓTELES, 1978, p. 499.

— causa formal — é a que dá a cada coisa uma forma determinada, é a idéia pensada pelo escultor de uma estátua para dar ao mármore uma forma;

— causa eficiente — é o antecedente diretor que provoca uma mudança, os golpes do cinzel do escultor sobre o mármore;

— causa final — é o fim em si, em torno do qual tudo é feito, é a glória do escultor ou a beleza da escultura.

O mármore de que será feita a estátua, no exemplo, é uma estátua em potência. Devemos distinguir entre a potência e o ato: a semente é a potência que se realiza na árvore que cresce (ato). Entre o ser e o não ser está a potência. O conceito de potência é importante em Aristóteles, que estuda a mudança, o eterno vir a ser, o devir. Distingue-se de Platão. O idealismo deste último o levou a pensar nas idéias como possuindo realidade acima das coisas. Aristóteles se interessa pelo mundo natural, observa as coisas concretas e abstrai delas as idéias, os conceitos. Platão cultivava a matemática. Aristóteles desenvolve uma rigorosa lógica discursiva hierarquizando conceitos e concatenando relações entre eles por meio do silogismo.

A causa material tem a ver com os acidentes que estabelecem diferenças; a causa formal se relaciona à ciência, pois dá às coisas a forma determinada; a causa eficiente é o antecedente direto da mudança, é a causa no sentido físico do termo, a causa final é de natureza teleológica, pois para Aristóteles na natureza tudo tem uma finalidade. Esta é a concepção transmitida à escolástica medieval, contra a qual se dará a Revolução da Ciência no século XVII (Cap. III), que negará a relevância científica de causa final, deixará de lado as causas material e formal e se concentrará na busca da causa eficiente.

II.4.3. A questão do conhecimento na Analítica

Aristóteles abre a Analítica Posterior do *Organum*[32] dizendo que toda instrução recebida ou dada por meio de argumentos provém de conhecimento pré-existente. Trata de duas formas de raciocínio: o silogismo (dedutivo) e o indutivo. Ambos fazem uso de conhecimento velho para chegar ao novo. O silogismo assume suas premissas como verdades aceitas, a indução busca o universal implícito nos particulares claramente conheci-

---

32. ARISTÓTELES, 1978, p. 97.

dos. Até mesmo a persuação da retórica comum, distante da lógica do silogismo e da indução, diz Aristóteles, usa de certo modo argumentos destes dois tipos.

O conhecimento pré existente em alguns casos reduz-se à admissão de fatos, em outros exige compreensão do significado de termos. "O reconhecimento da verdade pode em alguns casos contar como fatores o conhecimento prévio e também o conhecimento adquirido, simultaneamente com este reconhecimento." Esta frase pode ser interpretada hoje no contexto do problema retomado pelos críticos de Popper (Cap. VIII, Vol. II) — Kuhn, Lakatos e Feyerabend (Cap. IX, Vol. II) — segundo o qual a verificação experimental de uma teoria depende da teoria assumida implicitamente na experiência.

Voltando à Analítica Posterior, dela consta que possuímos conhecimento científico de uma coisa, em contraste com o conhecimento acidental, quando conhecemos: a causa do fato em questão; que a causa é só deste fato e não de outro; que o fato é decorrente dela e não de outras causas. Ou seja, há conhecimento científico de algo para Aristóteles quando a causa é determinada, única e necessária. Cabe aqui observarmos que a concepção grega de ciência é diferente daquela que será construída pela chamada Revolução Científica do século XVII (Cap. III), caracterizada pela formulação de leis da natureza e pela dedução de resultados teoricamente confrontáveis com as resultados de experimentos preparados.

O problema que fica em aberto na ciência atual é como formular a hipótese — o que foge da lógica dedutiva e cai na indução ou na conjectura. A indução é negada por alguns autores após Hume. A alternativa à indução segundo Popper (Cap. VIII, Vol. II) é a conjectura que pode ser baseada na intuição ou ter inspiração metafísica. Isto não importa para estes autores, porque a legitimidade da teoria é dada pela correção lógica da dedução dos seus resultados e pela covalidação destes por comparação com fatos empíricos aceitos como verdadeiros.

A diferença desta concepção de ciência para a de Aristóteles é que, para ele, as premissas da teoria ou, como diz, do conhecimento demonstrado devem ser verdadeiras, primárias e imediatas. Devem ser melhor conhecidas e anteriores à conclusão, com a qual se relacionam como a causa se relaciona com o efeito. As premissas aristotélicas não são hipotéticas como na concepção acima da ciência e na dialética de Platão. Elas têm de ser verdadeiras e primárias, embora indemonstráveis pela lógica dedutiva. Como então nos asseguramos de que são verdadeiras? Aí, entra a indução, cujo ponto de partida é a sensibilidade e a intuição. Os objetos próximos aos sentidos são melhores conhecidos para o homem e deles se obtêm, as causas particulares, em contraste com as causas universais, estas distantes das sentidas. As premissas devem ser verdades básicas e apropriadas. Básicas no sentido de que são imediatas.

Segundo Aristóteles há os que advogam que tudo tem de ser demonstrado, nada sendo aceito *a priori* como ponto de partida da demonstração, decorrendo daí ou a regressão ao infinito da demonstração ou a circularidade da mesma. Coloca-se contra ambas, pois para ele as premissas são verdades indemonstráveis, como já vimos.

Devemos, pois, nos deter no que são as premissas da demonstração para obter o conhecimento científico. Na caracterização de verdades básicas da filosofia e da ciência, a aceitação ou a rejeição do senso comum não é critério para ela ser apropriada. É atributo essencial o que pertence ao sujeito como um elemento na sua natureza essencial (como os pontos pertencem a linha na sua essência ou as linhas ao triângulo) ou que pertence a certo tipo de sujeito contido nos atributos de sua própria definição (como a curvatura pertence à linha ou o par e o ímpar aos números inteiros). Atributo essencial é o que pertence ao sujeito como um elemento na sua natureza essencial (como os pontos pertencem à linha na sua essência ou as linhas ao triângulo) ou que pertence a certo tipo de sujeito contido nos atributos de sua própria definição (como a curvatura pertence à linha ou o par e o ímpar aos números). Atributos que não são essenciais são acidentais (ser branco um animal). Uma outra caracterização relevante é a de um atributo pertencer universalmente a um sujeito. Isto ocorre por definição quando o atributo pertence ao sujeito em qualquer instância e em todas as situações.

Quanto à demonstração a partir da premissa, assumida como verdadeira não podemos passar de um gênero a outro. Uma verdade geométrica não pode ser demonstrada pela aritmética. A dialética (de Platão) não sofre esta restrição estabelecendo relações entre campos diferentes. Aristóteles dá três elementos de uma demonstração: o que é provado; os axiomas ou premissas; o gênero cujas propriedades essenciais são reveladas pela demonstração. Se as premissas do silogismo são universais a conclusão é eterna. Assim o conhecimento científico é definitivo segundo Aristóteles — ao contrário do que ocorre na ciência atual.

A ciência, diz o *Organum*, expande-se não pela interposição de novos termos médios nos silogismos, mas pela oposição de novos termos externos: A é predicado de B, B de C, C de D e assim por diante. Expande-se também lateralmente. Uma premissa maior pode ser provada de duas menores. Como a demonstração parte sempre de universais, e a indução parte de particulares, é conseqüentemente impossível chegar aos universais apenas pela dedução, sem passar pela indução. Esta depende da percepção pelos sentidos. Entretanto, o conhecimento científico não se esgota na percepção. As demonstrações são universais e os universais são imperceptíveis. A percepção se restringe aos particulares, enquanto que o conhecimento científico envolve o reconhecimento das universais. O universal é mais preciso do que a percepção dos sentidos e do que a intuição porque ele torna claras as causas. Há casos entretanto em que o ato de ver praticamente esgota nossa indagação, pela intuição.

A Analítica Posterior[33] diferencia o conhecimento científico da opinião e do objeto da opinião, sendo o primeiro universal e derivado de conexões necessárias. Há coisas verdadeiras e reais que não concernem ao conhecimento científico. A fonte original do conhecimento científico é a intuição racional. Podemos assim ter coisas verdadeiras na intuição racional, na ciência e na opinião. A opinião pode ser verdadeira ou falsa. A opinião trata de premissas que são imediatas, mas podem não ser necessárias, assim como seus objetos. Ela é instável. Quando temos certeza da verdade, nós pensamos que conhecemos o objeto do pensamento, e não que opinamos sobre ele. Opinamos quando pensamos que uma conexão pode ser assim ou ser diferente. Uma mesma coisa pode ser objeto de opinião e, depois, do conhecimento. Se aprendemos os atributos como inerentes ao sujeito, mas não em virtude da sua substância e da sua natureza essencial, nós temos sobre ele opinião, mas não conhecimento genuíno. Esta opinião vem das premissas imediatas: há o fato e o fato raciocinado, mas não há conhecimento porque não há demonstração, logo não há universal e necessário. Conhecimento é a apreensão de algo como sendo incapaz de ser outra coisa. Por exemplo, a apreensão de que ser animal é um elemento na natureza essencial, do homem — isto é conhecimento.

II.4.4. O MÉTODO PARA ADQUIRIR O CONHECIMENTO

Quando vemos que a Lua tem uma fase brilhante sempre voltada para o Sol e concluímos que a causa do brilho é a luz solar, ou quando vemos alguém pobre conversando com uma pessoa rica e pensamos que está pedindo dinheiro emprestado, nós temos o termo maior (o sol, o rico) e o

---

33. ARISTÓTELES, 1978, p. 97.

menor (a Lua, o pobre) e pegamos a causa (a luz solar, o dinheiro a emprestar) como termo médio entre eles. A questão no método aristotélico é a busca de termo médio.

Os tipos de questões a indagar são: se a conexão de um atributo (predicado) com uma coisa (sujeito) é um fato constatado; qual é a razão (causa imediata) da conexão; se a tal coisa (sujeito) existe; qual a natureza dela. Aristóteles toma o exemplo do eclipse do Sol para fazer distinção entre o fato, a conexão e a existência da coisa. Constatado que há o fato do eclipse, pergunta qual a sua causa e o que é o eclipse, respondendo que é a privação da luz da Lua pela interposição da Terra entre ela e o Sol, o que dá simultaneamente a razão do eclipse. Alerta que o método da divisão do objeto de estudo no pensamento não é um processo de inferência. À pergunta "o que é a essência do homem?" seria respondida por este método: o homem é animal, mortal, bípede, desprovido de asas, etc. Mas, para demonstrar o que uma coisa é na sua essência temos de chegar aos únicos atributos da sua natureza essencial, tais que a síntese completa deles seja peculiar à coisa — a síntese consiste no ser da coisa.

Podemos proceder pela indução para estabelecer o universal partindo de evidências de grupos de particulares, mas a indução não prova a natureza essencial das coisas, embora dê alguns dos seus atributos. Tampouco podemos ter a natureza essencial só pela percepção sensorial. Para conhecermos a natureza essencial das coisas nós temos de conhecer a causa de sua existência. É através do silogismo demonstrativo que a natureza essencial é exibida. Para Aristóteles temos conhecimento científico quando conhecemos a causa e há as quatro causas: a material, a forma definível, a causa eficiente e a causa final. Cada uma destas pode ser o termo do meio em uma prova. Sobre elas falaremos um pouco mais adiante.

O efeito pode estar acontecendo ou ser passado ou futuro, mas sua causa é sempre a mesma, pois ela é o termo do meio na conexão lógica — como no caso da Terra ficando entre o Sol e a Lua causando eclipse. Para Aristóteles, como será para Kant, a causalidade é uma necessidade lógica: ela tem de existir. Não é puramente empírica. Embora Aristóteles parta da indução, ele estabelece a causalidade passando pela demonstração. Em geral há uma sucessão entre a causa e o efeito, no tempo. Mas, em certo tipo de causa, o efeito ocorre simultaneamente: o gelo (A) é a água solidificada (C); a causa (B) é a essência de calor, que é o termo médio entre A e C. Kant vai se deter neste problema na *Crítica da razão pura*, ao tratar da causalidade, da sucessão temporal e da simultaneidade, conforme estudaremos depois.

Na teoria de Aristóteles raciocinamos a partir do evento posterior (B) e não do anterior (A), porque, diz ele, não podemos inferir que se A ocorreu então B tenha subseqüentemente ocorrido. A razão apresentada é de uma simplicidade típica de Aristóteles: se pudéssemos inferir deste modo, então cairíamos em erro no intervalo entre A e B, pois, neste lapso de tempo, A já teria ocorrido, e B ainda não.

Para ele, o termo do meio tem sempre o mesmo papel, tem de ser homogêneo com os extremos tanto no passado, como no presente e no futuro, ou seja, se os extremos são passados o termo do meio é passado, se forem futuro ele é futuro, se estiverem por vir a ser ele está por vir, se existirem realmente, ele existe também. Os eventos passados são tratados como limites. São atômicos, indivisíveis, não contíguos como as pontas de uma reta — sempre se pode intercalar outros entre quaisquer dois pontos arbitrariamente próximos. Um evento passado e um processo presente não podem ser contíguos, porque o evento é indivisível e o processo é divisível; um está para o outro como um ponto está para uma linha. Um processo contém infinitos eventos passados. Na inferência, a origem do tempo tem de ser o presente, logo se C ocorreu então A ocorreu, sendo C posterior e A anterior; C é a fonte da inferência porque é o mais próximo do momento presente. Esta abordagem trata a conexão entre causa e efeito como fato completo e acabado. Esta é uma diferença significativa entre a idéia de ciência em Aristóteles e a idéia atual de ciência.

Aristóteles estabelece divisões entre as coisas de acordo com suas diferenças para classificá-las na busca de sua natureza essencial. A divisão serve para evitar que se esqueça algum elemento na natureza essencial. Francis Bacon vai desenvolver o método indutivo usando uma técnica classificatória exaustiva a partir da observação sistemática da natureza, criticando Aristóteles pela sua sistematização ser insuficiente.

II.4.5. O PARADIGMA ARISTOTÉLICO

Resumindo, os primeiros passos do método aristotélico de investigação são:

1 — Devemos partir observando um conjunto de casos ou indivíduos e considerar quais elementos eles têm em comum. 2 — Devemos aplicar o mesmo processo a outro conjunto, estabelecendo os elementos que eles têm em comum e comparando com os do primeiro conjunto para ver se os resultados possuem alguma identidade, perseverando até achar uma

formulação simples. 3 — Para formular as conexões que desejamos buscar, temos de selecionar as divisões. Esta parte do método consiste em encontrar o gênero comum de todas as coisas em investigação. Isto feito, em seguida as classificamos em subgêneros. 4 — A partir daí a questão é encontrar as relações de causa e efeito e fazer uso dos silogismos para prová-las, como estudamos.

Para este último propósito devemos ter em conta, segundo Aristóteles:

1 — O conhecimento científico é obtido por demonstração, mas para isto é preciso que se conheçam as premissas primárias imediatas. Coloca-se então a questão da apreensão destas. 2 — Há diferentes tipos de conhecimentos, inclusive não científicos, colocando-se a questão se eles são inatos ou apreendidos. Se fossem inatos, os teríamos desde o nascimento, o que seria estranho, pois não tivemos sempre o conhecimento deles, a menos que o tivéssemos sem dele termos consciência. Mas isto não é consistente segundo Aristóteles, ao contrário de Sócrates. Portanto, devemos possuir uma capacidade de apreensão que nos permite chegar por indução ao conhecimento indemonstrável. Locke vai retomar esta argumentação Aristotélica no século XVII. 3 — Esta capacidade é a percepção sensorial de que os animais são dotados. Entretanto, no homem, mais do que isto, impressões oriundas de percepção persistem na mente após cessar o ato de perceber sensorialmente. Quando há repetições freqüentes de impressões iguais, semelhantes ou relacionadas o homem pode fazer comparações e discriminações e tem o poder de sistematização. Isto se liga à memória e permite desenvolver a experiência. É importante observarmos que, diferentemente do experimento preparado da ciência atual, a experiência em Aristóteles é menos artificial e mais espontânea, não premeditada, quase sem interferir na natureza. 4 — Da experiência, chegamos aos universais: de um conjunto de particulares, podemos tirar um universal. Embora a percepção seja de particulares, seu conteúdo é universal. O processo não cessa, progride por uma espécie de tentativa e erro, para obter primeiro universais elementares e a partir destes os verdadeiros universais, definitivos. Portanto, chegamos a conhecer as premissas por indução, pois o método pelo qual a percepção sensorial nos leva aos universais é indutivo. O problema é como saber se são verdadeiras. Como não há conhecimento científico demonstrável das premissas primárias (indemonstráveis) e como nada — exceto a intuição — pode ser mais verdadeiro de que o conhecimento científico, Aristóteles conclui que é pela intuição que se adquire as premissas primárias. Uma vez de posse delas, o

conhecimento científico é expandido por meio da demonstração lógica baseada nos silogismos.

Finalizamos com uma síntese no quadro 4, mostrando que os significados gregos de ciência e de experiência são diferentes dos atuais, da ciência moderna originada da revolução de física no século XVII. Como vemos na ciência de Aristóteles, a experiência está no ponto de partida, enquanto na ciência atual ela pode ser o ponto de chegada para refutar a teoria ou não. Assinalamos que a caracterização deste no quadro é mais apropriado para a física e ciências de base matemática e experimental. Nas ciências naturais não matematizadas, a dedução não é matemática e nas ciências sociais não há também o experimento.

Quadro 4. O Paradigma Aristotélico e a Ciência Moderna.

TEORIA CIENTÍFICA	CIÊNCIA NA CONCEPÇÃO DE ARISTÓTELES	CIÊNCIA MODERNA A PARTIR DO SÉC. XVII
Formulação da Teoria	a) Observação e classificação b) Indução partindo dos particulares apreendidos pela percepção para obter os universais (indutivismo)	a) Hipóteses partindo de observação ou de teorias anteriores e da razão (racionalismo) b) Indução de leis da natureza a partir de experiência (empirismo)
Pontos de Partida da Teoria	Premissas primárias verdadeiras e irrefutáveis estabelecidas por indução com uso da intuição	Hipóteses, que podem não ser verdadeiras e são sempre refutáveis em confronto com a experiência, obtidas por conjecturas ou indução
Desenvolvimento da Teoria	Trata da essência das coisas e determina as causas materiais, formais eficientes e finais Procede por dedução lógica com ajuda de silogismos Explica os fatos, mas não faz predições exceto na astronomia, considerada pelos gregos como um ramo da matemática	Trata dos fenômenos (positivismo) ou busca a realidade das coisas (realismo) e determina as causas eficientes Procede por dedução (matemática na física) Faz predições teóricas e conduz à preparação de experimentos orientados pela teoria
Resultados da Teoria	Conhecimento científico sempre verdadeiro, imutável e superior às formas de conhecimento que envolvem opinião ou apenas percepção e intuição	Conhecimento científico sujeito a confronto com fatos experimentais que podem refutar a teoria, em princípio

III

A Revolução Científica
e o Determinismo Newtoniano

III.1. A CONCEITUAÇÃO DE REVOLUÇÃO CIENTÍFICA

Falamos bastante em revoluções na Introdução (Cap. 0), mas vamos agora nos ater à Revolução Científica em uma abordagem histórica, por vezes chamada de internalista ou conceitual, sob o ponto de vista epistemológico. De modo simples, vamos aqui defini-la como a revolução que marcou o advento da ciência moderna. Desse ponto de vista, foi um evento ímpar na história da humanidade e da civilização ocidental, distinguindo-se de qualquer outra revolução. Comumente a Revolução Científica é datada pelo advento da mecânica newtoniana — unificando o estudo do movimento dos corpos na Terra com o do movimento no céu, ou seja, unificando a física com a astronomia — e pelo método científico, em geral atribuído a Galileu. Assim teve seu marco principal no século XVII. Mas em uma concepção mais ampla iniciou-se na astronomia, antes da mecânica, com a teoria heliocêntrica de Copérnico no século XVI e, para alguns autores, prolongou-se no século XVIII, abrangendo um longo período, de 1500 a 1800.[1] No extremo, outros vêm uma continuidade desde os comentadores de Aristóteles, precursores da mecânica na Idade Média, ao invés de uma descontinuidade revolucionária. Vamos fugir aqui deste debate ao qual voltaremos no capítulo IV.

---

1. HALL, R. *The Scientific Revolution*, 1500–1800, Longmans, Green and Co., Londres, 1954.

Para alguns autores[2] a Revolução Científica teve característica semelhante à de uma revolução política. Devemos restringir esta comparação às revoluções que mudaram a face do mundo, como as revoluções burguesa, francesa e norte-americana, ou a socialista, soviética e chinesa,[3] todas implicando em um longo processo com mudanças e reação a elas, envolvendo certo grau de violência neste confronto. As revoluções no campo político em geral combinam alguns dos quatro aspectos seguintes: (i) projeto de uma utopia ou ideologia de pensadores e líderes, (ii) luta de libertação organizada, (iii) crise social e insurreição popular, (iv) tomada do poder e mudanças profundas e de longo alcance. Consta que Chu En-lai, um líder ao lado de Mao da Revolução Chinesa de 1949, respondendo sobre o papel da Revolução Francesa de 1789, afirmou ser "muito cedo para dizer",[4] enquanto o ministro da propaganda nazista, Goebbels, teria comemorado a vitória de Hitler proclamando que "1789 está a partir de agora erradicado da história".[5]

No caso da Revolução Científica, ela continha o germe da mudança da visão de mundo da modernidade. Provocou reação da Igreja, que representava o poder global da época. A violência veio da Inquisição, que condenou Giordano Bruno à morte, queimado vivo em uma fogueira em 1600, por professar idéias tidas como heréticas, e ameaçou Galileu (Cap. IV), obrigando-o a se retratar em 1633 quanto ao movimento da Terra. As idéias de ambos foram consideradas heréticas. Em 1663, livros de Descartes foram incluídos no índice de livros proibidos pela Igreja e, em 1685, o ensino de sua filosofia foi proibido na França.[6] Há uma interpretação de que esta reação se dirigia não tanto contra o conteúdo científico das teorias quanto contra a ameaça à autoridade da Igreja.[7] Mas como separar uma coisa de outra? Não podemos entender a Revolução Científica restrita às questões da ciência, ela refletia e influía na mudança de uma visão

---

2. EDWARDS, L. P. *The Natural History of Revolutions*, University of Chicago Press, 1927.
   BRINTON C. *The Anatomy of Revolution*, Norton, Nova York, 1938.
   BRUSH, S. *The Kind of Motion We Call Heat*, North Holland, Amsterdam, 1976.
3. Ver a Introdução (Cap. 0).
4. ALMOND, Mark. *Revoluções, movimentos políticos que mudaram o mundo*, trad., Ediouro: Rio de Janeiro, 2003, p. 64.
5. ALMOND, op. cit., p. 82.
6. GAUKROGER, S. Descartes,*Contraponto*, Rio de Janeiro, 1999, p. 22.
7. BRUSH, op. cit.

de mundo e na organização da sociedade. Galileu encarnou isto mais do que ninguém. Devemos concordar com a posição de que a violência é devida "ao conservadorismo que faz as classes economicamente favorecidas se negarem a reconhecer o fato de que uma revolução real e pacífica tenha ocorrido".[8]

Vamos falar de revoluções científicas como um conceito geral para designar outros eventos, como as revoluções da física nos séculos XIX e XX, que veremos nos capítulos VIII e IX (Vol. II). A questão é: como caracterizar genericamente uma revolução científica? Cohen[9] observa que se deve discernir entre o julgamento feito ao tempo em que ocorrem as mudanças e o julgamento que fazemos no tempo atual, propondo um critério para escolher como revoluções aquelas em que os dois julgamentos são coincidentes. Por esse critério, a teoria heliocêntrica de Copérnico não teria constituído uma verdadeira revolução. Para Cohen não houve a Revolução Copernicana, mas sim de Kepler e Galileu. Existem outras conceituações de revolução científica, a mais conhecida das quais é a de Kuhn, associada aos conceitos de ciência normal *versus* ciência revolucionária e de paradigmas científicos *versus* rupturas, o que deixaremos para o capítulo X (Vol. II).

Podemos, portanto, desdobrar a Revolução Científica em duas: a Revolução Copernicana da Astronomia, no século XVI, e a Revolução da Mecânica Newtoniana, no século XVII. De maneira alternativa, podemos entender que a primeira foi a precursora da Revolução Científica, abrindo o caminho para a superação do Sistema Geocêntrico Ptolomaico, completada por Kepler com as órbitas planetárias elípticas e por Newton com a lei da gravitação, junto com as leis do movimento na mecânica. Copérnico foi o responsável pelo sistema que substituiu definitivamente o geocentrismo, colocando o Sol no centro do sistema planetário, e os planetas, inclusive a Terra, em órbita em torno dele. O esquema copernicano era mais elegante e harmonioso do que o de Ptolomeu. Mas ambos foram obrigados a imaginar inúmeros círculos excêntricos para dar conta do movimento dos planetas vistos da Terra. O modelo de Copérnico explicava as observações astronômicas com mais simplicidade, racionalmente, ao colocar o Sol imóvel, ou em imaginar todo o movimento planetário relativo ao Sol.

---

8. EDWARDS, op. cit., p. 9.
9. COHEN, B. *Revolution in Science*, Harvard University Press, 1985.

III.2. A REVOLUÇÃO COPERNICANA NA ASTRONOMIA

Copérnico (1472–1543) é reconhecido como autor do sistema planetário heliocêntrico moderno, mas seu livro, *De revolutionibus orbium caelestium*,[10] foi muito pouco lido, mesmo por estudiosos do assunto. Isto é evidenciado pela confusão reinante, em várias publicações, sobre o número de círculos usados por Copérnico para descrever os movimentos dos planetas. Não se trata de uma trivial constatação do fato teorizado por Kuhn (Cap. X) de que os cientistas não costumam ler as fontes originais de onde, historicamente, vêm os fundamentos das teorias científicas que utilizam e que estudam nos compêndios científicos atuais. Não é disto que se trata, como podemos ver na lista de estudiosos da história da ciência que compartilharam do equívoco.[11] Entretanto, há uma explicação simples.[12] Tal como Kant, que, dois séculos depois, escreveu a grande obra sobre a teoria do conhecimento, *A crítica da razão pura*, e uma versão sintética da mesma, os *Prolegômenos a toda metafísica futura* (Cap. VI), Copérnico, além do *De revolutionibus*, deixou um pequeno tratado sobre o mesmo tema, o *Commentariolus*.[13] Só que, ao contrário de Kant que fez a síntese após a obra principal para torná-la mais acessível, Copérnico expôs primeiramente sua teoria no *Commentariolus* — de forma incompleta, ainda que contendo as idéias essenciais. Daí a confusão, pois o número de círculos usados não é o mesmo nas duas obras.[14] Mais do que uma mera curiosidade, a questão dos círculos é reveladora de aspectos mais fundamentais como tentaremos mostrar.

Copérnico se assemelha a Galileu, no que concerne a ter este escrito o *Diálogo*, sobre o sistema copernicano, qualitativo, e, depois, os *Discursos*, sobre a mecânica e a resistência dos materiais com demonstrações matemáticas. Tal como Galileu fez depois no tratado preliminar, Copérnico não

---

10. COPÉRNICO, N. *On the Revolitions of the Heavenly Spheres*, traduzido para o inglês por C. G. Walllis; Great Books of the Western World, William Benton Publisher, Londres, 1978.

11. KOESTLER, A. The Sleeptwalkers, 1959; tradução: *O Homem e o Universo*, IBRASA: São Paulo, 1989.

12. PINGUELLI ROSA, op. cit.

13. COPÉRNICO, N. *Commentariolus*, Ed. Nova Stella, Museu de Astronomia e COPPE — UFRJ, 1990; com comentários de Martins, R., 1990.

14. MARTINS, R. Introdução e Comentários, em COPÉRNICO, N. *Commentariolus*, 1990.

desenvolve demonstrações matemáticas, despreocupando-se de descrever os movimentos dos corpos celestes com exatidão. Ele propositalmente deixou para fazer isto na sua obra principal, em que procurou reproduzir as observações astronômicas conhecidas ou predizê-las por meio de cálculos. Assim, na última frase do *Commentariolus*,[15] ele conclui: "portanto, bastam no universo 34 círculos com os quais fica explicado toda a estrutura do mundo e a dança dos planetas". Entretanto, no *De revolutionibus* vieram a ser usados 48 círculos[16] mais do que os 40 da versão ptolomaica simplificada. Ou seja Copérnico aumentou o número de círculos em relação ao sistema de Ptolomeu, ao invés de reduzi-los, daí os equívocos.

É muito comum em textos de ensino elementar a simplificação do sistema de Copérnico, como se fosse de órbitas planetárias circulares concêntricas em torno do Sol, com apenas um círculo por planeta (excluídos os satélites e as estrelas). Entretanto, somente após Kepler mudar o modelo heliocêntrico de Copérnico passou-se a atribuir apenas uma curva cônica para cada planeta, correspondendo estas curvas às órbitas elípticas com o Sol num foco da elipse. Embora descobertas por Kepler, essas órbitas só foram explicadas teoricamente por Newton, com a mecânica e a gravitação introduzindo a força de atração entre os corpos a distância.

Apesar de ter rompido revolucionariamente o geocentrismo oficial escolástico, herdado de Aristóteles e de Ptolomeu e incorporado à filosofia de S. Tomás, Copérnico manteve-se preso ao axioma, de origem platônica, de que tudo no céu tem de se mover em circunferências (Cap. I). Este princípio fora seguido por Aristóteles, que separara o estudo do movimento dos corpos na Terra, tratado na sua Física, do movimento celeste, exposto no *De Caelo* (Céu). Platão o introduzira no cosmos concebido pelos pré-socráticos. Como vimos no capítulo I, assim se iniciou no Ocidente o grande empreendimento de dar inteligibilidade à natureza como, um sistema ordenado, a ser desvendado segundo uma unidade racional. Na filosofia platônica, a circularidade obrigatória dos movimentos celestes era justificada metafisicamente por ser a circunferência esteticamente harmoniosa e a harmonia ser eticamente associada à divindade, cuja morada é o céu. Segundo Vlastos,[17] a quem já nos referimos no capítulo II, esse esquema místico libertou a filosofia da natureza, na Grécia, de fixar-se apenas

---

15. COPÉRNICO, 1990, p. 129.
16. MARTINS, 1990.
17. VLASTOS, G. *O universo de Platão*, trad., Ed. Universidade de Brasília, 1987.

nas explicações mecanicistas para os movimentos dos astros, como a hipótese dos vórtices a arrastarem os planetas mergulhados num fluido etéreo que preencheria o espaço. Foi infrutífero esse tipo de modelo mecânico, tentado pelos materialistas gregos e retomado por Descartes, tolhido pelo seu racionalismo de dar o salto mágico de Newton ao criar a teoria da gravitação. Apesar disto, costuma-se associar o mecanicismo à física newtoniana cuja teoria gravitacional não é mecanicamente intuitiva, pois inclui a ação da gravidade entre corpos distantes entre si. Para Descartes, o universo era cheio de uma substância ocupando o espaço entre os corpos de modo a transmitir o movimento por contato, já que não concebia a ação a distância. Assim, os movimentos planetários seriam transmitidos por um turbilhão girando em torno do Sol. Essa concepção de Descartes tem a ver com a hipótese do éter (Cap. V). Sua teoria era mecanicista, a de Newton não.

O movimento dos corpos celestes, inclusive do Sol e das estrelas, é visto pelo observador como um movimento em torno da Terra. Os conhecimentos de geometria permitiram aos astrônomos gregos matematizarem a descrição dos movimentos celestes, chegando à extrema sofisticação do modelo geométrico de Ptolomeu. Assim, abriu-se o caminho da matematização da astronomia, com o sentido instrumentalista de descrever os fenômenos observados, em detrimento de descobrir a verdade última da natureza, objetivo do realismo de Galileu (Cap. IV). Esta será uma das questões polêmicas em Copérnico, por causa do prefácio escrito por Osiander ao *De revolutionibus*. O sucesso da hipótese da circularidade do movimento planetário, seja qual fosse sua razão — mística como conjectura Vlastos ou por razões de pura simetria em torno do centro do universo — deveu-se à propriedade matemática, que permite descrever um movimento periódico pela superposição de movimentos circulares. Na nossa atual concepção heliocêntrica, isto é fácil de entender intuitivamente. Se, aproximadamente, os planetas estão em movimento circular em torno do Sol, inclusive a Terra, então visto da Terra, o Sol está em movimento circular relativo a ela. Logo, a trajetória de um planeta vista da Terra pode ser descrita pela composição de dois movimentos circulares: o do planeta em relação ao Sol com o do Sol em relação à Terra.

O fato relevante é que Copérnico não só manteve o princípio da circularidade no céu, como também a exigência de serem as velocidades angulares constantes. O avanço revolucionário de sua teoria foi colocar o Sol no centro do sistema, permitindo assim explicar com simplicidade os movimentos retrógrados dos planetas errantes, parando e retrocedendo para depois continuarem avançando na abóbada celeste vista da Terra. Se a

Terra e os planetas se movem em círculos aproximados em torno do Sol com diferentes velocidades angulares, este efeito é fácil de ser entendido, ocorrendo quando a Terra ultrapassa o planeta na posição angular. Na ultrapassagem, o planeta retrocede em movimento retrógrado visto da Terra. Mas no sistema geocêntrico, para explicar estes incômodos enlaces da trajetória, tão distantes da circularidade postulada, era necessário introduzir para cada planeta vários círculos, de modo a ele se mover num círculo (epiciclo) cujo centro se moveria ao longo de outro (deferente) com centro na Terra. Para ajustar melhor a teoria às observações, eram necessários mais círculos, de modo que o centro do deferente podia não girar em torno da Terra, mas mover-se num círculo excêntrico, daí a denominação de sistema geoestático de Ptolomeu ao invés de geocêntrico.

Tycho Brae tentara antes uma solução parcial colocando a girar em torno do Sol os planetas interiores, localizados entre a Terra e o Sol no sistema de Copérnico, como se fossem satélites do Sol que permaneceria movendo-se, bem como os planetas exteriores, em torno da Terra. Copérnico vislumbrou que tudo ficaria mais simples colocando o Sol parado ao centro e os planetas girando em torno dele, destacando-os das estrelas fixas. Como podemos constatar lendo o *Commentariolus*, ele progrediu por partes, estudando os planetas interiores à órbita terrestre, depois os exteriores, destacando deles a Lua e as estrelas. Resolveu o enigma de os planetas interiores serem vistos sempre próximos à posição do Sol acompanhando-o. Ordenou corretamente os planetas segundo suas distâncias ao Sol. Assim, construiu o sistema solar heliocêntrico. Antes dele, já os gregos haviam cogitado de a Terra mover-se, girando em torno do seu eixo (dia) e fazendo revoluções em torno do Sol (ano). Em diferentes graus, Filolao e Aristarco haviam conjecturado isto.[18] Mas apenas Copérnico passou da conjectura à criação de uma teoria capaz de, por cálculos matemáticos, dar resultados confrontáveis com observações experimentais — configurando uma teoria científica. Os excêntricos e os epiciclos desempenharam o papel de salvar a nova teoria heliocêntrica junto com a hipótese de circularidade, o que nos remete à crítica de Lakatos (Cap. X, Vol. II) ao critério de falseabilidade das teorias em confronto com os dados, que foi formulado por Popper (Cap. IX, Vol. II), para demarcar o que é uma teoria científica. Mas este é um outro assunto a que voltaremos. O fato é que, apesar de ter avançado em simplicidade e elegância teórica, o sistema

---

18. KOESTLER, op. cit.

copernicano não escapou dos círculos excêntricos, deferentes e epiciclos para aproximar-se das observações astronômicas em grau comparável ao do sistema ptolomaico. Este havia alcançado alto grau de precisão e estava longe de ser um sistema sem valor como alguns textos elementares de hoje adjetivam. "Ptolomeu, o vilão... Isso não é verdade".[19] Ao contrário, o sistema de Ptolomeu foi fruto do feliz casamento da geometria grega com as noções de cálculo aritmético dos babilônios que foram incorporadas pelos gregos na trigonometria,[20] era sofisticado e dava as predições corretas. Sua vulnerabilidade residia na complexidade do sistema de círculos muito artificial, tomado como mero modelo instrumental para predições.

Houve várias tentativas de descrever a realidade física dos movimentos celestes por modelos mecânicos. Citamos antes os vórtices dos gregos e de Descartes, mas não é a esse que nos referiremos e sim às esferas transparentes, cristalinas dos gregos. Segundo esta conjectura, os planetas estariam presos a esferas giratórias, às quais o movimento era transmitido por outras esferas, formando o todo, um sistema mecânico, hipoteticamente físico, ou seja, real, e não só uma representação matemática dos fenômenos. Eudoxo havia mostrado ser geometricamente possível compor movimentos de esferas para descrever os movimentos planetários. Aristóteles construíra um complicado sistema físico de esferas. Ptolomeu, além do *Almagesto*,[21] onde expôs seu conhecido modelo geométrico de círculos que reproduzia com precisão as observações astronômicas, escreveu *As hipóteses dos planetas* onde construiu um modelo físico de esferas para descrever a realidade.

III.3. O Instrumentalismo
e a Geometrização da Astronomia

Na Grécia, a física era voltada à descrição qualitativa da natureza, mas seguindo uma filosofia realista, enquanto que a astronomia reproduzia matematicamente os fenômenos observados, mas como um modelo, com uma finalidade instrumentalista que podemos assemelhar à do positivismo do século XIX. A matematização da física, no estudo dos corpos na

19. MARTINS, 1990.
20. DE SOLLA PRICE, D. *A Ciência desde a Babilônia*, trad., Ed. USP: São Paulo, 1976.
21. PTOLOMEU, *The Almagest*, trad.; Great Books of the Western World, William Benton Pub., Londres, 1978.

Terra ou da física sub-lunar como se dizia, foi feita mais tarde na Grécia por Arquimedes para casos particulares como o equilíbrio da balança, mas só veio a realizar-se efetivamente com Galileu, após Copérnico, embora haja precursores na Idade Média. A unificação dessa física e da astronomia em uma mesma teoria foi realizada apenas com Kepler, Galileu e Newton. Galileu era um realista assumido e relutou em aceitar o conselho do Cardeal Belarmino (Cap. IV) para livrar-se da Inquisição, declarando que o sistema copernicano heliocêntrico, por ele adotado, era apenas um modelo instrumentalista. Newton não enfrentou nada semelhante, como tampouco Copérnico o enfrentara, e nem assumiram ambos a militância filosófica e política peculiar de Galileu, que discutiremos depois.

Quanto ao instrumentalismo da obra de Copérnico, a polêmica se coloca por causa do prefácio ao *De revolutionibus*[22] atribuído a Andreas Osiander. Diz o prefácio que "tais hipóteses não têm de ser verdadeiras nem tampouco parecidas com a verdade; bastará que nos permitam fazer cálculos que estejam de acordo com as observações". Esta frase é citada por Popper em um ensaio publicado no livro *Conjecturas e refutações*,[23] no qual iguala Belarmino a Osiander por considerarem ambos "o instrumentalismo uma das maneiras de lidar com hipóteses inconvenientes". Estas considerações provocaram um ataque frontal de Feyerabend no seu livro incendiário *Contra o método*:[24] "o Osiander de Popper é, assim, apresentado como um dogmático...". Feyerabend defende que o "caluniado Osiander" se apoiava em razões físicas porque "interpretado de maneira realista Copérnico se punha em incompatibilidade com fatos óbvios".[25] Qual era a incompatibilidade? Em um trecho do prefácio, Osiander falou da dificuldade do sistema de Copérnico com Vênus. Feyerabend afirma que há autores que omitem esta passagem, seja para defenderem seja para atacarem Osiander. Nesse ponto, Feyerabend pode ter razão, mas devemos discordar dele quanto à posição de Osiander, como veremos a seguir.

A motivação maior de Osiander, como podemos ver, revela-se na frase inicial do prefácio: "visto que a novidade das hipóteses deste trabalho já foi amplamente divulgada (não só pelo *Commentariolus* como pela *Narratio*

---

22. COPÉRNICO, 1978.
23. POPPER, K. *Três pontos de vista sobre o conhecimento, em conjecturas e refutações*, trad., Ed. Univ. Brasília, 1982, p. 126.
24. FEYERABEND, P. trad.,*Contra o Método*, Francisco Alves, Rio de Janeiro, 1985, p. 174.
25. FEYERABEND, 1985, p. 173.
OSIANDER, transcrito em Koestler, 1989.

prima, publicada antes do *De revolutionibus* por Rético, discípulo de Copérnico), não me resta dúvida de que alguns sábios se ofenderam bastante porque o livro declara que a Terra se move e que o Sol está em repouso no centro do universo".[26] Esta preocupação é explícita em carta de Osiander a Copérnico, em que diz: "quanto a mim, sempre pensei das hipóteses que não são artigos de fé, mas bases de cálculo, de modo que pouco importa sejam falsas, contanto que representem exatamente os fenômenos... Seria bom, portanto, se pudésseis dizer alguma coisa deste assunto no vosso prefácio pois aplacaríeis os aristotélicos e os teólogos cujas objeções temeis".[27] A Rético, ele escreve: "os aristotélicos e os teólogos serão facilmente aplacados se soubessem que várias hipóteses podem ser usadas para explicar os mesmos movimentos aparentes e que estas hipóteses não são propostas por serem realmente verdadeiras".[28] Aqui, vemos o instrumentalismo de Osiander associado a razões políticas táticas além das filosóficas. Entretanto, segundo carta de Kepler também a Rético, Copérnico era um realista e não concordava com Osiander. Kepler escreveu: "é das mais absurdas, admita, a hipótese de poderem os fenômenos de natureza ser explicados por causas falsas. Mas tal suposição não se encontra em Copérnico, o qual achava serem verdadeiras as suas hipóteses (...) Andreas que supervisionou a impressão do trabalho de Copérnico considerava o prefácio... prudentíssimo... e colocou-o... quando Copérnico já estava morto ou certamente sem o seu conhecimento".[29]

À parte das divergências filosóficas que transparecem nessas citações, a obra de Copérnico também é objeto de discussão quanto ao seu papel científico e na visão de mundo da modernidade. Vários autores conhecidos, Duhem, Koyré e Kuhn escreveram sobre Copérnico.[30] Blumenberg[31] fez um tratado: *A gênese do mundo copernicano*. Cassirer[32] expressa a repercussão ética que o sistema copernicano teve ao mudar a imagem da reali-

---

26. OSIANDER, op. cit.
27. Op. cit.
28. OSIANDER, op. cit.
29. KEPLER, em Koestler, 1989.
30. DUHEM, P. *To Save the Phenomena*, Chicago, 1969; citado por Feyerabend, op. cit. KOYRÉ, A. *La Révolution Astronomique*, Hermann, Paris, 1961. KUHN, T. *The Copernican Revolution*, Harvard University, 1962
31. BLUMENBERG, H. *The Genesis of the Copernican World*, MIT Press, Cambridge, Massachussetts, 1987.
32. CASSIRER, E. *El Problema del Conocimiento*, trad., Vol. I; Fondo de Cultura Economica, México, 1993.

dade objetiva, abrindo uma nova concepção da vida e uma nova maneira de considerar o mundo e os valores. Goethe[33] escreveu: "talvez, não haja conhecido a humanidade uma sacudida tão grande". Em contraposição, Koestler[34] relativiza a importância de Copérnico quanto à originalidade das suas idéias, porque o heliocentrismo fora proposto antes dele pelos gregos e, além disso, ele não apresentou nenhum argumento correto fisicamente para provar que a Terra se movia. A primeira observação, quanto à relevância de sua contribuição à astronomia, é respondida por Martins[35] nos comentários à edição brasileira do *Commentariolus*. Quanto às provas físicas do movimento da Terra, é verdade que ele não encontrara argumentos convincentes contra as objeções dominantes no seu tempo, tais como a ausência de efeito observável do movimento da Terra na queda dos corpos. Apenas com as idéias de inércia e da relatividade do movimento em Galileu e com as leis da mecânica e da gravitação de Newton estas objeções foram removidas, explicando com novos conceitos porque não percebemos o movimento da Terra através de efeitos nos fenômenos físicos referidos. Galileu viu nessa contradição de Copérnico não um defeito, mas um mérito ao escrever que "Aristarco e Copérnico foram capazes de levar a razão a dominar de tal modo a sensibilidade que, em detrimento desta última, a primeira se fez senhora da crença que professavam"[36]. Devemos ficar com Galileu contra a crítica de Koestler[37] a Copérnico.

III.4. A REVOLUÇÃO DA MECÂNICA E O DETERMINISMO NEWTONIANO[38]

III.4.1. DE GALILEU À PRIMEIRA LEI DE NEWTON

Na nova ciência, assim chamada por Galileu (1564–1642), a natureza deixou de ser estudada globalmente de uma maneira contemplativa, procurando explicar fenômenos vistos na vida cotidiana de acordo com o senso

---

33. Citado por Cassirer, 1993.
34. KOESTLER, op. cit.
35. MARTINS, 1990.
36. CROMBIE, A. From Augustine to Galileo, Falcon Press, Londres, 1995.
37. PINGUELLI ROSA, 1990.
38. PINGUELLI ROSA, L. em NUSSENZVEIG, M.; LOBO CARNEIRO, F. e PINGUELLI ROSA, L. *300 anos dos princípios de Newton*; Dazibao/COPPE: Rio de Janeiro, 1988.

comum, como fazia a física aristotélica, embora com uma abordagem lógica rigorosa. Ao contrário, o objeto de estudo passou a ser selecionado de acordo com alguma questão a ser respondida, suscitando hipóteses a serem testadas pelo experimento preparado com esse fim específico. Na realidade, Galileu tratou de duas ciências — a mecânica e a resistência dos materiais, embora esta última, apesar de sua grande importância na engenharia,[39] fique freqüentemente esquecida nos trabalhos sobre a física de Galileu (Cap. IV).

A Revolução Científica tem um caráter de intervenção do homem na natureza, que deixa de ser contemplada e passa a ser objeto da atividade humana. A mecânica, embora uma ciência natural, é uma ciência humanizada, a serviço do homem. O plano inclinado de Galileu não é natural, ele é artificial, é produzido, o corpo que nele escorrega é polido, bem como a superfície plana para reduzir o atrito, ou é uma bola feita para rolar plano abaixo. Mesmo na queda livre, a distância e o tempo são medidos, necessitando para isto de régua e do relógio, como instrumentos de medida. Ciência e técnica vêm juntas, os experimentos são preparados. O napolitano Giambatista Vico, contemporâneo de Newton afirmava que só podemos conhecer de fato aquilo que criamos; assim como Deus criador é onisciente, o homem, sua criatura, não deve investigar passivamente a natureza, mas sim deve criar e recriar "as condições em que os fenômenos naturais ocorrem".[40] A propósito do uso da matemática na descrição da

---

39. LOBO CARNEIRO sempre chamou atenção para a contribuição de Galileu na resistência de materiais (ver referência acima citada). FERNANDO LOBO CARNEIRO foi um dos mais importantes engenheiros civis brasileiros, autor de um método de ensaio experimental de concreto que foi adotado internacionalmente, conhecido como "Ensaio Brasileiro". Foi um dos pioneiros do Instituto Nacional de Tecnologia, de onde veio para a COPPE na UFRJ para implantar o Programa de Pós-graduação de Engenharia Civil, convidado por Alberto Luiz Coimbra. Na COPPE, liderou o Projeto de Estruturas Off Shore para produção de petróleo no mar pela Petrobras, empresa por cuja criação foi um dos responsáveis, quando foi deputado federal na década de 1950. Foi também um estudioso de Galileu e da história da resistência dos materiais. Sua presença foi essencial para levar a COPPE ao elevado patamar de qualidade a que chegou, aliando a competência, científica e técnica, à disposição de atuar para resolver os problemas de sua cidade e do seu país, com espírito crítico, independência e coragem. Assumia a defesa de alunos perseguidos pela ditadura militar. Seu falecimento, no fim do ano de 2001, deixou profunda tristeza na comunidade da COPPE, sempre relembrado com orgulho e saudade.

40. TOLMASQUIM, Alfredo Tiomno; O Distanciamento do Mundo na Construção do Saber Moderno, em *A crise da ciência*, Idéia 1/89, Fórum de Ciência e Cultura, UFRJ, 1989, p. 82.

natureza física, defendido ardentemente por Galileu, Hannah Arendt, a quem voltaremos no capítulo VII, escreveu: "a certeza do conhecimento só podia ser atingida sob dupla condição: primeiro, que o conhecimento se referisse apenas àquilo que o próprio homem havia feito, de sorte que o ideal passava a ser o conhecimento matemático, no qual se lida apenas com entidades produzidas pela própria mente e, segundo, que o conhecimento fosse de tal natureza que só pudesse ser verificado mediante ação adicional".[41]

O avanço na compreensão da natureza e na sua apropriação para fins técnicos abriu o caminho para a civilização científica e tecnológica moderna de base racionalista. Mas, era inegável a influência da metafísica na física nascente. Quando mais não fosse, isso se dava dialeticamente, no confronto da nova visão do mundo com a visão da filosofia escolástica. Muitas justificativas para as hipóteses fundamentais das teorias tinham, por fé convicta, prudência, medo ou interesse, clara conotação religiosa. Por exemplo, tanto Copérnico como Kepler acreditavam por motivos religiosos na uniformidade do movimento dos planetas impelidos por uma causa constante e infalível de origem divina.[42] Apesar do conflito de Galileu com a Igreja ter-se dado no âmbito da questão do movimento planetário, heliocêntrico ou geocêntrico, Galileu não só estudou os corpos celestes como se ocupou dos movimentos dos corpos na superfície terrestre. Ele verificou ser a aceleração da gravidade constante para todos os corpos independentemente do peso. Estabeleceu, assim, leis cinemáticas para a queda livre e para as trajetórias parabólicas dos projéteis. Conceituou o movimento relativo de um corpo em relação a outro que também se move, e o princípio da inércia — estabelecendo que um corpo, deixado a si mesmo (ausência de causa) permanece em repouso ou com a velocidade que tinha inalterada. O caminho de Galileu no estudo do movimento dos corpos na Terra, levou-o a abandonar a idéia de causa final. Isto implicou em passar da busca do "porquê" para o "como" se dá o fenômeno. As implicações filosóficas e éticas dessa mudança são conflitantes com a escolástica e com a filosofia natural herdada dos gregos, com seu cosmos e sua metafísica. As conseqüências dessa nova visão "causal" do mundo foram profundas. Ela liga-se à separação proposta por Descartes entre o mundo racional, da

---

41. ARENDT, Hannah, *A condição humana*, trad., Forense Universitária: Rio de Janeiro, 1983, p. 303.
42. BURTT, E. *As bases metafísicas da ciência moderna*, trad., Ed. Univ. Brasília, 1983.

natureza e da ciência matematizada e o mundo espiritual, da mente, da alma e da religião.

O homem saíra do centro do universo com a queda do sistema geocêntrico e não era mais a razão de ser da natureza com a abolição da "causa final" e o advento do grande sistema matemático da ciência. Tornou-se um espectador, uma mera conseqüência e não o objeto final dos processos da natureza. Aqui salta aos olhos a influência recíproca entre a física e a metafísica, que vai sofrer mudanças a partir da nova ciência. Deus, a religião, a metafísica não são negados. São separados da natureza que se revela à experiência sensorial e à elaboração teórica. Nas palavras de Galileu: "Parece-me que na discussão dos problemas naturais não deveríamos começar pela autoridade das passagens das Escrituras, mas sim por experiências sensatas e por demonstrações necessárias. Pois do Mundo Divino provieram tanto a Sagrada Escritura quanto a natureza... Sendo a natureza inexorável e imutável e nunca ultrapassando os limites das leis a ela impostos... Não é menos admirável a maneira como Deus se nos revela nas ações da natureza que nos ditames da Escritura Sagrada".[43]

A física que nasce a partir de Galileu estuda o movimento dos corpos que nos rodeiam, a queda livre e o arremesso, fundindo a física celeste e a física terrestre em uma só física, ambas explicadas pelas mesmas leis fundamentais. Vamos aqui nos concentrar no movimento dos corpos na Terra, deixando o movimento da Terra e do sistema planetário para ser visto adiante. Descartes concebeu que poderia explicar a natureza através de números, de figuras e pelo movimento. Com seu sistema de eixos coordenados associou a cada ponto do espaço uma tríade de números ordenados, e com sua geometria analítica fundiu a geometria com a álgebra, associando equações a curvas e superfícies. Com Descartes e Galileu, o espaço real se identifica com o da geometria e o movimento se dá neste espaço matemático, no qual o corpo permanece idêntico a si mesmo ao mover-se, não sendo sua integridade e sua forma afetadas pelo movimento.[44] Estes e outros conceitos são hoje incorporados ao nosso conhecimento e parecem naturais e evidentes. Mas eles são ideais e abstratos. É o caso do princípio de inércia, que estabelece que um corpo abandonado a si mesmo persiste eternamente em seu estado de movimento ou repouso. Ele não deriva da experiência, mas, ao contrário, é impossível no mundo real da nossa expe-

---

43. BURTT, 1983.
44. SCHEMBERG M. *Pensando a Física*, Ed. Brasiliense: São Paulo, 1984.

riência diária, onde o atrito está presente. O sendo comum nos levaria à concepção da física aristotélica, baseada na percepção sensível segundo a qual um corpo deixado a si mesmo no mundo real não permanece em movimento. O princípio de inércia é uma abstração teórica e foi incorporado na mecânica por Newton como sua primeira lei. A ela se relaciona o princípio de relatividade de Galileu, a quem voltaremos no capítulo IV.

III.4.2. AS IDÉIAS REVOLUCIONÁRIAS DE NEWTON E O DETERMINISMO

"A partir do século XVII Newton (1642–1727) passou a ser considerado o primeiro e maior cientista da idade moderna. um racionalista que nos ensinava a pensar sob as linhas da razão fria e neutra". Esta frase foi dita, não por um físico nem por um epistemólogo, mas pelo economista inglês, John Maynard Keynes, por ocasião da comemoração do terceiro centenário do nascimento de Newton.[45] Diz ainda Keynes: "Newton não foi o pioneiro da idade da razão. Ele foi o último dos mágicos, o dos babilônios e sumérios, a última grande mente que viu o mundo visível e intelectual com os mesmos olhos que há 10 mil anos começaram a construir nossa herança intelectual". Uma ótima apreciação do esoterismo de Newton e da presumível influência deste esoterismo na criação da mecânica é feita por Mário Schemberg.[46] Segundo ele, Newton, inspirado pelo pensamento, hermético, de origem egípcia, pensou nas forças de atração e repulsão como uma espécie de amor e ódio, chegando assim a formular a teoria da gravitação como uma ação atrativa a distância:[47] "Descartes não foi capaz de construir a mecânica porque era um lógico, mas Newton, que foi um mágico, conseguiu fazê-lo". Desenvolveram-se, inicialmente em vertentes

45. KEYNES J. M. Newton the Man, *Revista de Ensino da Física*, nº 5, dezembro, 1983.
46. SCHEMBERG, 1984, Mário Schemberg, pernambucano, foi um dos pioneiros da física no Brasil, na USP e no Centro Brasileiro de Pesquisas Físicas (CBPF) no Rio de Janeiro. Além de ser um dos mais renomados físicos brasileiros, com importantes resultados em física teórica, relatividade geral e cosmologia, foi um atuante defensor das causas sociais e nacionais. Foi membro do Partido Comunista Brasileiro na sua fase áurea, chegando a ser eleito deputado após o primeiro governo de Getulio Vargas. Perseguido pela ditadura militar após 1964, foi atingido pelo AI 5. Como presidente da Sociedade Brasileira de Física, ainda na ditadura militar, foi um severo crítico do Acordo Nuclear com a Alemanha de 1975. Era também muito conhecido como um amante da pintura e crítico da arte.
47. SCHEMBERG, 1984, p. 34.

distintas, dois tipos de física: uma empirista (de Bacon) e outra matemática (Galileu, Descartes), tendo Newton participado de ambas: desta última com seus *Princípios matemáticos da filosofia natural*, e da primeira com sua *Óptica*. Na excelente coletânea sobre Newton feita por Cohen e Westfall,[48] está incluído o discurso de Keynes acima referido, bem como alguns trabalhos sobre a faceta mística de Newton. Suas incursões na alquimia e na teologia são, em geral, pouco divulgadas, embora haja algumas boas abordagens deste assunto.[49]

Nos seus *Estudos newtonianos*,[50] Alexandre Koyré, caracteriza a revolução de Newton pelo abandono do cosmo grego hierarquizado e pela geometrização do espaço físico como um *continuum* dimensional homogêneo e abstrato. Isto quer dizer, afirma Koyré: o abandono das considerações de valor e harmonia, conceitos subjetivos substituídos por grandezas quantitativas e objetivas; o abandono das causas finais; a representação do movimento de corpos abstratos, matematizados. O movimento ao ser representado por uma curva, se torna um desenho não temporal embora represente uma mudança de posição do corpo continuamente, a cada instante. Newton representa uma síntese na contradição da dialética entre a concepção matemática de Galileu e Descartes sobre a natureza e a concepção corpuscular de origem grega. Para Descartes o mundo era feito de extensão e movimento, para Newton, de matéria, de movimento e de espaço, no qual se movem os corpúsculos, no vazio. Koyré acrescenta um quarto elemento, presente no mundo de Newton — a atração a distância através do espaço vazio ligando a matéria entre si, embora Newton tivesse negado um significado físico à ação a distância, além do seu papel matemático essencial, conforme discutiremos adiante.

Para finalizar este item, faltam dois pontos. Um deles é o determinismo matemático da mecânica, outro é o empirismo de Newton. Tratamos do primeiro na Introdução, distinguindo-o da previsibilidade, assunto a que voltaremos no Volume III, quando veremos o regime caótico na mecânica newtoniana, descoberto teoricamente por Poincaré na virada do século XIX para o XX. Mas, no seu nascedouro, o determinismo estava de

---

48. COHEN, Bernard e WESTFALL, Richard; Newton, *Contraponto* e EDUERJ, Rio de Janeiro, 2002.

49. FIELD, J. e FRANK, J. *Renaissance & Revolution*, Cambridge Univ. Press, 1993.

50. KOYRÉ, Alexandre, *Newtonian Studies*, Harvard Univ. Press, 1965; em Cohen e Westfall, 2002, p. 84.

fato associado à capacidade de — conhecidas as forças que agem sobre um sistema e as condições iniciais, isto é, as posições e as velocidades das partículas a um tempo dado — determinar suas posições e velocidades a qualquer tempo, tanto passado como futuro. Esta formulação foi estendida por Laplace, com seu famoso demônio que, de posse destas informações sobre todos os constituintes do universo, resolvendo as equações de Newton, poderia prever o futuro. Desde que fosse possível, com esse conhecimento, resolver as equações do movimento do sistema, o determinismo implica em previsibilidade, mas nem sempre isto ocorre.

Quanto ao empirismo, embora alguns autores realcem mais o caráter teórico-matemático da mecânica newtoniana, podemos ver Newton como "o herdeiro de dois importantes e férteis movimentos" — o empírico de Bacon, Gilbert, Boyle e o dedutivo-matemático de Copérnico, Kepler, Galileu, Descartes.[51] Mas para Newton não havia certezas *a priori* sobre a natureza, e ele não acreditava que os seus segredos pudessem ser desvendados apenas pela matemática, como acreditariam Galileu, Kepler e Descartes. No prefácio dos *Principia*, escreveu que "quisera deduzir o resto dos fenômenos da natureza da mesma forma de raciocínio, a partir de princípios mecânicos", frase que podemos interpretar como reconhecimento de uma impossibilidade, revelando o empirismo de Newton.[52]

Esta combinação de empirismo experimental e determinismo matemático foi associada à capacidade científica de previsão e controle, que teve, de um lado, um impacto filosófico, no modo de pensar e ver o mundo da modernidade, e, de outro lado, um impacto na prática, na vida das pessoas, via a tecnologia. O primeiro destes impactos foi imediato, o segundo se deu ao longo do tempo, até os nossos dias.

III.4.3. A FORÇA NEWTONIANA — A SEGUNDA LEI DA MECÂNICA E A LEI DE GRAVITAÇÃO

Nos *Philosophiae naturalis principia mathematica* (*Princípios matemáticos da filosofia natural*), Newton desenvolve sua mecânica, unificando em uma só teoria a explicação do movimento dos corpos na Terra e dos planetas, quebrando a separação de Aristóteles entre o Céu e a Terra. Essa unificação se dá pelas leis do movimento e pela lei da gravitação capazes de expli-

---

51. BURTT, op. cit., p. 171.
52. Op. cit., p. 171.

car as órbitas planetárias e a queda dos corpos. "A mudança do movimento é proporcional à força motriz impressa e se faz segundo a linha reta pela qual se imprime essa força" diz a segunda lei, e "a quantidade de movimento é a medida do mesmo provinda conjuntamente da velocidade e da quantidade de matéria".[53]

A conceituação mais intuitiva de força tem um inegável caráter antropomórfico. A força aristotélica, causa do movimento, exercia-se sempre pelo contato entre o móvel e o movente. Newton quebrou esta restrição da ação pelo contato e admitiu implicitamente a ação a distância na gravitação, mas ressalvou o quão estranho isto lhe parecia como será discutido adiante. Nos exemplos didáticos, para interpretar as leis de Newton em casos simples e intuitivos, a concepção é antropomórfica: a aceleração impressa a um fardo pela força muscular humana. A unidade subjetiva de medida de força F, nesse caso, é a força humana. Piaget[54] na sua *Epistemologia genética* relaciona a noção de causalidade à da nossa ação, no nível sensório motor, ao transmitirmos o movimento a um corpo, e temos a sensação de resistência. A ação da força ganharia significação física quando é percebida a equivalência entre o impacto quase instantâneo do móvel ativo projetando o móvel passivo no espaço, com uma certa velocidade, e o deslocamento contínuo do móvel ativo empurrando o passivo por um tempo mais longo até atingir a mesma velocidade a partir do repouso. O conceito de ação vem pela compensação da intensidade mais forte do impacto, quase instantâneo, pelo tempo mais longo da força contínua mais fraca no ato de empurrar. Assim, é fácil perceber que, para um dado impulso F dt, definido pela ação da força F, aplicada ao longo de um tempo pequeno dt, a variação da velocidade dv, partindo do repouso será tanto maior quanto menor for a massa m (medida pelo peso) do corpo submetida à força F, durante o intervalo de tempo dt : F dt = m dv.

A força não está ainda diferenciada. Em nível sucessivo diferenciam-se a força e a aceleração, definida pela relação entre variação da velocidade e o intervalo de tempo quando o intervalo de tempo é muito pequeno, ou seja fazendo o limite quando ele tende a zero (matematicamente, a aceleração é a derivada da velocidade em relação ao tempo dv/dt) chegando à forma popularizada da segunda lei: $F = ma$, sendo $a = dv/dt$.

---

53. NEWTON, *Philosophiae Naturalis Principia Mathematicae*, Londres, 1687; Great Books; Enc. Britânica e Universidade de Chicago, 1978, p. 14.
54. PIAGET, J, *A Epistemologia Genética*, trad., Ed. Abril: São Paulo, 1978.

Talvez, esta seja a fórmula mais popular da ciência, embora Newton não a tenha escrito nesta forma, pois usava uma linguagem geométrica, difícil de ser lida por nós hoje, e não dispunha nem da álgebra moderna nem do cálculo de derivadas e integrais. Este cálculo foi inventado por Newton e, independentemente, por seu rival Leibniz, mas ele não dispunha dos símbolos usados no formalismo atual quando escreveu os *Principia*. Outra ferramenta essencial na mecânica moderna é o cálculo vetorial. Newton também não dispunha dele, mas generalizou sua segunda lei geometricamente. Sabemos que a força tem três dimensões, podendo ser representada por suas componentes segundo os três eixos cartesianos ortogonais, hoje usados para determinar os pontos no espaço físico por números ordenados (três números x, y, z determinam cada ponto no espaço e são componentes de um vetor dirigido da origem dos eixos cartesianos ao ponto). A velocidade é a variação da posição no tempo, logo é um vetor, e a aceleração é a variação da velocidade no tempo, logo também o é, como a força, à qual é proporcional.

Para Aristóteles era necessária uma causa para o movimento, ou seja, algo como a força era necessária para haver velocidade, como vimos (Cap. I). É interessante o fato de que essa proposição de Aristóteles seja mais intuitiva para o senso comum do que a segunda lei de Newton, pois os movimentos observados cessam se não houver força motora porque são freados pela força de atrito, sempre presente. O significado do epistemológico das leis de Newton é passível de discussão. Se nós lemos a expressão da segunda lei como uma definição de força, dada pelo produto da massa pela aceleração, a reduzimos a um mero conceito introduzido na teoria ao invés de uma lei. Uma outra interpretação é a de que, conhecida a força aplicada a um corpo, dada *a priori* (força de um homem, de um cavalo, igual a dez homens, etc.) ou por uma lei específica (da gravitação, do eletromagnetismo) então substituído seu valor ou sua expressão matemática na fórmula da segunda lei, esta permite a solução do problema, determinando a velocidade em qualquer tempo e a trajetória do corpo, cuja massa é conhecida e com as condições iniciais também conhecidas. A este ponto voltaremos adiante neste capítulo. A massa representa uma resistência à mudança da velocidade ao atuar a força. Daí ser chamada de massa inercial.

Embora na sua forma consagrada popularmente a segunda lei se escreva em termos de massa vezes aceleração, Newton igualou a força à variação da quantidade de movimento, p, em relação ao tempo. Na notação atual: $F = dp / dt$, sendo definido $p = m\,v$.

Assim formulada, a segunda lei comporta matematicamente a possibilidade da variação da massa com o movimento. Isto é trivial em caso do corpo macroscópico ser um saco de farinha furado que vaza à medida que se move. Mas não é disto que estamos tratando. Newton formulou sua lei para uma partícula fundamental que se move permanecendo idêntica a si mesma. Sua massa pode em princípio variar, como ocorre na teoria da relatividade estabelecida no século XX por Einstein (Cap. IX, Vol. II). Esta antecipação feita por Newton é curiosa. Segundo Schemberg, Newton compreendeu que havia mais de um conceito de massa. Um é a quantidade de matéria do corpo; outro é a massa dinâmica dada pela relação entre a quantidade de movimento e a velocidade, podendo esta última massa variar com a velocidade, sendo igual à primeira quando o corpo está em repouso. Pela relatividade restrita esta variação só se torna importante a altíssimas velocidades, próximas à da luz.

Na teoria da gravitação há ainda outro conceito de massa: a gravitacional devido à qual todos os corpos se atraem mutuamente, como uma carga gravitacional que gera um campo de forças, por analogia com a carga elétrica. A massa gravitacional é a que aparece na fórmula da força de gravitação, proporcional ao produto das massas e inversamente ao quadrado da distância. Poderia, em princípio, a massa (carga) gravitacional ser diferente da massa inercial, que aparece na segunda lei, entretanto, empiricamente, a massa gravitacional tem o mesmo valor da massa inercial.

III.4.4. A TERCEIRA LEI DA MECÂNICA DE NEWTON

A terceira lei, da ação e reação é bem conhecida: a força que um corpo exerce sobre outro é igual e oposta a que o outro exerce sobre ele. Não será discutida aqui sob todos os seus diversos aspectos. Vamos nos concentrar em um aspecto: ela permite a eliminação das forças internas de coesão dos corpos rígidos no estudo do movimento destes. Newton tinha uma concepção atomista da matéria, herdada dos materialistas pré-socráticos, negada por Aristóteles e condenada pela Igreja de acordo com sua filosofia oficial — a escolástica medieval. Newton estabelece primeiramente sua teoria para o movimento de pontos materiais, sem dimensão, mas dotados de massa, o que é uma abstração, representando teoricamente átomos imperceptíveis (Newton era atomista, bem como Galileu), ou pode ser uma aproximação para representar corpos, como planetas distantes. Para Newton, um corpo é formado de partículas que se atraem entre si por uma força de coesão que ele sabia não ser de natureza gravitacional. Podemos fazer um simples cálculo mostrando que, com massas muito pequenas como devem ter as partículas (átomos no sentido grego) da matéria, da ordem de ínfimas frações do miligrama (Newton não poderia quantificar), mesmo a distâncias muito pequenas da ordem de ínfimas frações do milímetro, a força da gravitação é desprezível se comparada com a força de coesão de um corpo sólido. Esta pode ser avaliada pela resistência à penetração de um corpo sólido, como um tronco de madeira capaz de suportar sobre si um peso de toneladas. Logo, a natureza da força de coesão não podia ser gravitacional. Hoje, sabemos ser esta coesão devido à atração de natureza elétrica, em nível molecular e atômico. Sabemos ainda que há a força de atração nuclear no interior dos núcleos dos átomos. Mas Newton não podia ter a idéia que hoje temos das forças internas de coesão da matéria, embora tenha especulado sobre elas na "Óptica".[55]

Com a terceira lei, a força que uma partícula exerce sobre outra é igual e oposta a que a outra exerce sobre ela. Assim, ao somar todas as forças que atuam em um corpo composto de partículas, por hipótese, as forças internas entre as partículas se anulam duas a duas, restando como resultante apenas a soma das forças externas. Neste processo, podemos estabelecer, combinando a terceira e a segunda leis de Newton, uma relação entre a resultante F das forças externas, de um lado da igualdade, e, do outro, a soma dos produtos das massas das partículas pelas suas acelerações. O passo seguinte é o artifício matemático de definir o centro de massa, de modo que o lado direito da igualdade $F = ma$ fica sendo o produto da soma das massas pela aceleração de um ponto representativo do sistema de partículas: o centro de massa. Newton genialmente nos permite introduzir o centro de massa e eliminar habilmente no cálculo as desconhecidas forças entre as partículas constituintes dos corpos, bem como suas massas individuais. Podemos ver nisto uma das mais exuberantes demonstrações do poder de abstração, generalização e de síntese para aplicações práticas da mecânica: um sistema de muitas partículas pode ser substituído por um só ponto, o centro de massa, no qual se concentra toda a massa do sistema para estudar seu movimento geral sob ação de forças externas.

III.4.5. ÓRBITAS PLANETÁRIAS E FORÇA GRAVITACIONAL

A seção II do Livro I dos *Principia* trata da determinação das forças centrípetas.[56] Nela, Newton, sempre seguindo um estilo geométrico, estu-

---

55. NEWTON, 1978, p. 377.
56. Op. cit., p. 32.

da as forças centrípetas para um corpo que se move em trajetória curvilínea em uma variedade de casos. É interessantíssimo notar que são exploradas várias possibilidades, mostrando que para uma dada trajetória observada, como uma curva fechada (circunferência, elipse) há diferentes formas de forças centrípetas capazes de explicar o movimento usando a Segunda Lei, de acordo com o centro para o qual a força se volta. Ou seja, conhecida a trajetória, há mais de um centro de atração possível e a forma matemática da força atrativa depende da posição do centro. Para sabermos, partindo do conhecimento do movimento de um corpo em órbita fechada, qual o lugar do centro de atração e qual a fórmula da força é preciso observar não só o tipo de curva descrita, mas também obter outras informações, tais como o período de tempo em que se completa a órbita. Newton prepara assim o caminho para a nova mecânica partindo do estudo de Kepler das órbitas planetárias.

A primeira proposição da seção II é um teorema que estabelece: "As áreas descritas pelos corpos em movimento de revolução devido a um centro de força imóvel estão contidas no mesmo plano e são proporcionais aos tempos em que são descritas" (segunda lei de Kepler). Para demonstrá-lo, Newton[57] desenha uma figura com um centro de atração S, ou centro de força, e uma linha poligonal como aproximação da trajetória curvilínea, tendendo a ela quando os segmentos que formam os lados do polígono AB, BC, CD, etc tendem a zero (Fig. 1). AB, BC, CD, etc. são escolhidos de forma que os tempos para percorrer cada um deles sejam iguais, Δt.

O corpo pela sua força inata (força de inércia, Newton usava de modo impróprio o conceito de força para a inércia, como será discutido adiante) descreve a linha reta AB. Ele seguiria a linha Bc do prolongamento de AB se não sofresse nenhuma força. Mas, no ponto B, Newton supõe que o corpo sofre uma força centrípeta instantânea (de origem gravitacional, por exemplo), com um grande impulso que muda seu trajeto de ABc para BC. Se imaginamos o limite em que $\Delta t \rightarrow 0$ e os segmentos poligonais Ab, BC, CD, tendem a zero, a força centrípeta atua continuamente. Esta discretização da trajetória contínua do corpo é a origem do cálculo diferencial e integral, criado por Newton e, independentemente, por Leibniz, seu grande rival.

Um ponto interessante é que no corolário VI deste teorema, Newton[58] generaliza o resultado para o caso de o centro mover-se com velocidade

---

57. Op. cit., p. 33.
58. NEWTON, op. cit., p. 33.

Figura 1. (Newton, 1978, p 33)

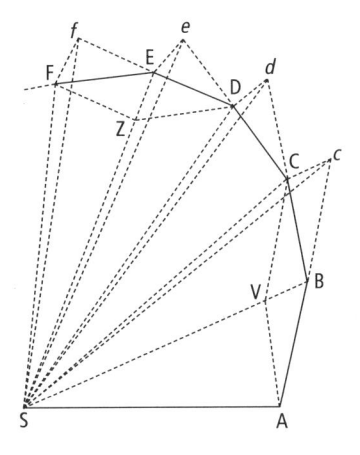

Movimento sob força centrípeta

uniforme, conforme o princípio de relatividade de Galileu. Ainda na seção II é apresentado o problema de achar a lei da força centrípeta capaz de explicar o movimento do corpo sobre uma elipse. São examinadas várias possibilidades. Por exemplo, se a força atrativa for dirigida ao centro da elipse (e não a um dos focos, como no movimento planetário), o resultado dá que ela é proporcional diretamente à distância ao centro e não inversamente proporcional ao quadrado distância. Portanto, Newton explora diferentes possibilidades para a lei da gravitação. A seção III trata do movimento sobre as seções cônicas excêntricas: elipse, parábola e hipérbole. O resultado é que a força centrípeta voltada para o foco da cônica é inversamente proporcional ao quadrado da distância do corpo ao foco (centro de força). Em resumo: Newton estabeleceu nos *Principia* que dada uma órbita, há mais de uma força centrípeta capaz de explicá-la, dependendo da posição do centro de atração. No caso de uma órbita elíptica, a força é inversamente proporcional ao quadrado da distância r a um dos focos da elipse se este for o centro de atração. Ele atribui esta forma matemática à força gravitacional, de modo que um planeta move-se sobre uma elipse com o Sol em um dos focos. Além disso, a força gravitacional é proporcional às massas m e m', do Sol e do planeta, para dar conta das órbitas planetárias de acordo com as leis de Kepler: $F = G\ m\ m'\ /\ r^2$, sendo G uma constante universal determinada por Newton.

Acreditamos que isto exemplifica bem a intenção de Newton, explícita no escólio das definições dos *Principia*:[59] "Inferir os movimentos verdadeiros e suas causas de seus efeitos e de suas diferenças aparentes, ou, inversamente, deduzir dos movimentos, quer verdadeiros quer aparentes, suas causas... É para este fim que compus este trabalho".

III.5. ESPAÇO E TEMPO ABSOLUTOS E AÇÃO A DISTÂNCIA

III.5.1. O ESPAÇO E O TEMPO — A CONCEPÇÃO NEWTONIANA E A CRÍTICA DE LEIBNIZ

No escólio que se segue às definições logo no início dos *Principia*, é tratado o problema do espaço e do tempo. Vamos enumerar os pontos essenciais para a nossa discussão:[60]

1. "Até aqui me pareceu ter que explicar os termos menos conhecidos, mostrando em que sentido devem ser tomados na continuação deste livro. Deixei, portanto, de definir, como conhecidíssimos de todos, o tempo, o espaço, o lugar e o movimento. Direi, contudo, apenas que o vulgo não concebe essas quantidades senão pela relação com as coisas sensíveis. É daí que nascem certos prejulgamentos, para cuja remoção convém distinguir entre absolutas e relativas, verdadeiras e aparentes, matemáticas e vulgares".

2. "O tempo absoluto, verdadeiro e matemático flui sempre igual por si mesmo e por sua natureza, sem relação com qualquer coisa externa, sendo chamado também com o nome de duração; o tempo relativo, aparente e vulgar é certa medida sensível e externa da duração por meio do movimento, a qual vulgarmente se usa em vez do tempo verdadeiro...".

3. "O espaço absoluto, por sua natureza, sem nenhuma relação com algo externo, permanece sempre semelhante e imóvel; o espaço relativo é certa medida ou dimensão móvel desse espaço, a qual nossos sentidos definem por sua situação relativamente aos corpos, e que a plebe emprega em vez do espaço imóvel...".

4. "O lugar é uma parte do espaço que um corpo ocupa, e, com relação ao espaço, é absoluto ou relativo".

---

59. NEWTON, 1978, p. 13.
60. Op. cit., p. 8.

5. "O tempo absoluto distingue-se do relativo na astronomia... De fato, os dias naturais, que vulgarmente se consideram iguais para medida do tempo, são desiguais. Essa desigualdade é corrigida pelos astrônomos, para medirem os movimentos celestes por meio de um tempo mais verdadeiro... Todos os movimentos podem acelerar-se e retardar-se, mas o fluxo do tempo absoluto não se pode mudar. A duração ou perseverança da existência das coisas é a mesma quer os movimentos sejam rápidos, quer lentos, ou até nulos; portanto, ela (a duração) se distingue, devidamente, das suas medidas sensíveis...".

6. "Assim como a ordem das partes do tempo é imutável, também o é a ordem das partes do espaço. Na hipótese de se moverem de seus lugares essas partes, também se moveriam de si mesma, pois os tempos e os espaços são como que os lugares de si mesmos e de todas as coisas. Estas se localizam no tempo quanto à ordem da sucessão, e no espaço quanto à ordem da situação. Com efeito, definimos todos os lugares pelas posições e distâncias das coisas em relação a um determinado corpo, que consideramos como imóvel; a seguir também calculamos todos os movimentos relativamente a esses lugares... É assim que empregamos em vez dos lugares e movimentos absolutos os relativos, sem nenhum inconveniente na vida comum; na filosofia, entretanto, devemos fazer abstração dos sentidos. Pode, na realidade, acontecer que nenhum corpo, ao qual os lugares e movimentos se refiram, esteja de fato parado".

7. "Logo, as quantidades relativas não são as próprias quantidades cujos nomes ostentam, mas sim as medidas sensíveis delas (verdadeiras ou erradas), usadas vulgarmente em lugar das quantidades em si. Se, portanto, se deve definir pelo uso o sentido das palavras, pelos termos tempo, espaço, lugar e movimento hao de entender-se propriamente essas medidas... Por conseguinte, forçam a Sagrada Escritura os que interpretam essas palavras como sendo das quantidades em si. Nem menos maculam a matemática e a filosofia os que confundem as verdadeiras quantidades com suas relações e medidas vulgares".

A noção de espaço e tempo absolutos em Newton é profundamente teológica, o que não retira seu significado físico, com base no qual se erigiu o arcabouço da mecânica newtoniana, como vemos no escólio dos *Principia*. É interessante reproduzir a este respeito parte da polêmica sustentada por Leibniz na sua famosa correspondência com Clarke, que falava por Newton. Em carta à Princesa de Gales escreve Leibniz em 1715:[61]

---

61. LEIBNIZ, G. W. *Correspondência com Clarke*, trad., Coleção Os Pensadores, Newton e Leibniz. Tradução de C. L. Mattos, Ed. Abril: São Paulo, 1983, p. 167.

"Newton diz que o espaço é o órgão de que Deus se serve para sentir as coisas... Newton e seus asseclas têm ainda uma divertidíssima opinião sobre a obra de Deus. Conforme eles, Deus de vez em quando precisa dar corda no seu relógio porque senão ele deixaria de andar".

A afirmação de que o espaço é o sensório de Deus consta do anexo da *Óptica*, mas não na forma simplória imputada por Leibniz. O que Newton escreveu foi:[62] "Partes dos animais, olhos, ouvidos, cérebro, músculos... e outros órgãos dos sentidos e do movimento (...) não podem ser o efeito de nada exceto da sabedoria e capacidade de um agente poderoso e imortal, que estando em todos os lugares é capaz de, por seu desejo, mover os corpos de acordo com seu ilimitado e uniforme sensório (...) para formar e reformar as partes do universo, tal como somos capazes de mover as partes dos nossos corpos". Newton continua: "não estamos considerando o mundo como o corpo de Deus... que é um ser uniforme sem órgãos ou partes...; as criaturas são subordinadas a ele e à sua vontade...".[63] Indo adiante, Newton expõe que os órgãos dos sentidos no homem apenas conduzem as sensações percebidas ao seu sensório na alma humana. Mas, para Newton, Deus não necessita desses órgãos, pois está onipresente em todo o espaço, sendo capaz de criar partículas de matéria e as leis da natureza, bem como criar mundos de tipos diferentes nas várias partes do universo.

Vemos de um lado as idéias religiosas de Newton e, de outro, sua lógica que ele procura conciliar com a crença religiosa, dominante na visão de mundo do seu tempo e do qual tampouco Leibniz escapava. A ciência nascente vai, dialeticamente, se inserir em um quadro de mudanças radicais nesta visão, tomando em parte o lugar da religião para o entendimento do universo (Introdução, Cap. 0). Fica clara a superficialidade de fazer uma crítica banal às idéias religiosas de Newton. Hoje, problemas desse tipo ocorrem na nascente ciência da mente que veremos no Volume III. Voltando a Newton,[64] ele diz que parece provável que Deus no início formou a matéria e que depois ocorreram na natureza mudanças dos corpos por associações, separações e movimento das partículas permanentes (átomos). "Parece-me que estas partículas não têm apenas a passiva força da inércia, mas são movidas por certos princípios ativos, como o da gravidade... e o da coesão dos corpos." Adverte entretanto que os considera "não

62. NEWTON 1978, p. 543.
63. Op. cit., p. 543.
64. Op. cit., p. 541.

como qualidades ocultas... mas como leis gerais da natureza... sua verdade aparecendo a nós pelos fenômenos embora suas causas não estejam descobertas". Ou seja "são qualidades manifestas e somente suas causas são ocultas" e os aristotélicos deram o nome de "qualidades ocultas às causas desconhecidas de efeitos manifestos". Tal seria o caso "da gravidade e da atração elétrica e magnética... se supomos que se originam de qualidades desconhecidas para nós e que somos incapazes de descobri-las". Tais qualidades ocultas "paralisaram o avanço da filosofia da natureza e portanto foram rejeitadas; dizer que cada espécie de coisas é dotada de uma qualidade oculta específica é não dizer nada... ".[65] Sobre a origem e a constituição da matéria aduz que "todas as coisas materiais parecem ter sido compostas de partículas sólidas duras (...) reunidas na criação por um agente inteligente (...) não é filosófico buscar outra origem do mundo ou pretender que (a ordem) poderia se originar do caos pelas leis da natureza meramente".

Este trecho da *Óptica* revela pontos interessantes para a nossa análise:

a) a força da inércia, pois para Newton o conceito de força ainda não era definido de forma restrita como foi posteriormente na mecânica newtoniana;

b) fala de "mudanças dos corpos por associações, separações e movimento das partículas permanentes" e que "todas as coisas materiais parecem ter sido compostas de partículas sólidas duras", as quais são os átomos no sentido grego, pois Newton era atomista;

c) a força "da coesão dos corpos" é distinguida claramente da força de gravidade, que ele sabia ser fraca para explicar a coesão entre as partículas constituintes da matéria, como a impenetrabilidade de um corpo sólido evidencia; logo, há outras forças naturais e Newton vai considera-las usando sua 3ª lei;

d) a natureza desconhecida da força de gravidade não como "as qualidades ocultas (...) mas como leis gerais da natureza (...) sua verdade aparecendo a nós pelos fenômenos embora suas causas não estejam descobertas", objeto de grande polêmica.

Na segunda carta, em resposta à réplica de Clarke, Leibniz[66] critica Newton por ter admitido além da matéria um espaço vazio do qual a matéria ocupa uma pequena parte. Leibniz não admite absolutamente isto e

---

65. Op. cit., p. 542.
66. LEIBNIZ, 1983, p. 171.

afirma que quanto mais matéria existir mais Deus exerce sua sabedoria e seu poder. Para Leibniz o espaço é puramente relativo, como o tempo; o espaço assinala em termos de possibilidade uma ordem das coisas que existem ao mesmo tempo. Na *Teodicéia*, Leibniz estabelecera que toda a matemática repousa no princípio da não contradição (um enunciado não pode ser verdadeiro e falso ao mesmo tempo) e que ao passarmos da matemática para a física, precisamos de outro princípio, o da razão suficiente: nada acontece sem que haja, uma razão para acontecer (Cap. V). Mas o espaço sem as coisas postas nele seria uniforme: um ponto não difere nada de um outro. Assim, é possível que haja uma razão por que Deus, conservando as mesmas situações dos corpos entre si, os tenha colocado assim e não de outro modo. Por isto, nega, a realidade do espaço em si mesmo e o entende como mera ordem ou relação entre os corpos. Na terceira carta de Leibniz[67] consta que chegamos a formar a noção de espaço quando consideramos que muitas coisas existem simultaneamente e achamos nela certa ordem de coexistência, segundo a qual a relação entre elas é simplesmente a distância. Quando, um corpo tem sua relação com outro mudada, vindo a ocupar lugares antes ocupados por outros, dizemos que há movimento. Leibniz não diz que a matéria e o espaço sejam a mesma coisa, mas sim que não há espaço onde não existe matéria e que o espaço em si mesmo não é uma realidade absoluta. O espaço e a matéria diferem entre si como o tempo e o movimento, mas embora diferentes são inseparáveis, afirma. Na quarta carta, Leibniz[68] escreve que "o espaço vazio é uma coisa imaginária" e que "é também sobrenatural o fato de se atraírem os corpos a distância, sem intermédio de nada, e de ir um corpo em círculo, sem se afastar pela tangente se nada o impedir".

III.5.2. O ESPAÇO ABSOLUTO E A AÇÃO A DISTÂNCIA

Para demonstrar a existência do espaço absoluto Newton descreve nos *Principia* sua experiência mental famosa, em que um recipiente de forma cilíndrica (balde) cheio de água, gira em torno de um eixo próprio.[69] Distinguimos nessa experiência duas fases: inicialmente o balde gira, mas ainda não transmitiu o movimento à água no seu interior, a qual perma-

---

67. Op. cit., p. 176.
68. LEIBNIZ, 1978, p. 183.
69. PINGUELLI ROSA, 1988, p. 63.

nece com sua superfície plana; depois a água gira arrastada pela parede do balde, ficando ambos em movimento de rotação, quando se deforma a superfície da água, pela tendência de afastamento da água em relação ao eixo de rotação por efeito da força centrífuga, horizontal, que se compõe com a força de gravidade vertical. Na primeira fase, em que o balde gira e a água não, esta tem um movimento de rotação relativo ao recipiente, mas nem por isso sua superfície se deforma. Na segunda fase ambos giram, logo a água está em repouso em relação ao balde, mas sua superfície se deforma. Portanto, conclui, a deformação revela o movimento absoluto, no qual surge a força centrífuga. No movimento relativo da água em relação ao balde (primeira fase), não há esse efeito. Para Newton a deformação da superfície da água decorre de seu movimento absoluto e prova a existência do espaço absoluto pelo efeito físico do movimento em relação a ele.

O argumento contra a interpretação de Newton pode ser encontrado em Mach[70] (Cap. VIII, Vol. II), que atribui esse efeito não ao espaço absoluto, mas à ação da totalidade da massa do universo sobre a água, quando esta se move em relação a essa totalidade. Aqui, coloca-se um outro problema: o da ação a distância, o que nos remete de volta à questão da natureza da força em Newton.[71] Se a força centrífuga é o efeito da totalidade da massa de todos os corpos do universo sobre um corpo girando, então, implicitamente, admite-se a ação a distância entre os corpos. Essa questão liga-se à da gravidade pela qual os corpos se atraem. Não é por acaso que, na teoria da relatividade geral, Einstein estabelece uma equivalência local entre força gravitacional e força centrífuga em um referencial rotatório. Na moderna teoria do campo, o campo transporta a interação através do espaço entre os corpos. Mas a idéia de campo só surge no eletromagnetismo, após Faraday, e sua propagação no espaço só é descoberta no século XIX com Maxwell (Cap. VIII). Somente com a teoria da relatividade de Einstein no século XX (Cap. IX, Vol. II) a propagação das ondas eletromagnéticas foi admitida se dar no espaço vazio, dispensando o éter como meio, de certo modo associado ao espaço absoluto no qual a velocidade das ondas de luz seria a constante prevista nas equações de Maxwell (Cap. VIII).

70. MACH, E. *La Mécanique, Hermann*, Paris, 1925.
71. SUSSEKIND ROCHA, Plínio. *A mecânica de D'Alembert*; Tese de Concurso a Catedrático de Mecânica Racional, Mecânica Celeste e Física Matemática da Faculdade Nacional de Filosofia da Universidade do Brasil, 1962.

A existência do espaço absoluto de Newton como causa da força centrífuga era, talvez, fisicamente mais aceitável do que a pura idéia da ação a distância entre corpos sem haver nada interposto entre eles. De fato a teoria de Newton era muito mais abstrata, menos intuitiva e mais distante de qualquer analogia mecânica do que a teoria de Descartes, que tentava explicar o movimento dos planetas por meio de vórtices, que os arrastavam mergulhados em um meio — o éter — que preencheria espaço interplanetário. Entretanto, o modelo cartesiano falhou, incapaz de predizer corretamente os movimentos dos planetas observados experimentalmente, enquanto Newton com sua hipótese gravitacional, unificando a explicação da queda dos corpos na Terra com a das órbitas, fazia as predições corretas. Pelo nascente método científico, isso era a razão maior para a aceitação da hipótese da gravitação, ainda que estranha e "inexplicável". O "como" tinha prioridade sobre o "porquê".[72] O preço a pagar era conviver com a interpretação da força gravitacional, implicitamente, como ação a distância. Newton procurou negar sua responsabilidade por essa ação a distância em carta dirigida a Bentley, em que ele escreveu: "é inconcebível que a matéria bruta inanimada possa, sem a mediação de alguma coisa, que não é material, atuar sobre, e afetar outra matéria sem contato mútuo, como deve ser, se a gravitação no sentido de Epicuro for essencial e inerente a ela. E esta é uma razão pela qual desejo que não me seja atribuída a gravitação inata. Que a gravitação seja inata, inerente e essencial à matéria, de modo que um corpo possa atuar sobre outro a distância, através do vácuo, sem a mediação de mais nenhuma outra coisa, pela qual e por meio da qual sua ação e sua força fosse transportada de um até outro, é para mim absurdo tão grande, que acredito que homem algum que tenha em questões filosóficas competente faculdade de pensar, possa cair nele. A gravidade deve ser causada por um agente que atua constantemente, de acordo com certas leis, mas deixo à consideração de meus leitores se este agente é material ou imaterial".[73]

Em conclusão, podemos dizer que, por mais embaraçosa que fosse para Newton, na sua teoria a força de gravidade atua entre os corpos sem que haja algum meio interposto entre eles, levando à interpretação de

---

72. LACEY, H. *A linguagem do espaço e do tempo*, Ed. Perspectiva: São Paulo, 1972, p. 142.
73. NEWTON, 1978, p. 378, no Prefácio da edição de 1717 de Optics diz "Eu não tomo a gravidade como uma propriedade essencial dos corpos. Adicionei uma questão concernente às suas causas".

interação a distância, modernamente reformulada na teoria do campo e da relatividade geral. Daí, a defesa do espaço absoluto, que desempenhava um papel físico. Portanto, as razões de Newton parecem ser mais sólidas fisicamente do que transparecem em uma leitura atual, interpretada à luz das teorias do campo e da relatividade. Hoje, as conclusões de Leibniz sobre o espaço relativo parecem fazer mais sentido do que as de Newton. Entretanto, no contexto do seu tempo, Newton tinha boas razões físicas, e não só teológicas, para admitir o espaço absoluto.

III.6. A ORIGEM DA LEI DE ATRAÇÃO GRAVITACIONAL

III.6.1. AS ORIGENS METAFÍSICAS

É fascinante o rastreamento feito por Duhem,[74] no livro publicado em 1914 *A teoria física — seu objeto e sua estrutura*, da origem do conceito de atração gravitacional, buscando demonstrar que as teorias físicas são o resultado de uma evolução progressiva. Além de criticar a idéia de Revolução Científica. Duhem opõe-se à crença vulgarizada de que a ciência se desenvolve pela criação espontânea dos conceitos por gênios individualmente. Refere-se à metáfora de que Newton tenha concebido a sua teoria da gravitação ao ver uma maçã caindo, conectando subitamente a queda dos corpos com a explicação do movimento planetário em torno do Sol e do efeito da Lua sobre as marés. Por trás disso, há uma história longa a ser contada. Vimos já a visão de Aristóteles: os corpos são compostos de quatro elementos, terra, água, ar e fogo, dos quais apenas o último é leve e tende para o alto, enquanto os demais são graves e tendem para um ponto geométrico que é o centro do universo, ou seja, o centro da Terra em repouso. Antes dele entretanto, Empédocles via na gravidade uma simpatia entre corpos. Para Leonardo da Vinci, nos manuscritos publicados em 1508, a Terra não estava no centro do mundo, mas ao centro dos elementos que estão unidos a ela e, por isso, tinha a forma esférica. Alberto da Saxônia, um filósofo nominalista (Cap. IV) francês no século XVI, assumiu que a gravidade se assemelha à atração de dois polos dos materiais magnéticos.

---

74. DUHEM, P, *La Teoria Fisica*, trad., Il Mulino, Bologna, 1978.

A revolução copernicana no século XVI demoliu a base da antiga teoria da gravidade, que atraía tudo para o centro da Terra. Gilbert escreveu um trabalho em 1600 sobre o magnetismo terrestre, bem conhecido e usado nas bússolas essenciais aos Grandes Descobrimentos dos portugueses e espanhóis. Concluiu que a natureza magnética própria da Terra é uma força primária. Extrapolou tal propriedade para o Sol e a Lua, associando uma força primária à atração de cada parte pelo todo. Se não fosse assim, dizia, "as partes teriam se separado e o Mundo inteiro teria se dissipado na confusão".[75] Para Duhem, o verdadeiro criador da gravidade universal foi Kepler, que em carta de 1605 negava o poder de um corpo ser atraído para um ponto abstrato, o centro do universo ou o centro da Terra. Escreveu: "o corpo do Sol é magnético, atua em círculos em torno dele e gira carregando a esfera da sua força. Esta força não atrai os planetas, mas os move... O que eu quero dizer com magnetismo é uma analogia...".[76] Embora revelando grande admiração pela filosofia magnética de Gilbert, Kepler mudou-a no que concerne à gravidade, que para ele, quer se trate da atração da Lua ou da Terra, vem de uma única virtude: a conservação da forma de cada astro. Em outra carta de 1609, dizia que a gravidade é uma atração recíproca entre os corpos.

No *Novum organum* Francis Bacon, em 1620 (Cap. V), assumiu a filosofia de Gilbert, reforçando assim a idéia de que um corpo tende a manter sua integridade, de modo que suas partes resistam a ser separadas, tal como os materiais magnéticos. Associou portanto a gravidade à "virtude" magnética. Mersenne, em 1626, supôs que todo corpo celeste tem um centro de gravidade que atrai os corpos em torno dele e que todos esses centros tendem ao centro do universo. Assim, os elementos terrestres teriam uma forma ou substância tal que ficam unidos à Terra, da qual fazem parte. Uma doutrina com base nestas linhas gerais tendeu a se desenvolver na esteira da revolução copernicana, substituindo a explicação da gravidade como tendência a um lugar natural pela idéia de que as partes de um todo tendem a se manter unidas entre si. Galileu pôs uma frase semelhante na boca de Simplício nos *Diálogos sobre dois sistemas do mundo*. De uma carta de Pascal a Fermat, de 1636, consta: "é muito verossímil que a gravidade seja uma atração recíproca ou um desejo natural que os corpos sintam de se unirem" como o ferro e um material magnético. Se um deles

---

75. DUHEM, 1978.
76. BLUNBERG, 1987, p. 142.

está parado, fixo, o outro se move para juntarem-se; mas se ambos estiverem livres "se avizinharão reciprocamente de um modo que o maior fará o percurso menor".[77]

Outro caminho em direção à lei da gravitação universal foi a discussão da atração do mar pela Lua, relacionada historicamente à astrologia e à crença em forças ocultas. Ptolomeu acreditava na influência da Lua sobre o mar. A filosofia aristotélica não via com bons olhos as potências ocultas inacessíveis aos sentidos. A única influência dos astros na Terra seria a luz que deles nos chega. Mas, no século XIII, os escolásticos admitiram outras influências além da luz, fazendo um paralelo entre a atração da Lua sobre o mar e a atração magnética. Isto foi usado pelos astrólogos em favor de outras influências misteriosas dos astros no mundo sub lunar. Os médicos admitiam a relação entre astros e crises das doenças, que Galeno relacionava às fases da Lua. Duhem refere-se a Pico della Mirandola que no século XV opôs-se a essas crenças. Gilbert estendeu sua filosofia magnética para a atração da Lua sobre o mar. Kepler, ao discutir a atração da Lua como causa das marés, negou, entretanto, a afinidade da água do mar com os humores úmidos da Lua, generalizando a atração entre a Lua e o mar para as partes sólidas da Terra inteira. Galileu considerou a atração da Lua como causa das marés, embora errando na forma de descrevê-la.

III.6.2. A *VIRTUS MOTRIX* DE KEPLER E A RELATIVIDADE DE GALILEU

Havia duas preocupações na mecânica celeste, registradas por Duhem: uma era explicar o movimento dos planetas em torno do Sol, que deveria exigir, segundo se pensava, uma força perpendicular ao raio vetor dirigido do Sol ao planeta, tal qual um cavalo faz mover o braço de alavanca preso ao centro em um moinho. A outra preocupação era explicar por que os planetas, atraídos pelo Sol, não caiam sobre ele ou a Lua sobre a Terra. Kepler considera a primeira como a *virtus motrix* associada a uma *species motus* do Sol, depois substituída pelo vórtice no éter, assumido por Descartes, um fluido que preencheria o espaço vazio. Nesta linha, a atração do Sol não fazia os planetas caírem sobre ele, porque o sistema planetário estava imerso em um fluído etéreo, de modo que cada planeta ocupa uma posição de equilíbrio, como um corpo imerso na água, seguindo o princí-

---

77. DUHEM, 1978, p. 262.

pio de Arquimedes. A questão da força foi retomada por Borelli em 1665, inspirado no filósofo grego Plutarco, que, em um escrito traduzido por Kepler,[78] dizia: "a Lua para não cair sobre a Terra encontra ajuda no seu próprio movimento e na violência da sua revolução", do mesmo modo que um a pedra em rotação presa a uma corda com uma extremidade segura pela mão, em uma funda, é impedida de cair, enquanto está em movimento circular. Estava implícita aqui a noção de força centrífuga opondo-se à força de atração centrípeta.

Após Newton, a solução da equação do movimento, com uma força de atração dirigida a um centro fixo e proporcional ao inverso do quadrado da distância, permite explicar que um corpo permaneça em movimento circular ou sobre uma elipse, como descobrira Kepler no caso dos planetas. A circunferência é um caso particular da elipse, em que os dois focos desta se fundem em um centro único. Essa força centrípeta, dirigida para o centro, produz pela segunda lei uma aceleração nesta mesma direção, dada pela força dividida pela massa. Se o corpo estiver inicialmente em repouso, ele irá em direção ao centro de atração. Mas, se tiver uma velocidade inicial adequada, embora a aceleração seja dirigida para o centro, dependendo da condição inicial a velocidade vai mudar de direção sem mudar a intensidade dada pelo módulo do vetor. Ou seja, o corpo fica em movimento circular, não cai em direção ao centro, mas move-se em torno dele.

A força centrífuga aparece quando passamos do referencial em repouso, fixo ao homem que faz a pedra mover-se circularmente, ou ao Sol no caso do sistema planetário, para outro referencial, que gira juntamente com a pedra ou com o planeta. Neste referencial rotatório, ou a pedra ou o planeta estão parados, logo a aceleração deles é nula e também a força resultante é nula, pela segunda lei. Portanto, é necessário teoricamente haver uma força neste referencial para anular a força exercida pela mão do homem transmitida à pedra por meio da corda ou exercida pelo Sol, a distância. Esta força fictícia teórica introduzida na equação para dar resultante nula no referencial rotatório é a força centrífuga, um exemplo de força fictícia ou virtual, no sentido que não é aplicada pelo homem que segura a corda nem exercida pelo Sol, mas sim fruto do referencial estar acelerado. Isto evidencia que a segunda lei de Newton só é válida em uma classe de referenciais não acelerados, ou seja, com velocidades constantes

---

78. Op. cit., p. 280.

em relação a um referencial absoluto. Chamamos estes de referenciais inerciais. Este é o princípio de relatividade de Galileu (Cap. IV). Nos referenciais acelerados, não inerciais, devemos adicionar na equação de Newton a força fictícia, que no caso é a centrífuga, além da força exercida ou pelo homem sobre a funda ou pelo Sol sobre os planetas. Um corpo sobre a Terra com seus movimentos de rotação em torno de um eixo próprio e de revolução em torno do Sol não está em um referencial inercial, mas pode ser aproximado como tal para certos experimentos durante os quais o observador é considerado em translação em linha reta tangente à curva descrita e com velocidade constante. Além da força centrífuga, um corpo movendo-se sobre a Terra sofre outra força fictícia, responsável pela aceleração, chamada de Coriolis. Ela causa a rotação da massa de ar em fenômenos atmosféricos, formando os ciclones, ou na água ao sair pelo ralo de uma banheira, como podemos observar. A questão da força fictícia tem a ver com o problema do espaço absoluto que vimos ao discutir a água girando no balde.

III.6.3. O ERRO DOS VÓRTICES DE DESCARTES

Na concepção de Descartes (Cap. V), o movimento planetário era descrito mecanicamente sem necessidade de ação a distância, pois o Sol arrastava o éter e este arrastava os planetas nele mergulhados. Embora intuitiva, se imaginamos o éter como um fluido viscoso, surgia o problema contrário: explicava qualitativamente o movimento dos planetas, mas não a queda dos corpos na Terra. Entretanto, foi desenvolvido habilidosamente um dispositivo (Fig. 2) no qual uma proveta de laboratório era cheia de água com uma esfera no fundo. Ao fazer a proveta efetuar um movimento rotatório na horizontal em torno a um eixo à qual sua boca era presa, o fluido movia-se pela força centrífuga e fazia as esferas se deslocarem para o eixo de rotação. Esta era dada como demonstração do efeito da gravidade dos corpos no éter girando.[79]

O problema de Descartes é que sua teoria não dava conta das leis descobertas por Kepler. Estudando o planeta Marte, segundo suas palavras, "com o rigor do silogismo escolástico" Kepler levantou três hipóteses:[80]

79. JAMMER, M. *Concepts of Force*, Harper and Brothers, Nova York, 1962.
80. CASSIRER, 1983.

1. A distância maior em relação ao Sol seja a causa da maior lentidão do movimento do planeta.
2. A maior lentidão do movimento seja a causa da maior distância ao Sol.
3. Ambos valores da distância ao Sol e da maior ou menor lentidão tenham uma explicação comum.

Figura 2. A gravitação de Descartes (Jammer, 1962).

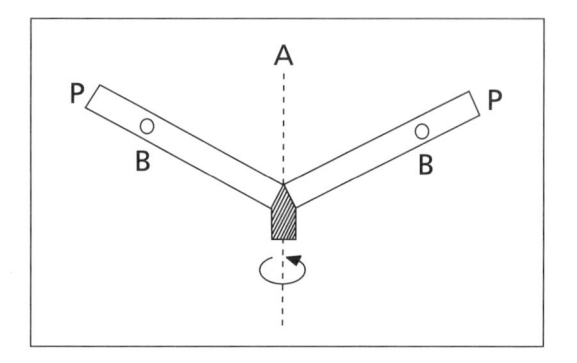

Kepler descartou as duas últimas e guardou a primeira. Usando o conceito atual de força gravitacional podemos pensar assim: a maior distância implica em menor força, logo em menor aceleração centrípeta, logo em menor velocidade angular, justificando a escolha da hipótese 1. Em uma visão da história da formação do sistema solar, suponhamos que uma massa m se aglutinou com velocidade angular w a uma distância r do Sol. Se a força centrífuga (vista do ponto de vista do referencial rotatório com velocidade angular w) era maior que a força de atração gravitacional, a massa se afastava do Sol até chegar ao raio de equilíbrio entre elas. Ademais, por inércia, ultrapassaria um pouco o raio de equilíbrio e oscilaria em torno dele até ficar na distância em que a força gravitacional é igual à centrífuga. Se a massa se formasse a uma distância maior que este raio, ocorreria o contrário, mover-se-ia na direção do Sol até equilibrarem-se as duas forças, e ele entrar em movimento circular uniforme com velocidade angular w, como no caso anterior. Nesse caso, a hipótese 2 parece verdadeira. Mas a realidade pode ter sido mais complexa do que este modelo descreve, pois o movimento planetário não é circular, mas sim elíptico, e a massa pode ter-se desprendido do Sol ou o planeta ter-se formado junto com ele. Quanto à terceira hipótese levantada, não cabe indagar na nova teoria em gestação a causa comum, pois o conceito mesmo de causa é reduzido às relações.

Em um caderno de Newton, há anotações que mostram que ele foi um cartesiano antes de ser newtoniano, admitindo a hipótese de que a gravidade poderia ser devida a correntes do éter, bem como o magnetismo seria associado a uma corrente circular do éter.[81] Em um ensaio de 1672, escreveu que a Terra poderia estar imersa no éter, que desceria continuamente na direção dela e subiria fechando um ciclo, que nos lembra o movimento de convecção da atmosfera.

III.6.4. A RETA FINAL: HOOKE, HUYGENS E HALEY

Voltando à história da teoria da gravitação escrita por Duhem, apesar de ter tido a intuição da força centrífuga, Borelli não sabia quantificá-la. Hooke, secretário da Royal Society, em 1674, estabelece que "todos os corpos celestes sem exceção exercem um poder de atração ou gravidade" e supôs antes de 1678 que a intensidade da atração variava com o inverso do quadrado da distância.[82] Embora de posse na essência das hipóteses que vieram a ser incorporadas na teoria newtoniana, Hooke não sabia como tratar matematicamente o movimento curvilíneo com elas. Em 1673, Huygens fornece o instrumento que faltava para resolver a trajetória circular e, em 1689, Leibniz junta as idéias de Borelli, Hooke e Huygens, estabelecendo que cada astro é submetido a uma atração na direção do Sol e a uma força centrífuga oposta. Mas Leibniz não formulou o conceito de força gravitacional e explicou o movimento dos planetas por um impulso do fluido etéreo no qual estão mergulhados, em lugar da *virtus motrix* de Kepler e Borelli.[83] Nesta corrida contra o tempo, em 1684, Halley supondo circular as órbitas planetárias constata que uma das leis de Kepler — a que estabelece a proporcionalidade entre o quadrado do tempo de revolução em torno do Sol e o cubo do diâmetro da órbita — é compatível com a atração proporcional à massa do planeta e inversamente proporcional ao quadrado da distância ao Sol! Mas, a solução de Halley jamais foi publicada, embora registrada por Duhem, segundo o qual enquanto ele formula-

81. MARTINS, R.; Em FIELD, J. V. e JAMES, F.; *Renaissance and Revolution*, Cambridge Univ. Press, 1993, p. 203.
82. DUHEM, 1978.
83. Op. cit.

va esta solução e antes que Leibniz formulasse a dele, Newton comunicou à *Royal Society* seus primeiros resultados.

Entretanto vemos que é inegável a precedência de Newton, pois Hooke e Haley chegaram a fragmentos, mas não á teoria na amplitude dada por Newton, que em 1686 publicou os *Philosophiae naturalis principia mathematica*. Duhem escreve que, desde 1665 ou 1666, Newton tinha já obtido os primeiros resultados da sua teoria, mas mesmo depois de concluí-la, não a publicou por ter encontrado uma discrepância pouco maior que 16% entre o valor calculado da gravidade exercida pela Terra sobre a Lua e a força atrativa necessária para mantê-la em órbita, igual à força centrífuga. Publicou-a apenas após Picard obter novos dados sobre a dimensão da Terra, permitindo eliminar a discrepância. Esse exemplo mostra melhor todo o significado do método matemático–experimental da física que estava nascendo.

III.7. A História do Conceito de Força

A origem da idéia de força pode estar na analogia com o poder da vontade humana ao comandar o esforço muscular, atuando sobre as coisas externas ao corpo. Jammer, a quem voltaremos quando discutirmos a interpretação da mecânica quântica (Cap. IX, Vol. II), refere-se, no livro *Conceitos de força*[84] a esta conceituação antropomórfica de força, que nos reporta à epistemologia genética de Piaget, referida acima neste capítulo. De um lado, na metafísica o conceito foi estendido para incluir as influências espirituais, de outro, na física, projetado nos objetos inanimados ao se moverem e atuarem uns sobre os outros, como ocorre nas colisões. Indo para trás em busca das origens deste conceito tão universal, saindo do domínio restrito da cultura ocidental onde se delinearam as bases da ciência atual, podemos encontrar concepções diferentes de força, tomada como causa, nem sempre perceptível, de mudanças perceptíveis. Um exemplo está na Índia antiga, onde a filosofia Jaina, dos seguidores de Jina, contemporâneo de Buda, tinha desenvolvido algumas idéias gerais sobre física, realismo, atomismo e relativismo. Eram considerados como fundamentais as categorias de matéria, espaço, movimento, repouso e tempo. Era o tempo que produzia a mudança como um agente dinâmico causador da ativida-

---

84. JAMMER, op cit.

de observada. O tempo fazia o papel da força, que para alguns expoentes da mecânica, como D´Alembert (ver seção adiante), tem uma inevitável conotação metafísica. No Egito antigo, a força se associa à divindade, como mostra a interpretação de um hieróglifo (Fig. 3) em que aparece uma pessoa com um facão levantado. Já na Mesopotâmia os sumérios cultuavam um deus que simbolizava a força da natureza, concretizada pelos ventos, temporais e catástrofes naturais. Mas era também o responsável pela ordem dos elementos, regulando-os.[85]

Figura 3. Um símbolo da força no Egito (Jammer, 1962).

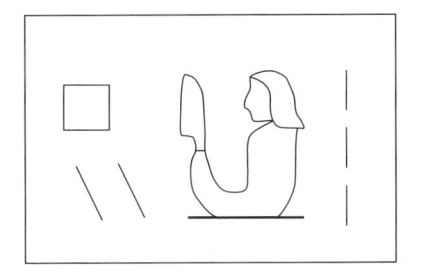

Foi também religiosa a origem do conceito de força na Grécia, onde inicialmente a força é um atributo de deuses, especialmente de Zeus na concepção de Homero, mas se incorpora na filosofia em um sentido diverso pelos pré-socráticos, de acordo com Jammer. Já nos referimos às origens da ciência na filosofia grega. De um ponto de vista cosmológico, Tales, Anaximandro e Anaxímenes admitiam haver na natureza uma substância primária, como se fosse algo vivo, capaz de se mover e de causar o movimento das coisas. Mas há uma ordem, a do cosmo, de modo que toda perturbação sendo contrabalançada. Se o Sol transgredisse seus limites seria punido. Anaxágoras considerava a mente ou a alma (nous) responsável pela ordenação da matéria, primitivamente caótica. A força seria a mente. Estaria assim em Anaxágoras a raiz da separação entre a mente e o corpo, que foi consagrada pelo dualismo de Descartes (Cap. V) até a nossa época, em que ressurge o debate sobre a explicação científica da mente (Vol. III). A dinâmica, ou a explicação material da causa do movi-

---

85. JAMMER, op cit.

mento surge na Escola Eleática, de que já falamos, com Heráclito em oposição a Parmênides (Cap. I), que negava a essência do movimento, sendo este apenas aparente. Para Heráclito, ao contrário, o movimento resultava do embate entre tensões existentes em todas as coisas, a despeito da aparência, por vezes, de estabilidade. Empédocles introduziu a força como agente, algo, nem sempre observável diretamente, que atua e causa o que observamos como sua conseqüência. Haveria as forças do amor e da discórdia, como há as forças atrativas e repulsivas devido a cargas elétricas hoje. Dinâmica é o termo usado por Platão cujo significado é mais próximo do conceito de força. Designa a habilidade de agir sobre algo externo e, ao mesmo tempo, de sofrer ação, logo significa também a receptividade à ação externa. A concepção de Platão é de que a força é intrínseca à matéria e há uma origem superior de todas as forças: a alma do mundo. Considerava que a terra era atraída para a terra, como a água para a água e o fogo para o fogo. Em Aristóteles há dois tipos de força: uma é da natureza, a causa do movimento das coisas que têm em si esta propriedade, como vimos em capítulo anterior; outra age nas coisas que não possuem este dom e são movidas por algo, empurradas ou puxadas. A força se dá por contato entre o móvel e o movido. Em lugar da atração a distância de tipo gravitacional, vista na seção anterior, havia a teoria do lugar natural, para onde vão as coisas que lá devem estar. Ou seja há aí uma geometrização da gravidade, associando o movimento de um corpo pesado que cai a uma propriedade do espaço: o seu lugar natural, para onde ele livremente sempre tende a ir.

A concepção aristotélica de explicar o movimento pela propriedade do espaço geométrico (os corpos graves tendem ao centro do universo) foi substituída pela força da gravidade newtoniana, mas voltou com a relatividade geral de Einstein, que sucedeu à mecânica de Newton. Na teoria da relatividade geral, a massa do Sol deforma o espaço–tempo, encurvando-o, de modo que o caminho natural de um planeta é a elipse, pois ela é a curva que dá a menor distância entre dois pontos (curva geodésica) neste espaço curvo. Longe de massas substancialmente grandes, o espaço é euclidiano, no qual a geodésica é uma reta e um corpo deixado a si mesmo fica em movimento retilíneo uniforme, como estabelecera Galileu. O Sol, por sua grande massa muda a métrica do espaço–tempo e o subespaço tridimensional deixa de ser euclidiano. São encurvadas pela presença da massa, as geodésicas que dão as órbitas planetárias, pelas quais os planetas se movem livres de qualquer força, pela sua natureza. O mesmo ocorre em torno da Terra com a Lua, pois a massa da Terra encurva o espaço.

Fica eliminada a força gravitacional na relatividade geral. A geometrização da física de Aristóteles pela definição do lugar natural não deve, entretanto, ser confundida com a geometrização assumida antes dele por Platão, cujos átomos eram associados a triângulos componentes das faces de poliedros regulares, como vimos no capítulo I.

Enquanto na física aristotélica era impossível a ação a distância e toda a força era por contato, os estóicos gregos tinham outra concepção na qual os corpos interagem entre si, relacionando-se por uma espécie de simpatia. Occam,[86] um nominalista, comentador de Aristóteles na Idade Média (Cap. IV), negava muito antes de Newton que só houvesse força por contato; baseava-se na emissão da luz pelo Sol, chegando esta à Terra, e no magnetismo, evidenciando ação sem contato. Os escolásticos, seguidores da filosofia aristotélica admitiam entretanto, com ligeira diferença de Aristóteles, dois tipos de forças: as naturais e as *ab intellectu*, quando se trata de força muscular animal. As forças naturais derivavam de seis qualidades elementares associadas aos quatro elementos calor, frio, umidade e seco e mais gravidade e leveza.[87] Essas idéias foram varridas junto com a física aristotélica pela Revolução Científica do Século XVII.

O Conceito de Força também é o título de uma seção do capítulo dedicado a Kepler em *O problema do conhecimento*, publicado em 1906 por Cassirer.[88] Considera este conceito um sintoma das mudanças no modo de conceber as relações entre o pensar e o ser na modernidade. A seção anterior do mesmo capítulo, denominada O Conceito de Harmonia, diz que em Kepler o novo ideal da indução aparece com claridade e pureza lógicas. O pensamento tem de reproduzir a ordem inexorável das coisas de um modo único e necessário e a atividade do espírito tem de descobrir a imagem da realidade. Um conceito filosófico une as partes do sistema de Kepler: o de harmonia de um cosmo organizado e obediente a leis geométricas. Assim, Kepler expressa em suas leis as proporções fixas que descobre entre corpos cósmicos, as distâncias dos planetas ao Sol e seus tempos de revolução. Na linguagem atual, poderíamos associar isso à idéia de simetria matemática.

---

86. Occam foi o pai do nominalismo, movimento filosófico antecessor da Revolução Científica, rejeitava o essencialismo aristotélico e reduzia o conhecimento à linguagem.

87. JAMMER, op. cit.

88. CASSIRER, 1983, p. 320.

Tanto quanto Cassirer, Pauli que foi um dos mais renomados físicos do século XX e um dos pais da teoria quântica, deu enorme importância a Kepler na formulação do moderno conceito de força, ressaltando a idéia de Kepler de que, tal como os acordes harmônicos sonoros na música e os poliedros regulares, o sistema solar tem uma harmonia. A Kepler, Pauli dedicou um artigo *A influência das idéias — arquétipo nas teorias de Kepler*, que consta da coletânea de seus escritos filosóficos.[89] Como em Platão era a beleza, o senso estético, que guiava a ascensão do sensível ao conceitual em Kepler: o prazer que em nós suscita a consonância musical dá um nexo entre o gozo dos sentidos e a satisfação intelectual do espírito. É por este caminho, segundo Cassirer, que Kepler chega à sua terceira lei, que relaciona o tempo de revolução de um planeta à sua distância ao Sol. Nas palavras de Cassirer[90], o pensamento toma então uma nova direção, voltando-se para as relações entre os objetos: "a de compreender a harmonia não como um atributo de coisas mas como uma função do espírito". É difícil apreender em uma primeira leitura o significado desta frase, aparentemente de inspiração kantiana, como veremos em capítulos seguintes. O espírito encontra nessas relações o complemento necessário para entender o mundo e aperfeiçoar-se: "as proporções numéricas que observamos no firmamento apaziguam e nutrem a alma", escreve Cassirer referindo-se ao *Mysterium cosmographicum de amirabili proportione orbitum celestium* de Kepler (1596). E continua: "O mundo foi criado segundo o modelo de proporções geométricas" (como dirá depois Galileu) para que se possa exercitar o espírito, segundo Kepler. A harmonia aparece como "algo externo que se apodera do espírito para dominá-lo e adaptá-lo à natureza, de modo a criar um nexo interior e uma adequação", escreve Cassirer.[91] E aduz que esta ordem cósmica e a interdependência imanente e causal entre as coisas eram associadas à idéia mística da alma do universo.

Kepler não pretendeu "decifrar as forças divinas e o mistério da criação, já que isto equivaleria a pleitear um problema impossível e insolúvel", só podemos compreender a organização racional do universo, que se encontra esboçada em nós mesmos.[92] O movimento dos corpos celestes inspi-

89. PAULI, W. *Escritos sobre Física y Filosofia*, trad., editado por ENZ, C. e VON MEYENN, K.; Debate — Pensamiento: Madrid, 1996.
90. CASSIRER, 1983, p. 332.
91. Op. cit., p. 325.
92. Op. cit., 1983, p. 303.

rava a necessidade de um motor eterno movendo-os, como descreve Dante na *Divina comédia*. Inicialmente, Kepler acreditara que as almas dos planetas se debilitariam na medida que se afastavam de um centro comum. Mais tarde substituiu o conceito de alma pelo de força. "Quando me dei conta que a causa do movimento dos planetas diminui na medida em que estes se afastam do Sol, do mesmo modo que a luz se torna mais débil ao aumentar a distância, cheguei à conclusão que essa causa tinha que ser algo corpóreo, concluiu Kepler.[93]

III.8. DO CONCEITO DE FORÇA AO DE ENERGIA E O ATOMISMO II

Os conceitos de força e de alma eram classicamente sinônimos para Cassirer. Mas com a ciência moderna se tornam antagônicos, o espiritual deve ser separado do natural, como fará Descartes com seu dualismo entre alma e corpo. Abriu assim um abismo entre a ciência e a compreensão da mente, que é um problema ainda não superado no limiar do século XXI como discutiremos no Vol. III, em que veremos as rupturas da ciência originada do determinismo newtoniano. O conceito de força natural ganhou seu contorno científico restrito nesta antítese entre espírito e corpo. O conceito de energia, jamais definido ou usado por Newton, mas originado da força viva de Leibiniz, era ligado inicialmente à sua concepção de enteléquia, uma espécie de alma das coisas. Cassirer não se refere a este aspecto, mas o conceito de força viva de Leibniz confrontou-se historicamente com o de *momentum* de Descartes. A força viva de Leibniz, a menos de um fator $1/2$ é, no formalismo atual da mecânica, a energia cinética E_c, que é $1/2$ do produto da massa m pela velocidade v ao quadrado: $E_c = 1/2\ m\ v^2$.

Na concepção de Leibniz, a força viva era intrínseca ao corpo, não tinha causa externa, e era ela a razão do seu movimento. A quantidade de movimento cartesiana ou *momentum*, p também usada por Newton, é definida, como já vimos, pelo produto da massa pela velocidade: p = mv. Para Leibniz o que importava para explicar o movimento era a força viva e para Descartes era o *momentum*. Por décadas, seguidores de Leibniz e de Descar-

---

93. KEPLER, 1983.

tes se digladiaram uns com os outros, até D'Alembert mostrar que as duas integrações correspondem a uma mesma força e são compatíveis entre si. Voltaremos a D'Alembert na seção seguinte ainda neste capítulo.

Leibniz considerava como razão dinâmica do movimento o que chamamos de energia e que ele chamou de força viva, não uma causa externa ao corpo, como a força de Newton, mas sim uma razão interna. Podemos usar o raciocínio seguinte, a partir de resultados de Galileu: para elevar a uma altura de uma unidade de comprimento h, a partir do solo, um corpo de 4 unidades de peso (4m) exercemos a mesma "força" F que para elevar um corpo com uma unidade de peso (m) a uma altura de 4 unidades de comprimento (4h). E ao deixá-los cair, o corpo elevado à altura de 4h chega ao solo com uma velocidade 2v igual ao dobro da velocidade v do outro. Assim, esta velocidade obtida na queda vem da "força" exercida para elevá-los, proporcional ao quadrado da velocidade e à quantidade de matéria, expressa desde Newton como massa m: ao elevar o corpo ➜ (4m) h = m (4h) ➜ ao cair (4m) v^2 = m $(2v)^2$.

Os dois membros da segunda igualdade, à direita, são a menos de um fator $^1/_2$ as energias cinéticas, como vimos acima. Os dois membros da primeira dessas igualdades, à esquerda, correspondem à energia potencial de cada corpo a menos de um fator g, o qual representa a aceleração da gravidade (com que caem todos os corpos próximos à superfície da Terra, desprezada a resistência do ar, que é pequena para corpos pesados; para corpos leves como uma folha a resistência do ar torna-se importante): E_p = mgh.

Apenas para ilustrar a origem histórica dos conceitos, estamos fazendo esta ponte entre a concepção de Leibniz de força viva e o conceito moderno de energia, mas devemos ter em mente que o conceito de energia inexistia na teoria de Newton. Newton jamais o usou, pois não necessitou dele.

Como observamos, o que Leibniz chamava de "força" não é o que chamamos hoje de força, e o conceito de força foi também usado de modo diferenciado pelo próprio Newton, que o empregou para explicar a inércia dos corpos, associada à conservação da quantidade de movimento na ausência de força aplicada ou quando a resultante destas forças é nula. Curiosamente, nos *Principia*, ele fala na inércia como uma "força inata" (*vis insita*) da matéria em manter seu estado de movimento ou velocidade, em contraste com a força impressa que causa a mudança da velocidade, ou seja, a aceleração de acordo com sua Segunda Lei. Jammer pergunta por que Newton chamou a inércia de "força"? Responde que foi uma influência de idéias anteriores a Galileu que admitiam uma "dupla natureza da força": ativa, como causa eficiente e passiva, associada por Newton à inércia. A definição da força não está dada pela Segunda Lei, como já nos referimos em seção anterior. A lei é um axioma que relaciona coisas definidas previamente, como na geometria. Força para Newton era um conceito intuitivo por analogia com a força muscular humana, escreve Jammer, para quem Newton foi ambíguo com relação à natureza última da força, pois se limitou, conforme consta da Definição IV dos *Principia*, a dar "uma noção matemática das forças sem considerar suas causas físicas".

Para Newton força e movimento têm caracteres absolutos como o espaço (ver acima o caso do balde girando com água), enquanto para Leibniz o espaço era relativo, como vimos, mas o movimento era absoluto. Para explicá-lo, há a necessidade da força, que deixa de ter um aspecto apenas mecânico na relação do corpo com outro e torna-se um princípio como uma atividade vital. Este ponto de vista metafísico surgiu como precursor do dinamismo na física.[94] A essência da matéria não pode ser então reduzida a extensão e movimento como em Descartes, exigindo um princípio dinâmico suplementar.

Em contraste com Leibniz, para Boscovich[95] o conceito de força é relacional. Ele observou que, no impacto por contato, a velocidade mudaria de valor subitamente, de forma descontínua, o que contraria o princípio da continuidade na natureza, só rompido no século XX com a mecânica quântica. Sua conclusão foi que a colisão se processa por uma força que atua a distância fazendo a velocidade mudar progressivamente. Concluiu também que do mesmo modo a impenetrabilidade dos corpos é devida a uma força repulsiva entre centros de força. A força pode na sua concepção ser repulsiva ou atrativa, variando de um caso ao outro conforme a distância de um modo tal que haveria pontos de equilíbrio em que a força se anula. Cabe aqui a transcrição de Boscovich: "a matéria é imutável e consiste de pontos que são perfeitamente simples, indivisíveis, sem extensão e separados uns dos outros; que cada um desses pontos tem a propriedade de inércia e, em adição, uma força mútua dependente da distância de tal modo que, se a distância é dada, ambas, a magnitude e a direção da força, são dadas; (...) se a distância é diminuída indefinidamente, a força é repulsiva e cresce indefinidamente; se a distância cresce, a força diminui

---

94. JAMMER, op. cit.
95. BOSCOVICH, "De viribus vivi", 1745.

até ser nula e é mudada tornando-se atrativa, que primeiro cresce e depois decresce ...".[96]

Esta aí expressa já no século XVII uma das formas do atomismo moderno, sendo os átomos centros de forças imateriais. Ele argumentava com fenômenos como a transformação da água em vapor. É interessante que o esquema de Boscovich se aproxima do modelo para explicação das ligações da matéria, usando como centros de força as moléculas, compostas de átomos, sendo a força de ligação entre elas de natureza elétrica (forças de Van Der Waals).

Voltaremos à questão levantada por Boscovich na seção seguinte.

III.9. A Crítica ao Conceito de Força[97]

Segundo Jammers, a dicotomia entre matéria e espírito levou Descartes a não considerar a idéia de força, seja atuando sobre a matéria, como a força impressa de Newton, seja exercida pela matéria, como a gravitacional. Para ele, a força tinha uma conotação psíquica, e ele fazia uma separação entre matéria e espírito. Não cabia então falar em algo que se relacionasse ao espírito na matéria, que só possui extensão e movimento. Podemos aqui contrastar esta posição com a de Kepler, ao atribuir algo como a alma à matéria, o que ocorreu também na teoria de Leibniz, associando sua força viva a uma espécie de vontade própria da matéria, dotada de mônada como uma generalização da alma para os corpos inanimados (Cap. V). Mas, como observamos ao discutir o princípio platônico da circularidade dos movimentos no Céu (Cap. I), muitas idéias metafísicas e místicas foram cientificamente férteis, embora outras inibissem a evolução da ciência. Kepler entrou em polêmica com um astrólogo, Fludd cujas idéias místicas sobre o mundo físico, ele julgava anticientíficas.[98] Era inevitável no nascimento da ciência a sua mescla e, dialeticamente, seu confronto com a religião, cuja posição dominante na cultura ocidental ela tomou. Isto se evidencia com Galileu ao chocar-se com a ortodoxia da Igreja, como veremos no capítulo seguinte.

---

96 BOSCOVICH, em LINDSAY, R., *Early Concepts of Energy* in Atomic Physics, Dowden, Hutcingon and Ross, Pennsylvania, 1979, p. 55.

97. Baseado em Pinguelli Rosa, 1988.

98. PAULI, 1996.

Descartes ficou sendo o mecanicista, mantendo que toda a mecânica podia ser derivada do princípio de conservação da quantidade de movimento, do qual ele derivava a inércia como corolário, e do princípio dos vórtices no éter, que substituíam a gravitação. A teoria de Descartes substituia a força pelo contato e pela impenetrabilidade da matéria nas colisões e substitui a gravitação pelos vórtices. Jean Bernoulli, em 1730, usou ainda a teoria dos vórtices para explicar o movimento elíptico dos planetas sem usar a força da gravidade newtoniana. Mas foi esta última a vencedora na história da mecânica.

O conceito de força "como relação levou-o a sair de si mesmo" e a refletir-se em uma lei matemática, influindo muito na visão determinista moderna.[99] A matéria, "é depois de Deus o objeto mais elevado", escreveu Kepler.[100] A relação da natureza com Deus "não é mais de fora para dentro, penetrando de forma indigna, mas a natureza pela sua essência tende ao divino por intermédio das leis geométricas que a regem", diz poeticamente Cassirer. Entretanto o dualismo entre força e matéria permaneceu até os nossos dias. A idéia de força confundiu-se algumas vezes, como vimos em Leibniz, com a de energia, conceito unitário que se estabeleceu, tal como o usamos hoje, apenas no século passado com a termodinâmica. Outra concepção relacionada à de força é a de campo, desenvolvida a partir de Faraday no eletromagnetismo, unificado pelas equações de Maxwell na segunda metade do século passado. Nessa concepção, o campo (o elétrico, o magnético ou o gravitacional) impregna todo o espaço originado de uma fonte (carga elétrica, corrente elétrica ou massa gravitacional) e a força é uma manifestação dele sobre a matéria colocada no espaço em torno da fonte.

Na evolução da mecânica, por mais de uma vez, foram formulados esquemas que prescindem da força explicitamente, usando por exemplo a energia potencial, como é o caso dos formalismos de Lagrange e de Hamilton. Estes se tornaram essenciais na teoria dos campos e na mecânica quântica. No primeiro, a equação de Newton é substituída por um princípio variacional, de minimização de uma integral funcional, no tempo, da função lagrangeana, definida pela energia cinética menos a potencial. O segundo utiliza equações de derivadas parciais em relação às variáveis espaciais e ao tempo de uma função hamiltoniana, que podemos associar à

---

99. CASSIRER, op. cit.
100. Op. cit.

energia total. Vamos nos referir a esses esquemas formais em outro capítulo, concentrando-nos agora em D'Alembert.

A polêmica entre os cartesianos e os seguidores de Leibniz sobre a força continuou aberta, sem que fosse solucionada até D'Alembert, que deu apreciável contribuição ao desenvolvimento da mecânica, com seu tratado publicado em 1743 quase na metade dos cerca de cem anos que separam os *Principia* de Newton (1687) da *Mécaníque Analytique* de Lagrange (1788). Entre os feitos de D'Alembert está sua elucidação desta polêmica quase secular iniciada entre Descartes e Leibniz sobre o significado da integração da força ao longo do tempo e ao longo do espaço. Mas não é deste ponto que trataremos aqui e sim do conceito de força em si, que D'Alembert considerava supérfluo. D' Alembert usou a noção de vínculo para reduzir os graus de liberdade do movimento, facilitando, assim, a solução do problema: por exemplo, o movimento de uma bola sobre uma mesa está vinculado ao plano da mesa.

Na introdução de uma edição do *Traité de Dynamique* de D'Alembert, Thomas Hankins[101] procura resumir a idéia central do tratado assim: (I) tudo o que pode ser diretamente observado no mundo é matéria e seu movimento através do espaço; (II) forças não são jamais vistas; (III) elas são somente imaginadas para explicar os fenômenos. Na mecânica, a palavra força é usada para denominar causas desconhecidas do movimento, mas não há prova de que este nome designe alguma coisa real. Portanto, D'Alembert o rejeita com todas as outras entidades obscuras e metafísicas. Indo diretamente à fonte, lê-se em D'Alembert o seguinte:[102] "tudo o que vemos distintamente no movimento de um corpo é que ele cruza um certo espaço e que emprega um certo tempo para cruzá-lo. É dessa idéia apenas que se deve obter todos os princípios da mecânica... eu mantive fora as causas do movimento para considerar somente os movimentos que elas produzem... nós não temos idéia precisa e distinta da palavra força a menos que restrinjamos este termo para expressar um efeito". Portanto, temos aqui uma posição oposta à de Boscovich e, sob certo aspecto, próxima à de Descartes.

Diferentemente de Hankins, Sussekind Rocha não pretendeu um retorno a D'Alembert, mas formulou um esquema teórico da mecânica

---

101. HANKINS, T. Introdução à edição de D'ALEMBERT, *Traité de Dynamique*, Johnson Reprint Corporation, Nova York, 1968.

102. D'ALEMBERT, *Traité de Dynamique*, Johnson Reprint Corporation, Nova York, 1968.

usando a noção de vínculo como primitiva da teoria, dispensando assim a necessidade da força de ligação.[103] Citando Duhem, atribuiu a forma madura da mecânica newtoniana a Boscovitch, para quem a concepção de interação a distância entre partículas puntiformes é essencial. Sussekind Rocha, ao tratar da reação do corpo que impõe o vínculo, usou o que chamou de princípio dialético para discutir a reação do vínculo. Para ele, esta é devida à deformação dos corpos, supostamente indeformáveis, que realizam a vinculação — o que denominou de princípio de libertação de Lagrange. Nessa discussão, Sussekind Rocha chega a enunciar que a noção de força só é clara como interação a distância de partículas puntiformes que não estão em contato entre si, conforme Boscovich. Literalmente, ele diz o seguinte:[104] "mas estas deformações não são causadas pelo corpo vinculado: suprimida a gravidade, um corpo apoiado sobre uma mesa não causa nenhuma deformação nesta mesa. A força, no corpo, devida à Terra, transforma-se pelo contacto em força aplicada ao obstáculo; cuja deformação, assim causada, gera uma força elástica por sua vez transformada pelo contacto em reação sobre o corpo vinculado". Considera então que esta descrição dá lugar a um sem número de obscuridades perpetuamente discu-

103. SUSSEKIND ROCHA, op. cit., A tese de Plínio Sussekind Rocha sobre D'Alembert e o problema da força na mecânica ficou inédita, arquivada na antiga Faculdade de Filosofia, Ciências e Letras da UFRJ. Ele foi um "scholar" que se dedicou profundamente ao estudo da mecânica clássica e dos seus fundamentos, ensinando-a com uma visão crítica aguda, impressa pela sua singular combinação da física teórica com a matemática e a filosofia da física. Essa sua capacidade de crítica ultrapassava a fronteira da ciência. Apaixonado pelo cinema, guardava ciosamente cópias raras de filmes importantes. Esse fato levou-o a ser preso após o golpe militar de 1964, suspeito porque possuía na sua coleção o Encouraçado Potenkin de Eiseinstein. Quando foi afastado da UFRJ por ato da ditadura militar, o convidamos para dar seminários sobre fundamentos da mecânica dos meios contínuos na COPPE, quando era diretor Alberto Luiz Coimbra, que corajosamente o trouxe para a COPPE, onde colaborou por algum tempo e orientou uma tese. Impedido de trabalhar regularmente naquilo que sabia fazer bem — o trabalho acadêmico na universidade — cogitou de voltar à França onde deixara amigos, como L. Schwartz, o matemático criador da teoria das distribuições. Convidado, a saúde impediu-o de ir. Em 1972, faleceu. Era inconformado com o afastamento da universidade que lhe fora imposto pelo arbítrio de perseguições políticas mesquinhas. Estava sempre acompanhado de ex-discípulos, de ex-colegas e de amigos fiéis que freqüentavam sua casa. [PINGUELLI ROSA, L. e THOMÉ, Z. D.; em NUSSENZVEIG, M.; LOBO CARNEIRO, F. e PINGUELLI ROSA, L. *300 anos dos princípios de Newton*; Dazibao/COPPE, Rio de Janeiro, 1988].
104. SUSSEKIND ROCHA, 1988, p. 75.

tidas, esclarecidas e novamente obscurecidas. Conclui que se pode reduzir o problema ao das ações a distância entre moléculas, tomadas como puntiformes, para integrá-las e obter a força de reação vincular, mas, apesar do caráter fundamental dessa redução, ela não é prática para resolver os problemas da mecânica, melhor resolvidos usando a noção de vínculo, o que torna supérfluo o conhecimento das forcas vinculares, eliminadas[105].

Sussekind Rocha[106] não considerou que D'Alembert tenha cumprido plenamente seu programa de derivar a mecânica a partir de leis das colisões e da impenetrabilidade. A tarefa não era trivial, a começar pelo tratamento da gravitação. D'Alembert limitava-se a constatar que ocorre uma aceleração proporcional às massas e ao inverso do quadrado da distância, conforme Newton, recusando-se a aceitar a conceituação de força como causa dessa aceleração. Hankis critica D'Alembert por acabar usando a palavra força, sem aceitá-la como causa do movimento, caindo numa espécie de tautologia ao usar o termo de Newton reduzindo-o a um simples efeito. Sussekind Rocha considera que, ao afastar a noção de força reduzindo-a a um simples nome dado ao produto da massa pela aceleração, D'Alembert peca pelo positivismo esquecendo que "relações vazias não podem ser totalmente evitadas" na mecânica.

---

105. Na tese, Sussekind Rocha desenvolve um elegante trabalho matemático sobre a mecânica.
106. SUSSEKIND ROCHA, op. cit.

IV

O Método Científico,
o Realismo e a
Politização da Ciência

IV.1. O MÉTODO DA FÍSICA COMO PARADIGMA DO MÉTODO CIENTÍFICO

IV.1.1. O MÉTODO MATEMÁTICO EXPERIMENTAL DA FÍSICA

Ao prepararmos um experimento na física temos em mente uma questão a ser respondida, cuja formulação tem uma origem teórica. A teoria por sua vez é inventada pelos físicos e desenvolvida sistematicamente através de deduções que partem de axiomas e definições primeiras, nem sempre claras e explícitas. Estes axiomas por vezes tomam a forma de leis naturais simples que traduzem comportamentos diretamente observados ou abstraídos de observações da natureza. Tal é o caso das leis de Newton na mecânica. Outras vezes, os axiomas não são trivialmente interpretáveis, situando-se em um nível de abstração muito distante da experiência direta. Tal é o caso das equações de Maxwell do eletromagnetismo, como também da lei da gravitação de Newton. Em um caso e outro, um longo percurso foi percorrido, com hipóteses e conceitos depois superados ou incorporados até chegar à teoria acabada. No caso da mecânica de Newton, o caminho pode ter seu início balizado por Aristóteles, passando por Arquimedes e entrando na reta final depois de Copérnico e, principalmente, de Kepler, Galileu e Descartes. No caso de Maxwell, o caminho passa por Coulomb, Ampère, Faraday e por todos que construíram a Eletricidade e o Magnetismo.

As regras metodológicas colocadas por Newton na segunda edição dos *Principia*, no Livro Terceiro que trata do "Sistema do Mundo"[1] são:

1. "Não devemos admitir mais causas das coisas da natureza do que aquelas que são ao mesmo tempo verdadeiras e suficientes para explicar suas aparências".
2. "Portanto, aos mesmos efeitos naturais devemos, tanto quanto possível, atribuir as mesmas causas."
3. "As qualidades dos corpos, as quais não admitem nem intensificação nem remissão de graduação, e que são encontradas pertencendo a todos os corpos dentro do alcance de nossos experimentos, devem ser consideradas qualidades universais de todos os corpos".
4. "Na filosofia experimental devemos buscar proposições inferidas, por indução, a partir de fenômenos, tidos como acuradamente ou muito aproximadamente verdadeiros, desconsiderando qualquer hipótese contrária ...".

Na primeira edição dos *Principia* estavam apenas as duas primeiras regras, que nada dizem sobre o uso da indução, enquanto as outras duas são uma declaração de que Newton explicitamente assumiu o método indutivo.[2] Provavelmente, Newton ao elaborar sua mecânica não se ateve em especial à questão da indução, à qual teve depois de dar maior atenção devido à polêmica sobre a gravitação e a ação a distância, criticada inclusive por Huygens. Aderiu à indução, talvez, por razões tácitas. Esta era uma forma de evitar o incômodo da discussão da ação a distância, reduzindo-a a uma constatação induzida da forma observada dos movimentos dos planetas em torno do Sol.

A questão da indução será objeto dos capítulos V e VI. No capítulo V, veremos o método empírico, cuja expressão mais crua está nas regras de Francis Bacon, seguido das demais versões do empirismo — o indutivista de Locke, o idealista de Berkeley e o cético de Hume. Estudaremos também o racionalismo de Descartes e de Leibniz, vendo as regras do método racional cartesiano para conduzir a razão e o princípio da razão suficiente de Leibniz. No capítulo VI, estudaremos a solução de Kant ao problema colocado pela crítica de Hume à lógica da indução.

---

1. NEWTON *Philosophiae Naturalis Principia Mathematicae*. Londres, 1687; *Great Books*; Enc. Britânica e Universidade de Chicago, 1978.
2. MARTINS, Roberto, em Field, J. and Frank, J. *Renaissance & Revolution*, Cambridge Univ. Press, 1993, p. 212.

O que caracteriza uma teoria física é sua permanente exposição à confrontação experimental, que pode refutá-la sempre, dando-lhe um caráter provisório eterno — uma teoria científica não é definitivamente comprovada jamais. Estas idéias aqui colocadas — o papel da indução, da dedução, o caráter empírico e matemático, o papel da confrontação teoria *versus* experimento — não são tão simples quanto uma leitura apressada dê a transparecer. Elas têm sido objeto de longa discussão na filosofia da ciência. Elas se relacionam às grandes correntes de pensamento filosófico e, em conseqüência, às concepções de mundo, com todas as suas implicações ideológicas e políticas e seus determinantes econômicos e sociais.

O método científico é explanado de uma maneira extremamente didática por Hempel,[3] embora simplificando alguns aspectos polêmicos, levantados por diferentes correntes filosóficas que veremos depois. Hempel procura deixar claro que a concepção indutiva estreita da investigação científica é insustentável. Um aspecto muito importante diz respeito à concepção do método científico tal como foi elaborado na física a partir de Galileu, usando necessariamente a matemática nas formulações teóricas. Este uso necessário da matemática não será estendido, em geral, às demais ciências naturais. Portanto. O método científico assim definido não é o método de toda a ciência, ele é o método da física.

O método consagrado como o método científico, foi interpretado por Needham[4] nos seguintes termos:

1. Seleção a partir dos fenômenos em discussão, de aspectos específicos susceptíveis de serem expressos em termos quantitativos.
2. Formulação de uma hipótese envolvendo uma relação matemática (ou o seu equivalente) entre as quantidades observadas.
3. Dedução de certas conseqüências a partir dessas hipóteses, que estejam dentro do campo da verificação prática.
4. Observação acompanhada por mudança das condições, acompanhada por novas observações, isto é, experimentação; implicando, tanto quanto possível, medição em grandezas numéricas.
5. Aceitação, ou rejeição, das hipóteses formuladas em 2. Uma hipótese, uma vez aceita, serve então de ponto de partida para novas hipóteses e novos testes.

3. HEMPEL, C. *Filosofia da Ciência Natural*. Trad., Jorge Zahar Ed.: Rio de Janeiro, 1970.
4. NEEDHAM, J. Mathematics and Science in China and the West, Science and Society, Vol. 20, 1956, cit. em J. Dias de Deus, *A crítica da Ciência*, Jorge Zahar Ed.: Rio de Janeiro, 1974.

Uma descrição do que seria o procedimento indutivo em senso estrito pode ser resumida por:[5]

"Primeiro todos os fatos seriam observados registrados, sem seleção ou estimativa *a priori* quanto à importância relativa deles."

"Segundo, os fatos observados e registrados seriam analisados, comparados e classificados, sem outras hipóteses ou postulados além dos necessariamente envolvidos na lógica do pensamento."

"Terceiro, dessa análise dos fatos seriam tiradas, indutivamente generalizações quanto às suas relações, classificatórias ou causais."

"Quarto, pesquisa adicional poderia ser tanto dedutiva como indutiva, negando inferência a partir das generalizações previamente estabelecidas."

Haveria quatro etapas neste esquema:[6] (I) observação e registro de todos os fatos; (II) análise e classificação desses fatos; (III) derivação indutiva de generalizações a partir deles; (IV) verificação das generalizações. Como ficará claro neste capítulo, o método da matemático-experimental originado de Galileu foge deste esquema.

IV.1.2. DISCUSSÃO DO MÉTODO

Hempel objeta logo de início que é impossível observar e registrar todos os fatos, colocando-se a questão de demarcar os fatos relevantes, o que exige obviamente a colocação precisa do problema a ser investigado. Entretanto, a relevância é menos função do problema do que da hipótese que se formula para resolvê-lo, sendo infrutífero também catalogar dados sem ter uma hipótese guiando a busca dos mesmos. Por sua vez, as hipóteses e as teorias não decorrem da descrição dos dados empíricos; não há método aplicável para passar dos fatos observados aos princípios de uma teoria. À transição dos dados, a teoria requer uma imaginação criadora, as hipóteses e as teorias são inventadas para explicar os fatos, não são derivadas dos fatos. Um exemplo é o do movimento planetário, em que Kepler se inspirou em uma doutrina mística sobre números e música dos planetas. Newton, por sua vez, teve forte influência mística ao inventar as suas leis.

A pesquisa científica pode ser considerada indutiva em um sentido mais amplo, por aceitar hipóteses baseadas em dados empíricos, sem que

---

5. WOLFE, P. *Functional Economics*, 1924, citado por Hempel, op. cit.

6. HEMPEL, 1970, p. 23.

isto signifique uma evidência conclusiva ou um modo lógico de passar do particular observado ao caso geral. As inferências indutivas distinguem-se das dedutivas. Nestas últimas, a decisão decorre das premissas de tal modo que sendo estas verdadeiras a conclusão é sempre verdadeira. Uma inferência indutiva parte do caso particular para o geral, e as suas premissas implicam a conclusão com maior ou menor probabilidade, mas não com certeza. Ao confrontarmos uma hipótese com os dados observados, caso estes não concordem com a predição desta hipótese ela é dedutivamente refutada. Entretanto, mesmo que haja sempre a concordância, a hipótese não será dedutivamente confirmada.

Suponhamos uma hipótese H da qual decorre uma inferência R, que é um resultado observável experimentalmente, de modo que possamos pela observação ver se R é ou não é verdadeira. Há duas possibilidades, conforme foi visto no capítulo II:

1º caso — R não é verdadeira: neste caso, a sentença lógica é: "Se H então R e R não é verdade, logo H não é verdade". Esta forma de argumentação (*modus tollens*) é dedutivamente válida.

2º caso — R é verdadeira: neste caso, o argumento do tipo: "Se H então R e R é verdade, logo H é verdade" não é válido, é uma falácia.

Portanto, fica claro que o resultado negativo refuta a hipótese, mas o positivo não prova que ela é verdadeira; apenas não a refuta. Mesmo que de uma hipótese decorram muitas inferências e todas sejam verificadas experimentalmente, não provamos a hipótese, embora possamos dizer que ela se torna mais plausível. Uma teoria se sustenta mais por ter uma maior quantidade de implicações verificadas e pela qualidade desta verificação — pela variedade de casos diferentes em que se aplica, pela precisão das predições e pelas novas predições verificadas. Mas, há outros critérios explícitos e implícitos de aceitação de uma teoria, como sua consistência e sua simplicidade.

Não podemos jamais afirmar que uma teoria foi confirmada definitivamente, mas podemos atribuir a uma teoria uma credibilidade. Esta credibilidade é definida em relação a um certo corpo de conhecimentos aceito em uma dada época e pode ser traduzida na chamada probabilidade lógica ou indutiva da hipótese. Por exemplo, a frase "amanhã choverá ou não choverá no Rio" tem probabilidade lógica igual a 1, a certeza. Devemos distinguir a probabilidade lógica ou indutiva da probabilidade estatística. Esta última representa a freqüência relativa com que um dado resultado tende a ocorrer no limite em que o número de execuções de um processo fortuito tende ao infinito (como no caso de jogar um dado). Já a primeira é uma relação entre enunciados (é muito difícil atribuir valores a ela). Ambas têm em comum as propriedades matemáticas da probabilidade, variando de zero a um.

Existem nas teorias leis universais — que prevêem sempre um certo resultado sob as mesmas condições — e leis probabilísticas. Exemplos das primeiras são as leis de Newton. Exemplo das últimas é a lei da desintegração radioativa na Física Nuclear, que atribui uma probabilidade à desintegração de um núcleo instável, como o de Plutônio 239, na unidade de tempo. Na prática, como mesmo uma pequena massa de Plutônio 239 ou de qualquer elemento tem um número imenso de átomos, esta lei ganha um caráter macroscópico praticamente universal. O importante a assinalar é que nem toda explicação científica tem caráter estritamente universal. Uma pessoa exposta à certa dose de radiação nuclear, como a emitida pelo Plutônio 239 e pelos rejeitos radioativos dos reatores nucleares, tem aumentada sua probabilidade de contrair câncer. Não há uma implicação dedutiva mas há uma certeza aproximada com alta probabilidade da ocorrência do câncer.

Um aspecto fundamental da explicação teórica é a existência de princípios de transposição, que estipulam como os processos internos da teoria se relacionam com os fenômenos empíricos observáveis. Por exemplo, na teoria cinética dos gases a pressão medida macroscopicamente é admitida como resultante das colisões das moléculas com as paredes do recipiente e a temperatura é relacionada à energia cinética média das moléculas.

Os princípios de transposição são essenciais para que uma teoria tenha poder explanatório. Eles ligam certas entidades da teoria que não podem ser observadas às grandezas mensuráveis e, assim, complementam os princípios internos da teoria, formulados em termos teóricos como núcleo atômico, elétron, nível de energia do átomo, etc. Há uma discussão epistemológica recorrente sobre a realidade destes conceitos teóricos — se eles são meras representações que dão resultados certos, como foi assumido pelo positivismo do século XIX, ou se são uma realidade objetiva que se busca desvendar com a ciência. Galileu foi um realista, como o foi Boltzmann, um atomista do século XIX, que se conflitou com os positivistas, como Mach e Ostwald (Cap. VIII, Vol. II). Mach sustentou que os átomos e moléculas não tinham realidade física, e os energeticistas, como Ostwald, chegavam a negar a matéria, substituída pela energia. Existem muitas polêmicas sobre o caráter do conhecimento científico e várias correntes. Para o operacionalismo de Bridgman os significados dos termos científicos devem ser dados por operações bem definidas, como na definição de simultaneidade na teoria da relatividade. Os instrumentalistas justificam tudo na ciência com base nos seus bons resultados, não se importando com a realidade ou não das entidades admitidas pela teoria.[7]

Há um trecho de Eddington,[8] muito ilustrativo da concepção do mundo que a física propicia. Ele fala sobre duas mesas.[9] "Uma delas me é familiar desde a infância... tem extensão, é relativamente permanente, é colorida e, sobretudo, é substancial... A mesa nº 2 é a minha mesa científica. É... feita quase que exclusivamente de vazio. Dispersas nesse vazio estão numerosas cargas elétricas movendo-se com grande velocidade, mas o tamanho total delas não chega à bilionésima parte do tamanho da própria mesa. Entretanto suporta o papel em que escrevo tão satisfatoriamente quanto a mesa nº 1, pois quando coloco as folhas sobre esta, há uma sucessão vertiginosa de choques das partículas elétricas contra o verso, de modo que o papel é praticamente mantido no mesmo nível como se fora uma peteca... Tudo está em saber se o papel está equilibrado como se estivesse sobre um enxame de moscas... Não preciso dizer que a física moderna, usando uma lógica implacável e as mais delicadas experiências, convenceu-me de que a minha segunda mesa, a científica, é a única que atualmente está ali... Nem preciso acrescentar que a física moderna jamais conseguirá esconjurar a primeira mesa — estranho composto de natureza exterior, de imagens mentais e de preconceito atávico — que permanece visível aos meus olhos e tangível ao meu tato."

Hempel, entretanto, chama a atenção de que a teoria atômica não nega que a mesa seja sólida e dura, como a mesa nº 1 de Eddington. A teoria admite como ponto de partida essas propriedades macroscópicas que não são negadas. As teorias microscópicas têm de explicar os fenômenos que a percepção macroscópica revela. A teoria atômica tem sido um guia privilegiado da pesquisa porque não só explica tais propriedades, mas também outras reveladas experimentalmente na física moderna. Embora o atomismo venha da especulação filosófica na antiguidade grega (Cap. I), ganhou o *status* científico atual após a físico-química do século XIX e os modelos atômicos do século XX.

---

7. POPPER, Cap. IX (Vol. II).
8. EDDINGTON, A. *The Nature of Physical World*. Cambridge Univ. Press, 1929.
9. Op. cit.

Vamos fazer neste capítulo uma discussão histórica sobre Galileu, que é tido como criador do método científico e inspira, até hoje, polêmicas acirradas na história e na filosofia da ciência, entre outras razões, porque politizou a ciência, quanto à visão de mundo do seu tempo, e se confrontou com a filosofia escolástica, oficializada pela Igreja.[10] Embora no capítulo anterior tenhamos contrastado a mecânica e a teoria da gravitação newtonianas com a física aristotélica e a astronomia ptolomaica, incorporadas ao tomismo, a doutrina de S. Tomás de Aquino, da filosofia escolástica, pouco vimos desta síntese, feita pela Igreja, da filosofia grega com a doutrina religiosa judaico-cristã.

IV.2. A POLÊMICA CONTEMPORÂNEA SOBRE GALILEU E A CIÊNCIA[11]

IV.2.1. A POLÊMICA EM TORNO DE GALILEU

Nos trabalhos contemporâneos sobre Galileu (1564-1642), impressiona a permanência de uma intensa polêmica em torno da sua contribuição à física. O debate, é influenciado por posições *a priori*, filosóficas ou ideológicas. Em um extremo, há os que propõem uma revisão total, esvaziando o papel de Galileu, seja no avanço do conhecimento na mecânica, na resistência dos materiais e na astronomia; seja no estabelecimento do método matemático-experimental das pesquisas físicas. Eles atribuem toda a originalidade aos precursores de Galileu na Idade Média ou no início do Renascimento. C. Truesdell[12] destaca-se entre estes.[13] E. J. Dijkste-

---

10. Há uma analogia longínqua com o neoliberalismo econômico e a globalização política atuais, como doutrinas oficiais dos organismos financeiros internacionais em nome dos países ricos.
11. Baseado em Pinguelli Rosa [1989].
12. TRUESDELL, C. *Essays in the History of Mechanics*. Nova York, Springer, Verlag, 1968.
13. COMIBRA, A. L. Truesdell veio à UFRJ como visitante, convidado por ALBERTO LUIZ COIMBRA, o fundador da COPPE. Coimbra é um estudioso da Mecânica do Contínuo, disciplina que ministrava, com esmero matemático pouco usual na engenharia da época. Daí o convite a Trusdell, um especialista nos fundamentos da mecânica. A visão de Coimbra ao fundar a COPPE foi avançada, pois promoveu a aproximação do que chamava as ciências da engenharia com outras ciências, como a matemática e a computação, a física e a química. Incentivava uma integração das diferentes áreas da engenharia, que organizou por Programas e não por departa-

rhuis[14] tem posição semelhante embora atribuindo maior importância a Galileu. Por outro lado, há muitos que não negam seu papel na fundação da física e do método científico, mas discordam quanto à interpretação do seu modo de abordar os fenômenos físicos. Para uns, ele foi acima de tudo um teórico, descrevendo a natureza pela matemática e por experimentos mentais, um neoplatônico. Esta foi a posição de Alexandre Koyré.[15] Para outros, trata-se essencialmente de um experimentador construindo a física mantendo-a de maneira basicamente empírica. Stillman Drake[16] tem desempenhado a função de reabilitar o lado original experimental da mecânica de Galileu investigando textos até há pouco tempo desconhecidos. A cada argumento de um lado, surge um contra-argumento de outro, levando o debate a uma crescente sofisticação teórica tanto na interpretação filosófica como nas novas análises dos seus escritos. A polêmica interpretação de Galileu estabelece um divisor de águas na epistemologia e na história da ciência, separando materialistas de idealistas, realistas de positivistas, empiristas de racionalistas. Pierre Thuillier,[17] cita Ludovico Geymonat:[18] "Conforme o caso, Galileu se torna um platônico, um kantiano, um experimentalista, um positivista, etc...".

A discussão crítica e a divergência de pontos de vista são normais em qualquer campo do conhecimento, inclusive na história da ciência, seja na vertente internalista ou conceitual, seja na externalista ou contextualiza-

---

mentos. Nessa linha, implantou programas interdisciplinares, como a Engenharia Biomédica, envolvendo médicos, biólogos e engenheiros, e a Engenharia de Produção, com engenheiros, economistas e cientistas sociais. Foi pioneiro na pós-graduação de engenharia no Brasil, enfrentando a burocracia acadêmica e universitária. Para criar a COPPE buscou a cooperação acadêmica norte-americana, européia e soviética (esta na engenharia naval). Mais de uma vez, assumiu a defesa de alunos e professores da COPPE atingidos por arbitrariedades do Governo Militar. Pela sua coragem e por realizar uma revolução na área de engenharia na universidade, enfrentou no Governo Militar perseguições, que o tiraram da direção da COPPE. Muito premiado e homenageado posteriormente, isto não apagou as injustiças que o afastaram da COPPE, onde é uma permanente referência para a conduta acadêmica e ética de dedicação ao ensino e à pesquisa, bem como de luta pelo desenvolvimento tecnológico nacional.

14. DIJKSTERHUIS, E. J. em: CLAGET, M. *Critical Problems in the History of Science.* Univ. of Wisconsin Press, 1969.

15. KOYRÉ, A. *Estudos de História do Pensamento Científico.* trad. Ed. Univ. Brasília, 1973.

16. DRAKE, S. et al. *Scientifc American.* March, 1975.

17. THUILLIER, P. *D'Archimède à Einstein.* Paris, Fayard, 1988.

18. GEYMONAT, L. *Galileo.* Torino, Einaudi, 1957.

da, e na epistemologia. Mas, no caso de Galileu, parece haver uma discussão maior do que a normal. Galileu era ele próprio um polemista célebre. Outros físicos célebres geraram ou envolveram-se em polêmicas apaixonadas sobre a física e as concepções filosóficas vigentes em cada época relacionadas ao mundo natural e conceitual. Entre muitos exemplos basta lembrar a veemência das cartas entre Leibniz e Clarke, criticando a concepção de Newton acerca do espaço e do tempo.[19] Outro exemplo foi a divergência entre os discípulos e seguidores de Leibniz e os de Descartes a respeito do significado da integração da força ao longo do espaço percorrido pelo corpo, ou do tempo de duração do percurso. A polêmica durou décadas até ser resolvida por D'Alembert,[20] que unificou em uma só teoria ambas as integrais — que dão respectivamente a energia (denominação atual) e a quantidade de movimento. O próprio D'Alembert considerava metafísico o conceito de força newtoniana e procurou formular a mecânica, dando precedência às noções de vínculo e de choque.[21] Embora seja possível prolongar essa cadeia com outros exemplos, importa apenas mostrar que a polêmica faz parte do desenvolvimento da física.

O peculiar nos estudos sobre Galileu é a radicalização das revisões críticas, mantendo excepcionalmente viva a polêmica sobre o significado da sua obra, a originalidade de suas formulações teóricas e a própria veracidade de suas experimentações. Sobre esse último aspecto, além de Koyré, Truesdell e Dijksterhuis devem-se acrescentar mais recentemente outros como Feyerabend,[22] Costabel[23] e Naylor.[24] Vários fatores podem contribuir para haver tal polêmica. A inserção histórica da física de Galileu como marco da revolução científica do século XVII pode ter propiciado atribuir-se a ele algumas formulações sobre a mecânica como se viessem do nada, a não ser da sua própria cabeça, sem nenhum antecedente. Essa é uma concepção ingênua. Pierre Duhem[25] descobriu no início deste século im-

---

19. LEIBNIZ; op. cit.

20. D'ALEMBERT *Traité se Dynamique*. Johnson Reprint Corporation, Nova York, 196.

21. SUSSEKIND ROCHA, P. *A mecânica de D'Alembert*. Tese, UFRJ, 1962. Ver NUSSENZVEIG, M., LOBO CARNEIRO, F. LOBO & PINGUELLI ROSA, L. *300 anos dos Principia de Newton*, COPPE/UFRJ, 1988.
PINGUELLI ROSA, L. em: NUSSENZVEIG, M., LOBO CARNEIRO, F. & PINGUELLI ROSA, L. *300 anos dos Principia de Newton*, Rio de Janeiro, COPPE/UFRJ, 1988, p. 52.

22. FEYERABEND, P. *Contra o método*. Trad. Francisco Alves, Rio de Janeiro, 1985.

23. COSTABEL, P. *Galileu, Descartes e o mecanismo*. Trad. Gradiva, Lisboa, 1987.

24. NAYLOR, R. Isis 66; setembro, 1975, p. 394. *Annals of Science* 37, julho, 1980, p. 363.

25. DUHEM, P. *Les origines de la statique*. Hermann, Paris, 1905.

portantes antecessores de Galileu na Idade Média. Certamente Galileu sofreu influências, o que não subtrai o caráter revolucionário não só de sua obra, como do conjunto dos fundadores da ciência moderna, desde Copérnico até Newton, passando por Kepler, Galileu, Descartes, Leibniz, Huygens e outros. Galileu teve um papel singular e destacado nesse processo.

Galileu assumiu explicitamente a ruptura da concepção aristotélica de natureza cristalizada no conceito de cosmos na física de S. Tomás de Aquino. Ele, mais do que qualquer outro — com a exceção de Giordano Bruno que foi levado à fogueira pela Inquisição — enfrentou a hierarquia da Igreja em função daquilo que escreveu sobre a ciência. Relativizar isso, porque Galileu tinha aliados dentro da própria Igreja em favor de suas idéias, como foi mostrado por Pietro Redondi[26] em "Galileu Herege", é irrelevante perante o fato maior. Do mesmo modo, alinhar precursores, que haviam descoberto antes algumas das proposições demonstradas ou verificadas por Galileu sobre o movimento dos corpos, não diminui a importância da formulação unificadora da mecânica nos "Discorsi" (Galilei, 1988).

Algumas críticas à obra de Galileu revelam uma posição reacionária contra a sua mistura da física com as questões filosóficas e mesmo políticas do seu tempo, contrariando a idéia de uma ciência neutra e ascética, acima do bem e do mal. Criticam-no por ter a sua polêmica filosófica, ideológica e política travada com a hierarquia da Igreja, transbordado para fora das questões científicas, como que maculando a sua pureza. Talvez, aí resida parte da explicação para essa polêmica tão acirrada até hoje, embora a explicação completa não deva ser tão simples.

É ilustrativo entrar em alguns detalhes da polêmica para mostrar de onde vêm os pontos acima assinalados.

IV.2.2. GALILEU COMO FUNDADOR DA MECÂNICA

Nos seus *Ensaios* sobre a história da mecânica, Truesdell relega Galileu a um plano inferior na fundação da mecânica, negando-lhe qualquer mérito especial, exceto no que concerne à resistência dos materiais (a outra das duas novas ciências de que tratam os *Discorsi*). Atribuindo a Galileu a descoberta do conceito de tensão, mesmo assim adjetiva de "ridícula" sua explicação sobre a resistência de um corpo, estático, submetido a

---

26. REDONDI, P. *Galileo Heretic*. Princenton University Press, 1989.

um esforço.[27] É entretanto uma atitude ingênua transplantar o conhecimento atual para o tempo em que eram concebidas as primeiras teorias físicas para julgar quem as concebeu. Procedendo assim, esquecendo como é fácil resolver um problema após aprender sua solução, pode-se concluir que os criadores da física eram todos tolos. Descartes não aceitava, como Aristóteles, a idéia de vácuo, por exemplo.

Truesdell abre seu livro com um capítulo dedicado a Leonardo da Vinci, por ele considerado como o verdadeiro precursor da mecânica de Newton no Renascimento. Escreve que "Galileu, que alguns físicos entronam como fundador do empirismo, veio cem anos depois" de Leonardo.[28] Cita Pierre Duhem, segundo o qual algumas idéias de Galileu estavam antes em anotações de Leonardo por ele pesquisadas, bem como em antecessores na Idade Média, entre eles Buridan e Oresme. Truesdell nega todo o mérito dos estudos de Galileu sobre a queda dos corpos, atribuindo-o a John the Grammarian, um comentador de Aristóteles do século V e VI, que escrevera: "Aristóteles erradamente supõe que a razão dos tempos requeridos para o movimento através de vários meios é igual à razão das densidades dos meios... Mas isso é completamente errado e nosso ponto de vista pode ser corroborado por observações reais... Pois se você deixa cair da mesma altura dois pesos, um dos quais é muitas vezes mais pesado que o outro, você verá que a razão dos tempos requeridos para a queda não depende da razão dos pesos, mas que a diferença em tempo é muito pequena".[29] Isto coloca o problema, mas não o resolve. É categórica a afirmação de Salviati:

"Aristóteles diz que uma bola de ferro de cem libras, caindo de cem cúbitos de altura, atinge o solo antes que uma bola de uma libra tenha caído de um só cúbito". Eu digo que chegam ao mesmo tempo. Fazendo a experiência, você verifica que a maior precede a menor por dois dedos, ou seja, quando a maior chegou ao solo, a outra está a dois dedos de altura; você não pode querer esconder nesses dois dedos os noventa e nove cúbitos de Aristóteles".[30]

Galileu enuncia a lei física imaginada (chegam ao mesmo tempo) e faz a observação do real (dois dedos de diferença). Já em 1545, um espanhol,

27. TRUESDELL, 1968, p. 204.
28. Op. cit., 1968, p. 25.
29. TRUESDELL, 1968, p. 307
30. GALILEI, G. *Discorsi intorno a due nuove scienze*. 1638. tradução de P. Mariconda, Museu de Astronomia e Instituto Italiano de Cultura, E.

Domingo de Soto,[31] havia considerado a queda livre como movimento uniforme. Entretanto, esses comentários, esparsos e desconexos entre si, ficavam latentes, submersos pela autoridade da filosofia escolástica vigente. Não eram suficientes para abalá-la porque não ganhavam unidade para solapar o arcabouço da física aristotélica, da qual contestavam alguns detalhes. Esta havia sido abalada mais profundamente com a negação da teoria do motor *conjunctus*, segundo o qual o ar impelia o projétil na trajetória, deslocado à frente por ele e empurrando-o por trás. Isso satisfazia o princípio aristotélico de que todo movimento violento tem uma causa permanente, atuando sobre o corpo que se move. Essa noção de causa era vigente até ser formulada por Galileu, e também por Descartes, a idéia de inércia incorporada por Newton nas suas leis, referindo-se ele explicitamente a Galileu. Para Aristóteles, só os movimentos naturais se dão por si mesmos, como a órbita dos planetas e dos astros no céu (movimento circular) e o cair do corpo na Terra (em linha reta). A partir da mecânica newtoniana, a causa (força) passa a ser necessária para mudar a velocidade, quando há a aceleração e não para manter o movimento.

Era muito insatisfatória, a idéia de o ar empurrar o projétil após seu lançamento. Segundo a física artistotélica, o projétil subia em linha reta inclinada até parar e cair verticalmente. Não é isso que se vê empiricamente. O simples esguicho de água em uma fonte mostra que a trajetória é curva. Posteriormente, o motor *conjunctus* foi substituído por Jean Buridan e outros pela idéia de *impetus* ou *vis impressa*. O projétil movia-se pelo impulso que recebia, sendo este progressivamente vencido pela gravidade que o fazia cair ao solo. Passou-se a admitir uma teoria *tripartite* de que entre a reta inclinada de subida e a vertical de queda interpunha-se um segmento de circunferência.

Foi Galileu o descobridor de que as trajetórias dos projéteis são parabólicas, resultando da composição de dois movimentos, um horizontal e outro vertical. O caráter experimental dessa descoberta será discutido mais adiante, mas a demonstração teórica, é inegavelmente de Galileu, que estabelece a forma geométrica da curva, descrevendo matematicamente a trajetória.

Reais, algumas, ou imaginadas outras, as experiências de Galileu discutidas por Salviati, Simplicio e Sagredo demolem a física aristotélica, não

---

31. SOTO, D. de. 1545. Citado por Thuillier (1988) p. 171. Domingo de Soto foi um comentador de Aristóteles.

episodicamente, mas sistematicamente, de maneira unificada, ligando as coisas entre si, falando da física do céu e da Terra, estanques em Aristóteles. Nessas experiências discutidas pelos três personagens, os corpos não são apenas observados a cair ou jogados ao ar, eles são obrigados a descer planos inclinados, medindo-se distâncias e tempos, comparando a queda livre na vertical com a queda dos projéteis lançados. Isso era o início da ciência moderna. Por mais que tivessem sido feitas observações de casos isolados, ninguém chegara a tal grau de sistematização teórica e de manipulação experimental, real ou imaginada como se discutirá adiante.

Também baseando-se nas pesquisas de Duhem sobre a física medieval, E. J. Dijksterhuis concluiu que "a interpretação ainda encontrada de Galileu como o criador da dinâmica clássica é, portanto, já insustentável em bases lógicas".[32] Ele compara o raciocínio de Galileu sobre o movimento uniformemente acelerado com o de Oresme, membro da escola de Merton em Oxford. Duhem havia proposto chamar regra de Oresme a que estabelece a distância percorrida em um movimento uniformemente acelerado (aceleração constante) em um dado tempo é igual à coberta em um movimento uniforme (velocidade constante) de mesma duração, cuja velocidade seja igual à velocidade instantânea do movimento uniformemente acelerado no instante em que corresponde à metade do tempo de percurso. Dijksterhuis propõe batizá-la de regra mertoniana, embora admitindo que não houvesse nenhuma demonstração matemática completa dessa regra. Oresme toma no gráfico da velocidade *versus* tempo a área como medida do espaço percorrido sem dar qualquer justificativa para isso.

Galileu, entretanto, demonstra perfeitamente a proposição chamada por Duhem de regra de Oresme e por Dijksterhuis de regra mertoniana, no primeiro teorema do terceiro dia dos *Discorsi*. Usa-o em seguida em outro teorema, estabelecendo que os espaços percorridos no movimento uniformemente acelerado estão entre si como os quadrados dos tempos (corrigindo seu erro anterior). A demonstração é feita em uma linguagem geométrica elegante e concisa. Nessas demonstrações, Galileu tangencia o cálculo integral mais tarde desenvolvido por Newton e, independentemente, por Leibniz. No primeiro teorema, ele fala nas somas dos segmentos de retas paralelas que representam as velocidades V, marcadas no gráfico ortogonalmente ao eixo do tempo t, quase como uma integração. Hoje o problema é trivialmente resolvido pela integração de dx = V dt, resultan-

---

32. DIJKSTERHUIS, 1969.

do ser o espaço x igual à área sob a curva V (t). Mas, naquela época, não havia a noção de função algébrica. Galileu usava as proporções e a geometria. No tempo de Galileu, havia apenas uma técnica matemática precursora da integração, de Cavalieri.

Verifica-se nessa rápida análise de algumas críticas a Galileu que ele, afinal foi quem juntou isso tudo, seja tirando as idéias de sua própria cabeça; seja usando resultados anteriores esparsos, unificando o conhecimento sobre o movimento dos corpos em uma teoria matematizada com base experimental. Esse foi o seu mérito, muito grande, como fundador da dinâmica. Negá-lo é o mesmo que dizer que o inventor do motor a explosão apenas juntou parafusos, uma carcaça com cilindros de metal, os êmbolos ligados a uma árvore de manivelas, o combustível introduzido no cilindro e a ignição, tudo isso previamente existente. O estudo dos precursores de Galileu, por pesquisadores sérios como Duhem, na história da física esclarece que as idéias têm uma evolução histórica, não surgem do nada. Mas isso não desmerece quem soube juntar suas idéias próprias com as de outros. Não se pode garantir que um cientista, ao formular uma teoria, tenha presente todo o conhecimento dos que o antecederam. É ilustrativo o polêmico caso de Einstein, que postulou teoricamente a constância da velocidade da luz, independentemente do experimento de Michelson e Morley que, antes, verificaram sua constância ao medi-la para tentar ver o efeito do movimento da Terra sobre ela. Conforme Gerald Holton,[33] contradizendo a interpretação usual sustentada por epistemólogos ilustres como Reichenbach (Cap. IX, Vol. II) e Bachelard (Cap. XI, Vol. II), Eisntein escreveu em carta de 1952 que tinha conhecimento do experimento através de citações, mas nao o considerara ao formular a teoria da relatividade restrita. Rupert Hall[34] escreve que Galileu conhecia o comentário de Soto, várias vezes reeditado. Mas, segundo Hall, Soto "era um conservador nas suas opiniões filosóficas" e "não considerava o passo que dera de grande gravidade". Ele atribui ao pensamento confuso do século XVII o fato de que "ninguém antes de Galileu achasse interessante definir precisamente a forma como um corpo pesado cai, ainda que Soto num livro bem conhecido tivesse no essencial fornecido a resposta".[35] Galileu não

33. HOLTON, G. *Ensayos sobre el pensamiento científico en la época de Einstein*. Trad. Alianza Ed., Madrid, 1982.
34. HALL, R. A *Revolução na Ciência 1500-1750*. Trad. Edições 70. Lisboa, 1983.
35. HALL, 1983.

cita Soto nem outros comentadores de Aristóteles, embora reconheça nas primeiras páginas dos *Discorsi* sua dívida com respeito aos artesãos do Arsenal de Veneza, onde trabalhou aprendendo muito sobre mecânica prática com eles. Parece ser correta a colocação de Ludovico Geymonat:[36] "a realidade é que mesmo a mais genial invenção não é jamais fruto de um indivíduo isolado, mas sempre de um pesquisador que atua em uma civilização bem determinada, o que não impede que tenha sido precisamente esse pesquisador e não outro a realizá-la...".

Outra questão relevante é a da revolução científica do século XVII interpretada como ruptura em relação à física aristotélica, no sentido dado por Thomas Kuhn.[37] Para alguns autores houve continuidade, através de uma evolução progressiva da física, desde Arquimedes, passando pela física medieval e pelo Renascimento sem salto brusco. Essa é a teoria de Alexandre Koyré,[38] que adiciona ainda a favor de sua tese a — influência dos árabes, como transmissores da filosofia da natureza dos gregos incorporada à escolástica. Também aqui, a efervescência latente na fase anterior ao século XVII, quando eram rompidos conceitos aristotélicos essenciais como o do motor *conjunctus* substituído pela idéia de *impetus*, compartilhada por Leonardo da Vinci e outros, não contradiz o fato de ter havido uma revolução no século XVII. Ao contrário, explica-a em uma abordagem dialética, pois o germe da ruptura estava nas contradições da estrutura anterior. O reconhecimento do papel dos que fizeram o desmonte da estrutura antiga não nega o papel essencial dos precursores, que semearam a transformação. Simbolicamente não se trata de Galileu ou Leonardo, mas de Galileu e Leonardo e tantos outros, inclusive os artesãos de Veneza, cada um no seu papel.

IV.3. A ORIGEM DO MÉTODO MATEMÁTICO-EXPERIMENTAL DA FÍSICA

Na esteira da discussão da seção anterior, vem ainda outra questão: a da efetividade da física experimental de Galileu, ligando-se à sua contribuição na criação do método científico, combinando experimentação e

---

36. Citada por Fernando Lobo Carneiro (1988).
37. KUHN, T. *La structure des Revolutions Scientifiques*. Trad., Flamarion, Paris, 1983.
38. KOYRÉ, op. cit., p. 22 e p. 59.

teorização matemática. Também aqui, há duas vertentes de revisores críticos. Uns, como Truesdell, negam a legitimidade de Galileu porque ele não teria feito algumas das experiências mecânicas a ele atribuídas. Outros o consideram com todos os méritos, mas atribuem sua importância não pelos experimentos feitos para desvendar a natureza, mas sim ao seu raciocínio *a priori*, no sentido de Kant, formulando racionalmente hipóteses e teorias, imaginando experimentos mentalmente. Essa é a posição de Koyré.[39]

Essa última posição crítica, sem dúvida mais séria do que a primeira acima assinalada, liga-se à polêmica entre diferentes correntes filosóficas acerca da teoria do conhecimento científico. Viria esse da observação sistemática da natureza, induzindo hipóteses e formulações teóricas depois testadas pelas suas predições confrontadas com outros experimentos, como querem os empiristas? Ou viria essencialmente das formulações *a priori*, teóricas, depois testadas experimentalmente, como defendem os racionalistas, entre outros? Popper[40] transfere o problema da criação das hipóteses sobre a natureza para o âmbito da psicologia, admitindo inclusive influências do pensamento metafísico. Após formular a hipótese, então a teoria é desenvolvida racionalmente e seus resultados testados por experimentos cruciais que sempre poderão refutar a teoria científica. Pierre Thuillier admite haver interação dialética entre teorização e experimentação em Galileu, sem dar primazia a uma ou a outra.

Koyré nos seus Estudos Galileanos[41] e nos Estudos de História do Pensamento Científico [42] diz que não houve os experimentos da Torre de Pisa sobre a queda dos corpos. Esse é um mero detalhe de uma ampla polêmica sobre a realidade dos experimentos mecânicos de Galileu, envolvendo não só a queda livre, mas o plano inclinado e o movimento dos projéteis. A negação dos experimentos de Galileu foi refutada por Drake,[43] que estudou seus manuscritos, descobrindo alguns inéditos, refazendo algumas das experimentações e obtendo resultados compatíveis com as anotações de Galileu. Em um caso, entretanto, uma série de números anotados em um manuscrito e interpretados por Drake como medidas feitas ao longo de uma trajetória, a intervalos regulares de tempo, foi reinterpretada por

39. KOYRÉ, op. cit., p. 74.
40. POPPER, K. *A Lógica da pesquisa científica*. 1934. Trad., Cultrix: São Paulo, 1987.
41. KOYRÉ, A. Citado por Thuilier, 1988, p. 205.
42. KOYRÉ, 1973, p. 197.
43. DRAKE, op. cit., citado por THUILLER, 1988, p. 217.

Naylor[44] como resultados de cálculos, aproximando segmentos de curva por hipotenusas dadas pelo teorema de Pitágoras. Objeção deste tipo é feita também por Costabel.[45] Mesmo assim é possível contra-argumentar que Galileu pode ter marcado ao longo da trajetória em um experimento preparado esses segmentos, calculando seus comprimentos aproximados pelo teorema de Pitágoras, mas medindo os tempos que o corpo leva para percorrê-los. Isso não retira o caráter experimental do procedimento.

Thuillier fez na referência citada[46] uma excelente resenha desse debate, na qual mostra que, embora possa haver uma razão nessas objeções, é inegável que Koyré errou em certos pontos. É o caso da famosa experiência de Galileu com dois frascos de vinho e água intercomunicados,[47] julgada impossível por Koyré. Ela é reproduzível em uma sala de aula. Lobo Carneiro, há pouco, em um seminário, repetiu-a como James Mac Lachlan fez em 1971.[48]

A tese de que Galileu não foi um experimentador importante não resiste a uma análise cuidadosa. Um exemplo está nas suas observações astronômicas. Visando confirmar a teoria heliocêntrica de Copérnico contra o geocentrismo de Ptolomeu, ele descobriu os satélites de Júpiter com uma luneta por ele construída. Essa observação é descrita na *Mensagem das Estrelas*.[49] A atitude de observar o firmamento em busca de confirmação da teoria copernicana e não com espírito contemplativo aberto, fazia parte do método científico, pelo qual o objeto de estudo, é definido e selecionado dentro de um conjunto de problemas abertos, mas com uma pergunta clara formulada à natureza. A formulação dessa pergunta pressupõe uma posição assumida antes do experimento, uma conjectura pelo menos, ou nada haveria a perguntar através do experimento. Este é preparado cuidadosamente, manipulando a natureza, na física moderna.

Portanto, não procede a conclusão de Dijksterhuis: "nós não podemos de modo algum olhar Galileu... como o fundador do método experimental na física. Sabemos que não foi pelos testes de medida que ele achou a lei dos corpos em queda e também que os experimentos que ele descreve

---

44. NAYLOR, op. cit., citado por THUILLER, 1988, p. 217.
45. CISTABEL, op. cit., citado por THUILLER, 1988, p. 217.
46. Ver THUILLER, 1988, p. 191.
47. THUILLER, 1988, p. 219.
48. Experimento realizado em seminário na COPPE/UFRJ por Fernando Lobo Carneiro, 1988.
49. GALILEI, 1987.

no *Diálogo* e nos *Discorsi* são grandemente mentais, do tipo que também aparece no escolasticismo e em Nicolau de Cusa".[50]

IV.4. O Princípio de Relatividade da Mecânica

Vem à tona aqui o problema dos experimentos mentais, levantado antes por Koyré,[51] com simpatia, por causa de sua posição crítica ao empirismo. Idealizá-los foi um óbvio mérito, por mais que o neguem os empiristas adversários de Galileu. Ora, como realizar ao pé da letra um experimento para verificar o princípio da inércia na superfície terrestre, onde a presença das forças dissipativas faz cessar o movimento se não houver uma força motora atuando. O senso comum fica mais próximo de Aristóteles do que de Galileu. É preciso abstrair as condições reais para idealizar o experimento como situação limite, que as condições objetivas impedem de concretizar na situação dada. A maestria de Galileu reside em abstrair do real essas conclusões. Faz isso nos *Discorsi* com o experimento de um corpo deslizando praticamente sem atrito sobre uma longa superfície lisa, como uma tábua espelhada muito comprida, inclinando-a ora para um lado, ora para outro e depois na horizontal.[52] É óbvia a conclusão de Simplicio induzida por Salviati:[53]

"Simplicio: Não posso ver nenhuma causa de aceleração nem desaceleração, uma vez que pois não há aclive nem declive."
"Salviati: Exatamente, mas se não há razão para que o movimento da bola se retarde, ainda menos há razão para que ele acelere, por conseguinte, por quanto tempo você acha que a bola continuaria se movendo?"
"Simplicio: Tão longe quanto a superfície se estendesse sem subir nem descer."

50. DIJKSTERHUIS, 1969, p. 181.
51. KOYRÉ, 1973.
52. NUSSENZVEIG, Moysés. *Curso de Física Básica*. Vol: I, Ed. Edgar Blucher: São Paulo, 1981.
53. GALILEI, Galileo, *Dialogo sopra Due Massimi Sistemi del Mondo*. Tradução inglesa de Stillman Drake com prefácio de Albert Einstein, *Dialogue Concerning the Two Cief World Systems: Ptolomaic and Copernican*, University of California Press, Berkeley, 1953.

Essa situação só pode ser concretizada efetivamente longe da superfície terrestre, experiência vivida pelos astronautas.

Também no caso de princípio da relatividade, que estabelece a equivalência entre dois referenciais, um com velocidade constante em relação ao outro, Galileu conjectura a relatividade no *Diálogo* imaginando-se no salão de um navio observando uma pessoa pular ou arremessar coisas, um inseto voar, gotas pingando... No experimento mental, Galileu observa que o navio parado ou movendo-se com velocidade constante em águas serenas nada muda. De novo a imaginação abstrai do real uma situação possível — válida em uma espaçonave longe da Terra. Aí reside a originalidade. Einstein usou experimentos imaginados ao formular a sua teoria da relatividade, que sucedeu à de Galileu. Na relatividade geral, há a famosa experiência do elevador caindo para evidenciar a equivalência local entre campo inercial e campo gravitacional. Não se poderia desejar que Einstein se despencasse dentro do elevador para realizar o experimento!

Ainda sobre o método, há a questão do significado da matemática na física galileana. Para alguns, a matematização era mais do que uma linguagem para descrever os fenômenos. Segundo esses, Galileu atribuía um caráter matemático à estrutura mais profunda da natureza, ao contrário de Aristóteles, que atribuía os erros de Platão ao seu apego à matemática. Conforme Crombie,[54] Galileu "não hesitou em utilizar em suas teorias matemáticas conceitos de que nenhum exemplo fora ou pudera ser observado". Ele exigia apenas que, daqueles conceitos, se pudessem deduzir fatos observados. Cita então uma frase atribuída a Galileu: "minha admiração não tem limites quando vejo que Aristarco e Copérnico permitiram que sua razão, ainda que violentando seus sentidos e apesar deles, tenha-se tornado senhora da sua credulidade".[55] Crombie, citado por Koyré[56] observa que Galileu se engana freqüentemente quando se atém à experiência (como no caso das marés e da queda de um corpo, cuja velocidade ele primeiro considerou proporcional ao deslocamento, depois corrigindo como proporcional ao tempo), embora suas observações experimentais tenham sido decisivas na questão do movimento planetário (descoberta dos satélites de Júpiter). Assim, Crombie conclui que a razão deve predominar so-

---

54. CROMBIE, A. *From Augustine to Galileo*. London Falcon Press, 1952, citado por A. Koyré, 1973, p. 74.
55. GALILEO, op. cit.
56. KOYRÉ, A. *Estudos de História do Pensamento Científico*. Trad. Ed. Univ. Brasília, 1973.

bre a simples experiência, a teoria deve ter primazia sobre os fatos, e a matemática é determinante na estruturação da teoria. Essa posição reflete uma filosofia racionalista, como foi apontado antes, bastante radicalizada. Descontado o racionalismo exagerado dessa interpretação de Crombie, é inegável que Galileu identificou dados do mundo real a entidades matemáticas contidas nas teorias para explicar as aparências. Fazendo isso, ele modifica a própria conceituação da explicação dos fenômenos físicos, procurando suas causas imediatas, relacionando os fenômenos entre si, retirando da física o objetivo de buscar a causa final e abandonando a concepção aristotélica de que a física ficava, na sua essência, fora do domínio da matemática.

Apesar disso, não se pode dizer que o uso da matemática na física tenha comentado apenas com Galileu e nem tampouco com seus precursores medievais ou renascentistas. Arquimedes a usara na Grécia de uma maneira já operativa e não estritamente filosófica, como Platão, na descrição da natureza. Mesmo na física aristotélica, essencialmente lógico-discursiva, não se excluía totalmente o raciocínio do tipo matemático. Excluía-se o geométrico, do tipo pitagórico, do agrado de Platão, mas não o aritmético que estabelece proporções entre grandezas, embora sem cogitar de medi-las tecnicamente. Basta ver o trecho do Livro VII da Física em que Aristóteles estabelece uma regra de proporção envolvendo o movente (causa do movimento), a resistência, o espaço percorrido e o tempo de percurso.[57] Além disso, Aristóteles no Livro II da Física menciona "as partes das matemáticas que são mais fáceis", traduzido propositadamente por S. Tomás de Aquino como "as partes mais físicas das matemáticas", conforme observa Jacques Maritain.[58] Além disso, Ptolomeu geometrizou a astronomia.

A observação da natureza com certo critério, diverso da contemplação aristotélica e da subordinação à autoridade escolástica, já tinha inspirado preocupações ao tempo de Santo Agostinho. Em uma carta a Cristina de Lorena, Galileu[59] cita Santo Agostinho, que escrevera: "a questão de saber se é assim ou não demandaria pesquisas muito sutis e laboriosas". Entretanto, a ciência moderna baseia-se em uma ontologia completamente diferente da ciência antiga, à qual se opõe. Foi abandonada a idéia do cos-

---

57. PINGUELLI Rosa, 1988.
58. MARITAN, J. *Filosofia de la naturaleza*. Trad. Club de Lectores, Buenos Aires, 1980, p. 52; KOYRÉ, A. *Estudos de História do Pensamento Científico*. Trad. Ed. Univ. Brasília, 1973.
59. GALILEI, 1988, p. 52.

mo (Cap. I), ou seja, de um universo finito e hierarquizado, substituída pela idéia de universo unificado, governado por leis universais. Galileu e os fundadores da física moderna destruíram uma concepção de mundo metafísico, próxima do senso comum, e introduziram um corte epistemológico, palavra popularizada por Bachelard,[60] entre o mundo do senso comum (e da religião) e o mundo da ciência matematizada e experimental — considerado este como o mundo real. Galileu encarnou a fusão do raciocínio matemático dedutivo dos gregos com o empirismo herdado de cientistas medievais, como Roger Bacon, Grosseteste e outros.

IV.5. A FILOSOFIA DA FÍSICA: O REALISMO I E O ATOMISMO III

IV.5.1. O REALISMO DE GALILEU

A discussão da epistemologia implícita na física de Galileu relaciona-se de perto com a sua polêmica com a Igreja. A questão, é tão claramente enunciada por Popper[61] que vale a pena transcrevê-lo: "há muito tempo existiu um cientista famoso cujo nome era Galileu Galilei. Foi julgado pela Inquisição e obrigado a retratar-se de seus ensinamentos... O caso continuou despertando indignação e discussão — mesmo após a opinião pública conseguir sua vitória, e a Igreja tornar-se tolerante frente à ciência". Afinal, qual era o tema dessa velha discussão? Tratava-se do status do "sistema do mundo" copernicano, o qual, entre outras coisas, explicava o movimento diurno do Sol como apenas aparente e como resultado da rotação de nossa própria Terra. A Igreja estava muito disposta a admitir que o novo sistema era mais simples do que o antigo: era um instrumento mais conveniente para os cálculos astronômicos e para as predições. Na reforma do calendário, realizada pelo papa Gregório, fez-se um uso prático completo dele. Não havia nenhuma objeção ao ensinamento de Galileu acerca da teoria matemática do sistema, na medida em que ele deixasse claro que seu valor era apenas instrumental, que essa teoria nada mais era do que uma "suposição", como dizia o cardeal Bellarmino, ou uma "hipótese" matemática, uma espécie de estratagema matemático "inventado e

---

60. ESCOBAR, C. N. *As Ciências e Filosofia*. Rio de Janeiro: Imago, 1975.
61. POPPER, Karl. *Conjecturas e Refutações*. Trad., Ed. Univ. Brasília, 1982.

assumido com o fito de abreviar e facilitar os cálculos". Em outras palavras, não existiam objeções na medida em que Galileu estivesse disposto a compartilhar a posição de Andreas Osiander, que dizia em seu prefácio ao *De revolutionibus* de Copérnico:[62] "Não existe nenhuma necessidade de que estas hipóteses sejam verdadeiras, ou mesmo que se assemelhem à verdade: ao contrário, para elas, é suficiente apenas que permitam cálculos que concordem com as observações".

O problema é que Galileu, como diz Popper, acreditava que o sistema copernicano era "uma descrição verdadeira do mundo e para ele (assim como para a Igreja) este era de longe o aspecto mais importante da questão".[63] Popper critica o instrumentalismo que tende a ser implícito hoje na aparente indiferença filosófica dos físicos. Por outro lado, também os positivistas relativizam a ciência quanto à capacidade de descrever a realidade das coisas, além dos dados sensíveis observados.

A relatividade do movimento permite fixar a Terra arbitrariamente e a partir dela descrever o movimento dos planetas e dos astros. Essa posição é muito clara em uma carta do cardeal Bellarmino sobre Galileu:[64] "parecendo-nos que o Sol gira enquanto a Terra gira, como a quem se afasta da praia parece que a praia se afasta do navio, responderei que quem se afasta da praia, embora lhe pareça que a praia se afaste dele, sabe, no entanto, que isto é um erro e o corrige, vendo claramente que o navio se move e não a praia. Mas, no que se refere ao Sol e à Terra, não há nenhum perito na matéria que tenha necessidade de corrigir o erro porque experimenta claramente que a Terra está parada e que o olho não se engana quando julga que o Sol se move, como também não se engana quando julga que a Lua e as estrelas se movem".

Isso não significa serem fisicamente equivalentes os sistemas heliocêntrico e geocêntrico, mas os argumentos decisivos a favor do primeiro só se firmam mais tarde, além da vantagem conceitual e da simplicidade. Galileu usou argumentos equivocados para evidenciar esse movimento. Entre os erros que ele cometeu em casos específicos, está a explicação das marés.

Para Costabel, Galileu não compreendia que entre a confirmação de uma teoria e a afirmação de uma realidade física há uma distância. Ele

---

62. Ver capítulo III.
63. POPPER, K. *Três concepções acerca do conhecimento humano*. Trad., Ed. Abril: São Paulo, 1983.
64. GALILEI, 1988, p. 107.

escreve:[65] "a concepção da teoria da física moderna está mais perto da prudência dos amigos que Galileu tinha entre os príncipes da Igreja, os quais o abandonaram no momento crucial do famoso processo, do que do realismo a nosso ver um tanto ingênuo, que constitui o fundo da filosofia de Galileu".

O positivismo no século XIX negou a realidade da estrutura atômica da matéria, admitindo apenas o átomo e o elétron como meios de descrever a natureza, pois não se revelavam diretamente aos sentidos. Essa polêmica colocava de um lado cientistas como Mach e Ostwald e de outro um dos fundadores da mecânica estatística, Boltzmann[66] (Cap. VIII, Vol. II). No século XX a posição positivista radical foi superada pelo Círculo de Viena,[67] cujo neopositivismo admite a realidade de entes não diretamente observados, mas que se revelam indiretamente aos sentidos (Cap. IX, Vol. II). Mas o advento da mecânica quântica, com sua interpretação probabilística e a dualidade onda — partícula trouxe novas complicações epistemológicas.

Curiosamente, Jauch escreveu, em 1971, *São os Quanta Reais?* sob forma de uma paródia de um diálogo galileano em que Salviati, assumindo agora a filosofia positivista implícita da Escola de Copenhagem, coloca-se contra o realismo galileano, como se vê no trecho:[68]

"Sagredo: Você nos tem dado muito sobre o que pensar. Agora, uma coisa: a mim parece que, se a realidade já é um conceito tão esquivo ao nível de fenômenos macroscópicos, quão questionável não será ele, se examinarmos fenômenos que se originam na microfísica? Parece-me que a realidade em si não pode ter significado definido, a menos que seja testada dentro de um sistema de conceitos teóricos.
Salviati: É exatamente o que penso, e eu acrescentaria que essas construções teóricas são, em muito maior escala do que usualmente se pensa, criações livres da mente humana. Elas não nos são impostas por necessidades vindas do exterior."

Fica clara a discrepância entre essa concepção positivista e anti-realista da física quântica com a concepção de Galileu. Aqui, como na discussão do

---

65. COSTABEL, op. cit.
66. Ver capítulo VIII, Vol. II.
67. Ver capítulo IX, Vol. II.
68. JAUCH, J. M. *São os Quantas Reais? Um diálogo Galileano*. Trad. Nova Stella e EDUSP, 1986, p. 71.

empirismo *versus* racionalismo, não podemos aceitar a condenação da posição realista de Galileu em nome do instrumentalismo ou do positivismo. No mínimo, devemos admitir a questão como aberta no debate filosófico.

IV.5.2. A FILOSOFIA MECANISTA E ATOMISTA

Outro aspecto implícito na física galileana é uma filosofia que pretende explicar os fenômenos naturais pelas leis do movimento da matéria, que vamos designar de mecanista, para diferenciar da sua radicalização por Descartes, ao qual reservaremos a designação de mecanicista. Embora não seja consensual esta diferenciação, na nossa nomenclatura que colocamos na introdução e que justificamos no Cap. III, Galileu e Newton não foram mecanicistas, mas sim mecanistas. O mecanismo se identifica com o determinismo newtoniano. Para Joseph Beaude,[69] esta filosofia foi uma descontinuidade ocorrida no século XVII, sem precursores imediatos. Nessa concepção, a filosofia mecanista da natureza desenvolvida a partir da época de Galileu, difere da concepção filosófica dos precursores medievais da mecânica. Ela pretende uma abrangência universalizante tomada como um paradigma, o precedente remoto dessa atitude frente à natureza estaria nos atomistas-materialistas gregos Leucipo e Demócrito. Apesar de ter ganho base científica sólida apenas com a físico-química experimental-fenomenológica do século XIX e com a teoria quântica do século XX, o atomismo foi assumido por Galileu e, depois, por Newton. Este o explicita na sua *Ótica*, além de usá-lo implicitamente nas partículas materiais dos *Principia*.

Por sua vez, o mecanismo e o atomismo marcaram fortemente o desenvolvimento da física e de outras ciências. Uma de suas influências está no reducionismo — a redução do estudo do todo à compreensão de suas partes constituintes. A onipresença do mecanismo começou a decair após o século XVIII e, principalmente, no século XIX com a termodinâmica e a teoria do campo eletromagnético.

O mecanismo não se confunde com o atomismo no sentido grego. Descartes era atomista (Cap. V), mas não concebia a existência do vácuo — espaço vazio por onde se movem as partículas constituintes da matéria. Galileu era atomista e nesse aspecto avançou na direção da física atual, mesmo sem ter base científica para isso. A importância político-ideológica

---

69. Citado por Costabel, 1987, p. 59.

do atomismo de Galileu foi ressaltada, mas presumidamente de modo superdimensionado, no livro de Redondi, polêmico como tudo acerca de Galileu. O atomismo, apesar do aristotelismo, era recorrente na filosofia da natureza do período que antecedeu Galileu e em que se deu a revolução da mecânica. O capítulo I tratou da origem do atomismo na filosofia grega de forma extensa, portanto não voltaremos a este ponto. Lá, nos referimos à visão dos estóicos partidários, como também Aristóteles, da matéria contínua. Depois, tratamos de novo da questão do átomo no capítulo III, ao vermos a revolução da mecânica no século XVII. Nesse meio tempo, foram importantes os comentadores medievais de Aristóteles, já referidos no presente capítulo sob outros aspectos. Sobre a constituição da matéria, além dos árabes, são interessantes os nominalistas. É útil nos determos nos comentadores, contrastando o método da filosofia escolástica com o método científico posterior. Na virada do século XIX para o XX, Duhem, que estudaremos em detalhe no Cap. VIII do volume II, pesquisou a escolástica e o nominalismo do século XIV.

IV.6. O Método Escolástico e os Comentadores: a Contribuição Árabe e o Nominalismo

IV.6.1. A mínima partícula

Os árabes tiveram um papel importante em resgatar a filosofia grega e transmiti-la de volta ao Ocidente, ao tempo da escolástica, com algumas contribuições em adição, como foi o caso dos comentadores Avicena (980–1037) e Averroes (1126–1198). Por outro lado, os nominalistas, como Occam (Séc. XIV), e Buridan (1300–1358) consideravam os universais de Aristóteles apenas como nomes para designar coisas, eventos e idéias.

Averroes comentou o problema da mínima partícula que podemos obter dividindo um corpo, ou seja, o "natural minimum".[70] Para entendêlo, voltemos às idéias de Aristóteles (Cap. I) sobre a estrutura da matéria, retornando ao conceito de substância, que para ele podia permanecer inal-

---

70. VAN MELSEN, A. G. *From Atomos to Atom*. Duquesne University Press, Pittsburgh, 1952, p. 41.

terada, em uma transformação acidental, ou ser destruída, em uma mudança substancial, como ocorre em plantas e animais. Para dar racionalidade às mudanças substanciais, ele teve de estabelecer algo que ligasse o estado inicial ao final, não podendo ser a substância que desaparece no processo nem a que surge ao final. Chamou este algo de matéria primária, que por si só não é nada, mas é a potencialidade material das várias formas de ser.[71] É puramente ser — em — potência, uma capacidade presente em toda a matéria, que, ao dar lugar a algo, toma forma substancial. A matéria-prima e a forma substancial não são componentes da matéria, nem existem separadamente desta, mas sim um princípio determinante. Não eram pensadas como pensamos hoje os prótons e os elétrons da física, nem como os elementos químicos. Distinguia-se na matéria a substância e os acidentes. A primeira determina na matéria o que ela é em si; e os acidentes são forma, cor, etc. Assim, a substância material se constitui de matéria primária e de forma de ser, a primeira determina que a coisa é matéria e a segunda determina que tipo de material é. Aristóteles rejeitava a teoria de Demócrito de que existisse algo como as transformações químicas (na nossa linguagem atual) baseadas no atomismo e as considerava a partir da potencialidade inerente à matéria.

Finalmente, vejamos o problema da partícula mínima de um corpo. Aristóteles toma o exemplo do osso e de outras partes dos animais e afirma, como óbvio, que tais partes, do mesmo modo que não podem ter tamanho indefinidamente grande, não podem ter tamanho indefinidamente pequeno. Argumenta melhor ao considerar a subdivisão de um corpo qualquer em pedaços cada vez menores: se pudesse continuar sempre sem cessar, chegaria a uma multidão infinita de pedaços de um corpo finito, o que é um absurdo. Portanto, apesar de ser antiatomista, Aristóteles nega a possibilidade da divisibilidade infinita da matéria e afirma que deve haver, em cada caso, uma partícula mínima ao dividirmos um corpo em pedaços cada vez menores em um experimento mental. Entretanto, isto é como um acidente que nada tem, para ele, de fundamental, não é como o átomo de Demócrito. A teoria da partícula mínima é incompleta.

Averroes, entre os comentadores árabes, pôs sua colher na panela ao afirmar que, se removemos uma parte do fogo e repetimos isto sem parar, o fogo morre, apaga, logo há uma quantidade mínima de fogo. Em outra parte, afirma que podemos dividir uma linha teórica indefinidamente, mas

---

71. VAN MELSEN, 1952, p. 36.

se a linha for feita de terra isto é impossível.[72] Segundo Van Melsen, o *minimum* natural de Averroes é mais que o limite teórico de divisibilidade de Aristóteles, tem a ver com a realidade física. Entre os nominalistas, Buridan escreveu que uma substância não é estável abaixo do *minimum* natural, pois haveria uma quantidade abaixo da qual ela não continua a existir.[73]

Devemos concordar com Van Melsen, ao dizer que seria incorreto considerar Averroes ou Buridan precursores remotos, nem mesmo longínquos, de Planck que estabeleceu a descontinuidade da energia dando início à física quântica (Cap. IX, Vol. II). Entretanto, os comentários deles distanciaram-se das idéias de Aristóteles sobre a continuidade da matéria e aproximaram-se do conceito de átomo introduzido pelos pré-socráticos Leucipo e Demócrito (Cap. I).

IV.6.2. O MOVIMENTO DO CÉU

Blumenberg, no seu tratado sobre a gênese do mundo de Copérnico,[74] refere-se a Avicena e Averroes como os comentadores árabes que mais influenciaram os escolásticos. Avicenas não considerava o movimento dos céus como Aristóteles, regular e permanente. Este movimento tinha relação com o mundo sublunar e era causa de todos os outros processos no universo. O problema desta tese era a dificuldade de argumentar realizando os experimentos mentais, típicos do método escolástico, com o movimento dos céus, de acordo com a teologia.[75] Esta questão ligava-se à definição conceitual de tempo, sobre a qual havia diferentes opiniões: o tempo como uma seqüência de momentos; como uma substância fluindo; como resultado de um movimento qualquer; como o movimento dos céus. Averroes seguiu nesta direção, ligando o conceito de tempo à experiência interna, como uma auto-experiência, pois percebemos o céu não só diretamente como um fenômeno, mas indiretamente de acordo com a teoria da causalidade formal de Aristóteles. Segundo esta doutrina a causa pode ser percebida por seu efeito. Esta lógica estabelece uma relação entre nossa mutabilidade, o tempo e o movimento dos céus. O uso da experiência interna tem um caráter metodológico para ir do efeito à causa. Blu-

---

72. Op. cit., p. 59.
73. Op. cit., p. 62.
74. BLUMENBERG, Hans. *The Genesis of the Copernican World*. MIT Press, 1987.
75. Op. cit., p. 471.

menberg comenta que nesta concepção a importância da intuição do movimento dos céus diminuiu. Estas eram questões cruciais na escolástica, com implicações e restrições religiosas, o que gerou mais tarde o conflito de Galileu com a Igreja. No nominalismo, Occam considerava que Deus poderia sempre criar um outro céu exterior ao que percebemos, de modo que o movimento dos céus não pode servir de fundamento do tempo, como propunha Averroes. O movimento primário era atribuído ao céu mais externo, tomado como o mais uniforme e o mais rápido, sendo a partir dele gerado o movimento dos demais.[76]

A astronomia se misturava à teologia, como vemos, embora Averroes fizesse distinção entre filosofia e religião, que não pode ser reduzida a um sistema lógico de proposições.[77] A união entre religião e filosofia na escolástica foi atacada por outros comentadores, como Duns Scottt em Oxford e Buridan em Paris, mas Occam destacou-se por sua epistemologia. Contra as abstrações excessivas dos escolásticos, formulou a tese de que se deve evitar hipóteses desnecessárias, denominada de *Navalha de Occam*.[78] Para Occam, ciência, ou seja, a palavra latina "scientia", que significa conhecimento, tinha várias acepções:[79]

1. o conhecimento de alguma verdade;
2. o conhecimento evidente de coisas contingentes;
3. o conhecimento evidente de uma coisa necessária;
4. o conhecimento de uma verdade necessária derivada do conhecimento evidente em premissas de silogismos.

Das quatro causas de Aristóteles, Occam toma apenas duas, a eficiente e a final, vendo as causas material e formal como metáforas. Assim, a cor é a matéria da visão, ou seja, a causa material da sua apreensão e sensação; a distinção das partes se associa à forma: as três linhas retas que se interceptam, duas a duas, constituem a causa formal do triângulo. Todo o conhecimento se refere a coisas complexas, que não são em geral compostas de coisas sensíveis nem de substâncias, mas por conceitos da mente. Logo, o conhecimento real não trata de coisas mas de representações, o

---

76. Op. cit., p. 482.
77. DAMPIER, William C. *A History of Science*. Cambridge Univ. Press, 1987, p. 77.
78. Op. cit., p. 94.
79. OCCAM, *Seleção de Textos, Os Pensadores*. Trad., Ed. Abril: São Paulo, 1979, p. 348.

objeto da ciência é o conteúdo mental que representa as coisas, expressas por termos nas proposições, ou seja, pelos nomes a elas atribuídos por nós.[80] Aí vemos, a essência do nominalismo.

Occam e os nominalistas parisienses não aceitavam o sistema geocêntrico. Tinham por método a formulação de experimentos mentais sobre a astronomia para confrontá-los com a filosofia de Aristóteles, na qual a localização da Terra no centro do universo tinha a ver com o lugar natural. Os quatro elementos, terra, água, ar e fogo, ocupavam regiões concêntricas, um acima do outro, todos abaixo da última esfera dos céus, que passava à altura da Lua, delimitando o mundo sublunar. O centro da Terra, o lugar natural do elemento terra, tinha o mais baixo "ranking" em relação ao céu, mas contraditoriamente era o centro do universo. Ademais era um ponto, logo, nele, não cabia a extensa matéria da Terra, ficando cada porção imaginável do elemento terra fora do seu lugar natural, tendendo a ele por um movimento potencial eternamente. Essa era uma instabilidade permanente, contrastante com o ideal de harmonia do mundo aristotélico, incorporado na escolástica. A água, por sua vez, está distribuída sobre a superfície terrestre, mas não ocupa, como podemos observar, uma camada concêntrica. Portanto, havia uma discrepância com a teoria de Aristóteles.

Antes de Copérnico, Buridan conjeturou a possibilidade de o movimento do céu ser devido à rotação da Terra. Ele via uma diferença entre esta questão na filosofia e na astronomia. Para os filósofos não havia resposta para ela, enquanto os astrônomos poderiam buscar uma solução matemática, independentemente da verdade filosófica. Foi o que depois Copérnico fez. Vemos também aqui o germe do instrumentalismo de Osiander (Cap. III). Nicolau de Cusa (1401–1464), um padre, também fez importantes críticas à escolástica. Imaginou a Terra como um globo perfeito, a despeito de sua aparência, no sentido platônico, feito de uma matéria que não aparece no mundo físico e cujo movimento jamais cessa. Fez uso da matemática e rejeitou o sistema de Ptolomeu, abrindo o caminho para Copérnico.[81] Mas manteve o princípio escolástico de que todo o movimento vem da esfera mais externa. Em certo aspecto Nicolau foi um precursor de Galileu. Escreveu um diálogo em que os personagens são um filósofo representando as idéias de Aristóteles e o outro é um idiota, que,

---

80. Op. cit., p. 351.
81. BLUMENBERG, op. cit., p. 496.

pitorescamente, representa as idéias do autor, com uma visão matemática, ao estilo platônico, do mundo. Nicolau considerava a matemática obra da mente de Deus e que o mundo funciona com base na matemática, sendo ela o caminho para entender a natureza. A mente humana, para ele, se aproxima da verdade tal qual um polígono inscrito em um círculo se aproxima da circunferência ao aumentar o seu número de lados, sucessivamente. Para ele, a Terra girava em torno de seu eixo e, partindo disso, concluiu que ela se movia também em torno do Sol. Tinha um método de raciocínio baseado na coincidência dos opostos, isto é, os opostos se encontram.[82] É ilustrativo ler um trecho de Nicolau de Cusa: "(...) agora sabemos que o universo é uma trindade; que não há nada no universo que não seja uma unidade composta de potência, ato e movimento conectando-os, e que nenhum destes é capaz de subsistir sem os outros, resultando que são necessariamente achados em todas as coisas. (...) Vemos que é impossível para o motor do mundo ter a terra, o ar, o fogo ou qualquer coisa como um centro imóvel. No movimento, não há um mínimo absoluto, como um centro fixo. (...) A Terra, que não pode ser o centro, deve estar de alguma maneira em movimento....".[83]

Nos comentários dos séculos XII e XIII, a física aparecia unida à metafísica. A conexão causal dos processos no universo vinha de fora para dentro, na direção centrípeta. Na doutrina de Santo Tomás de Aquino, tirada de Aristóteles, todos os eventos naturais têm sua causa no movimento cósmico da esfera mais exterior dos céus, a qual é, por sua vez, movida pelo movente imóvel. Este é associado a Deus, capaz de movê-la apenas por sua existência, sem necessitar fazer nenhum ato para isso. A esfera primária move todos os corpos celestes e indiretamente mantém todos os processos do mundo em movimento, no sentido mais amplo desta palavra. Isto inclui o Sol, a Lua, os planetas e as regiões sublunares concêntricas onde ficam os quatro elementos com eficácia progressivamente menor, sem a pureza e regularidade da esfera celeste primária.[84] Portanto, o cosmo da escolástica se move guiado de fora e de cima, sendo o ponto fixo o centro da Terra, que é o centro do universo. Isto está de acordo com os princípios aristotélicos. A revolução copernicana foi uma ruptura com a escolástica, logo, com a Igreja.

---

82. STRATHERN, Paul. *O Sonho de Mendeleiev*. Trad. Jorge Zahar Ed.: Rio de Janeiro, 2002, p. 92.
83. CUSANUS, Nicolas; *Of Learned Ignorance*, em Munitz, op. cit., p. 146.
84. BLUMENBERG, op cit, p. 138.

Esta ruptura tem outro aspecto pouco reconhecido. O universo de Aristóteles necessitava de uma causa ou força externa para movê-lo, representada pelo motor imóvel ou Deus, ou seja, na linguagem atual tinha de receber energia permanentemente de fora. Desconhecia-se as leis de conservação mesmo nos *Principia* de Newton, como vimos na polêmica com Leibniz, que acusou o sistema solar newtoniano de necessitar de um Deus relojoeiro para dar sempre corda no seu relógio (Cap. III). Mas a mecânica de Newton tinha por primeira lei o princípio de inércia de Galileu, no qual a velocidade de um corpo livre de forças se conserva, enquanto em Aristóteles apenas o repouso se conservava e todo movimento exigia uma causa (Cap. I). Ver o movimento da esfera celeste apenas como um movimento aparente, colocando o Sol no centro do sistema planetário, como fonte da força que move os planetas, dentro do sistema solar, subverte a concepção aristotélica e escolástica.[85]

IV.7. A Politização da Ciência

A questão entre Galileu e a Igreja coloca o problema da relação entre ciência e religião. Este assunto foi objeto de parte da tese e de um livro de Beatriz Domingues[86] e a ele voltaremos no Vol. III. Burtt[87] ressaltou a influência religiosa na Revolução Científica, a qual transparece na nossa abordagem no capítulo III. A justificativa de Copérnico, por exemplo, para colocar o Sol no centro do sistema, era mística e religiosa, como evidenciam suas frases: "então, no meio de tudo está o Sol. Pois quem... poderia colocar essa luz em lugar diferente ou melhor que aquele do qual pode iluminar tudo por igual. Para não mencionar o fato de que, com certa propriedade alguns a chamam luz do mundo, outros a alma, outros ainda o governante. Trismegisto o denomina o Deus visível; Electra de Sófocles, o que tudo vê. E, com efeito, o Sol sentado em seu trono real, guia sua família de planetas que gira à sua volta".[88]

---

85. Op. cit., p. 142.
86. DOMINGUES, B. H. *Tradição na modernidade e modernidade na tradição: a modernidade ibérica e a revolução copernicana*. COPPE — UFRJ, 1996.
87. BURTT, E. A. *As bases metafísicas da ciência moderna*. Trad., Ed. Universidade de Brasília, 1983.
88. Op. cit.

Mais do que Copérnico, Kepler (Cap. III) transpunha o pensamento religioso para o científico na formulação das suas hipóteses. A partir delas, contribuiu fundamentalmente para a construção do método científico em elaboração na sua época. Descreveu matematicamente as órbitas planetárias e introduziu, assim, uma causação, relacionando, pela matemática, eventos, presentes ou futuros com eventos anteriores. Para ele, Deus criou o mundo de acordo com o princípio dos números perfeitos e, portanto as harmonias matemáticas da mente do Criador fornecem a razão "porque o número, o tamanho e os movimentos das órbitas são como são e não de outra maneira".[89] E mais, diz: "o Sol, o único que parece, em virtude de sua magnitude, adequado a essa missão motora é digno de tornar-se a morada do próprio Deus".

Para Koyré, as teorias científicas são indissociáveis do conjunto do pensamento de cada época com o que concordam os filósofos materialistas dialéticos.[90] Popper, um opositor do materialismo dialético, considera mais relevante delimitar a fronteira entre a ciência e a pseudociência do que entre a ciência e a metafísica, criticando o positivismo lógico desenvolvido no Círculo de Viena pela obsessão em encontrar um critério que mostrasse ser a metafísica destituída de significado. Nas palavras de um membro do Círculo de Viena, (Cap. IX, Vol. II), Schilick, refutar a metafísica é recusar-se a acrescentar à concepção cósmica "enunciados destituídos de sentido", assinalando a diferença, entre a falsidade e a ausência de sentido de uma proposição; o empirismo não diz que a metafísica é falsa, mas sim que ela nada significa e, portanto, não a compreende.[91] Mas idéias metafísicas e religiosas são com freqüência precursoras de idéias científicas e "quase todas as grandes teorias, que se colocam entre as supremas conquistas do espírito humano, são resultantes de dogmas anteriores somados à crítica", daí o erro do empirismo lógico por querer isolar a metafísica.[92]

Entretanto, houve idéias metafísicas e religiosas que obstruíram o avanço da ciência, como vimos no caso do conflito da nova ciência com a Igreja, refletida na polêmica em torno do prefácio de Osiander ao tratado de Copérnico e, principalmente, no processo da Inquisição contra Galileu.

---

89. Op. cit.
90. HESSEN, op. cit.
91. SCHILICK, M. *A causalidade na física atual*. Trad., em Scchilick e Carnap, Ed. Abril: São Paulo, 1980.
92. POPPER, K. *Autobiografia intelectual*, Cultrix: São Paulo, 1977.

Galileu assumiu deliberadamente a posição de levar sua física a muitos discípulos e leitores cultos, mas não habituados à linguagem matemática. É claro que esse público era tão restrito quanto era mínima a difusão da cultura na Europa do século XVII. Mas a própria forma em que foram escritos o *Diálogo sobre os Dois Sistemas do Mundo* e os *Discursos sobre as Duas Novas Ciências*, através de três personagens representando, um, o aristotelismo, outro, as idéias de Galileu, e, o terceiro uma posição independente, revela essa preocupação em abrir a discussão, pelo menos junto aos meios clericais mais cultos, especialmente no *Diálogo*. O outro livro, os *Discursos*, foi escrito bem mais tarde, com demonstrações geométricas de teoremas em uma seqüência lógica para construir a teoria. Já o *Diálogo* não tem esse caráter, foi escrito propositadamente para polemizar a favor do sistema copernicano, levando Galileu a ser condenado pela Inquisição. Costabel[93] sobre ele escreve: "escrito em língua vulgar e num estilo colorido, amiúde irônico e mordaz, que insufla... a obra tomava partido".

Redondi[94] procurou mostrar que Galileu não era um cientista puro, perseguido pela ignorância intolerante da Igreja, mas um homem engajado em uma discussão política, tendo aliados inteligentes na Igreja e confrontando outros setores cultos da hierarquia católica. Ainda Costabel[95] escreve que "Galileu não adotou, do ponto de vista científico, a posição religiosa que teria sido inatacável".

É interessante ver como Galileu colocava a física no debate sobre a questão político-religiosa em que ele se engajou. Isso fica claro na sua correspondência, quando ele discute a passagem bíblica em que Deus, a pedido de Josué, fizera parar o Sol no firmamento. Galileu escreveu:[96] "afirmo que esta passagem nos mostra a falsidade e a impossibilidade do sistema de Aristóteles e Ptomoleu e que, ao contrário, se adapta perfeitamente ao de Copérnico. Primeiramente, pergunto ao adversário se ele sabe por quais movimentos se move o Sol. Se o souber, é então forçoso que responda mover-se através de dois movimentos, isto é, pelo movimento anual na direção do poente ao nascente e pelo movimento diurno, oposto, cuja direção é do nascente ao poente. Em segundo lugar, pergunto-lhe se estes

---

93. COSTABEL, 1987, p. 14.
94. REDONDI, op. cit.
95. Op. cit., 1987, p. 13.
96. GALILEI, Galileo. *Ciência e fé. Cartas sobre a questão religiosa*. Trad. C.A. Nascimento, Museu de Astronomia e Instituto Italiano de Cultura, Nova Stella: São Paulo, 1998, p. 22.

dois movimentos, diversos e quase contrários entre si, pertencem ao Sol e se são ambos igualmente próprios a este". E continua afirmando: "é forçoso responder que não, que apenas um lhe pertence particularmente e que o outro não é propriamente seu, mas do Céu altíssimo, isto é, do primeiro móvel, que arrebata consigo o Sol e os outros planetas, e ainda a esfera estrelada, obrigando-os a dar um giro em torno da Terra em vinte e quatro horas, num movimento, como disse, quase contrário (...) àquele que lhe é natural e próprio (do Sol). Chego então (...) à terceira interrogação e pergunto-lhe com qual desses movimentos o Sol produz o dia e a noite, isto é, se com o seu próprio movimento ou com aquele do primeiro Céu móvel. É forçoso responder que o dia e a noite são efeitos do primeiro móvel e que do movimento do Sol dependem não o dia e a noite, mas as diversas estações e o próprio ano. Ora, se o dia depende não do movimento do Sol, mas do movimento do primeiro móvel, quem não vê que para prolongar o dia, é necessário deter o primeiro móvel, e não o Sol?".

Estaria errada ética ou cientificamente essa posição de mobilizar a física na sua militância política contra concepções da Igreja procurando mudálas? Até certo ponto essa questão, atual, no confronto entre os que entendem a ciência como uma atividade neutra, que deve estar sempre isolada das preocupações políticas, e os que a entendem de forma mais politizada e inserida na estrutura da sociedade. Aqui também há um problema de filosofia: a ciência na definição da sua problemática e na evolução das suas teorias recebe a influência histórica da sociedade ou ela se desenvolve autonomamente? Há um trabalho de Boris Hessen,[97] que discutiremos no Volume III, mostrando, do ponto de vista do materialismo histórico, a influência das necessidades da sociedade do século XVII sobre a temática da mecânica newtoniana. Koyré nega essa influência, de base econômica, mas admite uma espécie de inserção da ciência no ambiente cultural e filosófico em cada época. Seja como for, parece insustentável reduzir a história da ciência a uma sucessão de idéias geniais desconectadas da sociedade.

A relação entre ciência e sociedade se dá por múltiplos canais e mutuamente, em mão dupla. A base material determina no mínimo os meios técnicos com que conta o cientista nas suas pesquisas. (Ptolomeu não dispunha da luneta de Galileu). A temática depende não só da histórica das idéias e das teorias precursoras (Copérnico), mas, influenciada pelo maior

---

97. HESSEN, B. As raízes sociais e econômicas dos *Principia* de Newton. Trad. J. Zanetic, *Revista de Ensino de Física*, nº 6, 1984.

ou menor interesse que desperta na sociedade e em quem tem o poder de apoiar a ciência (o heliocencentrismo era uma questão de interesse para a Igreja, tendo sido usada a teoria de Copérnico na reforma do calendário). Entender a ciência embebida na superestrutura cultural, assentada sobre uma base, material e histórica, não implica tratá-la como se fosse mecanicamente subordinada — o que levou ao equívoco de Lisenko na biologia sob o stalinismo. Em sentido inverso, a ciência influi na sociedade pelas suas aplicações técnicas e pela concepção de mundo que transmite.

O drama da bomba atômica, concebida e proposta por físicos eminentes do século XX, parece ter apontado definitivamente para a importância da consciência política do cientista na prática de sua ciência. Portanto, também no que concerne à mistura da ciência com as questões políticas, que na sua época eram religiosas e ligavam-se à defesa da liberdade de pensamento frente à autoridade da Igreja, Galileu não pode ser levianamente condenado pelos seus críticos.

Não se trata de aderir à idealização de Galileu como um herói inocente, em defesa da ciência pura e descomprometida, relegando a um segundo plano suas alianças com membros da hierarquia eclesiástica e com a nobreza florentina, seus oferecimentos de préstimos aos poderosos, seus inventos militares. Ao contrário, trata-se de mostrar com Galileu como se dá o compromisso do cientista com as correntes de pensamento da sociedade e como é a relação entre ciência e poder. Tudo isso não elimina o fato de que sua posição tornou-se revolucionária, contra as estruturas mais arcaicas da Igreja, aliando-se a setores abertos às transformações que desembocaram não só na Revolução Científica do século XVII, mas na Revolução Industrial dos séculos subseqüentes, com a ascensão do capitalismo como forma mais avançada de produção do que o feudalismo. É feliz a frase de Bertolt Brecht na peça *A vida de Galileu*: "feliz o país que não precisa de heróis". Galileu é apenas um contra-exemplo vivo acerca da ilusão da ciência neutra. Por isso, talvez incomode tanto até hoje.

V

O Impacto da Revolução Científica e as Teorias do Conhecimento: Empirismo, Racionalismo e a Crítica à Lógica da Indução

V.1. EMPIRISMO *VERSUS* RACIONALISMO

Pelo menos, três disputas marcaram ao longo dos séculos a filosofia do conhecimento científico: (I) o idealismo *versus* o materialismo; (II) o realismo *versus* o instrumentalismo, tendo este último sido depois assumido pelo positivismo; e (III) o empirismo *versus* o racionalismo. Tratamos já da primeira disputa nos capítulo I e II, quando vimos os pré-socráticos e Platão, e da segunda nos capítulos III e IV, quando falamos de Ptolomeu, Copérnico e Osiander e de Galileu *versus* a Inquisição. Vamos agora nos concentrar na disputa entre empirismo e racionalismo. Podemos associar as raízes do racionalismo à filosofia de Platão sobre o conhecimento, ligada também ao idealismo, bem como podemos ver as bases do empirismo na filosofia de Aristóteles, relacionando-o ao indutivismo no estudo da natureza. Entretanto, com a Revolução Científica, o confronto entre racionalismo e empirismo se tornou crucial. Seguindo uma abordagem histórica, a cronologia nos faz iniciar com o empirismo de Francis Bacon (1561–1626), que antecedeu a Revolução Científica, concretizada no século XVII com a mecânica de Newton (1642–1727). Ela foi iniciada na astronomia com o sistema heliocêntrico de Copérnico (1472–1543) no século XVI, que rompeu o sistema ptolomaico geocêntrico incorporado na filosofia escolástica medieval (Cap. III). Apesar de a crítica radical de Bacon ao aristotelismo ter sido compartilhada por seu contemporâneo Galileu (1564–1642), o empirismo de Bacon — com suas regras para o estudo da natureza — era muito diferente do método científico visto no capítulo anterior. Uma das diferenças era a ausência da matemática, essencial na física embora não o seja em outras ciências da natureza até hoje.

Vamos dar um espaço relativamente grande às origens do empirismo moderno em Bacon, a despeito de ter sido superado pelo método científico matemático-experimental da física, que tomamos como base para o estudo das teorias do conhecimento científico. O objetivo não é outro senão a discussão crítica da origem na era moderna do paradigma da ciência que influi até hoje na visão de mundo dominante. Não vamos com isso nem corroborar este paradigma, nem colocar a ciência no centro do desenvolvimento da história, acima dos fatores econômicos, políticos, sociais e culturais. Embora hoje superado, o empirismo ao estilo de Bacon continuou a influir até o século XIX nas áreas da física não incluídas na Revolução Científica do século XVII, como a eletricidade, o magnetismo e o calor. Influiu também em outras áreas do conhecimento, em particular na epistemologia da economia, através dos cânones de Stuart Mill no seu *System of Logic* publicado em 1843 (Cap. XI, Vol. II). Esse empirismo puro costuma ser confundido com o paradigma da ciência moderna.

Entre os fundadores da mecânica, podemos dizer que Newton costuma ser intitulado de empirista, no sentido de acreditar que as leis da mecânica foram induzidas a partir das observações. É mais difícil enquadrar Galileu como tal, ele se caracterizou, sim, como um realista. Mas, se podemos chamar Newton de empirista, seu empirismo era distante daquele de Bacon. Descartes (1596–1650) e Leibniz (1646–1716), outros dos fundadores da mecânica, que serão estudados neste capítulo, eram racionalistas, ou seja, davam maior importância à razão na elaboração das teorias, embora não fossem alheios às observações.

Na esteira do êxito da mecânica newtoniana, desenvolveu-se o que se convencionou chamar de empirismo britânico — de Locke (1632–1704), Berkeley (1685–1753) e Hume (1711–1776) — objeto da parte final deste capítulo. Locke, também filósofo do que veio a ser o liberalismo na política e na economia, desenvolveu um empirismo fundado em um esquema teórico indutivo bem mais sofisticado que o de Bacon. Berkeley notabilizou-se por estipular limites para o empirismo, associando-o ao puro idealismo, embora possa parecer estranha a muitos essa associação. Hume, embora seja incluído como empirista, fez a crítica do empirismo negando as bases lógicas da indução na ciência, logo negou a certeza da verdade científica. O problema colocado por Hume será retomado por Kant (1724–1804), que estudaremos no próximo capítulo (VI), em geral considerado o maior filósofo do Iluminismo, e permanecerá presente nas questões da filosofia da ciência do século XX.

A figura 1 resume a posição dos fundadores da ciência e filósofos da ciência. O posicionamento no plano na direção vertical não é dado por uma medida cardinal, mas sim ordinal, e a ordenação tem forte dose de arbítrio, convencionando uma escala arbitrária que coloca Platão no ápice do racionalismo (semiplano superior na figura), seguido de Descartes e Leibniz. Kant fez dentro do racionalismo a crítica do puro racionalismo, por isso podemos colocá-lo em uma posição diferente de Descartes e Leibniz na figura 1. Ficam próximos da linha divisória horizontal, na fronteira entre racionalismo e empirismo, Copérnico e Galileu, acima dela, e Newton, abaixo.

Figura 1. Racionalismo (em cima) x Empirismo (em baixo).

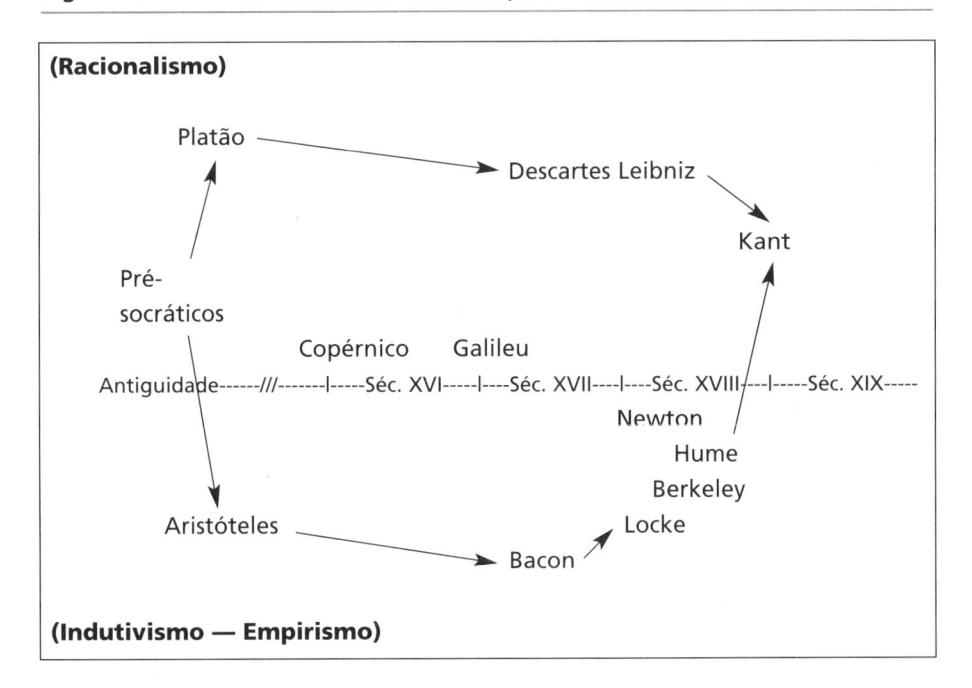

No semiplano de baixo, estão os indutivistas, a começar por Aristóteles, e empiristas, cujo ápice podemos arbitrar ser Francis Bacon, seguido de Locke, Berkeley até Hume que, embora se mantendo empirista, fez a crítica da lógica indutiva, abrindo o caminho para Kant. Bacon é assim colocado como mais empirista que Aristóteles, em cujo nível fica posicionado Locke, sendo Berkeley um empirista idealista, o que parece contraditório, e Hume um empirista cético. Por isso, podemos assumir a ordenação destes empiristas em escala na figura 1.

V.2. Origem do Empirismo Moderno

V.2.1. O empirismo e a indução

Francis Bacon[1] afirma no *Novum Organum* que o homem só pode ampliar o conhecimento descobrindo a ordem natural das coisas através da observação e da razão, pretendendo assim estabelecer uma nova lógica de base empírica, em contraposição à do *Organum* de Aristóteles que vimos no capítulo II. Além deste livro, deixou inacabada *A Nova Atlântida*,[2] na qual, como Júlio Verne, antecipou a idéia da ciência como instituição com instrumentos de pesquisa e laboratórios, para transformar a vida dos homens, tornando-os capazes de intervir na natureza. Bacon atribuía a diversidade de produtos e as atividades humanas engenhosas do seu tempo mais ao acaso e às combinações de coisas conhecidas do que a novos métodos. A lógica aristotélica é por ele vista como um obstáculo ao invés de uma ajuda na busca da verdade sobre a natureza, pois os silogismos não têm serventia para chegar aos primeiros princípios na ciência. Do Livro I (Aforismo XIV) do *Novum Organum*,[3] consta que o silogismo (Cap. II) é composto de proposições, as proposições o são de palavras e estas últimas de certo modo são as etiquetas das coisas. Se as próprias palavras, como base do edifício, são confusas e extraídas das coisas ao acaso, tudo o que se constrói em seguida sobre tal fundamento não pode ter solidez. Por conseguinte, só resta esperança na verdadeira indução.

O que seria a verdadeira indução? Certamente, não era a de Aristóteles, criticada por sua falta de sistemática nas observações da natureza. Bacon defendia a busca das causas para, controlando-as, obter os efeitos desejados. Portanto, ao seu empirismo vemos associado um objetivo de aplicação técnica, o que será uma característica da ciência moderna. Con-

---

1. BACON, F. Novum Organum, Publicado por Hutchins, R. M. *Great Books of the Western World*, nº 30, William Benton Publisher, Londres, 1978; Novum Organum e Nova Atlândida; Coleção Os Pensadores, Ed. Abril: São Paulo, 1984.
2. Op. cit., p. 232.
3. BACON, 1985, p. 15.

siderava assim desnecessário buscar a causa final das coisas, no sentido teleológico aristotélico. Bacon criticou a busca das causas físicas na metafísica, afastando o pesquisador das causas imediatas. As causas metafísicas finalistas eram do tipo: as árvores têm folhas para se proteger do sol, as nuvens existem para regar a terra com a chuva, a terra foi condensada para servir de morada para os animais. Essas explicações, disse Bacon, impedem a marcha da ciência. Elogiou os materialistas pré-socráticos, como Demócrito (Cap. I), que afastaram Deus do sistema do mundo, buscando as causas sem a intervenção das causas finais.[4] Dessa forma, critica ao mesmo tempo Platão e Aristóteles.

Como veio a fazer pouco depois Descartes, propondo eliminar da mente todos os pensamentos preconceituosos para então exercer a sua dúvida e o uso pleno da razão, também Bacon propõe em seu método limpar a mente para a observação dos fatos. Essa limpeza serve para eliminar o que ele chama de os ídolos da tribo, da caverna, do fórum e do teatro, que impedem a busca da verdade. Seu método era essencialmente observar os fatos, negando a possibilidade de descrever a natureza por um encadeamento de silogismos como fazia a física aristotélica. Ao invés disso, propunha um método cujos primeiros passos eram:

— anotar sistematicamente as observações;
— construir com elas tabelas assinalando presenças, ausências e graus;
— abstrair concordâncias, diferenças e variações.

Se necessário, uma experiência crucial compararia duas hipóteses concluindo qual a verdadeira tendo a natureza como árbitro, como *instância crucis*.

Esta é a mais declarada receita do procedimento indutivo na ciência. Este método veio a ser ainda usado no século XIX por Stuart Mill (Cap. XI, Vol. II).

V.2.2. A interpretação da natureza

O *Novum Organum* é constituído de aforismos sobre a interpretação da natureza e o reino do homem, o segundo dos quais afirma que "nem a mão nua, nem o intelecto, se deixados a si mesmos, logram muito".[5] Nos aforis-

---

4. BACON, 1978, Livro I, Aforismo LI.
5. BACON, 1984, p. 13.

mos que se seguem, prossegue: "ciência e poder do homem coincidem... pois a natureza não se vence, se não quando se lhe obedece (conhecendo suas leis acrescentemos)... Mesmo os resultados até agora alcançados devem-se muito mais ao acaso e às tentativas que à ciência. Com efeito, as ciências que ora possuímos nada mais são que combinações de descobertas anteriores. Não constituem novos métodos de descoberta... Nossa lógica atual é inútil para o avanço das ciências. A lógica tal como é hoje usada mais vale para consolidar e perpetuar erros que para a busca da verdade".[6]

Para Bacon[7] há duas vias para buscar a verdade:

— a tradicional, de base aristotélica, consistia em saltar dos particulares para os axiomas mais gerais, de inamovível verdade, e descobrir a partir destes princípios os "axiomas intermediários";
— a proposta de "recolher os axiomas dos dados particulares dos sentidos, ascendendo contínua e gradualmente até alcançar... os princípios de máxima generalidade".

À primeira vista, a diferença é apenas de gradação, mas os princípios gerais em Aristóteles eram verdades universais perenes, enquanto para Bacon eram mais flexíveis. Critica os axiomas da tradição aristotélica, pois vêm da "experiência rasa e estreita", a partir de poucos fatos particulares.[8] As duas atitudes acima definidas da razão humana no estudo da natureza, são chamadas respectivamente, de "antecipação da natureza" e "interpretação da natureza".[9] Adiante veremos que essas denominações foram criticadas por Popper.[10]

O intelecto humano segundo Bacon está cheio de noções falsas e ídolos que bloqueiam a mente: os ídolos da tribo, da caverna, do foro e do teatro. Os primeiros, relacionados à natureza do homem e como tal inerentes à tribo e à espécie humana, vêm da falsa idéia de que os sentidos do homem são a medida das coisas — o que lembra Protágoras e a discussão de Platão no *Teeteto* (Cap. II). Bacon faz uma analogia caricatural: o intelecto humano é semelhante a um espelho (não plano ou defeituoso)

---

6. BACON, 1978, Livro I, Aforismos III, VIII e XII.
7. BACON, 1984, p. 16.
8. BACON, 1978, Livro I, XXV.
9. BACON, 1984, p. 18.
10. POPPER, K. *Conjecturas e Refutações*. Ed. Universidade de Brasília, 1982.

que reflete desigualmente os raios distorcendo as imagens das coisas. Por outro lado, como indivíduos os homens têm os seus ídolos da caverna — nome em alusão ao mito da caverna na *República* de Platão — produzidas pela educação, pelas conversas e pela leitura de livros. As palavras têm também, para Bacon, o poder de bloquear o intelecto, pelo uso inepto e impróprio — são estes os ídolos do foro, que vem do consórcio entre os homens, da retórica. Finalmente, os ídolos do teatro são as doutrinas filosóficas tradicionais que funcionam como fábulas teatrais fora da realidade. O intelecto humano supõe maior ordem e regularidade nas coisas que de fato nelas se encontram, daí a suposição de que no céu todos os corpos devem mover-se em círculos perfeitos. É interessante registrarmos aqui a atualidade desta observação com respeito à época. Depois, contestada por Kepler (Cap. III), esta circularidade platônica, tida como necessária no céu (Cap. I), foi ainda mantida por Copérnico na sua revolução heliocêntrica (Cap. III). Outra frase de Bacon extremamente instigante diz que "o intelecto humano quando assenta em uma convicção (por ser já bem aceita ou porque o agrada) tudo arrasta para seu apoio... não observa a força das instâncias contrárias, despreza-as".[11] Embora escrito como um libelo contra o aristotelismo e a favor da nova ciência emergente, este trecho se encaixa na concepção de paradigma desenvolvida por Kuhn (Cap. X, Vol. II) na epistemologia contemporânea.

São destacados ao pré-socráticos (Cap. I): Demócrito e Leucipo, pelo atomismo; Parmênides pela sua conceituação do céu e da terra; Empédocles, pela sua explicação de fenômenos em termos da discórdia e da amizade; Heraclito, pelo papel que atribuía ao fogo na natureza. Mas Bacon condena Pitágoras pela superstição. Já sobre Aristóteles, diz que este estabelecia antes as conclusões sem consultar a experiência, usando-a só para confirmar suas opiniões. Quanto ao que chama de escola empírica do seu tempo (onde enquadra Gilbert, que vimos no capítulo III), considera-a como geradora de opiniões baseadas em uns poucos e obscuros experimentos. As qualidades secundárias com que lidam os médicos — de atração, repulsão, rarefação, condensação, dilatação, contração, etc. — são consideradas de maior valor do que as categorias da filosofia natural no estudo do movimento — translação (quando um corpo muda de lugar sem sofrer outra mudança), alteração (quando muda de qualidade), aumento ou diminuição (quando a quantidade não permanece a mesma), geração

---

11. BACON, 1978, Livro I, XLVI.

e corrupção (quando a substância sofre mudança). Tais conceitos que vêm da física aristotélica nada dizem, afirma Bacon, pois apenas podemos aplicá-los quando há modificações evidentes imediatamente sensíveis. Também considerava pouco útil a distinção entre movimento natural (queda livre do corpo) e violento (arremesso de um projétil). Relevantes para ser pesquisado para Bacon eram coisas como: o esforço dos corpos para o mútuo contato para não permitir que se rompa a continuidade da natureza ou se produza vácuo; a tendência à agregação das massas — os corpos pesados tendendo à esfera terrestre, e os leves ao espaço celeste.

V.2.3. A CRÍTICA À INDUÇÃO ARISTOTÉLICA

As demonstrações que subordinam a natureza ao pensamento e este às palavras, são criticadas por Bacon, que considera errado ir direto dos sentidos aos axiomas gerais, como faz a indução aristotélica, por quatro razões:

1 — os sentidos nos levam ao erro e as impressões são viciosas, necessitando-se corrigir os erros;
2 — as noções são mal abstraídas das impressões dos sentidos, ficando confusas;
3 — a indução é imprópria ao estabelecer os princípios das ciências por simples enumeração das observações, sem fazer exclusões e correções;
4 — é errado o método de determinar primeiro os princípios gerais para, a partir deles, deduzir os resultados intermediários.

Assim a melhor demonstração é a observação cuidadosa. Entretanto, as observações eram feitas de modo cego — vagando sem rumo, guiados pelas circunstâncias levando a uma multidão de fatos sem proveito.

No *Novum Organum* lemos que mesmo os experimentadores sérios "acabam restringindo o seu trabalho a apenas um experimento particular; assim fizeram tanto Gilbert com o magneto como os alquimistas com o ouro". Conclui então que não se pode obter bom resultado na pesquisa da natureza de uma coisa sem estudar outras coisas cuja natureza vai esclarecer a da primeira. Critica também "o imediatismo da pesquisa voltada à aplicação prática pelos frutos que esta prática propicia e ainda porque esta ocupação seja mais reputada".[12] Esta passagem lembra-nos a postura típica de órgãos de fomento à pesquisa contemporaneamente!

---

12. BACON, 1984, p. 39.

Os axiomas buscados pela pesquisa são divididos em lucíferos, em alusão à crença de que Deus no primeiro dia de criação apenas criou a luz, e frutíferos. De início, deve-se buscar os primeiros que revelam as verdadeiras causas e iluminam o caminho das descobertas. Os segundos são os que têm aplicação prática e não devem ser intempestivamente buscados, desvirtuando a pesquisa. Bacon faz uma constante referência à história, o que torna sua abordagem mais próxima à que hoje chamamos de contextualizada ou externalista. Escreve que as ciências do seu tempo vieram em sua maior parte dos gregos, com pouca contribuição dos romanos e dos árabes. Talvez tenha sido ele injusto com estes últimos (Cap. IV), mas certamente os romanos pouco avançaram em relação aos gregos nas ciências naturais. Diz ele: a sabedoria dos gregos era professoral e pródiga em disputas. Rotula como sofistas quase todos os filósofos gregos, incluindo no mesmo rol Platão e Aristóteles. É injusto, pois tal denominação era dada, depreciativamente, aos que pretendiam filosofar, de modo errante e mercenário, percorrendo as cidades exibindo sua sabedoria em troca de estipêndios. Lembremo-nos que no *Teeteto*, Platão ironiza Protágoras por cobrar seus ensinamentos (Cap. II). Bacon vê, entretanto, com simpatia os pré-socráticos — Empédocles, Anaxágoras, Leucipo, Demócrito, Parmênides, Heráclito — por terem sido menos afetados, embora suas obras tenham sido aproveitadas pelos fundadores das grandes escolas, referindo-se à Academia de Platão e ao Liceu de Aristóteles. Sua crítica é implacável: diz que os gregos estavam sempre prontos a tagarelar, mas eram incapazes de gerar conhecimento sobre a natureza, pois sua sabedoria era farta em palavras, mas estéril em obras.

V.2.4. O INSTRUMENTALISMO E A VISÃO EXTERNALISTA DA CIÊNCIA

Bacon observa que na época dos gregos era limitado o conhecimento da historia e da geografia. Não possuíam uma história digna deste nome, nada conheciam das regiões da África além da Etiópia, nem da Ásia além do Ganges e não faziam idéia do Novo Mundo — descoberto cerca de um século antes de Bacon, que classifica de "excursões suburbanas" as viagens de Demócrito, Platão e Pitágoras — "celebradas como grandiosas".[13] Valorizava os grandes navegadores ibéricos, que haviam aumentado muito as

---

13. Op. cit., p. 42.

possibilidades de pesquisa da ciência. Esta preocupação externalista com o desenvolvimento da ciência revela-se também na crítica à pouca aplicação prática da filosofia dos gregos: "não há um único resultado que tenha contribuído para aliviar e melhorar a condição humana".[14] Ao contrário dos gregos, Bacon valoriza as artes mecânicas, que nos tempos que antecederam sua época tinham ganho importância (Leonardo Da Vinci é um exemplo). Observamos que Newton, no Prefácio dos *Principia*, vai referir-se aos artesãos e à mecânica prática ainda que distinguindo-a da mecânica racional (Cap. III). Galileu, nos *Discorsi* agradecerá aos artesãos do Arsenal de Veneza pelos ensinamentos práticos (Cap. IV). Estas artes, para Bacon, se enriquecem das luzes da experiência e se desenvolvem em contínuo progresso. O sentido de progresso será sempre a característica essencial da ciência até os nossos tempos, ainda que seja por vezes contestado o conteúdo ético e social desse progresso (Cap. VII). Do ponto de vista do potencial de mudança do mundo material, pela descoberta de novos fenômenos e de modificação da natureza, influindo na sociedade via a tecnologia, o progresso da ciência é inegável. Isto é reconhecido por críticos da ciência contemporânea, como Habermas[15], que critica o pessimismo de Feyerabend[16]. Este progresso foi o traço distintivo do salto de ciência no século XVII, com Galileu e Newton, com sua utilidade técnica, antevista por Bacon antes mesmo da revolução da mecânica.

O *Novum Organum* divide a evolução do saber em três períodos: dos gregos, dos romanos e o da Europa Ocidental, considerando a Idade Média uma época infeliz. Não faz menção meritória nem dos árabes nem dos escolásticos. É dito que os tratados escolásticos atrasaram as ciências e que a fé cristã levou os melhores cérebros a se dedicarem à teologia, estimulados por toda a sorte de incentivos no terceiro período, na Europa. No segundo período, dos romanos, as reflexões eram dirigidas principalmente à filosofia moral e aos assuntos práticos e civis. O próprio império construído pelos romanos exigia o esforço de grande número de mentes. Ressalta aqui a visão contextualizada de Bacon. Na época dos gregos, em que floresceu a filosofia, parte dela era filosofia da natureza, em busca dos princípios gerais para construir o saber através da indução, mas os filósofos se dedicavam em boa parte à filosofia moral e política. A filosofia natural

---

14. BACON, 1978, Livro I, LXXIII.
15. HABERMAS (Cap. XI, Vol. II).
16. FEYERABEND (Cap. X, Vol. II).

"não teve um único homem inteira e exclusivamente a ela dedicado" e servia "de passagem e de ponte para outras disciplinas".[17] Assinalamos aqui, na crítica aos gregos, uma espécie de previsão do que veio a ser a especialização da ciência moderna, com seus campos estanques e bem definidos, avesso à filosofia especulativa. Bacon[18] escreveu: "desde que as ciências particulares se constituíram e se dispersaram, não mais se alimentaram da filosofia, que lhes poderia ter transmitido as fontes e o verdadeiro conhecimento...". A especialização estrita do cientista, alheio à filosofia, é uma das características da ciência atual. Outro aspecto aqui é a necessária relação das técnicas com as ciências, entendidas essencialmente como instrumentos de melhorar as condições da vida. Daí que a crítica de Bacon nos parece tão atual e próxima das discussões sobre a ciência e a tecnologia nos dias de hoje: "A verdadeira e legítima meta das ciências e a de dotar a vida humana de novos inventos e recursos. Mas... a grande maioria, nada percebe, busca o próprio lucro e a glória acadêmica".[19]

V.3. O Método Empírico Precursor do Método Científico

V.3.1. A crítica do método escolástico

Bacon vê como imperícia a pesquisa da natureza de uma coisa exclusivamente sem considerar outras, pois o que está manifesto em uma pode estar latente e oculto em outras. Propõe, pois, que elas sejam relacionadas entre si, porque a natureza do ímã, o fluxo e o refluxo do mar e o sistema celeste parecem todos guardar algum segredo comum. Por esse caminho, Bacon conjectura a associação da consistência dos corpos sólidos, cuja tendência é de se furtarem à separação ou à solução de continuidade, com as bolhas de água que constituem películas que evitam momentaneamente desfazerem-se. Esse seria um exemplo de algo manifesto em uma coisa e latente em outra. Segundo ele, nas instituições acadêmicas ensinava-se de modo adverso ao progresso das ciências, com lições e exercícios que dificultavam pensar ou se concentrar em algo diferente do rotineiro. Não se-

---

17. BACON, 1978, Livro I, LXXX.
18. BACON, 1984, p. 48.
19. Op. cit., p. 49.

ria impossível substituir a postura de Bacon aqui pela moderna teoria dos paradigmas da ciência, pois se aproxima de uma crítica que veremos em Kuhn[20] à ciência normal. Mas, por outro lado, Bacon investe contra a perseguição da Igreja aos que discordavam do paradigma escolástico-aristotélico, demonstrando com argumentos que a Terra era redonda e havia antípodas. Este liberalismo baconiano no pensar científico não se coaduna com seu conservadorismo político, pois diz que "uma mudança na ordem civil, mesmo quando para melhor, é suspeita", enquanto nas ciências ao contrário as novas descobertas devem ressoar.[21] Entretanto, critica a falta de apoio dos governantes para o cultivo das ciências, pois "os estipêndios estão nas mãos do vulgo e dos príncipes, que, raramente, são mais que medianamente cultos".[22] Parece um manifesto de uma sociedade científica nos tempos de hoje. Refere-se então às suas tabelas de investigação, como meio de recolher e ordenar os fatos particulares na pesquisa, mas alerta ser necessário "propor e explicar nossos argumentos... tal como fez Colombo que, antes da sua maravilhosa navegação pelo Oceano Atlântico expôs as razões que o levaram a confiar na descoberta de novas terras". E aduz: "tais razões, ao início rejeitadas, foram mais tarde comprovadas pela experiência".[23]

Em um dos seus aforismos, Bacon[24] relaciona os racionalistas, seguidores de Platão, às aranhas, que "extraem de si mesmas o que lhes serve para a teia", e compara os empiristas às formigas, que só acumulam provisões. A posição justa seria assemelhada à das abelhas que "escolhem a matéria-prima das flores do jardim e do campo e com seus próprios recursos a transformam e digerem". Para ele, a verdadeira filosofia não se serve só da mente nem só do que a natureza exibe, devendo este material bruto ser elaborado pelo intelecto. Para este fim dever-se-iam recolher coleções de fatos particulares de forma sistemática e não ao sabor do interesse vago como Aristóteles, nem apenas para servir a um fim particular como o artesão. É necessário, diz, "um método completamente novo, uma ordem diferente e um novo processo... pois a experiência vaga, deixada a si mesma... presta-se mais a confundir...". Para evitar confundir o intelecto,

---

20. KUHN (ver Cap. X, Vol. II).
21. BACON, 1978, Livro I, XC.
22. BACON, 1984, p. 58.
23. Op. cit., p. 61.
24. BACON, 1978, Livro I, XCV.

deve-se ordenar todos os fatos relativos a um objeto de estudo em tabelas "bem dispostas", que "servirão à mente como auxiliares". Assim, podem ser obtidos axiomas a partir de fatos particulares, por um caminho com subidas e descidas — "ascendente em direção aos axiomas e descendente quando se volta". Preceitua que "não se deve permitir que o intelecto salte e voe dos fatos particulares aos axiomas mais gerais", para depois procurar, a partir da verdade imutável destes, demonstrar através dos silogismos os resultados, como se fazia. Ao invés disso, dever-se-ia seguir por degraus sem interrupções, caminhando dos fatos particulares aos axiomas menores, passando destes aos resultados intermediários até chegar aos mais gerais. Enfim, dizia: "não é de se dar asas ao intelecto, mas peso para que lhe sejam coibidos o salto e o vôo..." Deve-se pois "cogitar de uma forma de indução diversa" para descobrir não apenas os princípios.[25] A indução era feita por simples enumeração pueril a partir de um número pequeno de fatos particulares, enquanto Bacon propunha que se analisasse a natureza exaustivamente, procedendo a rejeições e exclusões de casos negativos para concluir sobre os fatos positivos.

Para Bacon, os inventos conhecidos à sua época seriam considerados impossíveis aos olhos dos antigos.[26] Ele diz que "se antes da invenção dos canhões alguém... os descrevesse como uma máquina que pode, de grande distância, abalar e arrasar as mais poderosas fortificações, os homens então se poriam a cogitar das diferentes e múltiplas formas de aumentar a força de suas máquinas bélicas (do tipo catapulta), pela combinação de pesos e rodas e dispositivos causadores de embates e impulsos". Mas, continua, "a ninguém ocorreria nem mesmo em imaginação, essa espécie de sopro violento e flamejante que se propaga e explode". Isto nos remete à noção de corte epistemológico de Bachelard[27], exemplificada no seu famoso exemplo da comparação da lâmpada elétrica com o lampião a combustível. No *Novum Organum*, canhões, a roda e a bússola são considerados invenções que surpreenderiam os antigos, enquanto a imprensa, ao contrário, poderia parecer a eles quase óbvia, embora jamais tivessem engendrado a tipografia. Mais adiante Bacon volta a reclamar do "dispêndio de tempo, de orgulho e de dinheiro que se tem consumido em coisas e estudos sem importância e sem utilidade".

---

25. Op. cit., 1978, Livro I, CIV.
26. BACON, 1984, p. 71.
27. BACHELARD, (ver Cap. XI, Vol. II).

V.3.2. O método baconiano

Dada por terminada a crítica, que compreende três partes — "da razão humana natural deixada a si mesma", "das demonstrações" e "das teorias ou dos sistemas filosóficos" —, é iniciada a exposição do método baconiano. Este é bem menos importante do que a sua crítica, que permanece válida, enquanto o método científico, desenvolvido com a revolução da ciência do século XVII, da mecânica de Galileu e Newton, pouco tem a ver com o empirismo baconiano. Bacon propõe a compreensão dos fatos de modo a dirigir os sentidos e o intelecto. Introduz o que chama de processo latente, relacionado ao que escapa aos sentidos em uma substância, mas que a faz passar de um estado a outro. O que chama de esquematismo latente corresponde à ordenação dos constituintes dos objetos materiais, embora para Bacon estes constituintes não sejam indestrutíveis como os átomos de Demócrito, e nem exista o vácuo. Dá como finalidade da ciência o homem introduzir novas qualidades predicáveis em um corpo dado, descobrindo para isto a forma, as diferenças e os agentes das transformações. Isto leva à descoberta das transformações dos corpos nos limites possíveis e à descoberta do que chama de processo latente e de esquematismo latente. Nega a causa final aristotélica, admitindo as demais — material, formal e eficiente. A investigação das formas, no sentido baconiano, eternas e imutáveis, constitui a metafísica, enquanto que a investigação de causa eficiente, da matéria e do processo e do esquematismo latentes diz respeito à física. A mecânica subordina-se à física. A investigação se orienta melhor "quando a física é arrematada com auxílio da matemática".[28] Entretanto, não é explícito o uso da matemática na sua prescrição do método, que faz uso de tabelas e anotações sistemáticas. Estas se inserem no seguinte esquema:

1 — As instâncias perante o intelecto:
    a) tábua de essência e de presença;
    b) tábua de desvio ou de ausência;
    c) tábua de graus ou de comparação.
2 — Indução: exclusões.
3 — Interpretação da natureza:

---

28. BACON, 1978, Livro II, VIII.

a) interpretação inicial — primeira vindima;
b) instâncias prerrogativas: monádicas e o experimento crucial;
c) retificação da indução, avaliação da investigação, etc.

A natureza do calor, por exemplo, incluiria itens como raios do sol, meteoros ígneos, raios flamejantes, erupções de crateras vulcânicas, chamas, combustão, banho quente, líquidos ferventes, vapores, o ar, corpos cobertos de lã, proximidade do fogo, atrito, ervas amassadas, ferro com ácido, cal viva, parte interna dos animais, esterco recente, óleo, vinho, aromas, vinagre, o frio agudo que dá a sensação de queimar, outras instâncias. Esta é a tábua de essência e de presença. Segue-se a tábua de desvio ou de ausência em fenômenos próximos, com instâncias negativas opostas às afirmativas. No caso de calor, há os raios da lua e das estrelas que não trazem calor, abrindo uma lista de nada menos do que 32 itens.[29] Vai-se então para a tábua de graus ou de comparação, que, no caso de calor, inclui observações tais como a de que o Sol aquece mais quanto mais se aproxima da perpendicular, no zênite, e a de que o Sol aquece mais no perigeu, pela maior proximidade da Terra, de que no apogeu. São 41 os itens desta tábua no *Novum Organum*.[30] Estas três tábuas servem para citar "as instâncias perante o intelecto", após o que passa-se à prática da indução, buscando nelas o que sempre esteja presente quando algo (A) está presente, ausente quando A está ausente, "capaz de crescer e decrescer", acompanhando A. Faz-se então a rejeição ou exclusão das qualidades singulares não encontradas em nenhuma instância em que A está presente, ou encontradas em alguma instância em que A está ausente, ou que cresçam quando A decresce e decresçam quando A cresce.

Com a frase que se tornou famosa — "a verdade emerge mais rapidamente do erro do que da confusão"[31] — Bacon recorre ao intelecto, após ter elaborado as três tábuas e ter feito a rejeição e as exclusões através do que chamou de indução. Assim, passa à interpretação da natureza, começando pela "interpretação inicial", "permissão ao intelecto" ou "primeira vindima". Nesta fase, estabelece as diferenças. Voltando ao exemplo do calor, diz que a noção de fogo é vulgar e de nada vale; é composta de combinação de calor e de luz em um corpo, como na chama nos corpos aquecidos até a

---

29. Op. cit., Livro II, XII.
30. BACON, 1984, p. 132.
31. BACON, 1978, Livro II, XX.

incandescência. Neste caso, a primeira diferença consiste em que o calor é movimento expansivo, pelo qual o corpo se dilata e tende a dilatar-se ou passar para uma esfera de dimensão maior que a antes ocupada. Inclui aí a própria chama, a fumaça e o vapor espalhando-se. A segunda diferença, relaciona-se à anterior, acrescenta que o calor é um movimento dirigido para o alto, preferencialmente, na sua expansão. Pela terceira diferença apontada por Bacon, o calor é um movimento expansivo no todo, mas reprimido e repelido nas menores partículas do corpo, em que é alternado, trêmulo e irritado. Da irritação, origina-se o furor do fogo. A quarta e última diferença é que o movimento é rápido e penetrante, quando as partículas são um pouco maiores. Estas são as conclusões de Bacon sobre a natureza do calor. Aliás, a associação do calor ao movimento estará na base da sua identificação com uma forma de energia, o que só ocorreu no século XIX.

Apesar de tal método não nos parecer de grande utilidade hoje, ele revela a preocupação com a sistematização. Na ciência moderna, o experimento é preparado, repetido e com anotações dos resultados, como ademais era feito nas anotações astronômicas, embora não na física da Terra, aristotélica.

A interpretação da natureza não se completa ainda com a primeira vindima. Outros auxílios do intelecto podem ser evocados: as instâncias prerrogativas; a retificação da indução; a avaliação da investigação, segundo a natureza do assunto; as prerrogativas da natureza sobre o que se deve continuar a investigação; os limites da investigação, a prática sobre as aplicações, os preparativos para a investigação e a escala ascendente e descendente dos axiomas. O simples exame da lista mostra a panóplia impraticável que constitui o método de Bacon. Entre as instâncias prerrogativas estão as instâncias monádicas, que mostram os corpos que exibem extravagâncias da natureza e só são semelhantes a si mesmos. São exemplos delas: entre os astros, o Sol e a Lua; o magneto entre as pedras; o mercúrio entre os metais; o elefante entre os quadrúpedes; a sensibilidade erótica entre as espécies de tato. A letra S é monádica pela facilidade que tem de se combinar com duas outras!

A que veio a tornar-se a mais importante das instâncias prerrogativas de Bacon é a décima quarta — a instância crucial,[32] também chamada de decisiva ou judicial, quando na investigação, "o intelecto se acha inseguro e em vias de se decidir" entre duas ou mais possibilidades a que se pode atribuir a causa do fenômeno natural examinado. Como exemplo, toma o

---

32. BACON, 1978, Livro II, XXVI.

"fluxo e o refluxo do mar que se repete duas vezes por dia, durante seis horas o fluxo, e seis horas o refluxo", coincidindo com o movimento da Lua..."tem-se aí uma bifurcação ou encruzilhada". Considera que a sua causa é uma entre duas: ou pelo "movimento de água de um lugar para outro como acontece quando se agita uma vasilha" ou pela "subida e descida da água do fundo como acontece com a água fervente que sobe borbulhando...". Continua: "se é a primeira a escolhida, segue-se que enquanto há fluxo de um lado do mar, em algum outro, ao mesmo tempo, deve haver refluxo". Como teste experimental, toma as observações do Padre José de Acosta, que escreveu em 1590 uma história natural, segundo a que o fluxo ocorre simultaneamente nas costas de Flórida e do lado oposto, da Espanha e da África". Como possibilidade considera que "as águas provenientes em grande quantidade" de outro mar podem ser "lançadas no leito do Oceano Atlântico provocando a inundação simultânea das praias opostas". Recomenda então observar o fluxo no "mar Austral" (Oceano Pacífico, hoje). Escreve que "com isso chegamos, finalmente, a uma instância crucial".[33] Se soubéssemos seguramente que, quando ocorre o fluxo nas duas praias opostas no Atlântico, da Flórida e da Espanha, o mesmo ocorre no Peru e na China no mar Austral "então não poderia haver outro mar onde pudesse ocorrer o refluxo, enquanto há o fluxo no Atlântico. Toma em seguida como objeto da investigação a natureza de subida e da descida das águas do mar, chegando a um "trilema". Excluído o concurso das águas de outro mar, restam três maneiras: ou a água surge das entranhas da Terra e para elas se recolhe; ou a água dilata-se e depois se contrai; ou a água é atraída por uma força magnética que a eleva. Afasta as duas primeiras e se atém à última. Elimina a possibilidade de a água elevar-se por igual deixando um vazio no fundo do oceano, pois isto seria reprimido pela "força de coesão das coisas" ou "como se diz vulgarmente para evitar a produção do vazio". Chega então à instância crucial: a água, quando há refluxo nas praias, deve subir no centro do mar que tomaria uma forma arqueada e, vice-versa, no fluxo. E conclui: "dessa instância decisiva pode ser aceita a força magnética como causa das marés, caso contrário deverá ser inteiramente afastada".

Vamos abrir aqui um parênteses. A concepção de experimento crucial para julgar uma hipótese no desenvolvimento da ciência é de Bacon, mas na dialética de Platão e na redução ao absurdo dos gregos havia o germe dessa idéia. Uma diferença essencial entre Bacon e a ciência moderna é

---

33. BACON, 1984, p. 163.

que nesta o teste experimental vem ao fim de encadeamento teórico, e não ao início na discussão de hipóteses. Entretanto, vimos que o *modus tollens* só permite refutar a premissa (força magnética ser a causa das marés) caso o conseqüente não seja verdadeiro (a superfície do mar fica arqueada no refluxo da maré), não podendo jamais confirmá-la como pensava Bacon. Assim, se o experimento crucial é a chave para testar a teoria, ele só pode refutá-la ou não refutá-la, não podendo jamais confirmá-la e dar-lhe o valor de verdadeira.

Como último exemplo de interesse para o nosso estudo, tomamos a natureza do peso e da gravidade. Bacon[34] considera duas orientações, aproximando-se antecipadamente da concepção newtoniana da gravidade, embora sem uma formulação quantitativa: "ou os corpos pesados e graves tendem por natureza ao centro da Terra" ou "são atraídos e arrastados pela força da própria massa terrestre, como pelo efeito de agregação dos corpos da mesma natureza". Se tomamos por verdadeira a segunda hipótese, "segue-se que quanto mais os graves se aproximam da Terra tanto maiores são a força e o ímpeto com que são impelidos para ela; enquanto mais se distanciam tanto mais fraca e lenta torna-se esta força, exatamente como acontece na atração magnética".

O mais interessante é a instância crucial proposta por Bacon neste exemplo: ele propõe pegar dois relógios, um de mola e outro de pêndulo, sincronizá-los e levar este último para um lugar muito alto deixando o primeiro em baixo. Se a força da gravidade diminuir com a distância da Terra, o peso do pêndulo diminui e o relógio no alto se moverá mais devagar do que o de baixo. Inversamente ele propõe levar o relógio de pêndulo ao fundo de uma mina profunda para ver se o relógio move-se mais rápido, se for verdadeiro que a gravidade aumenta e com ele também o peso de pêndulo. Bacon discutia, no caso acima, um ponto que veio a ser fundamental na física newtoniana, posterior a ele: o de que a gravidade diminui com o aumento da distância. A questão da formulação da lei da gravidade por Newton foi objeto de discussão no capítulo III.

V.3.3. O INDUTIVISMO E O EXPERIMENTO CRUCIAL

O experimento capaz de refutar uma hipótese virá a ser a pedra fundamental da epistemologia contemporânea na vertente do racionalismo

---

34. BACON, 1984, p. 165.

crítico.[35] Popper, em *Conjecturas e Refutações*, faz uma interessante associação do método baconiano com a maiêutica socrática, no que concerne ao uso do diálogo dialético colocando questões em discussão para destruir os preconceitos e as crenças falsas, como vimos no *Teeteto* de Platão e nos *Diálogos* de Galileu. O objetivo é por em dúvida as convicções que vêm das idéias tradicionais ou sedutoras embora falsas e da ignorância presunçosa. Aristóteles refere-se criticamente a Sócrates dizendo que propunha questões mas não encontrava respostas. A maiêutica Socrática essencialmente limpa a alma das crenças. Popper[36] é enfático: "a indução baconiana (e também aristotélica) é, fundamentalmente, a mesma maiêutica socrática... O método cartesiano da dúvida sistemática é também fundamentalmente o mesmo processo". Considera ainda Sócrates como o fundador do método indutivo. Trata-se de uma convergência dos contrários, pois o racionalismo e o indutivismo são antagônicos.

No artigo citado, Popper se estende fluentemente sobre Bacon, discutindo a sua teoria da indução. No *Novum Organum*, é feita a distinção entre o método verdadeiro e o método falso. Os nomes dados por Bacon a estes métodos são traduzidos, em geral, por interpretação da natureza e antecipação da mente, respectivamente. Mas Popper discorda destas traduções e dá argumentos a favor de chamá-los com maior fidelidade ao espírito do texto de Bacon, de leitura da natureza e de preconceito da mente. Devemos nos curvar à pertinência da crítica de Popper, pois os significados literais de interpretação da natureza e antecipação da mente confundem-se ambos com o racionalismo. Os conceitos de leitura da natureza e de preconceitos da mente são diferentes um do outro: o primeiro é indutivista, e o segundo é irracional. Popper concebe o conhecimento científico como teorias conjecturadas livremente, sem ser necessário haver a indução lógica, e testadas empiricamente pelos experimentos cruciais que sempre podem refutá-las, como em Bacon refutam as hipóteses.

A concepção de conhecimento em Bacon é quase religiosa, substituindo Deus pela natureza, para o que devemos purgar os nossos preconceitos purificando-nos para receber a verdade. Voltando à leitura do *Novum Organum*, nele consta que só podemos vencer a natureza (relevando a idéia de apropriação da natureza pela ciência, que vai caracterizar a Revolução Científica do século XVII), obedecendo-a (princípio que a primeira vista

---

35. POPPER, 1982.
36. Op. cit., p. 41.

parece ecológico). Mas aqui, obedecer significa descobrir as causas para delas obter os efeitos que desejarmos. Bacon diz que nosso poder sobre a natureza era restrito à ação de aproximar ou afastar uns corpos dos outros, o que corresponde a uma idéia puramente mecânica da física.

Pierre Duhen,[37] um expoente francês do positivismo que pontificou na física do fim do século XIX, escreveu em *A Teoria Física*, uma fulminante crítica ao método de Bacon em contraposição ao de Descartes: "Abramos agora o *Novum Organum*. Não achamos ali o método de Bacon: não há nenhum. A organização do seu livro reduz-se a uma divisão de simplicidade infantil. Na *Pars Destruens*, investe contra Aristóteles por que corrompeu a filosofia natural com sua dialética e construiu o mundo com suas categorias. Na *Pars Aedificandis*, exalta a verdadeira filosofia que não tem de fato o objetivo de construir um sistema claro e bem ordenado da verdade, logicamente deduzida de princípios certos. Seu escopo é de todo prático, ousarei dizer todo industrial.... E pergunta "se tais normas pretendem ensinar a conduzir e ordenar a nossa experiência segundo regras fixas e, também, se ensinam a classificar nossas observações". A resposta é não, em Bacon "a experiência é feita sem idéias pré-concebidas, as observações são colhidas ao acaso... os resultados brutos são registrados em tabelas de fatos positivos, negativos, de graus, de confrontos, de exclusões e de refutações...". Finalizando, Duhem contrapõe "este caos, definido como método baconiano, ao método cartesiano" e assinala que "sua inclinação pelas coisas concretas e práticas, a sua ignorância e desprezo pela abstração e pela dedução parecem que foram transferidas no sangue que alimenta a filosofia inglesa... procede mais por acumulação de exemplos do que por raciocínio".

Transparece aqui, apaixonadamente, a grande divisão que vai percorrer sempre a filosofia da ciência até os dias de hoje (Cap. XIII, Vol. II). Com Bacon, surge uma vertente da física, de natureza puramente empírica, que conviverá com o paradigma newtoniano matematizado até que a termodinâmica e o eletromagnetismo se tornem também teorias matemáticas, o que apenas se completou no século XIX.

No falseacionismo de Popper (Cap. IX, Vol. II), a possibilidade da teoria ser refutada experimentalmente dá o critério de demarcação que separa as teorias científicas das não-científicas. No positivismo de Duhem, o experimento crucial é considerado inviável para derrubar uma teoria física, pois hipóteses *ad hoc* podem salvar a teoria (Cap. VIII, Vol. II). O experimento

---

37. DUHEM, P. *Teoria física*. Trad., Il Mulino, Bolonha. 1978, p. 75.

envolve outras teorias, além da teoria em questão, não havendo experimento puro. Essa tese de Duhem, também chamada de Duhem-Quine (Cap. XI, Vol. II), foi retomada por Lakatos, como veremos no capítulo X (Vol. II), contra o falseacionismo de Popper, já na segunda metade do século XX. Portanto, na filosofia empirista de Bacon, anterior à revolução da mecânica de Newton, há questões que permanecem no cerne da polêmica atual sobre a ciência. Por isso, estudamos os erros de Bacon, pois, segundo ele mesmo, destes emerge mais facilmente a verdade do que da confusão.

V.4. O Racionalismo no Advento da Mecânica: o Método Cartesiano

V.4.1. O método para conduzir bem sua razão e procurar a verdade

Descartes no seu *Discurso sobre o Método para Conduzir Bem sua Razão e Procurar a Verdade nas Ciências*,[38] logo no início, estabelece um princípio que o diferencia muito das cogitações psicológicas da epistemologia de Platão, que vimos no *Teeteto* (Cap. II). Esse princípio é o de que "o poder de julgar e distinguir bem o verdadeiro do falso, que se denomina propriamente de bom senso ou razão, é naturalmente igual em todos os homens".[39] A seguir, Descartes introduz a importância do método que ele vai desenvolver: "a diversidade de nossas opiniões não provém do fato de sermos uns mais racionais do que outros, mas somente do fato de conduzirmos nossos pensamentos por vias diferentes e de não levarmos em conta as mesmas coisas." Utilizando as noções aristotélicas de acidente e forma mostra que·só há diferenças entre os acidentes e não entre as formas ou natureza dos indivíduos. Acidente é aquilo que pode ou não ser um atributo do sujeito sem com isto alterar seu ser. A forma e a matéria são os dois princípios presentes em toda a substância. No homem, a matéria é o corpo, e a forma é a alma.

---

38. DESCARTES, R. Method of Rightly Conducting the Reason. Tradução para o inglês de E. Haldane e G. Ross, publicado por Hutchins, R. M. *Great Books of the Western World*, nº 31, William Benton Publisher, Londres, 1978.
   DESCARTES. *Discurso do método*. Trad. Ed. UnB: Brasília e Ed. Ática: São Paulo, 1989.
39. DESCARTES, 1989, p. 30.

Enumera, depois, as características dos vários conhecimentos, observando que a filosofia proporciona meios de se ter um discurso verossímil sobre todas as coisas e que "as matemáticas têm invenções muito sutis e que podem servir... para facilitar todas as artes e reduzir o trabalho dos homens".[40] As artes aqui referidas são as técnicas. Fica patente uma característica da ciência que nasceu com a revolução da mecânica: a sua relação com a técnica. Descartes reconhece isto, apesar de ser um racionalista distante do empirismo, mas quanto à ciência reduzir o trabalho humano, ele concorda com Bacon. Ao escrever o *Discurso sobre o Método*, que era uma introdução a *La Dioptrique, Les Météors et La Géometrie*, Descartes já havia elaborado sua física no *Traité du Monde*.[41] Revela seu profundo racionalismo a frase: "Comprazia-me sobretudo com as matemáticas por causa da certeza e da evidência de suas razões".[42] Para Descartes, "em certos casos o testemunho imediato dos sentidos deve ser repudiado como falso", a verdade só pode ser obtida "pela demonstração racional".[43] Segundo a doutrina das qualidades secundárias, as coisas do mundo real possuem qualidades primárias, mas são apenas as qualidades secundárias que percebemos através dos sentidos. Locke, que veremos adiante entre os empiristas adota esta doutrina. Mas, Descartes descartava o empirismo, afirmando: "na verdade não percebemos pelos sentidos qualquer objeto tal como é", mas somente pela razão que exercemos sobre os objetos sensoriais, portanto devemos buscar os princípios certos... na luz da razão."[44] E acrescenta que pretende "afastar as más doutrinas para não mais estar sujeito a ser enganado pelas promessas de um alquimista, pelas predições de um astrólogo".[45] Aqui, evidenciam-se as diferenças entre os pensamentos de Descartes e de Newton. Este último fez especulações de certo modo mágicas, estudou alquimia e, segundo Keynes, como vimos no capítulo III, aí estava a vantagem de Newton, que o levou à formulação da gravitação universal, por não estar preso às restrições do racionalismo em senso estrito como Descartes.

Descartes tinha preocupações religiosas, era temente a Deus e à Igreja. Mas, nas palavras de Huisman,[46] distinguiu as verdades da fé daquelas

---

40. Op. cit., p. 34.
41. ADAM, Charles e TANNERY, Paul (orgs.), *Ouvres de Descartes*, Paris, 1974-1986.
42. Op. cit., p. 35.
43. BURTT, op. cit., p. 93.
44. DESCARTES, *Principles Parte IV*. ref. em Burtt, op. cit., p. 100.
45. DESCARTES, 1989, p. 35.
46. HUISMAN, D. *Comentários em Descartes*, 1989.

a que se pode chegar pela razão. Esta separação o levou à dualidade que caracteriza o pensamento cartesiano e que influenciou profundamente a separação entre religião e ciência na civilização ocidental, bem como entre mente e matéria na ciência moderna. Entretanto, questões religiosas desempenhavam um papel importante no pensamento de Descartes. Como em Newton, a presença de Deus na argumentação de Descartes tinha um papel natural entre os princípios fundamentais da ciência, diferentemente de hoje. Referia-se a Deus e, em contraposição, a um gênio do mal. Nas *Meditações*,[47] ele levanta a hipótese de que "algum gênio do mal não menos poderoso que enganador tenha empregado todas as suas energias para enganar-me", de modo que tudo seria como ilusões produzidas na mente pelo tal gênio "no intuito de lançar armadilhas para minha credulidade". Desse modo, diz que, embora não estivesse "em meu poder chegar ao conhecimento de qualquer verdade, eu poderia pelo menos fazer o que estivesse em meu poder e com firme propósito evitar dar credulidade a qualquer coisa falsa", colocando em dúvida tudo. Portanto, o gênio do mal simboliza um princípio de dúvida radical.

A atualidade de Descartes na filosofia da ciência é demonstrada pela vivacidade e, até mesmo, pela polêmica no seminário realizado no Rio em 1996,[48] alusivo aos 400 anos do *Discurso sobre o método*.[49] Entre os estudiosos de Descartes convidados de fora do País, estava Gaukroger, autor de recente biografia intelectual de Descartes que veremos adiante.

V.4.2. O VEROSSÍMIL, O PROVÁVEL E O NECESSARIAMENTE VERDADEIRO

Para Descartes, a filosofia escolástica só chega ao verossímil e não ao verdadeiro, o que faz lembrar a distinção feita por Platão no *Teeteto* entre o verossímil e o provável. A filosofia escolástica fazia distinção entre falso, provável e verossímil. Descartes critica as ciências que ele encontrava nos livros por apresentarem razões apenas prováveis e nao oferecerem qual-

47. DESCARTES, 1978. *Meditations on the First Philosophy*. p. 77.

48. Área Interdisciplinar de História da Ciência e da Técnica e Epistemologia da COPPE — UFRJ, 1996.

49. FUKS, Saul (org.); MCLAUGHLIN, P.; BLAY, M.; NUDLER, O.; CARDOSO DIAS, M. P.; MARTINS, R.; CASTRO MOREIRA, I.; GARCIA, E.; VIDAL DE CARVALHO, L. A. MENDONÇA, W.; LEGEY, L. F.; ARAUJO, R.; *Descartes — 400 anos: um legado científico e filosófico*; Relume Dumará: Rio de Janeiro, 1997.

quer demonstração delas. A física estudava a matéria, que era contingente. As proposições necessariamente verdadeiras encontravam-se na matemática. A física cartesiana usa a matemática, pretendendo eliminar o provável do seu âmbito. Apesar do enorme avanço que representa a matematização da física no século XVII, a ambição de Descartes não se concretizou em certo sentido na física moderna. No desenvolvimento da física, o conceito de probabilidade se tornou essencial. O uso da probalidade na física teórica foi introduzido na mecânica estatística no século XIX, de maneira não essencial, buscando uma conciliação entre termodinâmica e mecânica newtoniana. Entretanto o determinismo matemático da mecânica newtoniana foi abalado no século XX com a mecânica quântica, em que a probabilidade se torna essencial.

Em defesa das vantagens do seu método, Descartes assinala as limitações das abordagens do seu tempo: a lógica dos silogismos e demais preceitos como a dialética ou arte de argumentar "servem mais para explicar a outrem as coisas que já se sabem... do que para descobri-las".[50] Podemos aqui fazer uma comparação com o que veio a ser na epistemologia do século XX a separação entre o contexto da descoberta e o da justificação (Cap. IX, Vol. II). A análise antiga, método empregado na geometria grega, e a álgebra tratam de "matérias muito abstratas" e "não parecem de nenhuma utilidade", pois "a primeira permanece sempre tão adstrita à consideração das figuras fatigando muito a imaginação"; a segunda esteve de tal modo sujeita a "certas regras que ela se tornou uma arte confusa e obscura que embaraça o espírito".[51] Ao dar origem à geometria analítica, que representa as curvas e figuras geométricas por equações algébricas que relacionam as variáveis espaciais cartesianas, Descartes fundiu estas disciplinas objetivando superar as limitações de cada uma delas ao totalizá-las.

V.4.3. OS PRECEITOS GERAIS DO MÉTODO CARTESIANO

Feita a crítica às teorias anteriores, tal qual Bacon, Descartes apresenta no Discurso[52] os preceitos do seu método, em número de quatro:

1º — jamais aceitar alguma coisa como verdadeira que não soubesse ser evidente como tal;

---

50. DESCARTES, 1989, p. 43.
51. DESCARTES, 1989, p. 44.
52. Op. cit.

2º — dividir cada uma das dificuldades que examinasse em tantas partes quanto possíveis e quantos necessárias para melhor resolvê-las;

3º — conduzir por ordem os pensamentos a começar pelos objetos mais simples e mais fáceis de serem conhecidos, para galgar, pouco a pouco, como que por degraus, até o conhecimento dos mais complexos;

4º — fazer em toda parte enumerações tão completas e revisões tão gerais que se tenha a certeza de que nada foi omitido.

Cabem alguns comentários aos preceitos do método cartesiano. O primeiro deles, ao exigir a evidência para aceitar algo como verdadeiro, coloca o problema de como se ter a evidência. Negado o argumento da autoridade, de feitio escolástico, resta a evidência empírica adquirida por intermédio dos sentidos, mas que sempre exige elaboração intelectual na análise do que se percebe. Descartes considera evidentes as idéias claras e distintas, havendo uma intuição intelectual capaz de levar à convicção de que uma idéia é clara e distinta por meio da razão. Clara e distinta significam, respectivamente, bem compreendida e inconfundível. O segundo preceito, da decomposição do problema em partes, leva ao reducionismo, característico da ciência moderna, à qual propiciou muitos êxitos, mas também limitações. Constitui ainda um problema atual da epistemologia e suscita discussões no âmbito da própria ciência. Um entendimento usual deste preceito cartesiano o associa à redução do desconhecido ao conhecido. Mas, como Popper observa, a física tem feito o contrário: a explicação do conhecido através do que não era conhecido (Cap. IX, Vol. II). É o caso da estrutura da matéria reduzida a moléculas, átomos. núcleos atômicos e partículas desconhecidas antes. O terceiro preceito é o da dedução como as "longas cadeias de razões" de que "os geômetras costumam se utilizar para chegar às demonstrações mais difíceis".[53] O quarto e último impõe o rigor sistemático ao método.

No método cartesiano, a dúvida — como transparece do primeiro preceito — é funcional à pesquisa em busca da verdade, não se dá a esmo e tem um papel preciso na exploração do objeto de estudo. Descartes assinala que não queria imitar "os céticos que duvidam apenas por duvidar". E mais, não negava todo o valor do estudo que fez das teorias antigas: "não deparava com quaisquer proposições que fossem tão duvidosas que delas não tirasse sempre alguma conclusão, quando mais não fosse a de que ela

---

53. DESCARTES, 1989, p. 45.

não continha nada de certo". E faz analogia "é, como ao demolir uma casa velha, reservam-se geralmente os escombros para servir à construção de outra nova".[54]

Descartes, como Platão, alerta que nossos sentidos nos enganam às vezes e por isto "quis supor que não havia coisa alguma que fosse tal como eles nos fazem imaginar". Vai ao extremo do questionamento narrando que em sua meditação descartou tudo o que podia contaminar seu racio-cínio: "rejeitei como falsas todas as razões que eu tomara até então por demonstrações". E acrescenta: "os mesmos pensamentos que nos assaltam quando acordados também podem nos ocorrer quando dormimos sem que nesse caso haja nenhum que seja verdadeiro".[55] A esta altura, despo-jado de tudo que pudesse ter entrado no seu espírito formula a máxima: "Penso, logo existo". Isto é, mesmo duvidando da realidade de tudo que o cerca e da verdade de todo o conhecimento que tinha em sua mente, o próprio exercício da dúvida através do seu pensamento levava a uma cer-teza: a de que ele existia, porque estava pensando.

Fica patente seu idealismo aliado ao racionalismo: "podia supor não possuir corpo algum e não existir mundo algum ou qualquer lugar onde eu existisse e que... pelo fato mesmo de eu pensar em duvidar da verdade das outras coisas, concluía de forma evidente e certa que eu existia... com-preendi que eu era uma substância cuja essência ou natureza consiste no pensar, e que, para ser, não necessita de nenhum lugar nem depende de qualquer coisa material".[56] Por esse caminho ressalta a dualidade entre corpo e alma: "a alma ... é inteiramente distinta do corpo..." Para compa-tibilizar a sua própria imperfeição como ser humano com a perfeição do conhecimento — pois "o conhecer é perfeição maior do que o duvidar"[57] — Descartes chega à necessidade da existência de Deus.

O *Discurso* refere-se às questões do método da física, de cujo estudo foi abstraído o método cartersiano, mas evita explicitar "questões contro-versas entre os doutos com os quais não desejo indispor-me"[58]. Por isto sobre o seu *Traité du Monde* escreveu: "procurei explicar as principais verdades num tratado que certas considerações me impedem de publi-

---

54. Op. cit., p. 53.
55. Op. cit., p. 55.s
56. Op. cit., p. 56.
57. Op. cit., p. 57.
58. Op. cit., p. 62.

car".[59] Preocupava-o o caso de Galileu com a Inquisição. Descartes teve livros proibidos na França.

V.5. As Regras, o Mecanicismo Reducionista e o Atomismo IV

V.5.1. As regras

As *Regulae ad Directionam Ingeni*[60] foram publicadas apenas após a morte de Descartes, portanto, depois da publicação do *Discour de la Méthode*. As treze primeiras são resumidas abaixo:

1º — O fim de um estudo deve ser "orientar a mente para enunciar julgamentos sólidos e corretos sobre todas as matérias que foram colocadas diante de si".

2º — Somente devemos engajar nossa atenção em objetos "para cujo conhecimento seguro e indubitável nossas faculdades mentais parecem ser adequadas".

3º — Nos assuntos que propomos investigar, nossa pesquisa deve ser direcionada "não ao que outros pensaram, nem ao que conjecturamos nós mesmos, mas ao que podemos claramente deduzir com certeza".

4º — "É necessário um método para encontrar a verdade."

5º — O método consiste em "ordenar os objetos para os quais nossa visão mental deve ser direcionada se queremos encontrar alguma verdade".

6º — Separar o que é muito simples "do que é complexo metodicamente".

7º — Os assuntos que nos levem ao fim que temos em vista "devem ser escrutinados por um movimento do pensamento, contínuo e nunca interrompido".

8º — Se chegamos a um ponto "no qual nosso entendimento não é capaz de ter uma cognição intuitiva devemos parar aí"; não devemos tentar examinar o que se segue para "não ter um trabalho supérfluo".

9º — Devemos dar toda nossa atenção aos fatos "mais insignificantes e fáceis e permanecer longo tempo contemplando-os para termos claramente e distintamente a verdade".

---

59. Op. cit., p. 63.
60. DESCARTES, R Rules for the Direction of the Mind, tradução para o inglês de E. Haldane e G. Ross, publicado por Hutchins, R. M. *Great Books of the Western World*, nº 31, William Benton Publisher, Londres, 1978.

10º — Para que possa adquirir capacidade, a mente deve ser exercitada "realizando pesquisas cujas soluções foram já encontradas por outros".

11º — Após ter reconhecido intuitivamente um número de verdade simples, é útil desenvolvê-las "para refletir sobre as relações de umas com as outras".

12º — Devemos empregar todos os meios do entendimento, imaginação, sensação e memória primeiro para "o propósito de ter uma intuição distinta de proposições simples"; em parte, para "comparar também as proposições a serem propostas com as que já conhecemos"; em parte, para descobrir também "as verdades que devem ser comparadas com outras, de modo que não seja deixado de lado nada sobre o que o engenho humano possa ser exercitado".

13º — Uma vez que uma questão esteja perfeitamente entendida "nós devemos livrá-la de toda concepção supérflua para seu entendimento".

Cada regra é explicada por um longo texto de Descartes. Após a 13ª, elas se tornam muito específicas, por vezes relacionadas a procedimentos matemáticos. Em uma biografia intelectual de Descartes, Gaukroger discute as regras.[61] Observa que o método era um problema filosófico considerado crucial no fim dos anos 1500 e início dos anos 1600 e tinha a ver com a possibilidade de obter o conhecimento novo através da lógica,[62] problema recorrente da filosofia da ciência, ao qual voltaremos no capítulo XI (Vol. II) ao tratarmos da abdução de Peirce. A regra 1 é a da unidade do conhecimento, pois ela se refere a tudo que possa ser colocado frente à mente.[63] Reflete o interesse filosófico de Descartes pela teoria do conhecimento, ao lado de sua atuação como físico e matemático, embora a ciência moderna tenha depois se distanciado da filosofia. A regra 2 estabelece a necessidade de método. Descartes assume a matemática como modelo, o que também fez, depois, Kant com a geometria euclidiana na *Crítica da razão pura* (Cap. VI). As regras 3 e 4 tratam do papel da intuição e da dedução no método cartesiano, enquanto a regra 5 estabelece a decomposição, de assuntos complexos em componentes mais simples, em geral associada ao reducionismo de origem cartesiana. A regra 6 dá critérios para esta decomposição, e a 7 dá uma visão do trabalho da mente, do movimento contínuo do pen-

---

61. GAUKROGER, S. *Descartes — uma biografia intelectual.* Editora da UERJ e Contraponto, 1999.
62. O debate se originava da interpretação da "Analítica Posterior" e dos "Tópicos" de Aristóteles (Cap. II).
63. DESCARTES, 1978, p. 1; Gaukroger, 1999, p. 151.

samento. As regras 8, 9, 10 e 11 são menos importantes e, em parte, criticadas por Gaukroger, mas devemos tê-las em conta, bem como as duas últimas acima listadas, 12 e 13, para termos uma visão do método cartesiano. Sobre o significado da dedução, frente à intuição, Descartes critica as regras "com que os dialéticos esperam regular a razão humana".[64] Rejeitava, como havia feito Bacon, as regras da lógica dos silogismos de Aristóteles, consideradas diretrizes para o pensamento, impostas de forma rígida, como aprendera com os jesuítas no La Flèche, colégio de formação de fidalgos onde estudara. Ao invés delas, Descartes propunha regras mais flexíveis para organizar o trabalho de pensar, na busca de um critério para a verdade, sendo verdadeiro aquilo de que temos uma percepção ou uma intuição clara e distinta.

É interessante o contraste que Gaukroger faz entre o método cartesiano e a retórica como arte de convencer. Ela foi muito desenvolvida pelos romanos, com Cícero, e usada nos estudos jurídicos. Aristóteles via na sua silogística um instrumento discursivo, usando argumentos para convencer o interlocutor, seu par ou um discípulo, partindo de premissas aceitas de comum acordo, enquanto para Descartes tratava-se de descobrir a verdade convencendo-se a si mesmo. Essa era a finalidade das regras cartesianas, de sua teoria das idéias claras e distintas, enfim de sua metodologia.

Na matemática, Descartes não formulou sistemas axiomáticos como a geometria euclidiana, pois se opunha ao método de síntese nela utilizado. Segundo seu ponto de vista, a análise era o método melhor para resolver problemas matemáticos, em lugar de buscar estabelecer axiomas e deduzir teoremas. Considerava as demonstrações matemáticas a partir de axiomas uma forma de enganar e esconder o modo pelo qual se desenvolve a matemática, que, para ele, era o da análise. Na sua geometria, não vamos encontrar os axiomas e teoremas típicos da matemática, embora apresente algumas demonstrações sintéticas. A análise e a resolução de problemas novos e difíceis ocupam a maior parte da sua geometria analítica.

V.5.2. O MECANICISMO REDUCIONISTA E O ATOMISMO IV

Como o universo para Descartes é pleno, não há o vazio, logo se uma parte dele se move tem de ocupar o lugar de alguma outra, que, por sua vez tem de mover-se também. Por exemplo, no movimento de uma cir-

---

64. Op. cit., p. 3; Gaukroger, 1999, p. 157.

cunferência em torno de seu centro, todos os seus pontos se movem, um tomando cada um o lugar dos outros sucessivamente. Vórtices contíguos formam o universo, cada um deles girando, arrastado por uma estrela em rotação no seu centro, segundo Descartes, que não teve êxito em explicar assim as velocidades dos planetas. A teoria mecanicista dos vórtices para explicar as órbitas planetárias (Cap. III) confrontou-se com a mecânica newtoniana, que saiu vencedora, embora o próprio Newton tenha sido um cartesiano antes de ser newtoniano, como vimos no capítulo III. Martins[65] lembra que, embora a visão de Descartes tenha sido perdedora frente à ação a distância de Newton, este, antes de formulá-la, considerou as correntes de éter como associadas à gravidade (Cap. III). Portanto, antes de tornar-se newtoniano, Newton foi um cartesiano.

O mecanicismo cartesiano significou coisas diferentes conforme os seus intérpretes. Para uns, significou a abolição da dinâmica, ou seja, da teoria das forças como causas dos movimentos, reduzindo-a à cinemática. Para outros, era a redução de todos os fenômenos físicos à mecânica. Outros ainda chegaram a estendê-lo à redução de processos biológicos à física ou a modelos mecânicos. Descartes assume o princípio de conservação da quantidade total de movimento, que, através das colisões pode ser redistribuída entre os corpos. A causa do movimento não se coloca, ou melhor, ela é sempre fruto de uma transferência do movimento. Se um corpo se move é porque outro transferiu para ele sua quantidade de movimento: basta supor que os corpos começaram a se mover quando o mundo foi criado. Esta é uma hipótese metafísica. Nos *Princípios da Filosofia*, Descartes apresenta três princípios fundamentais da sua física:[66]

1) identidade;
2) interação;
3) redução.

No primeiro, estabelece que o sistema, objeto de estudo, deve ser especificado em termos físicos, ser o mesmo ao longo do tempo. O segundo concebe o sistema sendo determinado pelas interações entre suas partes, de acordo com leis da física. Estas são: a lei de inércia, que estabelece o que acontece a um corpo na ausência de interação; a lei de conservação

---

65. MARTINS, R. *Descartes e a impossibilidade de ações a distância.* Em FUKS, S.; 1997, p. 79.
66. MC LAUGHLIN, P. *O conceito de força em Descartes.* Em FUKS, S.; 1997.

da quantidade de determinação do movimento; a lei que determina como os corpos interagem entre si, o que se restringe a colisões entre eles. O terceiro princípio é o da redução, que garante que todos os fenômenos possam ser decompostos em combinações de interações simples.

Voltando a Gaukroger, ele narra que, na Holanda — onde viveu muito tempo e serviu no exército de Maurício de Nassau, príncipe bem conhecido na História do Brasil — Descartes recebeu influência de Isaac Beeckman sobre a teoria corpuscular da matéria.[67] Sua teoria não era propriamente atomista, no sentido dado pelos materialistas pré-socráticos e por Epicuro, que consideravam o tamanho e a forma dos átomos mais importantes na explicação dos fenômenos da matéria do que o movimento e a velocidade, considerada a mesma para todos os átomos. O atomismo de Beeckman atribuía um papel decisivo ao movimento e à velocidade dos corpúsculos tidos como constituintes da matéria. Outra diferença estava na idéia de Beeckman de que os átomos formavam conglomerados, como as moléculas, e daí decorriam as principais propriedades da matéria. Ao ressaltar esta peculiaridade, Gaukroger não se reporta ao atomismo de Platão, em que os constituintes elementares ou átomos eram, em última instância, triângulos que se juntavam e formavam para cada elemento da natureza uma figura tridimensional, correspondendo a um poliedro regular (Cap. II). Beeckman, ao contrário dos atomistas clássicos, buscou fazer previsões com sua teoria corpuscular aplicando-a à hidrostática, à ótica e à gravitação.

A teoria corpuscular de Descartes aparece no início de *Le Monde*,[68] começando por mostrar quão enganosa pode ser nossa percepção do mundo. O mais curioso é o exemplo de um soldado que se sente ferido na batalha, mas o médico mostra ser algo dentro da armadura que pressiona seu corpo, causando a dor e a sensação do ferimento inexistente. Isto nos faz lembrar o paradoxo da caverna de Platão e também a parábola de Galileu sobre a lua, vista por um caminhante como se ela andasse por cima dos telhados como um gato. Descartes entra em detalhe na explicação da combustão em que as partes mais sutis da lenha se movem e se separam em fogo, ar e fumaça, restando as cinzas. Na teoria cartesiana da matéria, não existe o vácuo, o que a distingue do atomismo grego: os corpos em movimentos estão sempre cercados de outros corpos e transmitem movimen-

---

67. GAUKROGER, 1999, p. 101.
68. ADAM e TENENERY, op. cit.

tos uns aos outros. Em *Le Monde* tanto o fogo como a luz são descritos como formados por corpúsculos.

Boyle (1626–1691) sofreu influência do atomismo de Descartes, assumindo a hipótese de haver corpúsculos constituintes da matéria. Procurou conectar estas idéias com a química, que não podia utilizar os átomos de Demócrito dado que não possuíam qualidades, enquanto as reações químicas criam a expectativa de que os constituintes da matéria tenham propriedades específicas, diferenciando-os entre si. Também Gassendi (1592–1665) teve esta influência, ainda nos alvores da mecânica. Escreveu "dos átomos, certas moléculas são formadas primeiramente, que diferem umas das outras e são as sementes das diferentes coisas".[69] E disse mais: "como as letras são elementos da escrita, e das letras formamos palavras, frases e discursos, também os átomos são os elementos de todas as coisas. Da reunião de átomos, as menores moléculas são formadas primeiramente, e então sucessivamente algo maior... e finalmente os maiores corpos".[70] Van Melsen afirma que o fato de Gassendi ter esta idéia clara de molécula não nos deve surpreender, pois tais idéias volta e meia vinham à tona nas especulações dos averroistas (Cap. IV) sobre as transformações químicas.[71]

V.6. A Separação Cartesiana entre Mente e Matéria

Em *L' Homme*[72] o mecanicismo foi estendido para descrever em detalhes o funcionamento do corpo animal como uma máquina, incluindo as excitações sensoriais. Fluidos chamados "espíritos" (não no sentido de alma) percorriam o corpo através de dutos, indo pelo sistema nervoso ao cérebro e de lá enviados para comandar as reações e os movimentos. A concepção de "espíritos" que percorriam o corpo vinha dos anos 1500; para alguns, eles eram um estado tênue entre a matéria e a alma e haveria uma diferença sutil entre mente e matéria. Descartes buscou interpretar as faculdades mentais em termos corporais, mantendo o princípio de que a matéria é inerte. Comparou as funções psicológicas e fisiológicas com o fun-

69. Gassendi, Animadversiones, p. 108; citado em VAN MELSEN, A. G., *From Atomos to Atom*. Duquesne University Press, Pittsburgh, 1952, p. 92.
70. GASSENDI, op. cit., p. 123; citado em VAN MELSEN, 1952. p. 92.
71. VAN MELSEN, 1952, p. 92.
72. ADAM e TENENERY, op. cit.

cionamento de uma máquina, em termos de estímulo-resposta. Em um exemplo, descreve como um homem perto do fogo, sente o contato das partículas móveis do fogo com a pele, acionando uma espécie de fio interno ao corpo, que vai por um tubo ao cérebro, de onde partem os espíritos, fluidos, que vão comandar os músculos para afastar o pé do fogo (Fig. 1).

Figura 1. Fio interno ao corpo conduz por um tubo estímulos, produzidos pelo fogo na pele, ao cérebro, na glândula pineal, de onde partem os espíritos fluidos que vão comandar os músculos para afastar o pé do fogo.

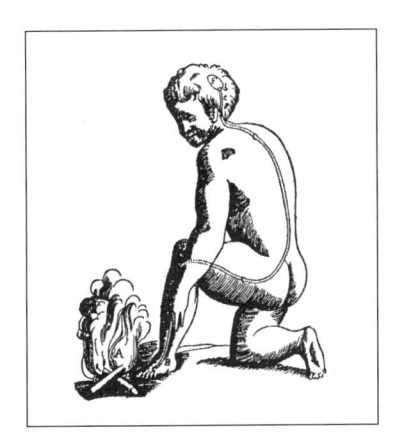

Os espíritos que percorreriam o corpo, para os nervos desempenharem suas funções sensoriais e motoras, foram idealizados na tradição de Galeno,[73] precursor da medicina, como materiais corpóreos percorrendo nervos ocos de estrutura tubular.[74] A diferença entre mente e matéria era uma questão de gradação. Em *L' Homme*, Descartes faz uma analogia com os foles dos órgãos de igrejas, nos quais o ar é impelido pelos foles para caixas de ar, passando por um ou outro tubo, produzindo som, conforme os estímulos externos que recebe através das teclas. A harmonia do órgão não depende de sua forma externa visível, mas sim do ar, dos foles e dos tubos que produzem os sons; da mesma forma as funções não dependem

---

73. GAUKROBER, 1999, p. 343.
74. Isto nos remete à conjectura recente de Roger Penrose, na teoria da mente, de que a consciência é produzida nos tubos do citoesqueleto dos neurônios (Vol. III).

da anatomia do cérebro visto de fora. Como resultado de certos *inputs* o órgão produz como *output* a música.

Descartes evitou afrontar o dogma da imaterialidade da alma, mas procurou ir tão longe quanto possível na descrição física do comando do corpo, sem com isso admitir que a matéria pudesse ser consciente. Em 1747, La Mettrie escreveu *L' Homme Machine* imputando a Descartes uma visão materialista e mecanicista da mente. Segundo o mecanicismo, era possível entender os animais como autômatos. Essa imputação contrasta com a separação entre mente e corpo atribuída a Descartes. Entretanto, não devemos ver de modo simplório a formulação de Descartes de que a cognição perceptiva humana é explicada por uma inteligência imaterial, pois antes de chegar a esta conclusão buscou uma explicação corpórea da cognição. Mas não a encontrou. O problema corpo-mente permaneceu basicamente estagnado até o século XX, quando novos caminhos foram abertos, a começar por Wittgenstein, ao colocar as questões do sentido e da interpretação para buscar compreender a relação entre a cognição e o mundo,[75] e depois por Chomsky,[76] sobre a mente e a linguagem, chegando às teorias da mente que discutiremos no Vol. III.

Dando como exemplo a luz, ao tratar de cognição, Descartes propõe um modelo lingüístico da percepção. Observa que o processo da luz nos olhos pode ser diferente do que é nos objetos. Neste esquema, a cognição visual não se reduz a um processo mecânico de percepção, constituindo um "ato unificado de compreensão".[77] O modelo lingüístico é descrito por Descartes: "as palavras... não têm qualquer semelhança com as coisas que significam, mas... fazem-nos pensar nessas coisas... por que não teria a natureza criado algum sinal para nos fazer ter a sensação de luz?".[78] Essa frase poderia receber uma interpretação na semiótica, criada no séc. XIX por Peirce (Cap. XI, Vol. II).

Voltemos às Regras, em que Descartes escreve que há quatro faculdades utilizadas para o conhecimento:

— compreensão;
— imaginação;

75. GAUKROBER, 1999.
76. CHOMSKY, Noan. *New Horizons in the Study of Language and Mind.* Cambridge University Press, 2000.
77. GAUKROBER, op. cit., p. 350.
78. DESCARTES, Le Monde, Cap I; citados em Gaukrober, 1999, p. 350.

— percepção sensorial;
— memória.

A compreensão é capaz de apreender a verdade, mas tem de ser auxiliada pela imaginação, pelos sentidos e pela memória. Considera quatro situações no processo de percepção–cognição a partir de um estímulo: (I) reação motora imediata (reflexo), sem representação para os órgãos cognitivos; (II) reação motora imediata com reconhecimento; (III) reação motora adiada; (IV) estímulo sem reação motora.

A primeira situação inclui o caso da dor. Nas demais, o estímulo é representado para os órgãos cognitivos. A capacidade de refletir sobre as próprias representações cognitivas é uma condição necessária para se fazer um juízo sobre elas ou, na linguagem atual, para se ter consciência.

Nas *Meditações*.[79] Descartes se ocupou da natureza do ente pensante, a chamada *res cogitans*, e buscou refutar a concepção de Averroes de que existe apenas um intelecto e todas as mentes participariam dele. Segundo Aristóteles a forma pura não é individualizada.[80] Descartes identifica o eu com a mente, como um ente puramente intelectual, mas individual, embora não corpóreo. Assim, a mente é o eu. Para demonstração de que a mente é separada do corpo, diz que ao pensar pode-se duvidar da existência do corpo, mas não do eu que penso; logo, um é independente do outro. Descartes conclui que se tem uma idéia clara e distinta da mente como algo pensante e não extenso, e do corpo como algo não pensante e extenso. O problema, já colocado antes dele, era a relação entre a mente e as faculdades corporais, pois a mente individual agia por intermédio dessas faculdades. Descartes caiu no dilema de ligar a mente ao corpo individualizando-a ou dissociar um do outro, perdendo a mente sua ligação, arriscando assim uma perda da individualidade da mente. A saída, por meio de sua coisa pensante é complexa. O "eu" deve pensar, querer, imaginar e ter também percepção sensorial. Chega a uma doutrina de recriação contínua da mente por Deus a cada instante, mas para preservar o livre arbítrio Deus recriaria os estados mentais e não o conteúdo deles. A percepção sensorial não seria corporal nem intelectual apenas, havendo além da extensão (matéria) e do pensamento algo que é a união entre mente e corpo:[81] "a natureza me ensi-

---

79. DESCARTES, 1978, *Meditations on the First Philosophy*. p. 69.
80. GAUKROGER, op. cit., p. 424.
81. GAUKROGER, op. cit., p. 429.

na através das sensações... que não apenas estou presente em meu corpo como um piloto em seu navio, mas também que estou muito estreitamente conjugado e como que confundido e misturado com ele de tal sorte que eu e o corpo compomos um todo único. Se assim não fosse, eu, que nada mais sou senão uma coisa pensante, não sentiria dor ao ter meu corpo ferido, mas apenas perceberia esse ferimento com o intelecto, tal como o piloto percebe quando algo se quebra em seu navio".[82]

Em princípio, nada é mais convincente que o *cogito ergo sum*, afirma Burtt,[83] que levou Descartes a postular a *res cogitans* como uma substância pensante, fora do mundo da matéria cuja essência é a extensão no espaço, observável e cognoscível em termos matemáticos, existindo independentemente do pensamento. Este mundo continuaria a existir mesmo que o homem desaparecesse do universo. Para Descartes sua teoria dos vórtices (Cap. III) resolvia a esquisitice da existência da gravidade, para cuja explicação Newton formulou a ação a distância. Em contraste, há o mundo interior, cuja essência é o pensamento, subsidiado pela percepção, pela memória, pela imaginação. Neste reino da mente, não há a extensão. Como se explicaria o poder da mente imaterial sobre o corpo material, comandando seus movimentos? A resposta era que isto se dava por intermédio do cérebro, onde a *res cogitans* seria localizada na glândula pineal, "de onde se irradia pelo corpo por meio das essências, dos espíritos, dos nervos...". As qualidades secundárias residiriam na mente, embora causadas pelas qualidades primárias dos corpos materiais. Assim é a dor que sentimos devido ao corte de uma espada, a dor é um processo mental, enquanto ser cortante é uma qualidade da espada. Do mesmo modo se dá com as qualidades secundárias como cor, som, etc.[84]

Thomas Hobbes — que com seu livro *Leviatã* se notabilizou mais no terreno das humanidades do que no da filosofia natural — era contemporâneo de Descartes, a cujo dualismo se opôs. Para ele toda atividade implica em movimento e, como pensar é uma atividade, o pensamento corresponde a movimentos. A mente é então apenas um nome que se dá ao movimento de certas partes. Propunha que a filosofia se libertasse desse dualismo, pois os processos mentais são apenas tipos de atividades.[85]

82. ADAM e TENENERY, 1986, VII, p. 81, cit. em GAUKROGER, 1999.
83. BURTT, op. cit., p. 95.
84. Op. cit., p. 97.
85. Op. cit., p. 103.

Há um significativo paralelo que podemos fazer entre o dualismo de Descartes e a concepção de Galileu sobre a relação de Deus com o homem e a natureza. No pensamento escolástico, o homem ocupava um lugar hierarquicamente determinado entre Deus e a natureza, acima desta. O mundo estava subordinado ao homem e este a Deus, de acordo com a síntese da filosofia grega com a judaica-cristã. O mundo natural existia em proveito do homem, e a explicação dos fenômenos naturais era teleológica, cada coisa tinha uma função para o homem existir no mundo, como nas causas finais de Aristóteles. Galileu (Cap. IV) rompeu esta hierarquia, admitindo que Deus se põe em relação paralela tanto com o homem quanto com a natureza, como mostra a figura 2.

Figura 2. A ruptura da visão escolástica por Galileu o dualismo cartesiano e a crítica de Hobbes.

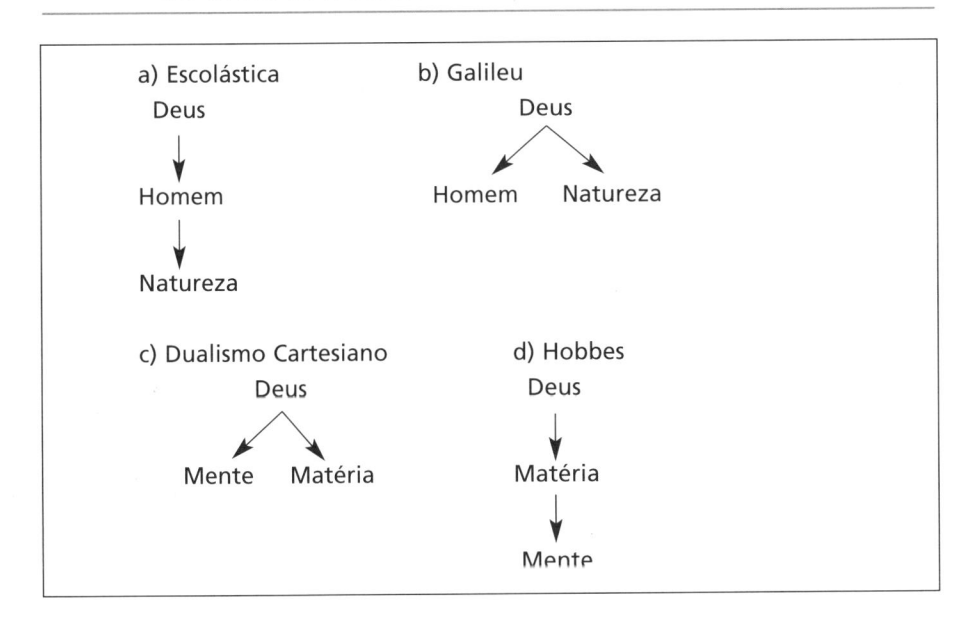

Arendt[86] considera solipismo dizer que o "eu" existe individualmente como também dizer que o "eu" e a consciência de si são objetos verificáveis, como faz Descartes. Acreditamos que aquilo que percebemos tem existência real porque é percebido pelos outros. Para Arendt, Descartes

---

86. ARENDT, H. *A vida do espírito*, Ed. UFRJ e Relume Dumará: Rio de Janeiro, 1992.

adotou a subjetividade radical, ligando o aparelho sensorial e cognitivo à *res cogitans* com propriedades abstratas. O "ego" cartesiano não necessita de nenhum lugar no espaço e nem depende de qualquer coisa material. Estas observações nos remetem à filosofia da mente, de que trataremos na Parte II.

A teoria naturalista da cognição ganha impulso hoje com a teoria da computação e com a inteligência artificial. A conclusão de Gaukroger é que Descartes foi levado à separação mente-corpo pois não dispunha desses instrumentos, muito longe do seu tempo. De certo modo, esta idéia se assemelha à de Chomsky[87] ao comparar a *res cogitans* de Descartes à *res gravitans* de Newton, este atribuindo à matéria o estranho poder da gravitação com sua ação a distância, o primeiro atribuindo o poder da consciência e do pensamento a uma substância imaterial adicionada à matéria. Chomsky não julga o primeiro caso mais estranho do que o segundo. Em ambos os casos, foram formulados hipóteses ou princípios para explicar o mundo, os corpos inanimados em um caso, e a mente no outro.[88]

V.7. O Princípio da Razão Suficiente e as Mônadas

V.7.1. A filosofia racionalista de Leibniz e o estudo crítico de Russell

A filosofia de Leibniz é exposta criticamente em um texto clássico de Bertrand Russell,[89] que vamos seguir aqui, pois Leibniz não unificou seu sistema filosófico em uma obra. Entretanto, Russell mostra que sua filosofia tem sólida base dedutiva, a partir de alguns poucos axiomas e definições à semelhança da geometria. Quase sempre escreveu sob algum estímulo imediato, mais preocupado em argumentar convincentemente do que em expor precisamente sua filosofia, que apresenta algumas inconsistências (lembrando-nos Galileu). Apesar de referir-se a uma ampla bibliografia, Russell concentra-se nas idéias da maturidade de Leibniz, que sofreu influência de quatro escolas filosóficas: a escolástica, o materialismo, o cartesianismo e o spinozismo. Refere-se ainda a suas cartas, entre outras, às polêmicas cartas atacando Newton, que se tornou seu grande rival quan-

---

87. CHOMSKY, 2000.
88. Op. cit., p. 108.
89. RUSSELL, B. *A filosofia de Leibniz*. USP: São Paulo, 1968.

to às concepções fundamentais da mecânica, aos conceitos de espaço e tempo e à autoria do cálculo infinitesimal.

Russel classifica as incoerências do sistema filosófico de Leibniz em dois tipos. O primeiro inclui as incoerências de origem tática para não colidir de frente com as opiniões dominantes do seu tempo. Lembremos que também Descartes revelou preocupação ao expor suas idéias sobre a física, após as complicações de Galileu com a Inquisição. O segundo tipo de incoerência é filosoficamente mais grave, pois diz respeito à incompatibilidade entre suas premissas, que conduzem a resultados contraditórios. O sistema de Leibniz é reduzido a premissas por Russell,[90] que considera nem todas compatíveis entre si, mas interessam-nos aqui apenas algumas delas:

1º — "Um sujeito pode possuir predicados que são qualidades existentes em diferentes momentos. Tal sujeito é a substância".

2º — "As proposições verdadeiras que não afirmam a existência num momento determinado são necessárias e analíticas; as que afirmam a existência num momento determinado são contingentes e sintéticas".

3º — "O "eu" é uma substância".

4º — "A percepção permite o conhecimento do mundo externo".

Vejamos a penúltima: "eu" tem muito predicados, mas não é predicado de qualquer outra coisa; se a palavra "eu" indica algo distinto da soma de meus estados e se eu permaneço através do tempo, o "eu" satisfaz a definição de substância.[91] Para Leibniz, as substâncias não atuam umas sobre as outras. Este é um dos pontos complicados em Leibniz conforme veremos, contrastando com a filosofia implícita de Newton ao formular sua mecânica, na qual os corpos interagem entre si. Vamos nos concentrar nos aspectos mais concernentes à teoria do conhecimento. Para Leibniz, é analítico o juízo em que o predicado está contido no sujeito, como também será definido por Kant (Cap. VI). São sintéticas as proposições que afirmam a existência de alguma coisa ou de uma propriedade, exceto de Deus. As proposições necessárias são as analíticas e as sintéticas são contingentes. É chamado de substância individual o sujeito que pode ter muitos predicados sem ser predicado de qualquer outro sujeito.

---

90. RUSSELL, 1968, p. 6.
91. Op. cit., p. 44.

V.7.2. DO PRINCÍPIO DA RAZÃO SUFICIENTE ÀS MÔNADAS

O princípio da razão suficiente[92] estabelece que deve sempre haver uma razão para que algo aconteça, ou seja, há sempre uma causa para as seqüências de fatos encadeados que observamos, mas essa causa embora suficiente não é necessária, ou seja, não é obrigatória pela lógica. Isto quer dizer que uma seqüência de fatos que observamos no mundo real tem sempre uma causa suficiente, mas não necessária. Aí, reside uma diferença com Descartes.

O princípio em função da qual mudam os estados de uma substância é a sua atividade. A atividade é essencial em uma substância. Russell[93] entende que deste ponto segue-se a doutrina da mônada. O conceito de mônada vem da filosofia grega; para os pitagóricos significava uma unidade estrutural ou uma unidade matemática, tomada como o fundamento do mundo. Em Leibniz, as mônadas são constituintes de tudo e podem ser relacionadas ao que no ser humano é a alma. A enteléquia é a atividade da mônada. Além das mônadas individuais e seus vários estados, há as relações entre elas.

Cabem aqui alguns comentários. Leibniz considerava o espaço e o tempo como atributos das substâncias. A posição, a anterioridade e a posteridade eram modos das coisas existirem. Esta é uma razão de sua polêmica com os newtonianos (Cap. III). Russell[94] observa que a doutrina do sujeito-predicado leva Leibniz forçosamente a uma posição próxima da que irá assumir Kant: a de que as relações são obras da mente apesar de serem verdadeiras. Esta idéia será a base da revolução copernicana do pensamento de Kant, que veremos no capítulo VI. Russell associa ainda a noção de substância em Leibniz à idéia de Kant da coisa em si incognoscível. Leibniz associou as relações causais às proposições sintéticas (abrindo o caminho para Kant). Entretanto, há uma distância que separa Leibniz de Kant em alguns pontos referentes aos conceitos de analítico e sintético e aos de necessário e contingente. Por exemplo, a geometria e a aritmética são analíticas para Leibniz e sintéticas para Kant. Para Leibniz, todas as verdades *a priori* são analíticas, enquanto que para Kant há sintéticas *a priori*. É *a priori* para Kant o que independe da experiência particular, mas o necessário não se reduz a isto. Uma proposição é necessária se a propo-

---

92. Op. cit., p. 27.
93. Op. cit., p. 76.
94. Op. ci.t, p. 16.

sição contrária for impossível, mas caímos numa circularidade ao definir-mos o impossível por oposição ao necessário.

Todas as proposições que afirmam a existência real para Leibniz são contingentes. Leibniz chega a ponto de dizer que só na mecânica fica clara a diferença entre necessário e contingente. As conexões entre estados sucessivos das substâncias são dados pelas leis do movimento, que são contingentes. A relação de causa e efeito é a essência da atividade que Leibniz associa à substância. Entre causa e efeito, ele inclui o desejo. Russell observa que Hume concluiu que as conexões causais não são verdadeiras conexões; Kant, que o sintético pode ser necessário; e Leibniz, que uma conexão pode ser invariável sem ser necessária. O conceito de substância é importante em Leibniz como em Descartes. Este último a define como aquilo que para existir precisa apenas da intervenção de Deus; para os cartesianos havia duas substâncias: espírito e matéria. Para Spinoza era apenas Deus. Substância, de outro ângulo, pode ser vista como o elemento que permanece na mudança pois a transformação implica algo que se transforma. Há um sujeito que preserva sua identidade. Kant vai tratar disso nas suas analogias de experiência.

Russell[95] nos diz que Leibniz transitou da escolástica para o atomismo e o materialismo de Hobbes e de Gassendi, tornando-se depois idealista conforme ele próprio escreveu: "no início, quando me libertei de Aristóteles, inclinei-me para a teoria dos átomos e do vazio porque esta concepção satisfaz melhor a imaginação. Mas, tendo-a superado percebi depois de longa meditação que é impossível encontrar os princípios de uma unidade do real apenas na matéria, ou naquilo que é apenas passivo, vista que a matéria nada mais é que uma coleção ou agregado de partes *ad infinitum*. Pois bem, uma multiplicidade só pode derivar sua realidade de unidades genuínas que vêm de outras partes, e são completamente diferentes dos pontos matemáticos, os quais são apenas extremidades do extenso... Conseqüentemente, para encontrar essas unidades reais fui obrigado a recorrer a um ponto real...".

Assim, Leibniz inventou as mônadas como unidades do real através das quais o contínuo se tornou discreto. Embora, quando diz que "não há demonstrarão exata de que os objetos sensíveis estão fora de nós", tenha-se aproximado de Berkeley, Leibniz criticou este acidamente como "um desses homens que querem tornar-se conhecidos graças a seus parado-

95. RUSSELL, 1968, p. 72.

xos".[96] Negava o vácuo e tratou a matéria e o espaço dentro de um espírito de senso comum, no que contrasta com Kant. Chegou à doutrina das mônadas refletindo sobre a matéria, procurando resposta sobre como devemos conceber aquilo que na percepção aparece como espacial e externo a nós. Russell[97] identifica sentidos diferentes dados por Leibniz às palavras matéria e corpo:

— aquilo que é pressuposto pela extensão;
— como dotado de força na dinâmica;
— como elemento da natureza de cada mônada;
— como agregado de mônadas ou massa.

Vejamos a questão da continuidade. A pergunta de Russell é: como pode o que é contínuo ser constituído por elementos indivisíveis?. Leibniz distingue três espécies de pontos: metafísicos, matemáticos e físicos.[98] Os primeiros seriam os átomos da matéria, contrários à razão em Leibniz, que conceitua as mônadas como as unidades que compõem o real. Os pontos matemáticos são abstraídos no cálculo infinitesimal. Os pontos físicos são aparentes, resultantes da compressão de uma substância corpórea e não são indivisíveis verdadeiramente.

V.8. A FILOSOFIA DA MECÂNICA E A TEORIA DO CONHECIMENTO DE LEIBNIZ

V.8.1. FORÇA E MOVIMENTO

A mecânica de Leibniz foi elaborada em oposição à de Descartes, na qual a essência da matéria é a extensão, a quantidade de movimento total no universo é constante e a força é proporcional à quantidade de movimento de um corpo.[99] Leibniz discordava e considerava a força proporcio-

---

96. Op. cit., p. 73.
97. Op. cit., p. 77.
98. Op. cit., p. 104.
99. A quantidade de movimento p é o produto da massa (m) pela velocidade (v) na mecânica newtoniana:
$p = m\,v$ (Cap. III).

nal à força viva, que hoje, a menos de um fator constante, chamamos de energia cinética.[100] Esta controvérsia famosa motivou Kant no seu primeiro trabalho e foi dirimido por D'Alembert no século XVIII, como referimos no capítulo III.

Para Leibniz, a extensão não é da essência da matéria. A matéria caracteriza-se pela resistência que não consiste em extensão. A resistência é a qualidade em virtude da qual cada corpo ocupa um lugar no espaço e implica em duas propriedades: impenetrabilidade ou antipatia e resistência em senso estrito ou inércia. A primeira os faz estar em determinado lugar, e a segunda os faz resistir ao esforço de mudá-los de lugar. Notamos aqui uma conceituação que lembra Aristóteles. A inércia é considerada uma força passiva, que resiste à penetração e ao movimento. Ela é inerente à matéria ou massa e significa certa preguiça desta, uma aversão ao movimento. É mais do que não mudar de lugar sem causa, é uma inclinação para não mudar de lugar, resistir às mudanças. Nenhuma dessas propriedades pode ser deduzida da extensão, pois o lugar é extenso, mas não impenetrável. Não fosse a inércia, não teríamos reação a uma ação e não poderíamos sequer avaliar a força. A força é considerada por Leibniz anterior à extensão e relaciona-se à noção de verdade contingente, à de substância como fonte de todos os predicados e à de pluralidade das séries causais, segundo Russell.[101]

A necessidade da força é deduzida de mais de uma maneira, sempre oposta à dos cartesianos, segundo os quais ela provém da quantidade de movimento. Leibniz descobriu o que Descartes não percebera: a conservação da quantidade de movimento se dava segundo cada direção e que a força viva se conservava independentemente da direção em valor absoluto nos impactos. Russell comenta que o estudo do impacto tinha naquela época uma importância fundamental que é difícil de percebermos hoje. Notamos, curiosamente, que hoje a física continua concentrando grande esforço ao estudo de impactos, só que não mais em escala macroscópica e sim no microcosmo da estrutura da matéria, onde, desde Rutherford as colisões de partículas com átomos, núcleos atômicos e outras partículas são o instrumento chave da pesquisa.

Tendo destronado a quantidade de movimento do local de destaque em que Descartes a colocara, Leibniz conclui que as verdadeiras causas

---

100. A energia cinética é $mv^2/2$ (Cap. III).
101. RUSSELL, 1968, p. 81.

não vêm do movimento como pensavam os cartesianos. A exigência da força para a mudança do movimento é derivada por Leibniz da relatividade do movimento e do princípio de inércia. Segundo este, o corpo não inicia o movimento e nem o muda por si mesmo.

No movimento retilíneo uniforme, o corpo muda de lugar embora não mude a velocidade; logo, seu estado muda, mas não há ação externa; logo, ele deve ter em si o princípio dessa mudança — expressão que de novo nos lembra Aristóteles. Russell identifica em Leibniz uma noção de força como um sujeito, e não como uma relação. Seus argumentos diferem daqueles de Newton. Tenta conciliar a relatividade do movimento (o movimento relativo, dependendo do movimento de quem observa) com o sentido absoluto da força. Russell[102] acha a posição de Leibniz confusa, em contraste com Newton que postulava o espaço absoluto e dava como exemplo do efeito do espaço sobre os corpos a força centrífuga no movimento circular. Leibniz e Huyggens discordavam disso. Leibniz se opunha visceralmente à idéia de espaço absoluto como revelam as famosas cartas a Clarke que vimos no capítulo III. Mas a filosofia de Leibniz não convence seu crítico Russell, que conclui ser incompatível a relatividade do movimento com o sentido absoluto da força, considerando falaciosa esta posição.

Outro problema: o das forças naturais. Para Russell, Leibniz não aceitava a teoria de gravitação de Newton como explicação última. Aliás, nem Newton, segundo sua correspondência aceitava a ação a distância, implícita na gravitação, como uma explicação fisicamente satisfatória, embora matematicamente explicasse as órbitas planetárias. Ainda é Russell quem observa ser o impacto a única forma de interação dinâmica para Leibniz. Esta questão remete diretamente à da constituição da matéria, pois a concepção do impacto como fenômeno fundamental da dinâmica levou, primeiramente, Leibniz à teoria dos átomos extensos de Gassendi e de Huyggens. Há três tipos de teorias dinâmicas:

— a teoria dos átomos extensos e pesados, para a qual a teoria do impacto é o instrumento apropriado;

— a doutrina do plenum, de um fluido universal em lugar de vácuo, que levou à teoria do éter;

— a teoria dos centros inextensivos de força ou pontos materiais com ação a distância, decorrente da formulação newtoniana.

---

102. RUSSELL, 1968, p. 118.

Russell[103] considera que Leibniz combinava de modo pouco consistente as três, conforme o caso, sem escolher claramente nenhuma delas, o que confunde sua dinâmica, em última análise redutível à de Boscovich. Este desenvolveu a dinâmica newtoniana, considerando toda a matéria constituída de pontos materiais (associáveis às mônadas), interagindo a distância, mas diferindo de Newton por admitir que as distâncias mínimas à força entre duas partículas torna-se repulsiva (o que lembra as atuais forças intermoleculares de natureza elétrica e o chamado modelo de caroço duro das forças nucleares) e também que a ação a distância é a explicação última. Entretanto Leibniz não aceitava o vácuo, porque Deus não havia de preferir criar matéria numa parte do espaço e não em outra deixando-o de preenchê-lo plenamente.

Leibniz colocava a força como um atributo do próprio corpo que se move e não como uma ação externa sobre ele. Por exemplo, uma bola ao sofrer um choque de outra é repelida por esta, mas é posta em movimento por sua própria elasticidade, ou seja, por sua própria força. Curiosamente e ao contrário da concepção newtoniana, para Leibniz em cada partícula há a força que dá origem à sua mudança como uma atividade própria, ainda que estimulada de fora. Associa a força ativa à "entelequia", análoga a uma alma. A força age apenas no corpo em que está e nunca em outro. Os casos em que um corpo parece sofrer a ação de um outro são chamados de paixão: "a paixão de todos os corpos é espontânea ou nasce da força interna ainda que despertada por algo externo...".[104] Na colisão de dois corpos, fica a metade da paixão em cada um. Para conciliar, admitiu existir uma força derivada da força primitiva, esta última persistente em toda substância corpórea por si, enquanto que a primeira é o resultado dos conflitos dos corpos entre si. A força primitiva é associada a força viva ou à hoje chamada energia cinética; enquanto a força derivada é chamada de *impetus* e associada à impulsão.

Não para aí o peculiar sincretismo de concepções da filosofia da mecânica de Leibniz. Paradoxalmente, embora no impacto entre duas partículas a força que atua em cada uma esteja nela própria e não na ação da outra, Leibniz admitia que cada partícula sofre a ação de todas as demais no *plenum* (éter) que preenche a espaço. Todos os corpos sentem o efeito de tudo o que acontece no universo a qualquer distância. Eis outro ponto

103. Op. cit., p. 91.
104. RUSSELL, 1968, p. 96.

de polêmica com a concepção newtoniana do espaço absoluto que age sobre os corpos, pelas forças inerciais, como a centrífuga. Esta concepção foi contestada, no século XIX, por Mach pela idéia de ação de totalidade da massa do universo sobre a partícula ou corpo — o que de certo modo está implícito na teoria da relatividade geral de Einstein. Portanto, essa concepção de Leibniz é resgatada modernamente.

V.8.2. O ESPAÇO E O TEMPO

Leibniz julga ser uma fantasia considerar espaço como substância ou como algo absoluto. Russell associa esta questão ao emprego clássico da lógica tradicional, em que todas as proposições têm um sujeito e um predicado, estabelecendo, no caso em discussão, uma relação entre a substância e o espaço que ela ocupa. Esta relação seria *sui generis*, pois cada termo da relação existe e continua a existir independentemente da relação. Diz Russell:[105] "nem o corpo nem a parte do espaço que ele ocupa é aniquilada quando esta parte é evacuada pelo corpo...". Podemos encontrar afirmativa semelhante em Aristóteles, na sua Física. Leibniz encontrou assim dificuldades lógicas para tratar o lugar ou o espaço como existentes independentemente das coisas; enquanto Newton não percebeu esta dificuldade ao tratar o espaço como absoluto, conflitando com Leibniz. Para este, o espaço não existe por si, sem ser atributo de qualquer coisa. Daí, a polêmica com Clarke, que, para defender Newton, afirmou serem o espaço e o tempo partes da essência de Deus. Leibniz argumentava com o princípio da identidade dos indiscerníveis: se o espaço é uniforme e homogêneo, todos os seus pontos são idênticos e não há como considerar algum arranjo de pontos com privilégio em relação a outro (podemos usar este argumento contra as estrelas fixas por serem um referencial absoluto privilegiado na mecânica). Por outro lado, se o tempo fosse mais do que uma relação entre eventos, por que o mundo não foi criado antes ou depois? Não haveria causa para isso, contrariando o princípio da razão suficiente.

O espaço leibniziano é apenas uma ordem segundo a qual as coisas estão dispostas. Podemos concebê-lo abstratamente como uma possibilidade destas situações, mas não como algo em si mesmo independente das coisas. Russell observa, como referimos atrás, que Leibniz se torna inconsistente ao relacionar a força a um movimento absoluto, incompatível com

---

105. Op. cit., p. 118.

a relatividade do espaço. São assim identificadas duas concepções de espaço em Leibniz: uma é subjetiva como em Kant e outra é objetiva e relacionada às mônadas.

Pelo estudo de Russell, Leibniz jamais deduziu das premissas da sua filosofia a existência de um mundo exterior a si próprio, o que pode portanto ser tomado como um axioma (uma das premissas assinaladas no início). Não nos deteremos nesta análise lógica que, segundo Russell, mostra a inconsistência do sistema leibniziano, pois interessa-nos apenas captar alguns aspectos concernentes à teoria do conhecimento.

A análise de Russell revela que a teoria leibniziana da percepção é a antítese da kantiana, pois para Leibniz não há ação das coisas exteriores sobre nós, embora consigamos conhecê-las; enquanto, em Kant, as coisas causam representações na nossa mente, mas não podem jamais serem conhecidas em si mesmas.

V. 8.3. O RACIONALISMO LEIBNIZIANO

Menos do que buscar as condições gerais da verdade, Leibniz se ocupa de saber como chegamos ao conhecimento de qualquer verdade, o que, para Russell tanto quanto para Popper, está mais no terreno da psicologia do que no da filosofia. Poderíamos dizer que se trata do contexto da descoberta e não da justificação. Entretanto, seja como for, a psicologia não distingue a crença falsa daquela verdadeira, o que é completamente diferente da abordagem da questão do conhecimento em Leibniz.

Para este há idéias e verdades inatas que estão no espírito, mas só se tornam conhecidas ao serem objetos da apercepção. Como veremos, Locke se colocará contra isso. Para Leibniz, é inato a que não deriva dos sentidos. A idéia "doce não é amargo" não é inata, porque seu significado vem dos sentidos, mas "o quadrado não é círculo" é inato.[106]

Idéias como as de espaço e movimento vêm do espírito porque são idéias do entendimento puro, mas são relativas ao exterior e os sentidos nos fazem percebê-las, escreve Leibniz, aproximando-se da concepção que depois Kant assumirá. As idéias vindas dos sentidos são confusas, ao contrário das derivadas da reflexão. O conhecimento não é causado pelo objeto, mas é produzido na mente. Russell o interpreta nos seguintes termos: quando está presente aquilo cuja existência está presente é lícito supor

---

106. RUSSELL, 1968, p. 161.

uma relação de causalidade, visto que existe uma relação temporal; mas no caso de uma verdade eterna não pode haver esta relação temporal.

Figura 3. O conhecimento em Leibniz.

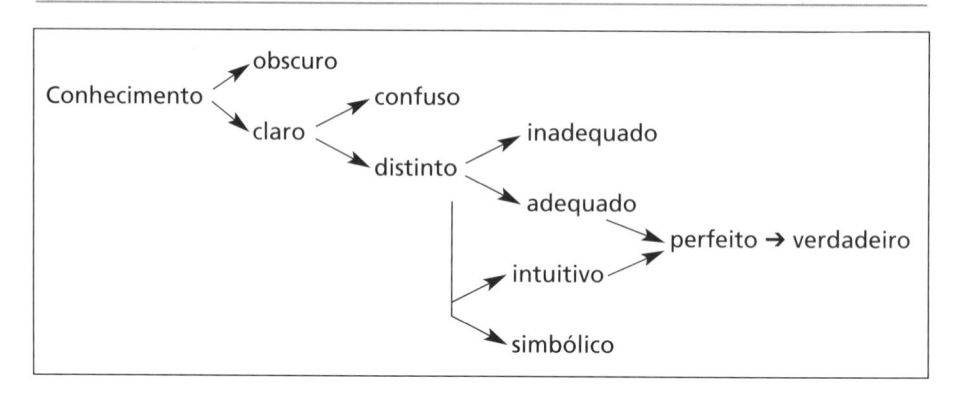

O critério, de Descartes, de que é verdadeiro aquilo que é claro e distinto recebe de Leibniz a crítica: qual o critério de clareza e distinção? Respondendo classifica o conhecimento como mostra a figura 3, na qual:

obscuro — quando não reconhecemos o objeto representado;
claro — quando o reconhecemos;
confuso — quando não podemos enumerar o que o distingue;
distinto — quando podemos enumerar;
adequado — quando cada item que o distingue é também conhecido;
inadequado — quando não;
simbólico — quando não percebemos todo o objeto e o substituímos por símbolos;
intuitivo — quando abarcamos todas as noções do objeto no pensamento.

Russell ressalta que esta doutrina de Leibniz o leva a opor ao nominalismo a possibilidade de definições reais das coisas, capazes de mostrar o que efetivamente existe e não apenas dar nomes. Finalmente, um ponto fundamental da teoria do conhecimento de Leibniz é a *characteristica universalis*, segundo a qual haveria a possibilidade de deduzir tudo o que for verdadeiro em qualquer área do conhecimento, na ciência, na filosofia, etc., a partir de umas poucas premissas mínimas. Uma vez estabelecidas as premissas, bastaria deduzir suas conseqüências tal como na geometria. De certo modo, isto fora tentado por Spinoza antes de Leibniz e, depois dele, foi cogitado por Kant na sua crítica à metafísica. Não haveria mais necessidade de polêmicas entre filósofos, pois estas seriam resolvidas como um cálculo matemático, conduzindo a uma verdade necessária. Para Russell, esta matemática universal concretizou-se em parte com o advento da lógica simbólica baseada na álgebra de Boole. Mas isto não resolveu o problema proposto por Leibniz exatamente porque a questão são os axiomas iniciais, havendo os indefiníveis e indemonstráveis, para os quais o único guia é a intuição, e não a lógica. A crença na possibilidade da característica universal revelou-se um erro na filosofia de Leibniz, "encorajado pelo silogismo e baseado na crença da natureza analítica das verdades necessárias", conclui Russell.[107]

V.9. O Empirismo Conseqüente da Mecânica Newtoniana: o Indutivismo

V.9.1. O empirismo e o indutivismo de Locke

Em *Sobre o entendimento humano*[108] Locke pesquisa os limites entre opinião e conhecimento. O Livro I intitula-se "Nem os Princípios nem as Idéias são Inatos", dando uma clara idéia do seu objetivo. Escreve Locke[109] que é uma opinião estabelecida entre alguns, referindo-se a Descartes e Leibniz, "que há no entendimento certos princípios inatos, algumas noções primárias... que a alma recebe no início de sua existência". Seu propósito é mostrar a falsidade desta suposição, para isto demonstrando que podem os homens pelo uso das faculdades naturais obter todo conhecimento que têm, sem ajuda de impressões inatas.

Como um argumento a ser rebatido, Locke escreve que é comum se dizer que existem certos princípios especulativos e práticos sobre os quais há concordância universal em todo o pensamento humano, daí se concluindo a necessidade das impressões comuns que as almas de todos os homens recebem no início de sua existência. Locke responde a este argu-

---

107. RUSSELL, 1968, p. 170.
108. LOCKE, J. Essay Concerning Human Understanding, publicado por Hutchins, R. M.; *Great Books of the Western World*, nº 35, William Benton Publisher, Londres, 1978, p. 85.
109. LOCKE, 1978, p. 9.

mento, em primeiro lugar, observando que, mesmo se for verdade que há esta concordância universal, ainda assim isto não provaria serem inatos os pontos de concordância, caso se consiga mostrar como o homem pode chegar a eles. Procurando contra-exemplos para rebater a existência de impressões inatas na alma, ele constata que as crianças não compartilham destes pontos de concordância, logo nas suas almas não haveria tais impressões. Poder-se-ia, entretanto, contra-argumentar ainda que a capacidade seria inata mas os conhecimentos seriam adquiridos. Assim seriam impressas na alma proposições lógicas do tipo "é impossível a mesma coisa ser e não ser". Mesmo que as crianças sejam ignorantes sobre isto, pode-se dizer que os homens têm automaticamente acesso a estas impressões inatas só quando eles chegam ao uso da razão. Isto provaria a existência de tais impressões. Locke levanta então duas possibilidades: ou tão logo os homens cheguem ao uso da razão estas supostas inscrições inatas tornam-se conhecidas por eles, ou é o uso e o exercício da razão que os permite descobrirem estes princípios. Na segunda possibilidade, poderiam não ser inatos esses princípios.

Coloca então a pergunta:[110] "como poderiam os homens usar a razão para descobrir princípios inatos se a razão nada mais é do que a faculdade de deduzir verdades desconhecidas?". Isto significaria não haver diferença entre as máximas da matemática e os teoremas deduzidos delas. Se temos certas verdades em nós, que a razão nos ensina, poderíamos pensar que o uso da razão é necessário até para fazer os olhos descobrirem os objetos visíveis. É curioso assinalar que esta será a posição de Kant ao criticar o empirismo de Locke. Na teoria de Kant, na percepção, intervem sempre a razão através do que ele vai chamar de conhecimento sintético *a priori*, isto é, anterior a qualquer experiência e necessário a ela. Mas isto é o contrário de pensamento de Locke. Este afirma que, se a razão descobre as verdades já impressas na mente, então o uso da razão descobre para o homem o que ele já sabia antes. Isto significaria que os homens sabem e não sabem estas verdades ao mesmo tempo, o que Locke considera absurdo. Aponta a sua saída dizendo que aqueles que refletirem com atenção sobre as operações do entendimento acharão que a mente chega a algumas verdades não pelas inscrições inatas na alma e nem pelo uso da razão, mas por uma faculdade da mente muito distinta de ambas. É isto que ele se propõe a mostrar.

---

110. LOCKE, 1978, p. 97.

V.9.2. O PAPEL DOS SENTIDOS NO CONHECIMENTO

Diz Locke que os sentidos primeiramente levam às idéias particulares na mente como que mobiliando um cômodo vazio em uma casa. A mente vai gradualmente familiarizando-se com algumas delas, alojadas na memória. São dados nomes a elas. Adiante, a mente as abstrai e gradualmente aprende o uso dos nomes gerais. Desta maneira, a mente passa a ser preenchida com idéias e linguagem, que são os materiais sobre os quais exercita sua faculdade discursiva. O uso da razão torna-se mais visível na medida que crescem na mente os materiais sobre os quais ela se exercita. Assim, todo o conhecimento começa com os sentidos, frase que será repetida por Kant no século XVII, abrindo sua *Crítica da razão pura* (próximo capítulo), como, no século XIX, Poincaré dirá, que a experimentação é a única fonte da verdade. Mas ambas afirmações têm sentidos muito diversos do empirismo de Locke, como do seu antecessor Francis Bacon. Locke, entretanto, admite que o conhecimento de algumas verdades é muito precoce na mente, mas de um modo que por si evidencia não ser inato. São conhecimentos relacionados a idéias não inatas, mas adquiridas. Elas são impressas pelas coisas externas com as quais as crianças têm cedo contato e que causam impressões nos seus sentidos. É interessante aqui fazer um paralelo entre esta proposição de Locke e a de Piaget na sua epistemologia genética.

Voltando ao ensaio de Locke sobre o entendimento humano, nele é dito que nenhuma proposição do pensamento pode ser inata a menos que as idéias a que se referem sejam inatas. Mas as idéias vêm das sensações. Logo, isto seria supor que as nossas idéias de cores, sons, paladares, figuras, etc., são inatas. Nada seria mais contrário à razão e à experiência, diz ele. Trata especificamente das idéias simples da sensação. Aquilo que afeta nossos sentidos causando alguma percepção na mente produz no entendimento uma idéia simples. Há portanto uma causa externa e uma idéia real positiva no entendimento. As idéias de calor e frio, luz e escuridão, branco e preto, movimento e repouso são igualmente claras e positivas na mente. Diz haver dois problemas diferentes: um é perceber e conhecer a idéia de branco ou preto; outro é examinar que tipo de partículas devem ser e como se dispõem nas superfícies para fazer algum objeto parecer branco ou preto. Vemos aqui o grau de discernimento da filosofia de Locke, que estava longe de ser um empirismo ingênuo.

Locke chama de idéia aquilo que a mente percebe em si mesma, seja o objeto imediato da percepção, pensamento ou entendimento. Chama de qualidade o poder de algo produzir alguma idéia na nossa mente. Exemplifica que uma bola de neve tem o poder de produzir em nós as idéias de branco, frio e redondo. O poder de produzir estas idéias esta na bola de neve, que Locke trata como sujeito e não como objeto. Este poder são as qualidades. As sensações ou percepções que produzem no nosso entendimento são as idéias. Fica clara a determinação empírica que Locke[111] quer estabelecer para o entendimento, vindo de fora para dentro via experiência. Ele dá exemplos: a chama é quente e luminosa; a neve, branca e fria; um manjar, branco e doce. São assim denominadas pelas idéias que produzem em nós. As qualidades são pensadas nestes corpos como sendo as mesmas que as idéias despertam nas nossas mentes. São umas os reflexos das outras como em um espelho.

Observa ainda que o mesmo fogo que a uma distância produz em nós a sensação de morno; quando próximo demais, produz a de dor. Assim, a idéia de morno que o fogo produziu está no fogo como está a de dor. Por que as de brancura e frio estão na neve e não a de dor? A resposta de Locke é: não pode ser por outra razão que a do formato, número e movimento de suas partes sólidas. Como vemos é uma adesão ao atomismo. Locke considera que particulares formas, números e movimentos das partes constituintes do fogo ou da neve estão realmente neles, quer percebam os nossos sentidos ou não. Podem ser chamados de qualidades reais porque existem de fato. A luminosidade, o calor, a brancura e a frigidez estão neles, mas quando nos afastamos estas sensações cessam. Basta os olhos não verem a luz ou as cores, nem os ouvidos sentirem os sons, etc... São as idéias particulares que cessam. Elas são reduzidas às suas causas, que estão na forma, número e movimento das partes constituintes dos corpos. Locke[112] chama de qualidades primárias estas que estão no corpo quer as percebamos ou não. Chama de qualidades sensíveis as que se originam do poder dos corpos em impressionar nossos sentidos produzindo as idéias de cores, sons, paladar, etc. Como veremos, Berkeley negará a possibilidade de qualidades primárias.

V.9.3. AS FACULDADES DO CONHECIMENTO

Percepção é definida por Locke como a primeira faculdade da mente exercida sobre nossas idéias. Seja qual for a alteração no nosso corpo, se

---

111. LOCKE, 1978, p. 135.
112. Op. cit., p. 137.

não chegar à mente não há percepção. O fogo pode queimar nosso corpo, sem que sintamos nada se o movimento não for transmitido até o cérebro para que haja a sensação de calor e a idéia de dor na mente. Disto consiste a percepção, que Locke[113] considera como "o primeiro degrau em direção ao conhecimento".

A faculdade seguinte da mente na direção do conhecimento é, para Locke, a retenção das idéias simples que vêm da sensação ou da reflexão sobre o que foi recebido. Liga-se à contemplação e à memória. Esta é um meio de retenção que permite reviver na mente as idéias nela impressas e que desapareceram.

Outra faculdade para o conhecimento é o discernimento, a capacidade de distinguir entre as diversas idéias que temos. São consideradas idéias complexas aquelas tais como a beleza, a gratidão, um homem, um exército, o universo — nos exemplos de Locke — que se compõem de várias idéias simples. A mente tem a faculdade de juntar idéias variá-las e multiplicar os objetos do pensamento.

As idéias complexas são compostas e decompostas, mas sempre redutíveis, segundo Locke, a modos, substâncias e relações. Diz ele: "de modos eu chamo as idéias complexas que, embora compostas, não contêm, em si a suposição de subsistirem por si próprias, mas são consideradas como dependências ou afetações das substâncias" [Locke, 1978, p. 147]. Já as idéias de substâncias são combinações de idéias simples para representar coisas particulares distintas que subsistem por elas mesmas. Chama finalmente de relações as idéias complexas que consistem em comparações de uma idéia com outras.

Conhecimento, no ensaio, é definido como a percepção da concordância ou discordância entre duas idéias. Somente isto. Esta concordância ou discordância pode-se dar por um dos quatro modos: identidade ou diversidade; relação; coexistência ou conexão necessária; existência real.

Para Locke a idéia de espaço nos é dada pela visão e pelo tato, diferentemente da complexidade que ela ganhará em Kant como forma pura *a priori* da instituição. Outra idéia em que o empirismo de Locke se diferencia pela simplicidade é a de causa e efeito da problematizada por Hume, no quadro do empirismo, e por Kant, no racionalismo crítico. Para Locke, esta relação vem da observação. Exemplifica: achando em uma certa substância que uma propriedade, a de fluidez — uma idéia simples que não

---

113. LOCKE, 1978, p. 138.

está constantemente presente nesta substância — pode ser produzida pelo calor em certo grau, chamamos de causa a idéia simples de calor e de efeito a de fluidez.

Antes de confrontar com crítica cética do empirista Hume esta visão empírica de causa e efeito, que está na base da indução lógica, usada para convalidar teoricamente as leis das ciências da natureza, vamos ver, em outro sentido, o empirismo idealista de Berkeley.

V.10. O EMPIRISMO IDEALISTA: O QUESTIONAMENTO DO MUNDO REAL

V.10.1. A CRÍTICA À ABSTRAÇÃO A PARTIR DA PERCEPÇÃO

O otimismo de Locke sobre o poder do entendimento humano, construido a partir das sensações, contrasta com a posição que Berkeley[114] torna explícita nos primeiros capítulos de *Os princípios do conhecimento humano*. Ele fala da fraqueza natural e da imperfeição do nosso entendimento. Sendo a mente finita, enquanto trata de coisas que compõem uma infinidade, não é surpresa que caia em absurdos e contradições. Ele se propõe então a descobrir por que isso ocorre e procura resolver esse problema, chegando à paradoxal conclusão de que a matéria não possui realidade em si. Começa com considerações como a de que as qualidades das coisas não existem realmente por si mesmas, nunca uma qualidade aparece separada de outras, mas estão sempre misturadas. Dá como exemplo a percepção de um objeto pela visão, aparecendo extenso, colorido e em movimento — dando uma idéia composta que mistura estas qualidades.

Segundo se crê, a mente poderia abstrair a idéia de cor separada daquela de extensão e vice-versa, bem como a de movimento destacada de ambas. Este último pode ser considerado abstratamente com respeito ao corpo que se move e à da curva que descreve. Assim teríamos a idéia abstrata de movimento, que vai corresponder igualmente a todos os movimentos particulares que podemos perceber pelos sentidos. Procura

---

114. BERKELEY, G. The Principles of Human Knowledge, publicado por Hutchins, R. M.; *Great Books of the Western World*, nº 35, William Benton Publisher, Londres, 1978, p. 403.

então rebater a concepção de que as idéias são abstraídas a partir da percepção das coisas. Sobre esta capacidade de abstração, Berkeley cita o exemplo de que a mente tendo observado várias pessoas, retendo apenas o que há de comum nelas forma uma idéia abstrata. Dessa maneira, chegaríamos à idéia de homem e de humanidade. Este é um argumento em defesa do que chama doutrina da abstração, que ele procura rebater. Lança mão dos *Ensaios sobre o entendimento humano* de Locke, em que é perguntado: se as coisas que existem são particulares, como chegamos a termos gerais? Toma o caso da mecânica newtoniana que a mudança do movimento é proporcional à força impressa. Isto deve valer para qualquer movimento que se considere. Como veremos, Hume vai retirar a fundamentação lógica da validade desta generalização, mas Berkeley aceita que este conhecimento seja universal, embora discorde que ele seja formado por meio da abstração a partir das percepções. Toma o caso da demonstração de uma proposição sobre triângulos. Ele admite que temos em vista a idéia universal de triângulo, mas pergunta como podemos saber se a proposição será verdadeira para todos os triângulos particulares. Mesmo que a propriedade possa ser verificada para alguns triângulos particulares, daí não decorre que isto ocorrerá com qualquer outro triângulo.

Por este caminho, Berkeley procura demonstrar a impossibilidade da abstração das idéias a partir da percepção.

V.10.2. A TESE DA INEXISTÊNCIA DA MATÉRIA OU DOS OBJETOS REAIS

No tratado, é dito que as pessoas em geral concordam que os objetos do conhecimento humano são ou idéias impressas nos sentidos, ou percebidos pelas operações da mente, ou, ainda, formados pela memória e pela imaginação. Mas, observa, que, além da variedade de idéias ou objetos do conhecimento, há algo que conhece ou que percebe toda esta variedade. Chama este ser ativo (que percebe) de mente, espírito, alma ou eu. Estabelece então que nem nossos pensamentos, nem paixões, nem idéias existem sem a mente. Também as sensações e idéias impressas nos sentidos, misturados ou combinados, não podem existir sem uma mente que as perceba. Diz que algo existe quando o vemos ou o sentimos. Verificamos aqui que o idealismo em Berkeley se funde com o empirismo. Entretanto, a opinião prevalecente entre os homens é de que as casas, montanhas, rios e todos os objetos sensíveis têm existência natural ou real distinta do seu "ser percebido pelo entendimento".[115] Liga esta opinião à doutrina da abstração de idéias, pois, diz, nada é mais abstrato do que distinguir a existência dos objetos sensíveis do seu "ser percebido" para que se possa concebê-los existindo quando não são percebidos. Isto seria um resultado da imaginação tal como podemos imaginar um tronco humano sem as pernas.

Berkeley conclui que não há nenhuma outra substância além do espírito ou do sujeito que percebe. Critica a concepção de qualidades primárias e secundárias de Locke, porque as qualidades primárias existiriam fora da mente, em uma substância que seria chamada de matéria. Esta seria uma substância insensível e inerte, na qual apenas extensão, forma e movimento subsistem. Mas, extensão, forma e movimento são apenas idéias na mente e uma idéia só pode ligar-se com outra idéia. Portanto, a matéria ou a sustância corpórea tem uma contradição em si, pois extensão, forma e movimento abstraídos das outras qualidades são inconcebíveis. Devem estar, onde estiverem as demais qualidades, isto é, na mente.

Enfim, Berkeley[116] considera que a conceituação da matéria é tão vaga e indeterminada que lembra o que chama de "antiquada e tão ridicularizada noção de matéria-prima" de Aristóteles e seus seguidores. Esta conclusão extremamente cética quanto à existência real das coisas fora da mente, considerando-as como quimeras produzidas pelo pensamento, será criticada por Kant como idealismo dogmático, contrastando-o com o que chama de idealismo problemático de Descartes. Este tenta deduzir tudo que existe a partir da máxima: eu existo logo penso, e duvido. Quanto ao idealismo dogmático de Berkeley, Kant diz ser ele o resultado inevitável de se considerar o espaço como o nada, logo as coisas que o espaço condiciona são também nada. Assim a *Crítica da razão pura* vai resolver esta contradição na estética transcendental, fazendo o espaço e o tempo serem intuições *a priori* da mente, antes da experiência ser feita. As representações dos objetos tomarão forma nesse espaço mentalmente criado. Mas para Kant as coisas são reais em si, ao contrário do idealismo de Berkeley, que chega à impossibilidade de existirem coisas fora da percepção pela mente.

---

115. BERKELEY, 1978, p. 406.
116. Op. cit., p. 415.

V.11. O Empirismo Cético:
a Crítica à Lógica Indutiva

V.11.1. A diferenciação entre idéias e impressões

Enquanto Berkeley foi levado pelo seu idealismo a uma armadilha lógica, ou um beco sem saída, ao concluir que a existência real das coisas seria um absurdo, Hume chegou a uma conclusão que se revelou extremamente produtiva, embora cética: não se pode fundamentar logicamente o conhecimento pela indução a partir das observações experimentais. Em *Sobre o entendimento humano* título análogo ao de Locke, Hume[117] ressalta que existe uma diferença entre a percepção da mente quando sentimos dor ou calor ou a sensação de prazer ou de morno e quando vêm à memória estas sensações ou elas são antecipadas pela imaginação. Estas faculdades por mais que reproduzam as percepções, não alcançam jamais a "força e a vivacidade do sentimento original". Divide então as percepções da mente em duas classes: pensamentos ou idéias, de um lado, e impressões, de outro. Vemos, pois, que Hume acentua a diferença entre idéias e impressões distinguindo-se de Locke. Estas últimas correspondem as percepções, quando ouvimos, vemos, sentimos, amamos, odiamos, ou desejamos. Elas distinguem-se das idéias que correspondem à consciência das percepções quando refletimos sobre aquelas sensações. Estabelece três princípios de conexões entre idéias: semelhança; contingüidade no tempo e no espaço; causa e efeito. É sobre este último princípio que Hume chegará à sua mais importante conclusão.

Antes de irmos adiante, é interessante reproduzir uma observação de Hume sobre a questão das idéias inatas de Locke, para rebatê-las. Observa Hume;[118] "o que significa inata? Se inata for equivalente a natural, então todas as percepções e idéias da mente devem ser chamadas de inatas ou naturais". Então para nada serve a designação inata. "Se por inata entendemos contemporânea ao nascimento, a disputa parece ser frívola; nem vale em pena inquirir a que tempo o pensamento começa, se antes, durante ou após nosso nascimento." Por outro lado, se a palavra idéia for

---

117. HUME, D. Na Enquiry Concerning Human Understanding, publicado por Hutchins, R. M. *Great Books of the Western World*, nº 35, William Benton Publisher, Londres, 1978, p. 446.
118. Op. cit., p. 455.

usada, como queria Locke, para todas as nossas percepções, sensações, paixões e pensamentos, como pensar que o amor próprio e a paixão entre os sexos não são inatos? Soluciona o problema dizendo que, se inato significa ser original ou não copiado de percepção precedente, então, todas as nossas impressões são inatas e todas as idéias não a são — justamente ao contrário do senso comum.

V.11.2. As dúvidas céticas sobre o entendimento

A razão humana, segundo Hume, trata de relações entre idéias e de matéria de fato. São exemplos de relações entre idéias as proposições geométricas e aritméticas, como o teorema de Pitágoras — o quadrado da hipotenusa é igual à soma dos quadrados dos catetos e a de que três vezes cinco é igual à metade de trinta. O primeiro relaciona figuras e o último números. As matérias de fato não são verdades do mesmo tipo que as relações acima. O contrário de cada matéria de fato é também possível porque não implica uma contradição e pode ser concebido na mente como se fosse conformável à realidade, ainda que não o seja. Por exemplo: "que o sol não nascerá amanhã não é uma proposição menos inteligível (não implica contradição) do que a afirmação de que "ele nascerá", apesar desta última ter uma base empírica que a primeira não tem. Todo o pensamento sobre matéria de fato parece ser fundamental na relação da causa e efeito, que, segundo Hume,[119] permite ir além da evidência de nossa memória e dos sentidos. Diz ele: "se você pergunta a um homem por que ele acredita em alguma matéria de fato, por exemplo, que seu amigo está na França, ele lhe daria uma razão; e esta razão seria algum outro fato, como uma carta recebida dele...". E mais: "um homem achando um relógio em uma ilha deserta, concluiria que esteve um homem na ilha...". Observa que todos os nossos pensamentos sobre fatos não dessa natureza, supomos que há conexão entre o fato presente e aquilo que inferimos dele. Pode não haver nada ligando-os e a influência entre eles ser precária. Ao ouvirmos uma voz no escuro asseguramo-nos de que há ali um homem porque é um efeito que o homem produz (hoje, poderia ser também um rádio ou aparelho de som).

Enfim, pergunta: como chegamos ao conhecimento da causa e do efeito? Como proposição geral se aventura a afirmar que não é por um

---

119. Op. cit., p. 458.

raciocínio *a priori*. Causa e efeito são descobertos não pela razão mas pela experiência. Aqui estará o ponto de discordância de Kant, que fará uma reviravolta nesta concepção empírica da causualidade, estabelecendo-a como *a priori* em relação à experiência, exatamente para superar o problema de Hume. Este argumenta: um homem sem conhecimento de filosofia natural, dando-lhe duas peças de mármore lisas, dificilmente descobrirá que elas aderem entre si de tal maneira a requerer uma grande força para separá-las em direção perpendicular às superfícies de contacto, enquanto será fácil separá-las em direção lateral. Entretanto, mesmo tais eventos com pouca analogia com a experiência comum só podem ser conhecidos pela experiência. Mesmo quando um efeito é suposto depender de uma intrincada maquinaria que desconhecemos ou de uma estrutura escondida, (caixa preta na linguagem atual) não temos dificuldade em atribuir à experiência nosso conhecimento de que o efeito ocorre sempre que a causa se dá. Isto decorre da repetição continuada do efeito sempre que temos a causa (temos aqui algo análogo à moderna teoria de *input–output* em um sistema tomado como uma caixa preta. Pelo comportamento e pelas relações *output–input* podemos construir um modelo matemático para a caixa preta, exprimindo a relação causal).

Continuando os exemplos do ensaio: vendo uma bola de bilhar movendo-se em linha reta em direção à outra, o movimento que esta última ganha é sugerido como sendo resultado do contacto da primeira com ela ou do impulso. Poderíamos conceber centenas de diferentes eventos que seguissem esta causa. Não poderiam as bolas ficarem ambas em repouso após a colisão? Todas esta suposições, diz Hume, são consistentes e concebíveis. Mas damos preferência àquela que sempre vemos ocorrer pela experiência e, por isso, acreditamos que sempre ocorrerá. Nosso raciocínio *a priori* não nos capacita a dar nenhum fundamento a esta preferência. Cada efeito é um evento distinto da sua causa. Ele não poderia, pois, ser descoberto na causa e a concepção dele é totalmente arbitrária. Um enorme esforço da razão humana foi reduzir os princípios dos fenômenos naturais a uma maior simplicidade, resolvendo muitos efeitos particulares com poucas causas gerais, por meio de raciocínio a partir da analogia da experiência. Elasticidade, gravidade, coesão das partes, comunicação do movimento por impulsão, são as causas e princípios que descobrimos na natureza. Relacionamos esses fenômenos particulares aos princípios gerais. Hume, como Kant, se ocupa muito da mecânica nos seus exemplos.

Mas Hume adverte que a matematização da física ou, como diz, a geometrização da filosofia natural (feita por Galileu e Newton na mecânica) não remedia este defeito para nos levar ao conhecimento das causas pela razão. A matematização provém da suposição de certas leis estabelecidas pela natureza. Os raciocínios abstratos são empregados para assistir a experiência na descoberta dessas leis ou para determinar suas conseqüências para predição de eventos. Assim, continua Hume, as leis do movimento descobertas pela experiência "estabelecem uma relação entre o momento da força em qualquer corpo em movimento com o seu conteúdo sólido (massa na linguagem atual) e a velocidade". A geometria assiste a aplicação dessa lei.

V.11.3. A NÃO VALIDADE LÓGICA DA CAUSALIDADE

"A descoberta da lei em si pertence meramente à experiência, e todo o raciocínio abstrato no mundo não nos pode levar um passo na direção do conhecimento em si", escreve Hume.[120] Um homem pode ser muito sagaz, mas não descobriria pelo raciocínio que o cristal é o efeito do calor e o gelo do frio, sem ter prévio conhecimento de origem empírica. "Qual a natureza de todo o nosso raciocínio concernente à matéria de fato? Qual o fundamento de todas as conclusões da experiência?" Essas são as perguntas que faz Hume. Responde negativamente que mesmo após termos experiência das operações de causa e efeito nossas conclusões a partir de experiência não são fundamentadas na razão. A natureza nos mantém a grande distância de todo seus segredos e nos permite apenas o conhecimento de poucas qualidades superficiais dos objetos. Exemplifica com o fato de que a visão e os sentidos táteis nos dão uma idéia do movimento real dos corpos mas não podemos formar a mais distante concepção do porquê há a força ou o poder maravilhoso que possui um corpo em movimento, em troca continuada de lugar, poder que o corpo não perde jamais a menos por comunicação com outros corpos. Hume refere-se ao princípio de inércia de Newton/Galileu e, de certo modo, à conservação da quantidade de movimento de Descartes. Kant vai assumir este distanciamento em que a natureza nos mantém do conhecimento dos objetos, introduzindo em sua teoria o conceito de coisa em si incognoscível, ao mesmo tempo que concorda com Hume a respeito da não legitimidade lógica da causalidade com base na experiência. Entretanto encontrará a saída colocando a causalidade como um conhecimento *a priori*, ou seja,

---

120. HUME, 1978, p. 461.

discordando de Hume e de Locke por terem procurado sua fundamentação na experiência.

Para Hume, a relação de causa e efeito é uma crença baseada na suposição de que o futuro vai repetir o passado. Adquirida pela nossa experiência, que nos induz a pensar assim. Mas não há fundamentação lógica para uma expectativa de que causas similares produzam similares efeitos (sob iguais condições). Por um número determinado de experimentos, como os que Galileu narra, nós inferimos a conexão entre qualidades sensíveis e poderes secretos da natureza. Se suspeitamos que o curso da natureza pode mudar e que o passado pode não se repetir um papel no futuro toda a experiência se torna inútil. Nesse aspecto, a conclusão de Hume inspira uma visão crítica do determinismo da mecânica newtoniana, o qual dominou a física até o advento da mecânica quântica no século XX. Os sistemas não lineares na mecânica newtoniana mostram também a ocorrência de comportamentos do tipo caótico, diversos da previsibilidade do determinismo clássico.

A crítica cética de Hume vai provocar o que Kant chamou de sua revolução copernicana na teoria do conhecimento.

VI

A Crítica ao Empirismo e ao Racionalismo na Teoria do Conhecimento Kantiana e sua Solução do Problema da Indução

VI.1. A Teoria do Conhecimento Kantiana

A *Crítica da razão pura* (CRP) foi a grande obra em que Kant[1] (1724–1804) desenvolveu a teoria do conhecimento, não apenas sobre o conhecimento científico, embora nele se inspirando. Expôs também estas idéias de forma mais pedagógica nos *Prolegômenos à toda metafísica futura*.[2] O curioso é que, ora Kant é citado em defesa do primado da ciência empírica moderna, como modelo de conhecimento verdadeiro, ora é citado na crítica ao desvio cientificista da teoria do conhecimento. Esta contradição é compreensível. O título da CRP pode ser lido como uma crítica ao racionalismo de Descartes e Leibniz, designado como razão pura por Kant. Mas foi acima de tudo uma crítica ao empirismo de Locke, Berkeley e Hume, que fora impulsionado pelo êxito impressionante da mecânica newtoniana. Kant fez uma reflexão sobre o empirismo contrapondo a ele o papel dos juízos sintéticos *a priori* como condição para a experiência. A crítica de Kant não é dirigida essencialmente ao que alguns chamam empirismo newtoniano, mas sim ao fundado por Francis Bacon e desenvolvido por Locke, Berkeley e Hume, de que tratamos no capítulo anterior. Newton

---

1. KANT, I. Editado por Hutchins, R. M. *Great Books of the Western World*, nº 42, William Benton Publisher, Londres, 1978.
    KANT, I. *A Crítica da razão pura*. Trad., Coleção Universidade, Editora Tecnoprint: Rio de Janeiro, 1980.
2. KANT, I. *Prolegômenos a toda metafísica futura*. Trad., Edições 70, Lisboa, 1987.

matematizou a mecânica, e Kant pode ser considerado um admirador de Newton. Era um conhecedor da mecânica. Sua primeira publicação tratou da famosa controvérsia entre os adeptos da força viva de Leibniz e aqueles da quantidade de movimento de Descartes (*Pensamentos sobre a verdadeira avalição das forças vivas*). Depois, formulou uma hipótese, retomada mais tarde por Laplace, sobre a origem do mundo com base na mecânica, publicando-a sob o título de *História universal da natureza e teoria do céu*.

A obra de Kant na filosofia é mais vasta, mas estamos aqui restritos à filosofia do conhecimento para entendermos melhor o significado da ciência. Faremos uma leitura de Kant deste ângulo estrito, portanto simplificada.[3] Kant tem sido estudado profundamente e objeto de inúmeros tratados, mas vamos nos ater a alguns pontos da CRP e dos *Prolegômenos*. Nos *Prolegômenos*, Kant deixa explícita a sua crítica radical à metafísica, como ela a entendia no seu tempo, especulativa e às vezes desprovida de argumentação lógica sólida. Diz ele: "a minha intenção é convencer todos os que crêem na utilidade de se ocuparem da metafísica de que lhes é absolutamente necessário interromper o seu trabalho... Parece quase ridículo que, enquanto todas as outras ciências progridem continuamente, ela ande constantemente às voltas no mesmo lugar sem avançar um passo".[4] A propósito, Rosa Luxemburgo (Cap. VII) comenta ironicamente que na edição dos *Prolegômenos* houve por engano uma troca na ordem de uma página. "O mundo filosófico chegou a discutir durante um século inteiro os diferentes aspectos enigmáticos" do texto, com interpretações por escolas diferentes, até que se descobriu que na impressão tipográfica original houve uma troca de parágrafos.[5]

Kant desenvolve sua teoria na CRP seguindo um plano magistral, cujo conteúdo está resumido no quadro 1. Não será tratada neste texto de toda a CRP, mas apenas de alguns de seus aspectos concernentes ao nosso tema de estudo.

Kant explica como a crítica de Hume, ao que este chamava de conexão metafísica entre causa e efeito, influenciou a *Crítica da razão pura*. Este problema liga-se à indução, que ainda é modernamente pensada como a base empírica sólida do desenvolvimento da ciência, segundo muitos cientistas e

3. Há termos especializados da filosofia que referiremos definindo-os quando necessário.
4. KANT, 1987, p. 12.
5. LUXEMBURG, Rosa. *A acumulação do capital*. Trad., Nova Cultural: São Paulo, 1985, p. 339.

Quadro 1. Conteúdo da *Crítica da Razão Pura.*

PARTES DO LIVRO E ASSUNTO	CONTEÚDO
Introdução Colocação dos problemas	Conhecimento *a priori* x empírico Conhecimento analítico x sintético O problema da causalidade de Hume
Estética Transcendental espaço e tempo	Formas *a priori* da sensibilidade
Lógica transcendental Analítica	Juízos sintéticos *a priori* da matemática Juízos sintéticos *a priori* da física
Dialética	Crítica à metafísica Noumenos x fenômenos Antinomia da razão pura
Doutrina Transcendental Método	Sobre a razão pura

alguns epistemólogos. A observação repetida de fenômenos que sempre se revelam sucedendo um ao outro faz com que se estabeleça uma conexão causal entre eles: o primeiro é a causa e o sucessor o efeito. O que Hume criticou, como vimos no capítulo anterior, foi a base racional desta conexão causal, e assim, negou a racionalidade da indução, embora não negasse o seu valor prático no entendimento da natureza em uma base puramente empírica. O problema de Hume, que fascinou Kant no século XVIII, inspirando sua principal obra, permanece objeto de estudos e trabalhos na epistemologia[6] e na lógica.[7] Nos *Prolegômenos*[8] escreve que Hume "provou de modo irrefutável que é absolutamente impossível à razão pensar *a priori* a partir dos conceitos uma tal relação (de causa e efeito), porque esta encerra uma necessidade, mas, não é possível conceber como é que, por que algo existe, também uma outra coisa deva existir necessariamente e como é que *a priori* se podia introduzir o conceito de uma tal conexão". Hume concluía então que não se poderia pela razão chegar à conexão entre causa e efeito, que é produzida pela imaginação fecundada pela experiência. Esta colocava certas

6. POPPER, K. *Crítica e Cosmologia de Kant, em Conjecturas e Refutações.* Ed. Univ. de Brasília, 1982.
7. COSTA, N. *Lógica indutiva e probabilidade.* Hucitec e EDUSP, 1993.
8. KANT, 1987, p. 14.

representações mentais sob a forma de associações, tornando um hábito como se fosse uma necessidade objetiva.

Kant critica alguns adversários de Hume que trivializaram a questão. Hume jamais negara a utilidade prática do conceito de causa e efeito no estudo da natureza. O que ele questionou foi a fundamentação lógica deste conceito e não sua utilidade indispensável. Assim, ele colocou em dúvida sua fundamentação com base na razão. Entretanto, Kant critica Hume pelo seu ceticismo, que o fez satisfazer-se em colocar o problema sem resolvê-lo. Kant declara nos *Prolegômenos* que Hume o despertara de seu sono dogmático mudando a orientação de sua pesquisa no campo da filosofia. A *Crítica da razão pura* foi a resposta que ele formulou à questão da causalidade posta por Hume.

VI.2. O Problema da Indução na Crítica da Razão Pura

A CRP é invariavelmente referida hoje como o marco a teoria do conhecimento, tanto pelos que vêm na ciência empírica moderna o modelo do saber metódico e válido, como pelos críticos do cientificismo na filosofia. Entre estes últimos estão Habermas e Gadamer. Habermas[9] em *Conhecimento e interesse* faz o elogio da teoria do conhecimento kantiana e lamenta seu descaminho após Hegel. Gadamer inicia sua contribuição à "Nova Antropologia" reproduzindo a primeira frase de Kant[10] na CRP: "Não se pode duvidar que todos os nossos conhecimentos começam com a experiência". Aparentemente, trata-se de uma incondicional adesão de Kant ao empirismo. Não revela a complexidade do problema do conhecimento tal como Kant o teoriza. Mas esta aparente simplicidade já começa a desfazer-se ao lermos o restante da frase de Kant: "...como haveria de exercitar-me a faculdade de conhecer se não fosse pelos objetos que, excitando os nossos sentidos, de uma parte, produzem por si mesmo representações e, de outra parte, impulsionam a nossa inteligência a compará-las entre si...".

Na CRP, está claramente colocado o problema "da distinção entre o conhecimento puro e o empírico". Embora, para Kant, temporalmente nenhum conhecimento anteceda a experiência e todos comecem a partir

9. HABERMAS, J. *Conhecimento e interesse*. Guanabara: Rio de Janeiro, 1987.
10. KANT, 1987, p. 25.

desta, há alguns que não se originam apenas e exclusivamente da experiência. Ou seja, para ele nosso conhecimento empírico não se restringe ao que recebemos das impressões pelos sentidos, mas se compõe disto e daquilo que é acrescentado pela nossa "faculdade cognoscitiva". Kant formula, então, a pergunta à primeira vista contraditória com as considerações iniciais: será possível um conhecimento independente da experiência? Sua resposta é categoricamente afirmativa, e ele vai chamar tal tipo de conhecimento de *a priori* para distingui-lo daqueles empíricos por definição *a posteriori* com respeito à experiência.

Para esclarecer o que entende por conhecimento *a priori* Kant alerta para o que não é. Não devemos confundi-lo com o tipo de conhecimento que temos de que se demolirmos os alicerces de uma casa esta cairá. Sabemos isto antes mesmo de o fazer devido à experiência: um corpo abandonado suspenso no ar sem apoio cai. Logo, trata-se de um conhecimento empírico apesar de podermos saber que a casa cairá sem fazer a experiência concreta de demolir seus alicerces. Então, qual seria o caso de conhecimento *a priori* para Kant? Ele responde que o próprio senso comum não dispensa certos conhecimentos *a priori* que sempre possuímos e usamos no pensamento trivial ao lidar com os problemas do cotidiano. Tomando um caso comum do bom senso Kant diz ser *a priori* a expectativa de cada mudança ter uma causa.

Este é o cerne da solução que ele dá ao problema da indução de Hume. Kant busca resolvê-lo para restituir uma fundamentação lógica às ciências empíricas da natureza, cujos alicerces haviam sido abalados pela crítica feita por Hume à validade da influência indutiva. A solução construída passo a passo na CRP parte da negação de que as leis da natureza sejam formuladas estritamente a partir das observações empíricas como prescrevia Francis Bacon. Ao invés disso, elas passam a ser, em Kant, obra da razão ainda que estimulada e dirigida pelas sensações e, portanto, assentadas firmemente em base empírica. Esta é a revolução copernicana de Kant, muito valorizada por Popper.

Mas a causalidade, embora sendo o exemplo mais rico e interessante para a filosofia das ciências físicas, não é o caso mais perfeito de conhecimento *a priori*. Ela não é um puro *a priori*, segundo Kant, porque de alguma forma tem a ver com a experiência por referir-se a fenômenos observáveis. Por isso, ele a considera um *a priori* impuro, em contraste com os conhecimentos da matemática por ele considerados *a priori* puros. Ainda que secundária, a nosso ver, esta distinção se liga à associação da razão pura de Kant ao pensamento racional cartesiano que ele vai criticar na

CRP. O conhecimento *a priori* puro tem a ver na sua essência com o conhecimento racional valorizado por Descartes. Como veremos, Kant estabelece uma espécie de dialética entre empirismo e racionalismo com base essencial do conhecimento, diferenciando-se tanto do racionalismo cartesiano (a razão pura de que faz a crítica) como do empirismo de Locke (a crítica empirista de Hume à lógica da indução a partir da experiência constitui o problema que Kant busca resolver). Nesta interpretação, a crítica kantiana é uma síntese, do racionalismo com o empirismo.

Fechado este parênteses, voltemos ao texto da CRP. Nele, Kant considera que a experiência nos mostra como as coisas parecem ser, mas nada diz sobre as possibilidades de elas serem assim ou diferentes do que se apresentam em um dado caso. A "coisa em si" não é acessível — será uma conclusão fundamental da teoria kantiana. Escreve Kant:[11] "a experiência não fornece nunca juízos com uma universalidade verdadeira e rigorosa, mas apenas uma generalidade suposta e relativa (por indução) o que quer dizer que não se observou até agora uma exceção..."Portanto, não podemos obter mais do que uma extensão arbitrária de validade pela universalização empírica baseada na indução.

Entretanto, diz ele, no conhecimento humano há juízos de valor necessários com significação universal, que, por conseguinte, são juízos puros *a priori*. Tomando um caso do bom senso, a expectativa de cada mudança ter uma causa é uma idéia *a priori* e não induzida, embora se manifeste quando nossa mente busca interpretar o que nossos sentidos percebem. A relação de causa e efeito se dará então como uma exigência *a priori* do nosso pensamento, como uma relação entre representações mentais dos objetos produzidas pelas sensações. A experiência não teria onde basear a sua certeza se todas as regras que empregasse fossem empíricas. Logo, algo racional antecede a experiência. A causalidade é uma exigência *a priori* para que se possa sobre ela erigir a física como ciência empírica.

Além de juízos, também há representações cuja origem é aprióstica. Ele dá como exemplo o espaço. Ao subtrairmos de um corpo tudo quanto este possua de empírico — cor, peso, impenetrabilidade — resta o espaço vazio que antes ele ocupava e que não pode ser suprimido jamais. Por isso, este não é empírico. O espaço para Kant é uma representação *a priori* e não empírica. Eis aqui um ponto importante que diferencia Kant de outros filósofos. Esta questão será desenvolvida na estética transcendental da CRP.

---

11. KANT, 1987, p. 28.

Não só juízos e conceitos ligados à matemática e alguns dos que são básicos para física são puros e *a priori*. Kant[12] inclui como temas da razão pura Deus, liberdade, imortalidade, mas adverte que essas questões eram abordadas na metafísica de forma dogmática. Na dialética transcendental, ele critica a dialética.

Kant[13] toma a matemática como "um brilhante exemplo do que poderíamos fazer independentemente da experiência através do conhecimento *a priori*", reconhecendo entretanto que os objetos do conhecimento de que trata a matemática podem ser representados pela intuição. Esta é uma diferença essencial entre este tipo de objeto da razão pura e os temas da metafísica naquilo que Kant a denomina de dogmática. Critica também o entendimento puro buscado por Platão ao abandonar o "mundo sensível que confina a inteligência em limites tão estreitos", lançando-se entretanto nas "asas das idéias pelo espaço vazio do entendimento puro";[14] considerava faltar um ponto de apoio "como uma espécie de base em que pudesse firmar-se". Coloca-se contra este descolamento da realidade: a maior parte "do trabalho da nossa razão consiste na análise de conceitos que já temos formados sobre os objetos".

VI.3. Sintéticos *a priori* e a Solução do Problema de Hume

Na introdução da CRP, é estabelecida a diferença entre juízo analítico e sintético. Esta denominação foi dada por Leibniz e é também encontrada nos *Ensaios* de Locke. Em todos os juízos em que há uma relação entre um sujeito A e um predicado B, isto pode se dar de dois modos. No primeiro, B esta contido em A e nada acrescenta ao conceito A apenas o explica ou o analisa, por isso, o chamamos de juízo analítico. Sua fundamentação é puramente lógica, logo independe da experiência, é um juízo sempre *a priori*. Quando, por exemplo, dizemos que um corpo (A), é extenso (B), nada acrescentamos a A ao lhe atribuir o predicado B, pois a extensão é inerente ao conceito de corpo. Não podemos conceber corpos sem extensão.

---

12. KANT, 1987, p. 31.
13. Op. cit., p. 32.
14. Op. cit., p. 33.

Já no segundo modo de relacionamento do sujeito A, com o predicado B, em um juízo, B acrescenta a A uma qualidade, estende o que sabemos de A. Por isso, o chamamos de juízo sintético, que em geral provém de experiência. Assim, quando dizemos que "um corpo (A), é pesado (B)" ou que "um corpo (A), é leve (B)" ou ainda que "um corpo (A), é branco (B), estamos acrescentando uma qualidade B a A. Pois os corpos não são intrinsecamente pesados, leves nem brancos, mas podem variar de peso ou ter variadas cores conforme o caso particular examinado. Por isso, os juízos sintéticos em geral são experimentais ou *a posteriori*. Os juízos de experiência são todos sintéticos e os juízos analíticos são todos *a priori*. "Seria absurdo fundar um juízo analítico na experiência, pois para formá-lo não é preciso sair do conceito de que já dispomos, prescindindo-se do testemunho da experiência".[15]

Até aqui tudo bem, mas o salto de Kant foi a idéia de juízos sintéticos *a priori*, nos quais se acrescenta conhecimento novo ou seja, se atribui pelo predicado uma qualidade que não está intrinsecamente no sujeito, sem recorrer à experiência. Para Kant os juízos matemáticos são todos sintéticos *a priori*. Além disso, a física contém alguns juízos sintéticos *a priori*, bem como a metafísica os contém, ainda que esta última seja considerada por Kant apenas como ciência em ensaio.

Kant examina com cuidado o conceito de número e de soma de números para mostrar que, embora à primeira vista, uma expressão aritmética $7+5=12$ (esse é o exemplo textual da CRP) pareça ser analítica (decomposição de 12 em duas parcelas nele contidas), a soma e a formação de números pela adição sintetiza um conhecimento novo. O número 12 não é apenas $5+7$, é algo novo, que pode ser obtido de outras maneiras e que não se reduz à adição de 7 a 5 apenas. Logo, trata-se de um juízo sintético. E é puro, pois podemos pensar na formação dos números sem recorrer a nenhum procedimento empírico, ainda que se possa servir da intuição associando os números a objetos ou aos dedos da mão. Mas esse recurso não é necessário nem essencial à aritmética, cujas proposições podem ser deduzidas pelo raciocínio a partir de alguns axiomas e conceitos iniciais. O mesmo se dá com a geometria, outro exemplo de que Kant lança mão. A proposição de que a reta é a linha mais curta entre dois pontos é sintética, porque o conceito de reta não contém em si o de distância. Vale aqui acrescentarmos que na geometria euclideana a reta dá a menor distância entre

---

15. Op. cit., p. 35.

dois pontos, mas novas geometrias posteriores a Kant admitem outras métricas não-euclideanas para determinar as distâncias, generalizando o conceito de reta para o de linha geodésica, que por definição minimiza a distância em uma dada métrica. É interessante que o conceito de menor distância em Kant não era intrínseco ao de linha reta, mas sim um juízo sintético que dá à reta este predicado. Podemos imaginar um espaço em que não seja definida a distância entre seus pontos. Tal é o caso da união do conjunto dos pontos no espaço tridimensional físico, euclideano na mecânica clássica, com o conjunto dos instantes em que ocorrem os eventos (tempo). Não existe uma métrica para definir a distância no espaço–tempo assim formado na mecânica de Newton, embora guarde características topológicas e possamos traçar nele curvas unindo seus pontos. Este espaço–tempo quadridimensional não era muito útil na mecânica newtoniana, mas veio a se tornar essencial na física relativística após Einstein, ganhando uma métrica pelo postulado da constância da velocidade da luz (Cap. IX, Vol. II). Mas deixa então de ser euclidiano (a reta não é mais a menor distância entre dois pontos, tal como no espaço formado por uma superfície esférica). As proposições geométricas são, além de sintéticas, *a priori*, pois não precisamos desenhar as figuras para verificar suas propriedades, dedutíveis por teoremas. Ou seja, não precisamos desenhar um triângulo retângulo para termos o teorema de Pitágoras.

Mais complexa e rica de conseqüências é a idéia kantiana dos juízos e conceitos *a priori* da física, como causalidade, espaço e tempo. Esta idéia revolucionária de Kant liga-se à sua autodenominada revolução mental copernicana, em que ele postulou ser a causalidade uma relação de determinação entre representações dos objetos reais. Estas são formadas pela combinação de impressões dos sentidos (*a posteriori*) com componentes *a priori* do pensamento.

Assim, a relação de causa e efeito não se dá entre coisas, que permanecem inacessíveis "em si mesmas", embora provoquem as sensações pelas quais se formam na mente as representações. Estas representações, sim, são obedientes ao princípio da causalidade *a priori*.

A concordância intersubjetiva entre diferentes observadores para propiciar a objetividade do conhecimento, no que concerne às teorias físicas, é possibilitada pelo fato de as representações interligadas pela causalidade provirem das sensações provocadas pelos objetos reais, comuns a todos os observadores. Como isto se dá, é o que mostrará a analítica transcendental. Kant não é um idealista no sentido de substituir os objetos reais por idéias, como propunha Berkeley. Não é tão pouco um racionalista puro como Descartes que buscava o conhecimento racional, colocando a experiência em plano inferior. Menos ainda pode ser confundido com os empiristas como Locke que queriam construir todo o conhecimento a partir exclusivamente da experiência. Contra estas posições, o próprio Kant se manifestou nos *Prolegômenos a toda a metafísica futura* criticando os que confundiam sua filosofia com o que ele chamava de "idealismo empírico" de Descartes e de "idealismo místico" de Berkeley. Kant[16] classificava sua filosofia como "idealismo crítico", talvez melhor traduzida para hoje como "racionalismo crítico" se tomamos como refência a filosofia cartesiana por ele criticada, que denominamos de racionalismo e não de idealismo empírico como ele. Afinal, sua teoria do conhecimento foi por ele chamada de crítica da razão pura, ou seja, crítica do racionalismo.

Vimos o que Kant designava por conhecimento *a priori* e empírico bem como por juízo analítico e sintético, conforme resume o quadro abaixo através de exemplos.

Quadro 2. Classificação do Conhecimento em Kant.

Quanto a Lógica → Quanto a Experiência ↓	Analíticos	Sintéticos
A priori	Lógica	Matemática Física Pura
A posteriori	Não há	Física Experimental

Usando a idéia de *a priori* sintético, Kant resolveu o problema de Hume conforme o esquema a seguir resumido na figura 1.

a) A indução dos empiristas:

Para os empiristas, como Locke, a observação de que o evento B, sempre sucede o evento A, ou seja, quando A ocorre, B ocorre sistematicamente em seguida (exemplo: A = pedra bate no vidro e B = vidro quebra) justifica logicamente por indução (generalização de uma conclusão a partir de observações particulares) o estabelecimento de uma relação lógica entre A e B do tipo conexão causal: A é a causa, B é o efeito, e sempre que A ocorrer, B ocorrerá logicamente.

---

16. KANT, 1987, p. 58.

Figura 1. Interpretações da causalidade física em Locke, Hume e Kant.

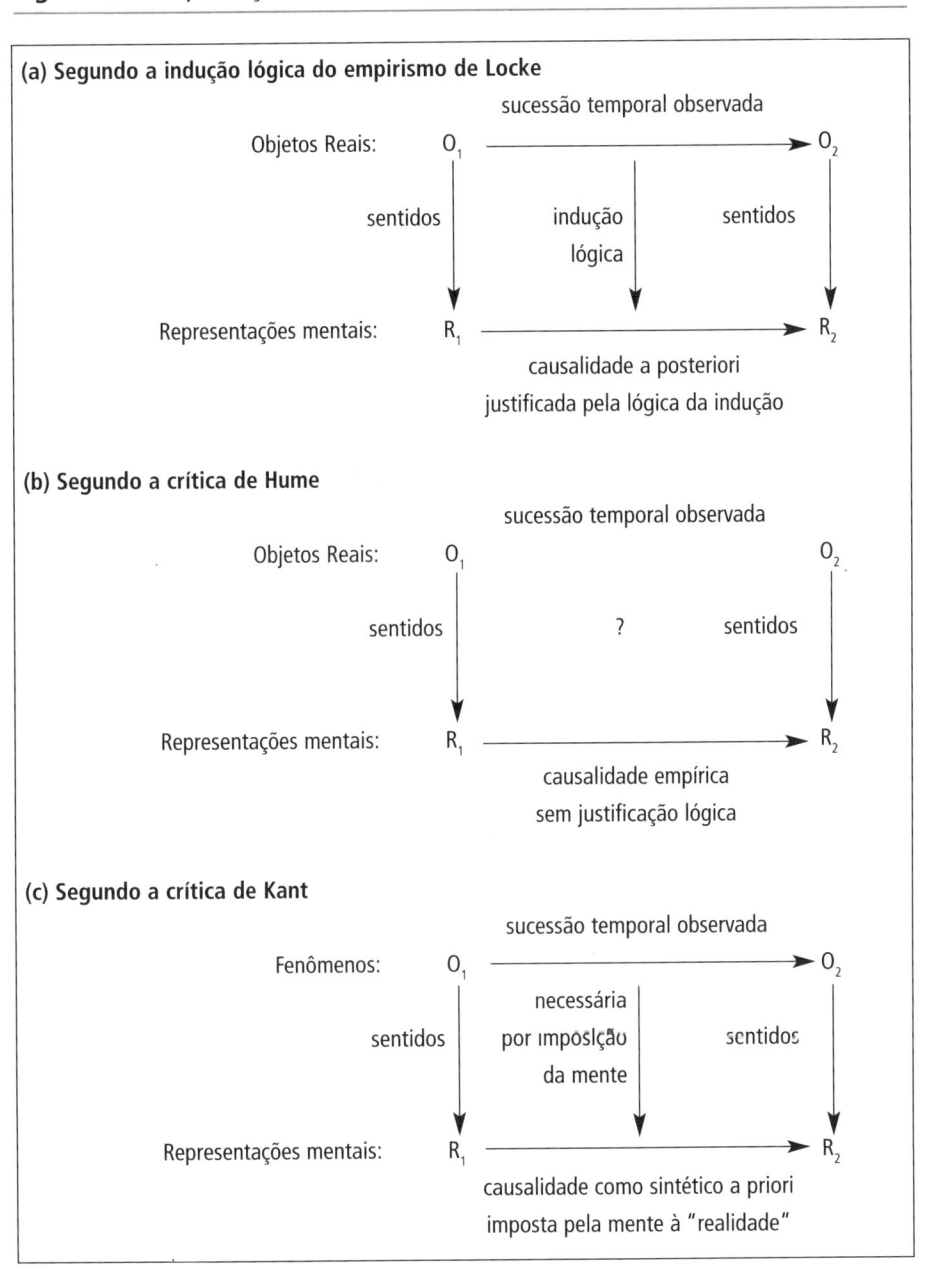

(a) Segundo a indução lógica do empirismo de Locke

sucessão temporal observada

Objetos Reais: O_1 ⟶ O_2

sentidos   indução   sentidos
lógica

Representações mentais: R_1 ⟶ R_2

causalidade a posteriori
justificada pela lógica da indução

(b) Segundo a crítica de Hume

sucessão temporal observada

Objetos Reais: O_1 O_2

sentidos   ?   sentidos

Representações mentais: R_1 ⟶ R_2

causalidade empírica
sem justificação lógica

(c) Segundo a crítica de Kant

sucessão temporal observada

Fenômenos: O_1 ⟶ O_2

necessária
sentidos   por imposição   sentidos
da mente

Representações mentais: R_1 ⟶ R_2

causalidade como sintético a priori
imposta pela mente à "realidade"

b) A crítica cética de Hume:

Para Hume, isto está logicamente errado, pois a indução não é válida, não se pode estabelecer uma conexão lógica entre dois eventos A e B baseada no fato de que em todas as observações feitas B sucede A, nada impedindo que em uma observação futura isto não ocorra (exemplo: A = galo canta ao alvorecer, B = o Sol aparece). Mas Hume não nega o valor prático da causalidade na ciência, apenas retira a sua base lógica sem nada colocar no seu lugar, ceticamente.

c) A solução de Kant:

Para Kant, não temos acesso às coisas em si, mas apenas aos fenômenos que as envolvem e que dão origem a representações mentais, através das sensações recebidas e da faculdade cognoscitiva; estas representações estão em correspondência com os eventos que percebemos pelos sentidos e por isso elas se tornam objetivas; é uma exigência *a priori* da razão o estabelecimento da relação causal e esta conexão se dá entre as representações na mente, não sendo logicamente justificado concluir que ela se dê também entre os eventos ou as coisas na natureza, que permanecem inacessíveis em si mesmas. Na figura 1, é mostrada simbolicamente as diferenças entre estas três interpretações da causalidade.

VI.4. O Espaço e o Tempo como Sintéticos *A Priori* e a "Coisa em Si"

VI.4.1. Definições

Até aqui, foram usados sem maiores cuidados em precisá-los teoricamente vários termos, como fenômenos, representações, conceitos, juízos. Com eles chegamos já a precisar as diferenciações entre empírico e *a priori*, entre sintético e analítico, bem como abordamos o problema de Hume da causalidade de indução lógica. Mas é a partir da estética transcendental que Kant vai definir nos termos da sua teoria e desenvolver suas conseqüências de maneira sistemática.

Embora na CRP sejam diferenciados espaço e tempo (escritos com iniciais minúsculas), de Espaço e Tempo (com maiúsculas) não será feita esta distinção aqui, pois foge do escopo deste texto tal distinção. Na CRP, é chamado de transcendental todo conhecimento que se ocupe não dos objetos, mas da maneira que temos de conhecê-los. Crítica significa não ter por finalidade o aumento dos conhecimentos, mas a retificação deles. Razão pura é o que dá os princípios para o conhecimento *a priori*.

O conhecimento relaciona-se com os objetos de modo imediato através do que Kant chama de intuição. Esta só pode ocorrer havendo o objeto para que seja percebido. Transcrevendo literalmente Kant:[17] "a capacidade de receber representações dos objetos, segundo a maneira que eles nos afetam, denomina-se sensibilidade. Os objetos nos são dados mediante a sensibilidade, e somente ela nos fornece intuições, mas é pelo entendimento, que eles são pensados, sendo deles que surgem os conceitos. O pensamento deve em última análise, seja direta ou indiretamente, referir-se às intuições e, conseqüentemente, à sensibilidade", Kant define: "sensação é a impressão de um objeto sobre a sensibilidade enquanto este nos afeta; intuição é a representação imediata que fazemos do objeto; a intuição é empírica, quando a relação com o objeto se dá através da sensação; fenômeno é o objeto da intuição empírica; matéria é o que, no fenômeno, corresponde à sensação; forma do fenômeno é o que ele tem de diverso podendo ser ordenado segundo certas relações". Esta caracterização de matéria e forma do fenômeno se assemelha à terminologia escolástica, mas não com significado exatamente igual.

Kant considera o espaço uma intuição *a priori*, preexistindo à sensação. Esta é *a posteriori* em relação ao fenômeno, enquanto o espaço é *a priori* pois nele as sensações se ordenam e por isto sua representação deve estar preparada no espírito antes de ocorrer o fenômeno, para poder representá-lo. É pura a representação em que não há traço de sensação. A Estética Transcendental é o estudo dos princípios *a priori* da sensibilidade. Existem duas formas puras de intuição *a priori*: o espaço e o tempo.

Em seus escritos anteriores à CRP, o conceito de espaço de Kant se restringia ao de Leibniz e à crítica de Descartes. O espaço era identificado por Descartes com a própria matéria; para Leibniz, era uma ordenação de substâncias. Newton concebia o espaço absoluto acima do espaço relativo que medimos, para Locke era uma abstração feita pela mente a partir dos dados sensíveis. Kant inicialmente criticou a identificação de substância como extensão feita por Descartes, pois achava, como Leibniz, que a força nos corpos era mais fundamental que a extensão, sendo esta um acidente da força, portanto "não haveria espaço nem extensão se as substâncias não tivessem força por meio da qual pudessem agir fora

---

17. KANT, 1980, p. 54.

de si mesmas".[18] Observamos aqui alguns traços do dinamicismo cujas raízes estão em Boscovich, que vimos no capítulo III. Assim, na concepção de Kant, se Deus tivesse criado leis diferentes para as forças da natureza, o espaço teria propriedades e dimensões diferentes dessas que percebemos, ou seja a validade da geometria euclidiana é restrita aos limites do espaço tal como ele é, que não é o único possível. "A impossibilidade que observamos em nós mesmos de representar um espaço de mais de três dimensões" é então atribuída de que a alma "recebe impressões de fora de acordo com o quadrado inverso da distância".[19] Na perspectiva da física atual, podemos ver aqui uma antecipação intuitiva genial da relação entre forças naturais e geometria, concretizada na teoria da relatividade de Einstein no século XX. Na concepção leibniziana, até este ponto, mantida por Kant, o espaço não é substância, mas sim uma aparência de substâncias que se relacionam por meio de forças de atração e repulsão.[20] Em *Sobre o primeiro fundamento da distinção de direções no espaço*, de 1768,[21] Kant transitou da concepção de Leibniz para a idéia de espaço absoluto de Newton, mas não se deteve nela, pois viu dificuldades na distinção entre espaço relativo e espaço absoluto, sendo este incompatível com a definição, que ele adotou, de ser a metafísica a ciência dos limites da razão humana. Manteve o entendimento do espaço como uma ordem das relações entre objetos dos sentidos percebidos simultaneamente, sendo ele inseparável da experiência humana de possuir um corpo.

O espaço é visto como a forma de a mente coordenar os objetos dos sentidos e, sem ser deles derivado, torná-los possíveis para o entendimento. Assim, o espaço é uma intuição, inseparável da sensibilidade receptiva de um sujeito, não é espontâneo nem é um conceito discursivo. É uma intuição pura, a forma fundamental de toda a sensação exterior, não é algo objetivo e real. Kant deixa as concepções tanto de Leibniz quanto de Newton, ao negar o espaço como acidente, substância ou relação, afirmando-o como subjetivo e ideal, resultante da natureza da mente de acordo com uma lei para coordenar tudo que é externamente

---

18. KANT, Idéias para uma Verdadeira Avaliação das Forças Vivas, Parágrafo 9, 1747; em Caygill, Howard, *Dicionário Kant*. Tradução, Jorge Zahar Ed.: Rio de Janeiro, 2000, p. 119.

19. KANT, op. cit., p. 119.

20. KANT. *O emprego da filosofia natural da metafísica combinada com a geometria*, 1756, em CAYGILL, op. cit., p. 120.

21. Op. cit., p. 120.

sentido.[22] Afirma ainda na *Dissertação inaugural* que as coisas não podem se apresentar aos sentidos, salvo por mediação do poder da mente, a qual coordena todas as sensações. Elas só podem ser fenômenos por efeito do espaço. É de acordo com ele que a natureza pode se apresentar aos sentidos. Kant deste modo antecipou muito do que escreveu na Estética Transcendental da CRP sobre o espaço.

VI.4.2. ESTÉTICA TRANSCENDENTAL

Voltando à citação literal:[23] "representamos os objetos como estando fora de nós e colocados todos no espaço. É lá que sua figura, sua grandeza e suas relações recíprocas são determinadas ou determináveis... O tempo não pode ser percebido exteriormente, assim como o espaço não pode ser considerado como algo interior em nós". Continuando: "o espaço não é um conceito empírico derivado de experiências exteriores. Com efeito, para que eu possa referir certas sensações a qualquer coisa de exterior a mim e para que possa representar as coisas... colocadas em lugares diferentes, deve existir já em princípio a representação do espaço. Esta representação não pode, pois, nascer por experiência das relações dos fenômenos exteriores, sendo que estas só são possíveis mediante a sua prévia existência".

Para Kant[24] o tempo é a forma pelo qual é possível a intuição do estado interno. Sobre o tempo diz: "não é um conceito empírico... porque a simultaneidade ou a sucessão não seriam percebidas se a representação *a priori* do tempo não lhes servisse de fundamento... Os diferentes tempos não são simultâneos, mas sucessivos; enquanto as posições diferentes no espaço não são sucessivas, mas simultâneas...". O tempo é uma forma pura de intuição, da nossa intuição interna. Ele dá a ordenação interna da percepção dos fenômenos. Kant critica aqueles que sustentam a realidade absoluta do espaço e do tempo. Newton, nos *Principia*, considerava o espaço e o tempo absolutos, no sentido de preexistirem à matéria e serem independentes dela.

Kant observa que "homens doutos", a favor da teoria de que o tempo tem realidade absoluta, apresentam o argumento de que há mudanças

---

22. KANT. *Dissertação inaugural sobre a forma e os princípios do mundo sensível e inteligível,* 1770, op. cit., p. 122.

23. KANT, 1980, p. 57 e 58.

24. Op. cit., p. 65.

reais, como percebemos pela sucessão das representações dos objetos em mudança. Como a mudança só é possível no tempo, isto implicaria a realidade absoluta do tempo. Kant responde que o tempo é real, mas sua realidade não é absoluta, é empírica. Vejamos como ele argumenta. Na Estética Transcendental, o tempo possui uma realidade empírica, sendo objetivo em relação a todos os objetos que se oferecem aos sentidos, mas Kant contesta a realidade absoluta do tempo, que o faria absolutamente inerente à coisa, como condição ou propriedade. Tais propriedades da coisa em si não podem ser dadas pelos sentidos, na teoria kantiana. Logo, conclui: nem o tempo nem o espaço têm realidade absoluta.

VI.4.3. A COISA EM SI

Kant considerava que as condições de sensibilidade referem-se a fenômenos e não às possibilidades das coisas mesmas. Assim o espaço compreende todas as coisas que nos aperecem exteriormente, "mas não as coisas em si mesmas quer sejam ou não percebidas é porque de modo algum poderemos julgar as intenções dos outros seres pensantes sem saber se se acham sujeitas às mesmas condições que limitam as nossas intuições".[25] Não obstante, atribui ao espaço um valor objetivo afirmando sua realidade empírica em relação a toda experiência exterior. Entretanto, para Kant nada do que é intuído no espaço é coisa em si, ele não é uma forma das coisas em si mesmas, que não são conhecidas, pois aquilo que denominamos objetos exteriores consiste em simples representações cujo verdadeiro correlativo, a coisa em si, permanece desconhecida é "incognoscível", jamais sendo alcançada através da experiência.

A CRP procura estabelecer uma diferença entre a questão transcendental do conhecimento de coisa em si à questão física em que os fenômenos são distintos da coisa que participa do fenômeno. Isto liga-se à distinção entre a essência e o que é acidental originada da filosofia de Aristóteles. A essência diz respeito à coisa em si e o acidente ao fenômeno, mas ressalva que esta diferença é estritamente empírica. Dá, como exemplo, o arco-íris, que é um fenômeno envolvendo a chuva iluminada pelo sol. Diz considerar exata a maneira de falar tal que a chuva é dita ser a coisa em si para diferenciá-la do fenômeno do arco-íris, mas em sentido físico estrito. Entretanto, tomando o fenômeno empírico, sob o ponto de vista do conhecimen-

---

25. Op. cit., p. 63.

to transcendental, não só a chuva e as gotas que a constituem, mas também a sua forma e o espaço em que caem "nada são em si" não passam de modificações de nossa intuição sensível. O objeto permanece transcendentalmente ignorado. Adverte que isto não é apenas verossímel (compatível com a verdade), mas sim certo e seguro (verdadeiro).

VI.5. O Problema da Verdade e do Conhecimento

Kant considera que os elementos de todo o conhecimento, são intuições, e conceitos. Pelas intuições, nos são dados os objetos graças à capacidade que temos de receber impressões pela sensibilidade e assim ter representações dos objetos. Pelos conceitos, os objetos são pensados por meio das suas representações. Não existe então conhecimento por conceitos sem intuição, nem por intuição sem conceitos. O entendimento, é a faculdade de pensar o objeto da intuição sensível: "sem sensibilidade não nos seriam dados os objetos e sem entendimento eles não seriam pensados. Pensamentos sem conteúdo são vazios e intuições sem conceitos são cegas". Somente quando se unem a sensibilidade e o entendimento resulta o conhecimento. A lógica, é a ciência das leis do entendimento. A lógica geral abstrai a matéria do conhecimento e toda a diversidade dos seus objetos. Ela se ocupa da forma do pensamento. Kant chama de lógica geral pura o estudo dos princípios *a priori* e de lógica geral aplicada o estudo das regras de uso do entendimento sob condições empíricas e subjetivas. Finalmente, denomina de lógica transcendental a ciência por ele desenvolvida, que determina a origem, a extensão e o valor objetivo dos conhecimentos, sem tratar da relação desses conhecimentos com seus objetos especificamente. Divide-a em analítica e dialética. A segunda é uma crítica da razão em seu uso hipertrofiado para limitar a ambição e as ilusões sofísticas. A primeira cuida dos elementos do conhecimento puro. É a lógica da verdade.

Pergunta Kant:[26] "o que é verdade?". Começa a resposta dizendo que a definição de verdade como sendo a conformidade do conhecimento ao objeto (o que será desenvolvido por Tarski e usado por Popper) já está suposta na sua teoria. Formula então a pergunta (como Platão no *Teeteto*): qual o critério geral e certo de todo o conhecimento? Para se ter uma resposta geral deve-se se fazer a abstração de todo o conteúdo do conheci-

---

26. KANT, 1980, p. 101.

mento particular e de sua relação com o objeto. Para considerar o conhecimento na forma, abstraindo todo conteúdo, a lógica deve expor regras gerais e necessárias do entendimento para fornecer o critério da verdade. Este critério lógico da verdade é o da concordância de um conhecimento com as leis universais e formais do entendimento e da razão.

A pedra de toque da verdade é a parte da lógica chamada por Kant[27] de analítica, que controla e julga a forma de todo o conhecimento sem examinar seu conteúdo.

Isto é feito na Analítica Transcendental, que trata do entendimento, tal como a Estética Transcendental tratou da sensibilidade. Começa por uma dissecação do entendimento, definido como uma faculdade do conhecimento juntamente com a intuição. Como a intuição jamais é independente da sensibilidade, por exclusão resta aos conceitos terem papel no entendimento. Logo, o entendimento não é intuitivo, mas discursivo. Os conceitos fundamentam o pensamento. O entendimento faz julgamentos por meio dos conceitos.

Aqui, intervém o juízo, tomado por Kant como o conhecimento mediato do objeto. O juízo é a representação de uma representação do objeto. Em todo o juízo há conceitos aplicados. Esta aplicação tem sempre caráter geral, refere-se a muitas coisas, a uma classe de coisas e não só a um caso particular. Kant dá o exemplo: em todos os corpos são divisíveis, a divisibilidade se refere a todos os corpos. Assim, as operações do entendimento são reduzidas por Kant a juízos, e o entendimento é representado como a faculdade de julgar. O pensamento é o conhecimento por conceitos; estes são predicados possíveis nos juízos, que os relacionam com representação de algum objeto indeterminado. Kant[28] dá como exemplo de juízo: "todo metal é um corpo", onde corpo é o conceito e metal uma representação de algo que se determina ou cuja indeterminação se reduz pelo predicado de ser um corpo. Desse modo, os conceitos se relacionam à sensibilidade, através das representações de que se tornam predicados, embora eles se originem do pensamento, da razão. Como vemos, Kant coloca-se contra o idealismo puro, no qual o espírito cria por si o conhecimento e constrói o que se chama de real. No realismo, a realidade nos é dada e determina em maior grau (realismo empirista) ou menor grau (realismo racionalista) o conhecimento.

---

27. Op. cit., p. 102.
28. Op. cit., p. 114.

Na Analítica Transcendental, as funções do juízo (definidas como unidade de ação, para ordenar diferentes representações sob um fim comum) são classificadas usando categorias semelhantes às aristotélicas (Cap. II):[29]

1 — quanto à quantidade (juízos universais, particulares, singulares);
2 — quanto à qualidade (afirmativos, negativos, indefinidos);
3 — quanto à relação (categóricos, hipotéticos, disjuntivos);
4 — quanto à modalidade (problemáticos, assertórios, apodíticos)

O singular é a síntese do universal e do particular, vistos no capítulo II, sendo o sujeito do julgamento um indivíduo (Sócrates é um homem).O indefinido é a síntese da afirmação e da negação (A alma é não-mortal). O categórico é uma relação simples entre o sujeito e o predicado. O hipotético é uma relação complexa entre dois julgamentos, dos quais um é a hipótese e outro a conseqüência (Se o remédio for eficaz, a cura ocorrerá). O julgamento disjuntivo enuncia alternativas cuja reunião constitui a totalidade do conhecimento possível. O problemático exprime uma possibilidade; o assertórico, uma verdade; e o apodítico, uma necessidade, que é a síntese da verdade e da possibilidade.

Construímos na figura 2 um gráfico mostrando os elementos do conhecimento na Analítica Transcendental de modo simplificado.

Limitamo-nos a dar um esquema dos elementos do conhecimento na Analítica Transcendental:[30]

a) Tudo começa da coisa em si incognoscível, à qual se relaciona de alguma maneira o objeto do conhecimento.
b) Este objeto, por meio de um fenômeno do qual participa, produz, graças à sensibilidade, a sensação.
c) À sensação, que vem da matéria do fenômeno, e não da sua forma, liga-se à intuição empírica com respeito ao objeto, como uma faculdade de cognição imediata.

---

29. Em Kant, são apodíticos os juízos que expressam necessidade lógica; problemáticos, os que expressam possibilidade, e assertórios; os que expressam a realidade; apodítico é o demonstrável de modo absolutamente verdadeiro, e Aristóteles usava "apodítico" para designar as demonstrações dedutíveis de premissas rigorosamente verdadeiras através dos silogismos.
30. KANT, 1978, seção 1 do capítulo II, Livro I

d) Na intuição intervêm as formas puras *a priori*, que permitem estabelecer as relações espaciais e a ordenação temporal da representação do objeto que se forma na mente.

e) Como predicados possíveis das representações, os conceitos, que são elementos do pensamento, tornam-se ferramentas essenciais para o entendimento do objeto.

f) Através do pensamento dá-se o entendimento, associando e relacionando conceitos ao objeto nos juízos resultantes de julgamentos.

Figura 2. Esquema dos elementos para o conhecimento em Kant.

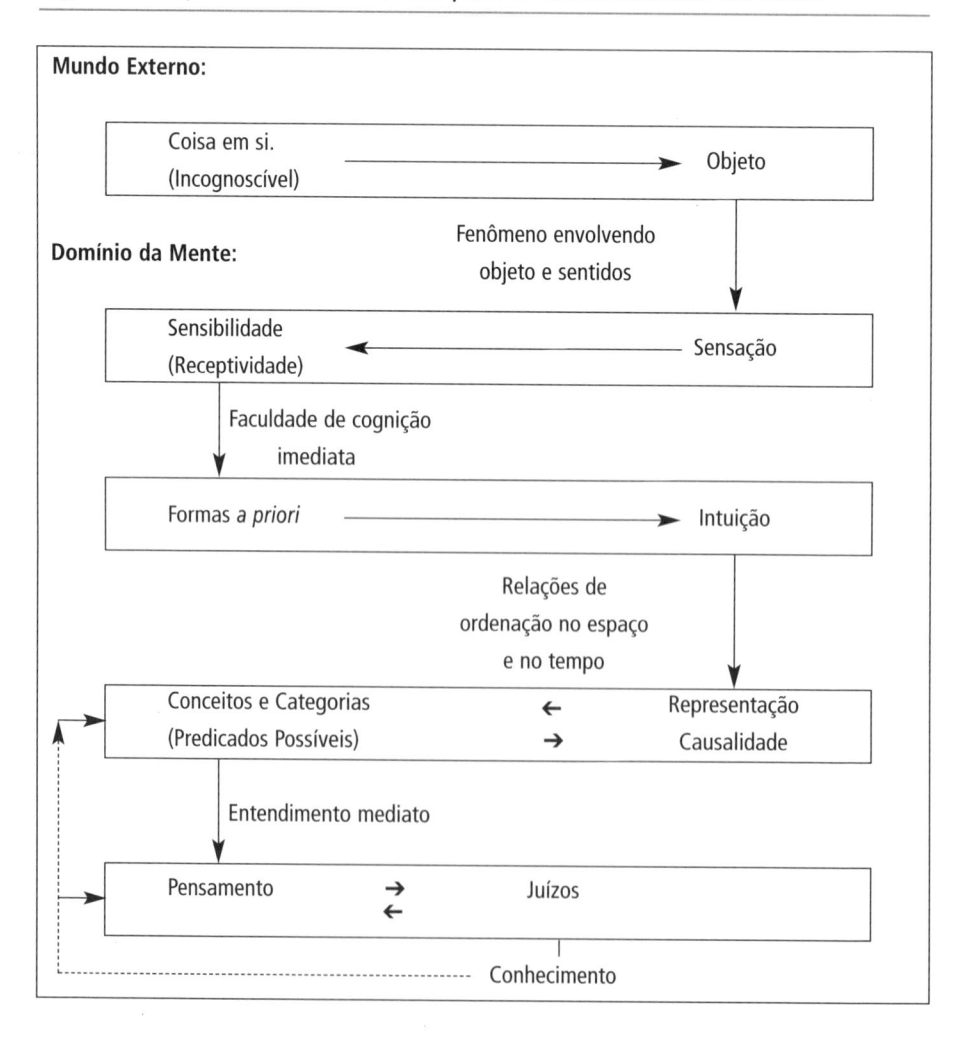

g) Os juízos são validados como verdadeiros pela crítica feita de acordo com a lógica, constituindo então o conhecimento mediato do objeto.

Para Kant, todo entendimento se relaciona ao julgamento, de tal modo que entender pode ser representado por um poder de julgar. Pensar é conhecer por conceitos que se relacionam, como predicados de julgamentos possíveis, a alguma representação de um objeto ainda indeterminado, objeto do pensamento.

Em resumo: a coisa em si, que desconhecemos, no mundo externo, em contato com nossa sensibilidade, produz o fenômeno colocado, por imposição da mente, no espaço e no tempo interiormente, provocando a intuição, sobre a qual opera o entendimento de maneira ativa para dar inteligibilidade às sensações com a ajuda da razão.

Entrar em todos os detalhes da lógica transcendental desenvolvida por Kant[31] fugiria ao escopo do presente texto de dar um panorama geral da teoria do conhecimento.

VI.6. A Síntese e a Unidade da Diversidade do Mundo no Pensamento

Temos já o desenho dos elementos do conhecimento com suas conexões segundo a teoria kantiana. Falta agora saber como operar tudo isso. É como ter-se o "hardware" de um computador. É preciso o "software" para usá-lo.

Kant volta sua dedução transcendental para a explicação *a priori* de como se dá o conhecimento. Trata da faculdade de conhecer, desde as percepções até os conceitos gerais. Não se contenta apenas em descrever como um conceito é adquirido a partir da experiência e através da reflexão. Um dos problemas é saber como, por meio da subjetividade do pensamento, o entendimento pode ter um valor objetivo e dar as condições de possibilidade de todo o conhecimento de objetos.[32]

Voltamos ao cerne das especulações de Locke e do problema de Hume. Kant critica Locke por ter tirado da experiência conceitos puros do entendimento, derivando-os dela para ter conhecimentos que ultrapassam os

---

31. KANT, 1978, seção 2 do capítulo I da Analítica Transcendental, Livro I da CRP.
32. KANT, 1980, p. 139.

limites da experiência. Hume, por outro lado, caiu no ceticismo demonstrando que a causalidade construída pela indução a partir da experiência não tem fundamentação lógica alguma. Como as ciências da natureza se baseiam na causalidade, elas perdem qualquer base sólida para o conhecimento. Para Kant,[33] a síntese entre causa e efeito ultrapassa aquilo que é expresso empiricamente. Para ele, o efeito não sucede simplesmente a causa, mas é produzido por esta. Por este caminho, Kant conclui que os conceitos *a priori* são condições de possibilidade da experiência.

Kant chama de síntese o ato intelectual em que ligamos ao objeto uma representação que não vem apenas da sensação, mas na qual intervém as formas da intuição, *a priori*, que antecedem a experiência. Esta ligação envolve uma síntese da diversidade das representações dos objetos, bem como uma unidade desta diversidade no pensamento em uma consciência única.[34] A diversidade da intuição é submetida às condições das formas *a priori* de espaço e tempo, o que delimita a possibilidade de toda a intuição com respeito à sensibilidade. Ademais, toda a diversidade da intuição está submetida à unidade sintética pelo que ele chama apercepção,[35] o que delimita a possibilidade de toda a intuição relativamente ao entendimento.

O "eu penso" acompanha todas as minhas representações, diz Kant,[36] pois se não fosse assim haveria em mim algo representado em que não poderia pensar-se. A representação pode dar-se antes do pensamento, originada da intuição, mas toda a diversidade de intuição tem relação com o eu penso. Kant[37] denomina de apercepção pura a que produz a representação "eu penso", que dá a consciência de si mesmo. A diversidade das representações pode então ser compreendida em uma consciência única.

Kant exemplifica como se dá a unidade da consciência partindo da diversidade das representações para se conhecer um objeto no espaço. Toma o caso de uma linha no espaço.[38] Para conhecê-la, é preciso traçá-la

---

33. Op. cit., p. 141.
34. KANT, 1978, seção 2 do capítulo II, Livro I.
35. "Apercepção" em Leibniz se referia à dependência de cada nova percepção às percepções apreendidas precedentemente e ao nosso estado no ato de perceber; Kant dá a este termo um significado transcendental de consciência *a priori*, no ato da experiência sensível, como condição para compreensão e unidade do mundo dos fenômenos.
36. KANT, 1980, p. 147.
37. Op. cit., p. 148.
38. Op. cit, p 153

mentalmente efetuando uma ligação de modo que da unidade desta ação resulte a unidade da consciência no conceito de linha. Esta unidade sintética é uma condição objetiva de todo o conhecimento.

Kant estabelece uma diferença entre pensar um objeto e conhecê-lo. Atribui ao conhecimento dois componentes: o conceito (categoria) pelo qual se pensa um objeto e a intuição pela qual ele é dado via sensibilidade. Considera que o conceito desligado da intuição correspondente não leva a nenhum conhecimento, pois não haveria coisa alguma a que aplicar o pensamento. Isto dá os limites do uso dos conceitos puros cuja extensão além da intuição sensível não serve para nada, pois eles não possuem realidade objetiva. É a intuição empírica que dá sentido e valor aos conceitos. As categorias são simples formas do pensamento e recebem uma realidade objetiva quando são aplicadas aos objetos que nos são dados na intuição como fenômenos.

A imaginação é definida como a faculdade de representar pela intuição um objeto, embora este não esteja presente. A imaginação pertence à sensibilidade, pois toda intuição é sensível. Ela dá a um conceito do entendimento uma intuição correspondente. Kant caminha em sentido inverso ao normal, indo do pensamento para a intuição. Estuda o efeito do entendimento sobre a sensibilidade. Relaciona a imaginação espontânea e produtiva ao sentido interno na consciência. Para conceber uma linha ou um círculo, é preciso traçá-lo no pensamento, como para conceber as três dimensões do espaço, é preciso imaginar três perpendiculares tiradas de um ponto.[39] Para conceber o tempo, imagina-se linha reta, que é a representação exterior figurada do tempo. O conceito de sucessão é produzido pelo movimento como ato do sujeito e não como determinação de um objeto.[40] Observa então que "as determinações do sentido interno devem ordenar-se enquanto fenômenos no tempo, da mesma maneira que orde-

---

39. KANT, 1980, p. 167.
40. Kant indaga sobre a maneira pela qual o pensar distingue-se do perceber no mesmo sujeito: "como posso dizer que eu, como inteligência e sujeito pensante, me conheço como objeto pensado, oferecendo-me à intuição como os demais fenômenos...?". Enfim, "como distinguir como sou ante o entendimento de como me apareço? Pela intuição interna, conhecemos o nosso próprio sujeito, conforme somos afetados por nós mesmos, não como coisa em si e nem como fenômeno". A consciência que temos de nós mesmos é um pensamento resultante da síntese da diversidade das representações que a intuição interna de nós mesmos nos dá.

namos no espaço as determinações dos sentidos externos", sendo o espaço uma forma pura dos fenômenos dos sentidos externos.[41]

A categoria de causa, mediante a qual determinamos tudo o que sucede segundo nossa sensibilidade, é a unidade sintética, como condição *a priori*, sob a qual reunimos a diversidade da intuição. Assim, nós submetemos como sujeitos os acontecimentos ao conceito de relação de causa e efeito, o que nos permite prescrever leis aos fenômenos, e, conseqüentemente, à natureza considerada como o conjunto de todos os fenômenos.

Surge a pergunta: como se pode compreender que a natureza seja regida por categorias que não são derivadas da natureza e nem pertencem a um modelo da natureza, pois não são empíricas. Ou melhor, como essas categorias podem determinar *a priori* as relações entre as diversidades da natureza? Kant responde que as leis referem-se a fenômenos que não são "coisas em si", mas envolvem o sujeito via os sentidos. Os fenômenos apenas relacionam-se às coisas que são desconhecidas. Assim, a natureza, tal como a ciência a estuda, não passa do conjunto dos fenômenos. Ou seja, a natureza em Kant é humanizada, no sentido de ser ela mesma a unidade do sujeito com o objeto. Esta unidade se dá de tal forma que a ligação do objeto com o sujeito garante a objetividade do conhecimento, superando a subjetividade do pensamento. De certo modo, poderíamos relacionar esta capacidade de intervenção do sujeito na previsão teórica dos fenômenos naturais à preparação do experimento no método científico, através da qual o observador manipula a natureza.

Na *Analítica dos princípios*[42] é definido juízo como "um dom particular que se exerce, mas que não se pode aprender" e julgamento é "o caráter distintivo daquilo que se denomina bom senso, cuja falta nenhuma escola pode suprir".[43] Em resumo, o bom senso popular segue a teoria kantiana sem saber ao dizer, poeticamente, que "fazer samba não se aprende na escola", como disse Noel Rosa.

Kant[44] chama de esquema de um conceito "a representação de um processo geral da imaginação que serve para dar sua imagem a esse conceito". O esquema do triângulo existe no pensamento. O esquema puro da quantidade como conceito do entendimento é o número, que é a unida-

---

41. KANT, op. cit., p. 168.
42. KANT, CRP, Parte II, Livro II.
43. KANT, 1980, p. 184.
44. Op. cit., p. 190.

de de síntese do diverso. O esquema da substância é a permanência do real no tempo, o da realidade é a existência em um tempo determinado, o da necessidade é a existência de um objeto em todo o tempo.

Os esquemas dos conceitos do entendimento são as únicas e verdadeiras condições pelas quais estes conceitos se põem em relação com o objeto, ganhando um significado. Podemos verificar a verdade de um juízo analítico pelo princípio da contradição que estabelece a condição de que não podem os predicados estar em contradição entre si e nem com o objeto. Kant[45] alerta que há uma versão vulgar deste princípio que é indevida. Esta versão indevida é: "é impossível algo ser e não ser no mesmo tempo". A objeção é que na sucessão temporal de eventos em que algo se transforma ou se move, é possível num instante ser e em outro infinitamente próximo não ser. Um corpo movendo-se por exemplo.

VI.7. Os Princípios do Entendimento

Kant[46] classifica os princípios do entendimento em:

1. axiomas da intuição;
2. antecipações da percepção;
3. analogias da experiência;
4. postulados do pensamento empírico.

Sobre os axiomas da intuição enuncia o princípio de que todas as intuições referem-se a quantidades extensivas. Denomina de extensiva a quantidade em que a representação das partes torna possível a do todo, como no caso em que se representa uma linha traçando-a no pensamento, isto é, reproduzindo todas as suas partes de um ponto ao outro, referidas ao espaço como forma *a priori* onde ela é construída mentalmente. A quantidade extensiva pode referir-se ao tempo também.

Chama de antecipação a todo conhecimento pelo qual podemos determinar *a priori* o que pertence ao conhecimento empírico. As antecipações da percepção por sua vez, obedecem ao princípio de que em todos os fenômenos o real, que é objeto da sensação, tem uma qualidade intensi-

---

45. KANT,1980, p. 201.
46. Op. cit., p. 209.

va, quer dizer uma gradação (poder ser mais intenso ou menos). Esta sensação não é por si uma representação objetiva, não havendo nela intuição do espaço e nem do tempo. Por isto, ela não pode possuir grandeza extensiva. Mas pode possuir uma quantidade, como um grau de sensação. Esta quantidade Kant chama de grandeza intensiva. Pode então ter lugar uma transformação gradativa da consciência empírica em pura, em que o caráter real vá desaparecendo, até não restar mais do que uma consciência puramente formal da diversidade contida no espaço e no tempo.

Kant discute a interpretação da densidade na física: pelo atomismo um corpo menos denso teria menos matéria (átomos) por unidade de volume do que um outro mais denso. Haveria nele mais vazio interatômico do que outro. Isto teria por base a hipótese de que a matéria constitutiva dos átomos fosse homogeneamente igual. Kant critica esta suposição como metafísica, sem base na experiência. Ele admite como alternativa a hipótese de espaços iguais serem ocupados por matérias distintas, continuamente, sem vazios, de tal modo que num caso a matéria tenha um grau de intensidade (densidade) diverso do outro.

Com este exemplo procura demonstrar um princípio de entendimento puro, como a percepção, possibilita uma explicação sobre um fenômeno empírico. Considera esta antecipação da percepção instigante. Embora as sensações sejam dadas *a posteriori*, a propriedade que possuem de gradação pode ser conhecida *a priori*.

As analogias da experiências obedecem ao princípio de que a experiência só é possível pela representação de uma ligação necessária das percepções.[47] Apresenta três analogias:

1º) Princípio da permanência da substância: a substância é permanente em todas as mudanças dos fenômenos, e sua quantidade nem aumenta nem diminui na natureza.

2º) Princípio da sucessão no tempo segundo a lei da causalidade: todas as mudanças acontecem conforme a lei do enlace de causas e efeitos.

3º) Princípio da coexistência ou simultaneidade, segundo a lei de reciprocidade ou comunidade: todas as substâncias, enquanto possam ser percebidas no espaço ao mesmo tempo, existem em um estado de completa reciprocidade de ação.

Os postulados do pensamento empírico em geral são:[48]

---

47. KANT, 1980, p. 226.
48. Op. cit., p. 269.

1º) Aquilo que condiz com as condições formais da experiência (com referência à intuição e aos conceitos) é possível.

2º) Aquilo que condiz com as condições materiais da experiência (da sensação) é real.

3º) Aquilo que, na conformidade com o real, está determinado segundo as condições gerais da experiência, é necessário (existe necessariamente).

Parece ser interessante discutir as analogias da experiência neste ponto, no que concerne à questão principal: a da causalidade.

As três analogias da experiência correspondem ao que Kant chama dos três modos de ocorrerem eventos no tempo: a permanência, a sucessão e a simultaneidade. O permanente nos fenômenos é o objeto mesmo, a substância. O que muda é o modo de existência da substância. Os modos de existência de uma substância são chamados de acidentes, categoria que Kant toma emprestado de Aristóteles: só o acidente muda. Observa que dizer que uma substância é permanente é tautológico, porque esta é a definição de substância em última análise. A conservação da massa nos fenômenos físicos, como na queima de lenha resultando cinza e fumaça, exemplificada por Kant, exprime este princípio de permanência. Esta lei de conservação implícita da mecânica de Newton será mudada com a mecânica relativística de Einstein, na qual a massa pode converter-se em energia.

A mudança é um modo de existência que sucede a outro modo de existência do mesmo objeto. Aquilo que sofre mudança é permanente, só o seu estado varia. Paradoxalmente, só aquilo que é permanente (substância) sofre mudança e, inversamente, a mudança só pode ser percebida naquilo que permanece (nas substâncias).

O princípio da permanência leva a que os fenômenos são mudanças, existência e não existência sucessivas de modos da substância que permanece. À medida que os fenômenos se sucedem uns aos outros, certo estado de coisas se dá em um momento enquanto que outro estado existia no instante anterior. Submetemos a sucessão de fenômenos à lei da causalidade e por isto é possível o conhecimento empírico dos fenômenos. É em virtude desta lei que os fenômenos são possíveis como objetos de experiência. A concordância do conhecimento com o objeto é condição da verdade.

Kant[49] exemplifica diferentes casos pelos quais os fenômenos são percebidos e ordenados no tempo: "veja, por exemplo, um navio descer o

---

49. Op. cit., p. 244.

curso de um rio. Minha percepção do lugar que ocupa mais abaixo segue ou sucede a do que tinha mais acima, e é, assim, impossível que na apreensão deste fenômeno possa ser percebido o barco primeiro mais abaixo e depois mais acima. A ordem sucessiva das percepções está, pois, aqui determinada...".

Outro exemplo é a apreensão de uma casa em que a percepção pode começar pelo teto e concluir pelos alicerces ou vice-versa, não havendo na série das percepções uma ordem necessariamente determinada.

Ao percebermos que algo sucede, esta representação implica que houve algo precedendo, pois é por relação a este algo anterior que o fenômeno entra no tempo. Relacionamos a causa ao efeito quando há um primeiro termo que impede de inverter a série colocando o que sucede antes do que precede e, além disso, quando dado o estado precedente o evento tem lugar necessário e infalivelmente. Entretanto, há uma dificuldade na interpretação da ligação causal associada à sucessão de eventos, pois podemos perceber causa e efeito ao mesmo tempo. Sempre com exemplos claros, Kant[50] diz: "faz calor em um quarto em que não existe ar livre. Busco a causa e acho uma lareira acesa... não existe aqui sucessão no tempo entre a causa e o efeito, pois são simultâneos; e, não obstante, não deixa de por isto de ser aplicável a lei causal... A maior parte das causas eficientes da natureza existe ao mesmo tempo que seus efeitos". Mas, se cessar a causa, no caso da lareira, em instantes desaparecerá o efeito, o calor.

Outro exemplo que dá é o de uma bola posta sobre uma almofada produzindo uma ligeira depressão na superfície da almofada. A bola considerada como causa está no tempo simultânea ao seu efeito. Entretanto ele observa que há uma união dinâmica, pois quando se põe a bola na almofada a depressão sucede à forma lisa que a superfície da almofada passiva.[51] A sucessão é, pois, o único critério empírico do efeito na sua relação com a causa. Assim, a causalidade conduz ao conceito de ação, e este ao conceito de força, e por este ao de substância. Aqui, revela-se a influência da mecânica de Newton em Kant, que diz: onde há ação e, por conseguinte, a força, está também a substância e apenas nesta devemos buscar as fontes fecundas dos fenômenos. Alerta, entretanto, para o círculo vicioso a que a explicação do que se entende por substância pode levar neste esquema.

---

50. Op. cit., p. 253.
51. Op. cit., p. 254.

VI.8. A Discussão da Simultaneidade
e a Antevisão da Relatividade

Após as questões relativas à permanência (substância) e à sucessão (causa e efeito) resta a relativa à simultaneidade. Esta é definida como a existência de coisas diferentes ao mesmo tempo. A simultaneidade das substâncias no espaço só pode ser conhecida na experiência supondo sua ação recíproca. Pergunta Kant, então: "como conhecer que estão a um mesmo e só tempo quando a ordem na síntese da apreensão é indiferente?". Argumenta que se houvesse sucessão ao invés de simultaneidade de A e B seria impossível haver esta apreensão indiferente de A e depois B ou de B e depois de A.[52] Mas Kant não pretendeu esgotar a complexidade do problema com esta resposta simples. Vai adiante considerando que deve haver algo pelo que A determine a B o seu lugar no tempo e, reciprocamente, também B determine o lugar de A. Por aí, conclui que todas as substâncias, consideradas como fenômeno, devem estar em ação recíproca. A palavra empregada por Kant tem significação dupla, tanto de intercâmbio como de comunidade. Fisicamente, pode-se associá-la à interação por forças. De certa maneira, Kant estabelece filosoficamente a necessidade da interação gravitacional fisicamente estabelecida por Newton juntamente com a sua mecânica.

Entretanto, a conceituação de Kant é mais abrangente. Diz ser fácil notar em nossas experiências "as influências contínuas" de todas as partes do espaço, "a luz que brilha em nossos olhos e nos corpos celestes produz um intercâmbio mediato entre nós e esses corpos, o que demonstra assim a sua simultaneidade".[53] Por meio deste intercâmbio os fenômenos embora externos uns aos outros são entrosados formando um todo. Relaciona este entrosamento à unidade *a priori* dos fenômenos na natureza.

A esta altura, Kant faz uma antecipação da problematização que está no cerne da teoria da relatividade de Einstein, incluindo o problema da simultaneidade e da transmissão do sinal do objeto para o observador. No caso da relatividade einsteiniana este sinal é o sinal luminoso, cuja velocidade será postulada como constante, qualquer que seja o estado de movimento do objeto e do observador, mas finita. Na mecânica de Newton, em

---

52. Op. cit., p. 258.
53. Op. cit., p. 265.

cujo contexto Kant estava mergulhado, a transmissão do sinal era implicitamente admitida com velocidade infinita, ou seja, a percepção e a interação mútua ocorrem instantaneamente com o evento percebido (fenômeno) independentemente da distância que os separe. Isto implica admitir-se a ação a distância que Newton inclui na sua teoria gravitacional ainda que alertando para o incômodo que esta interpretação lhe causava. Newton optou pelo espaço absoluto como um meio de atribuir um conteúdo físico ao espaço, capaz de influir nos fenômenos físicos, como se revela nas forças centrífugas que alteram a superfície da água em um balde posto a girar. No século XIX, isto veio a ser interpretado por Mach como resultado da interação (intercâmbio, comércio em Kant) da totalidade da massa do universo com o corpo que se move com uma aceleração em relação a esta totalidade. O intercâmbio entre tudo que há no espaço vai ser concebido através de um sinal com velocidade finita após o conceito de campo, que surge do eletromagnetismo no século XIX. As ondas eletromagnéticas, como a luz, são campos propagando-se no espaço. Só então criam-se condições teóricas para resolver na física o problema da simultaneidade, apontado por Kant na filosofia. Isto se deu pela unidade da mecânica com o eletromagnetismo obtido ao se submeter ambas as teorias a um mesmo princípio de invariância sob transformações de referenciais espaço-temporais, o que foi feito por Einstein.

Kant devotou um sério esforço na sua teoria do conhecimento para a justificação da mecânica newtoniana, bem como da geometria euclidiana, como conhecimentos verdadeiros, logicamente legítimos. Embora isto não restrinja a importância da sua teoria ao conhecimento, a geometria de Euclides ficou indissociável da Estética Transcendental como a mecânica de Newton ficou da Analítica dos Princípios. Esta associação arrastou a teoria do conhecimento kantiana na queda destas duas grandes teorias científicas, quando perderam o caráter de verdades inabaláveis com o advento de geometrias não-euclidianas e da mecânica não-newtoniana.

Na CRP, é discutida a origem do universo: "para supor que uma coisa comece a existir é necessário admitir um momento em que ela não existia. Mas um momento não tem existência em si mesmo, ele se refere sempre a algum processo que ocorre em algo que preexiste, porque um tempo no vazio, anterior à existência das coisas, não pode ser objeto de percepção. O que nasce e o que morre não deve ser tratado como mudança daquilo que nasce e morre. O nascimento e a morte não são mudanças do que nasce e morre. A mudança é um modo de existência que sucede outro modo de existência do mesmo objeto. Tudo que sofre mudança, é, pois, permanente e só o seu estado é que varia".[54]

Este tipo de raciocínio leva à antinomia de Kant, ou seja, aos conflitos das idéias transcendentais, um deles sobre a origem do universo. Para preparar o terreno vejamos antes o que ele chama de noumenos.

VI.9. LIMITES DA RAZÃO: FENÔMENOS E NOUMENOS E A ANTINOMIA DA RAZÃO

A CRP[55] refuta o idealismo, definido como idealismo material, pelo qual a existência de objetos no espaço é (I) duvidosa e indemonstrável ou (II) falsa e impossível. Chamou o caso (I) de idealismo problemático e o atribuíu a Descartes — para quem a única certeza indubitável empiricamente é que "eu existo" porque penso. O outro (II) foi por ele denominado de idealismo dogmático e atribuído a Berkeley — o qual sustentava que o espaço e todos os objetos nele eram meros produtos da imaginação, do ponto de vista lógico.

Enuncia e prova o teorema: a consciência de minha própria existência é empiricamente determinada e prova a existência de objetos externos no espaço. Para prová-lo afirma que "eu sou consciente de minha própria existência como determinada no tempo; toda determinação com respeito ao tempo pressupõe a existência de alguma coisa permanente na percepção". Por este caminho, conclui que "a determinação de minha existência no tempo é possível só através da existência de coisas reais externas a mim".[56]

Ao fazer a divisão dos objetos entre fenômenos e noumenos, considera ter atravessado a fronteira da "região do puro entendimento".[57] As puras concepções do entendimento são incapazes de ser transcendentais e devem sempre ser de uso empírico apenas. Os princípios do entendimento puro se relacionam apenas às condições gerais da experiência possível com os objetos dos sentidos, e não a todas as coisas que podemos conceber em geral, à parte do modo pelo qual podemos intuí-las. Um resultado da Analítica Transcendental é que o entendimento não é capaz de forne-

---

54. KANT, 1980, p. 237.
55. KANT, 1978, p. 88.
56. KANT, 1978, p. 88.
57. Op. cit., p. 93.

cer nada *a priori* exceto a antecipação de uma possível experiência com objetos dos sentidos; tudo o que não é um fenômeno não pode ser um objeto da experiência.[58] O pensamento é o ato de referir uma dada intuição a um objeto. Se o modo desta intuição nos é desconhecido, o objeto é meramente transcendental.

As categorias não são baseadas, na sua origem, na sensibilidade, ou seja, em formas da intuição, espaço e tempo.[59] Elas parecem capazes de serem aplicadas além da esfera dos objetos dos sentidos. Mas não são nada mais que "meras formas de pensamento, contendo a faculdade de unificar na consciência a variedade das intuições". Entretanto, quando designamos certos objetos como fenômenos, fazemos distinção entre nosso modo de intuí-los e a própria natureza deles como coisas em si. Assim procedendo, estamos por esta distinção admitindo que há "coisas em si" que não são objetos da nossa intuição, distintas dos fenômenos embora participem deles. Portanto, damos assim lugar a outras coisas que são possíveis, mas não são elas mesmas objetos dos sentidos. Apesar disto, são cogitadas pelo entendimento sozinho, têm existência inteligível. Kant denomina-as de noumenos, que têm algo a ver com as idéias e formas a que Platão atribuía realidade, acima da experiência sensorial (Cap. II).

Um noumeno definido como uma coisa que não é objeto de nossa intuição sensorial, mas faz a abstração do nosso modo de intuí-la, é um noumeno no sentido negativo do termo.[60] Kant também o define alternativamente em sentido positivo, como objeto de uma intuição não sensorial, assumindo assim que há um modo peculiar de intuição, que chama de intuição intelectual. Admite então poder aplicar as categorias a objetos que não são fenômenos, aos noumenos no sentido positivo da palavra. Mas adverte que esta intuição intelectual não faz parte da nossa faculdade de cognição. Logo, Kant generaliza o entendimento para além do conhecimento. Embora este último sempre se ligue ao primeiro, o inverso não é verdadeiro; pode haver entendimento sem conhecimento, entendido este sempre com relação a um objeto dos sentidos, isto é, como cognição. Há assim existência inteligível com a qual nossa faculdade de intuição sensorial não tem relação.[61]

---

58. Op. cit., p. 95.
59. Op. cit., p. 96.
60. Op. cit., p. 96.
61. Op. cit., p. 97.

Na CRP, dialética é o mesmo que lógica da aparência ou, talvez, da ilusão. A aparência difere do fenômeno. A verdade ou a aparência ilusória não são propriedades do objeto tal como é intuído, mas sim do julgamento sobre o objeto no nosso pensamento. Há uma inevitável e natural dialética da razão pura.

Na Dialética Transcendental são feitas exaustivas definições:[62] percepção é a representação com consciência; uma percepção que se relaciona ao sujeito como modificação de seu estado é uma sensação e uma percepção objetiva é uma cognição. A cognição, por sua vez, é uma intuição ou uma concepção. A intuição é singular e individual, tem uma relação imediata com o objeto; a concepção tem uma relação mediata com o objeto, por meio de caracteres que podem ser comuns a vários objetos. A concepção pode ser empírica ou pura, esta última tem origem no entendimento apenas e não tem conexão com fenômenos da experiência. A concepção formada por noções que transcendem a possibilidade da experiência é uma idéia ou uma concepção da razão. Kant se preocupa ainda, curiosamente, em definir que não significam nada:[63]

a) uma concepção vazia sem objeto;
b) um objeto vazio de uma concepção;
c) um objeto vazio sem uma concepção.

Kant chama de problemática uma concepção que, embora não contenha contradição em si, liga-se a outras cognições como limitação delas e cujo objeto não é cogniscível.[64] Tal é o caso do noumeno, pois não é autocontraditório e é necessário para restringir as intuições sensoriais dentro dos limites dados pelos fenômenos e, assim, limitar a validade objetiva da cognição. As coisas em si, que, problematicamente, ficam além destes limites, são os noumenos. A concepção de noumeno é portanto limitativa, mas não arbitrária ou fictícia, pois desempenha o papel de delimitar o limite da sensibilidade. A divisão de objetos em fenômenos e noumenos e do mundo em mundo sensível e mundo inteligível não se dá em sentido positivo, mas negatvo, pois os noumenos não têm validade objetiva já que não se referem a objetos sensoriais. Esta concepção problemática dos noumenos

---

62. KANT, 1978, p. 115.
63. Op. cit., p. 107.
64. Op. cit., p. 97.

não é, entretanto, a única possível embora seja uma limitação necessária da sensibilidade absoluta. Nosso entendimento atinge desta maneira uma espécie de extensão negativa. Ele deixa de ser limitado pela sensibilidade e, ao contrário, ele a limita.

Além do uso empírico do entendimento, o uso transcendental dele é possível, aplicando-o aos noumenos como objetos. Kant define reflexão como um estado da mente, no qual nos colocamos para descobrir as condições subjetivas sob as quais obtemos as concepções. Portanto, nesta definição, a reflexão se ocupa de idéias (Fig. 3).

Toda ilusão da razão pura vem de argumentos dialéticos, diz Kant.[65] Os conflitos da razão pura, são rotulados por Kant de antinomia da razão. Ele utiliza o que chama de método cético, de observar conflitos entre asserções que se apresentam como perfeitamente racionais.[66] Assim, toma uma certa asserção e outra oposta a ela, alinha argumentos a favor de uma e de outra sem poder decidir a favor de uma delas. Distingue este método do ceticismo, que ele critica por solapar os fundamentos de todo conhecimento e destruir nossa confiança na razão. Não é este o objetivo do método cético, mas sim mostrar os limites da razão. Portanto, podemos entender antinomia, no sentido usado por Kant, como o aparecimento de juízos contraditórios, mas igualmente fundamentados. Este conceito vem dos gregos, usado por Platão e Aristóteles, retomado na escolástica. Kant o usou

Figura 3. Noumenos, mundo inteligível e antinomia da razão.

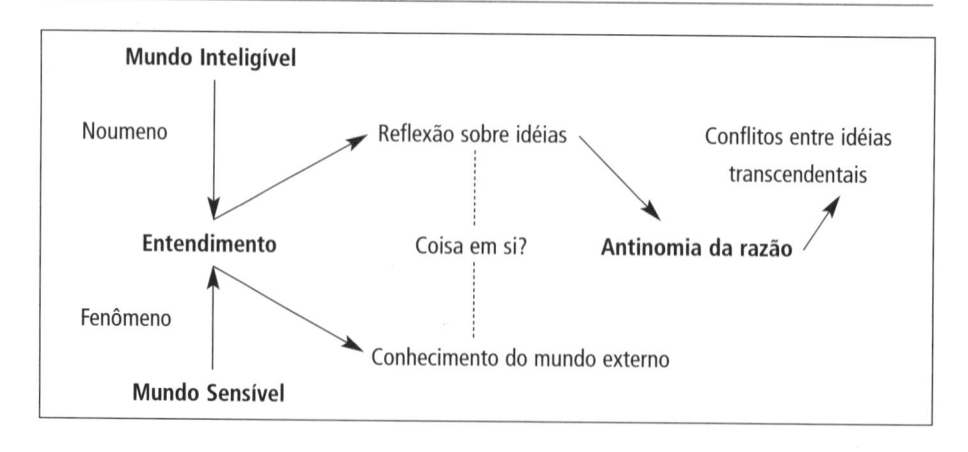

65. Op. cit., p. 129.
66. Op. cit., p. 134.

para mostrar sua tese de que a razão, de um lado, não se contenta em lidar tão só com os fenômenos, mas ao ultrapassar estes limites dados pela sensibilidade pode incorrer em contradições. Contradições, exploradas pelos gregos na redução ao absurdo, se tornaram no século XX um problema da lógica, da linguagem e da própria matemática, com os paradoxos enfrentado desde Frege, passando por Russell e Wittgenstein, até Godel (Vol. II e III).

A antinomia da razão é caracterizada na CRP por quatro conflitos entre idéias transcedentais, como se segue:[67]

Antinomia da Razão — Conflito entre Idéias:

Primeiro
Tese: o universo teve um começo no tempo e é também limitado no espaço.
Antítese: o universo não teve um começo e não tem limites no espaço, mas é infinito no tempo e no espaço.

Segundo:
Tese: toda substância composta consiste de partes simples, e não existe nada que não seja uma dessas partes simples nem composta de partes simples.
Antítese: nenhuma coisa no universo consiste de partes simples, e não existe nenhuma substância simples.

Terceiro:
Tese: a causalidade de acordo com as leis da natureza não é a única origem dos fenômenos, sendo necessária uma liberdade para dar conta dos fenômenos.
Antítese: tudo ocorre de acordo com as leis da natureza, e não existe nenhuma liberdade.

Quarto:
Tese: existe no universo ou em conexão com ele, ou como parte dele ou como sua causa, um ser absoluto necessário.
Antítese: um ser absoluto necessário não existe no universo nem é sua causa.

O primeiro conflito, sobre o universo finito ou infinito no tempo e no espaço, é hoje objeto de estudo da teoria da relatividade geral. Logo,

---

67. Op. cit., p. 135.

passou do campo puramente filosófico para o domínio da ciência. Ademais, na física atual, com base na detecção de uma radiação de fundo espalhada por todo o universo, entre outras razões, admite-se um modelo da origem do universo por uma grande explosão (big-bang), assunto de que trataremos no Volume III. Embora no big-bang o universo tal como o conhecemos tenha um início no tempo, nada podemos asseverar sobre antes deste início. Na relatividade geral discute-se duas possibilidades: uma de que a atual expansão do universo, detectada pelo afastamento progressivo das estrelas em relação a nós, continuará indefinidamente. Outra possibilidade é a de que esta expansão pare num dado tempo e reverta o movimento até uma implosão em um novo big-bang. Neste último caso, o universo pode ser pulsante e haver infinitos big-bangs repetindo-se de quando em quando, logo é possível não haver necessariamente um começo. Estamos tão só usufruindo as condições favoráveis no intervalo entre dois big-bangs. O segundo conflito se relaciona à estrutura da matéria e, portanto, ao atomismo, que, originado da filosofia grega, como vimos no capítulo I, tornou-se um dos mais importantes objetos de estudo da física contemporânea, em particular da mecânica quântica. Entretanto, a teoria quântica relativista dos campos conduz a uma dialética partícula–campo que põe em cheque a concepção usual de atomismo, como veremos no Volume II. O terceiro tem a ver com o conflito entre o determinismo newtoniano (Vol. I) e o papel do acaso e da probabilidade na física, colocado pela mecânica estatística (Cap. VIII, Vol. II) e consagrado hoje na mecânica quântica (Cap. IX, Vol. II). Relaciona-se ainda com o problema do livre arbítrio a que também voltaremos, quando estudaremos o problema da mente. Finalmente, o quarto e último conflito tem a ver com a hipótese da existência de Deus, que Laplace dispensou como não necessária na mecânica (Cap. III) e permanece fora do alcance da ciência, como discutiremos no Volume III. Podemos tentar fazer uma relação das antinomias de Kant com a ciência atual (Quadro 3).

Kant estabeleceu, assim, os limites da razão ao refletir criticamente sobre ela, ao reconhecer que a razão pura leva a antinomias que escapam ao entedimento. Surge assim uma dualidade no nosso conhecimento do mundo, implicando na impossibilidade do conhecimento absoluto por meio da razão, mas o reconhecimento deste limite se dá no plano racional. Não há em Kant o desencanto com a razão, como veio a ocorrer no pós-modernismo. É a própria razão que descobre seu limite, exigindo "uma crítica moral produzida através de um engajamento prático com o

Quadro 3. Antinomia da Razão e a Ciência Atual.

ANTINOMIA	PROBLEMA	SOLUÇÃO NA CIÊNCIA ATUAL
Primeiro conflito	Limites do Universo	
entre idéias	No tempo	Modelo do big-bang (Parte II, Vol. III)
	No espaço	Relatividade geral
Segundo conflito	Composição da matéria	Mecânica quântica (Cap. IX, Vol. II)
	Atomismo	Física atômica e nuclear (Cap. IX)
		Teoria quântica relativista dos campos (Cap. X)
Terceiro conflito	Determinismo *versus*	
	Incerteza	Mecânicas estatística e quântica (Cap. VIII e IX)
	Imprevisibilidade	Caos determinista e complexidade (Parte II)
	Livre arbítrio	Teoria da mente (Parte II)
Quarto conflito	Existência de Deus	Fora do escopo da ciência (Parte II)
Conjunto	Limites da razão	Problema permanece atual (Cap. VII e Parte II)

mundo",[68] mas isto deve se dar em um plano racional. Daí a *Crítica da razão prática* de Kant, cuja leitura fica também como uma recomendação, embora ultrapasse o nosso escopo neste texto.

Como comentamos antes, podemos ler a CRP como um monumento a Newton e, conseqüentemente, ao determinismo newtoniano, que alcançou seu apogeu no século XIX, após Kant. Mas Kant, além disso, ao estabelecer os limites da razão restringiu o determinismo científico, como sua terceira antinomia mostra. Deixou, assim, o caminho aberto para a crítica moral e o engajamento intelectual nos problemas práticos no limiar da razão, isto é, para a politização do conhecimento,[69] que já introduzimos antecipadamente no estudo de Galileu (Cap. IV). Percorreremos este caminho no capítulo que se segue.

---

68. STEUERMAN, Emilia. *Os limites da razão*. Trad. Imago: Rio de Janeiro, 2000, p. 78.
69. Só tratei dos aspectos epistemológicos de Kant, que escreveu também sobre as questões da política e da sociedade, sendo considerado por Mészáror (Cap. VII) "um grande pensador da burguesia esclarecida". Uma abordagem crítica deste tema é a de BOBBIO, Norberto, *Direito e Estado no Pensamento de Emanuel Kant*, Ed. da Universiade de Brasília, 1997.

VII

Teorias do Conhecimento e as "Duas Culturas" — Tecnociências e Humanidades I: Da Crítica à Teoria Kantiana e ao Determinismo Newtoniano à Crise do Marxismo

VII.1. CRÍTICA À TEORIA KANTIANA: CIÊNCIA E SENSO COMUM

A teoria do conhecimento tem um marco histórico em Kant, como vimos no capítulo anterior. Desde a Revolução Científica, tanto o racionalismo quanto o empirismo (Cap. V), ocuparam-se da demarcação e da justificação das ciências da natureza, caracterizadas pela experimentação e pela linguagem formalizada, conforme o método científico (Cap. IV). A física é o exemplo de uso eficaz do rigor matemático juntamente com dados empíricos. Estes dados, entretanto, são humanizados, ou seja, buscados e preparados de acordo com os objetivos da pesquisa científica, que se tornou o ideal do saber. Mas, a ciência moderna não esgota o conhecimento, devendo-se fazer a distinção entre conhecimento e conhecimento científico. Este último foi privilegiado como único em que se pode assegurar a verdade de acordo com o positivismo no século XIX e, no século XX, com o neopositivismo. Vamos buscar neste capítulo ver a bifurcação na crítica a Kant entre, de um lado, o idealismo da fenomenologia de espírito de Hegel e da filosofia natural do romantismo, precursora do positivismo, e, de outro lado, o materialismo moderno — cujo expoente é Marx. Vamos começar discutindo a crítica de Hannah Arendt, que pode ser incluída entre os pós-marxistas,[1] junta-

---

1. LECHTE, J. *Pensadores contemporâneos essenciais do estruturalismo à Pós-Modernidade.* Trad, Difel: Rio de Janeiro, 1994.

mente com Habermas — que talvez devamos melhor classificar como neo-marxista e cujas idéias também discutiremos ao tratarmos de Hegel e Marx.

Arendt,[2] em *A vida do espírito*[3] discute a distinção feita por Kant entre razão, intelecto e conhecimento[4] e entre verdade e significado. Ela faz isto em uma seção dedicada à relação entre ciência e senso comum. Compara, antes, a "coisa em si" kantiana, "que é mas não aparece embora produza aparências", ao *eu pensante* de Descartes (Cap. V), concluindo que se relacionam entre si.[5] Observemos que Arendt chega a esta conclusão a despeito da crítica de Kant à razão pura cartesiana. Na disputa histórica entre esta última e a teoria newtoniana, Kant ficou com Newton. O *cogito ergo sum* de Descartes foi criticado por Kant, e, depois, por Nietzsche, que o considerou uma falácia, pois do ato de pensar só podemos derivar os pensamentos, permanecendo o ser sujeito às mesmas dúvidas de antes. O eu pensante é "pura atividade, não tem idade, sexo... não tem uma história de vida".[6] Arendt continua citando Kant: "o sentido interno, que nos poderia propiciar a apreensão da atividade de pensar em alguma forma de intuição interior, não tem em que se prender porque suas manifestações são inteiramente diferentes das manifestações com que se confronta o sentido externo". O pensamento não parece encontrar obstáculo ou resistência por parte da matéria. É incrivelmente rápido porque é imaterial, segundo Kant.

Voltando a Arendt, para ela a garantia da existência da realidade que percebemos nos é dada pelo conjunto dos outros seres humanos que a percebem em um mundo comum compartilhado, dando lugar a uma intersubjetividade. Os cinco sentidos coordenados pelo que Santo Tomás de Aquino chamava de sexto sentido, não localizado em qualquer órgão, garantem que o que vemos, ouvimos, tocamos, provamos e cheiramos pertença a um

---

2. ARENDT, H. *A vida do espírito*. Tradução de "The Life of the Mind", Ed. UFRJ e Relume Dumará, 1993.

3. Na edição brasileira, traduziu-se "mind" como espírito em lugar de mente, o que é bastante usual; o conceito de mente, que discutiremos na Parte II, é hoje problematizado e a palavra "mind" às vezes é traduzida como espírito e às vezes como pensamento: este é o caso da tradução do livro de Noam Chomsky [1968] "Language and Mind" para o francês, como "Le Langage et la Pensée".

4. Foi traduzido do alemão "vernunft" como razão e " verstand" como intelecto (Arendt, 1992).

5. ARENDT, 1992, p. 32.

6. Op. cit., p. 34.

mesmo mundo unificadamente. O sexto sentido seria o chamado senso comum associado a um senso da realidade. Dizemos na linguagem comum que uma pessoa tem bom senso quando compartilha o senso comum e tem um senso de realidade em oposição à fantasia. A realidade viria de:

a) os cinco sentidos completamente diferentes entre si têm em comum o mesmo objeto;
b) membros da mesma espécie têm em comum o contexto que dá a cada objeto um significado específico;
c) os seres embora percebam o objeto de suas próprias perspectivas individuais estão de acordo com a identidade dele.

A propriedade correspondente ao sexto sentido de Santo Tomás de Aquino é a realidade, que se revela pelos sentidos, mas não aparece como as propriedades sensoriais; ao contrário ela esta lá mesmo quando não a percebemos.[7] Enquanto isto, o ser, considerado por Arendt o conceito mais importante da filosofia ocidental desde Parmênides (Cap. II), é o pensamento — uma coisa não percebida pelos sentidos, em oposição à realidade externa que percebemos. Isto teria levado Santo Tomás de Aquino a falar em sentido interno. Segundo Peirce,[8] autor a que dedicaremos maior atenção no volume II (Cap. XI), a realidade mantém uma relação com o pensamento do mesmo modo que o ambiente se relaciona com a evolução biológica. Mas Arendt faz um reparo estabelecendo uma diferenciação entre senso comum e pensamento. Enquanto o senso comum se liga à realidade e, portanto, ao aparelho biológico, o pensamento vai além dela e transcende aos seus limites, não tendo a mesma relação com a realidade que o senso comum tem. Devemos alertar que todos os processos mentais têm base em fenômenos fisicamente localizados no cérebro. Arendt[9] concorda com isto e diz que o pensamento não destrói o sentimento de realidade embora vá além dele. Ultrapassar este limite é uma característica dos "pensadores profissionais de Kant" diz Arendt, ou seja, de quem se ocupa da filosofia, embora, acrescentemos, isto possa ocorrer com todos que pensem em algo mais profundamente.

---

7. ARENDT, op. cit., p. 40.
8. THORSON, T. L. *Time and Free Will*, Harper Tochbooks, 1960, citado por Arendt, 1992, p. 42.
9. ARENDT, op. cit., p. 41.

A ciência moderna destrói o que Arendt chama de ilusões autênticas ou aparências[10] dos fenômenos sem destruir o senso de realidade, na qual o Sol sempre nasce e se põe, como Hume (Cap. V) observara criticando a lógica da indução. Mas o pensamento desmascara as aparências ou ilusões autênticas que o senso comum não ousa contestar, preso ao nosso aparelho sensorial. Estas palavras de Arendt lembram a citação de Galileu que fizemos no capítulo IV a propósito do heliocentrismo, manifestando sua admiração por Aristarco e Copérnico, "capazes de levar a razão a dominar de tal modo a sensibilidade que, em detrimento desta última, a primeira se fez senhora da crença que professavam".[11] Arendt acrescenta que os átomos de Demócrito eram invisíveis, e ele foi suspeito de insanidade por suas idéias atomistas, tendo Aristarco sido acusado de impiedade por ter, séculos antes de Copérnico, formulado a hipótese do heliocentrismo. Podemos, além dos exemplos de Arendt, lembrar outros, que abordaremos no capítulo seguinte: Meyer e Boltzmann. Meyer chegou a ser internado em um hospício e tentou suicídio, deprimido, em parte pela reação negativa da comunidade dos cientistas à sua convicção de que o calor não era um fluido, o calórico, mas sim uma forma de energia. Boltzmann, um dos criadores da teoria cinética dos gases e da mecânica estatística, foi muito hostilizado pelo antiatomismo positivista dominante à sua época por sua convicção atomista; ele se suicidou, embora não seja clara a razão que o levou a isto. Hoje, estas idéias que foram reprimidas fazem parte do paradigma ou dos paradigmas atuais da física. Mas apesar de reconhecer a impressionante construção intelectual que a ciência moderna fez, abstraindo conceitos para explicar os dados obtidos da natureza, Arendt a considera uma extensão do senso comum, ao contrário de Bachelard (Cap. XI, Vol. II) que opôs um ao outro, separados pelo que denominou corte epistemológico. Por outro lado, Musgrave também relaciona, na perspectiva do realismo crítico de Popper, a ciência ao senso comum.[12]

O pensar ligado à razão foi separado por Kant do conhecer, relacionado à apreensão das percepções. A faculdade cognitiva visa apreender o que é dado pelos sentidos e seu critério é a verdade dada pelas evidências,

---

10. Op. cit., p. 42. Schein em alemão ou semblance em inglês, traduzido como semblância na edição brasileira; podemos usar ilusão ou aparência (erscheinung) coerente com outros capítulos.
11. CROMBIE, A. *From Augustine to Galileo*, Falcon Press, Londres, 1952.
12. MUSGRAVE, Alan. *Common Sense, Science and Scepticism*, Cambridge Univ. Press, 1993.

enquanto a razão busca o significado das coisas. O objetivo básico da ciência é então[13] "conhecer o mundo tal como ele é dado aos sentidos e seu conceito de verdade é derivado da experiência... mas as questões levantadas pelo pensamento... são todas elas irrespondíveis pelo senso comum e por sua sofisticada extensão a que chamamos ciência". A ciência busca a verdade irrefutável, coercitiva no sentido de que ninguém é livre para refutá-la, como a verdade dos fatos evidentes que vemos diante dos nossos olhos. O conhecimento, neste sentido, está sob o domínio da natureza, em contraste com o pensamento que é livre. Arendt se vale da distinção feita desde Leibniz e desenvolvida por Kant entre as verdades analíticas, ditadas pela razão e necessárias, e as verdades sintéticas dos fatos e contingentes. Nas primeiras, o contrário é impossível e não nas últimas. Mas observa que, quando testemunhamos um fato, o contingente se torna coercitivo independentemente dos argumentos da razão: é verdade porque é evidente. E a ciência oficializa como evidência o que vem do experimento, validado como verdade irrefutável pela comunidade dos cientistas, os quais funcionam como testemunhas com credibilidade.

Neste ponto, Arendt parece não considerar o caráter provisório da verdade científica, refutável pelo *modus tollens* da lógica no confronto com novos dados experimentais (Cap. IV), o que constitui um critério de demarcação da ciência a ser discutido depois. Entretanto, adiante, ela escreve que a verdade nas ciências "nunca é permanente, mas uma veracidade provisória que esperamos trocar por outras mais acuradas".[14] A cada momento, porém, a ciência dá uma verdade única sobre cada categoria de fatos, o que lembra os paradigmas de Kuhn (Cap. X, Vol. II). Arendt separa a necessidade de pensar do impulso de conhecer: embora o pensamento possa ser usado na busca do conhecimento, quando o faz é como "um servo de um empreendimento".[15] Cita Hegel por fazer uma analogia da pretensa servidão da filosofia à ciência com a servidão medieval da filosofia à religião. Mas Arendt reconhece que a busca do significado das coisas através do pensamento, no sentido kantiano, é a condição necessária para chegarmos ao conhecimento, por trás do qual se encontram as questões aparentemente vãs da filosofia. Entretanto, sem estas questões se perderia o "apetite intelectual" também para as questões da ciência. Kant que-

---

13. ARENDT, 1992, p. 46.
14. Op. cit., p. 48.
15. ARENDT, op. cit., p. 48.

ria lançar a semente de uma metafísica inspirada no rigor da ciência, mas contribuiu, independentemente de sua vontade, para a escola romântica na filosofia e para o idealismo alemão, onde incluímos Hegel.

Segundo Popper,[16] Kant foi levado ao problema da *Crítica da razão pura* pela cosmologia, especialmente pela questão de o universo ter tido ou não um princípio no tempo e ser finito ou infinito no espaço[17] (primeira antinomia — Cap. VI). Embora hoje tenhamos avançado no conhecimento do universo no espaço, admitindo na teoria da relatividade geral um universo finito e sem limites no espaço, por uma conformação topológica especial, permanece a questão da origem do universo no tempo. Teria havido um instante inicial na teoria do "big-bang" ou há infinitos "big-bangs" se sucedendo na hipótese do universo pulsante? (Vol. III). Outro comentário interessante de Popper é sobre a chamada revolução copernicana de Kant (Cap. VI). Copérnico vendo que, com a Terra no centro, não conseguia avançar no entendimento do sistema planetário, colocou o Sol no centro. Kant não resolvia o problema de Hume da explicação da causalidade física pela indução a partir da observação empírica. Resolveu, então, colocar a mente no centro, impondo a causalidade como um *a priori* para compreender a natureza. A solução de Kant recolocou na epistemologia o ser humano no centro do universo, de onde ele tinha sido fisicamente retirado por Copérnico. O homem cria na sua mente a ordem do universo que observa à sua volta. Assim, para Popper[18] Kant teria influenciado, além da filosofia, a física, criando um tipo de reflexão sobre a natureza sem a qual as teorias da relatividade e quântica não seriam concebíveis.

VII.2. DO ILUMINISMO À FILOSOFIA NATURAL DO ROMANTISMO PÓS-KANTIANO

Voltamos à pergunta que Platão atribui a Sócrates no *Teeteto* (Cap. II): como é possível um conhecimento digno de crédito? Kant, como vimos, fez uma profunda crítica à metafísica, ou seja, à filosofia especulativa, em comparação com o conhecimento da geometria e da mecânica. Acredita-

---

16. POPPER, K. Crítica e Cosmologia de Kant, em *Conjecturas e Refutações*, Ed. Univ. de Brasília, 1982.
17. KANT, E. *Carta a Garve*, 21 de setembro de 1798, citado por Popper, K. 1982.
18. POPPER, 1982, p. 208.

va que "uma reforma completa, ou antes, um novo nascimento da metafísica, segundo um plano inteiramente desconhecido até agora, se produzirá inevitavelmente".[19] Entretanto, ocupou-se não apenas das questões da *Crítica da razão pura* e via um limite para a razão, obrigando um julgamento moral nas questões práticas do mundo que não se esgotam na ciência. Popper[20] identifica Kant com as idéias da Revolução Francesa e Norte-Americana, como um defensor do Iluminismo, que teve por um dos maiores expoentes Voltaire, um divulgador das idéias da ciência de Newton no continente.[21] Kant[22] escreveu que "o Iluminismo é a emancipação do homem da incapacidade de usar sua própria inteligência". Entretanto, Kant também é visto como um precursor da escola romântica[23] na filosofia e do idealismo alemão, do qual participou Hegel, embora, provavelmente, Kant jamais teria aceitado tal designação. A visão de Hegel sobre a ciência era oposta à de Kant, como veremos adiante. Mas vamos antes dedicar um espaço à filosofia da natureza originada do casamento da ciência com o romantismo. O romantismo foi um movimento cultural amplo, sobretudo literário e artístico, marcado pela liberdade com respeito às restrições das regras clássicas de forma e estrutura, caracterizando-se pela expressão das emoções e dando maior importância ao todo que às partes.

Podemos esquematizar uma bifurcação na filosofia após Kant (Fig. 1), com o materialismo e Marx de um lado; e, do outro, o idealismo com múltiplas derivações.

Devemos enquadrar no idealismo tanto Hegel, cuja dialética contraditoriamente influenciou Marx, como o romantismo, do qual a filosofia da natureza foi uma importante expressão, desdobrando-se depois no positivismo.[24] Embora muitas vezes ausente das referências de textos da filosofia da ciência contemporânea, a filosofia da natureza, associada ao romantismo no início do século XIX, teve um papel importante, caracterizado por:[25]

— opor-se à visão de mundo newtoniana;
— ser uma reação ao materialismo, incluindo nele o atomismo;

19. KANT, I. *Prolegômenos a toda metafísica futura*. Edições 70, Lisboa, 1987.
20. POPPER, 1982, p. 204.
21. VOLTAIRE. *Elementos da filosofia de Newton*. Ed. da Unicamp, 1996.
22. KANT, E. *O Que é o Iluminismo*, 1795, citado por Popper, K., 1982.
23. Escola Romântica de Fichte e Schelling; costuma-se também incluí–los com Hegel no idealismo alemão.
24. BRUSH, S. *The Kind of Motion We Call Heat*, North Holland, Amsterdam, 1976.
25. BRUSH, op. cit., p. 51.

Figura 1. Filosofia e epistemologia Pós–kantiana.

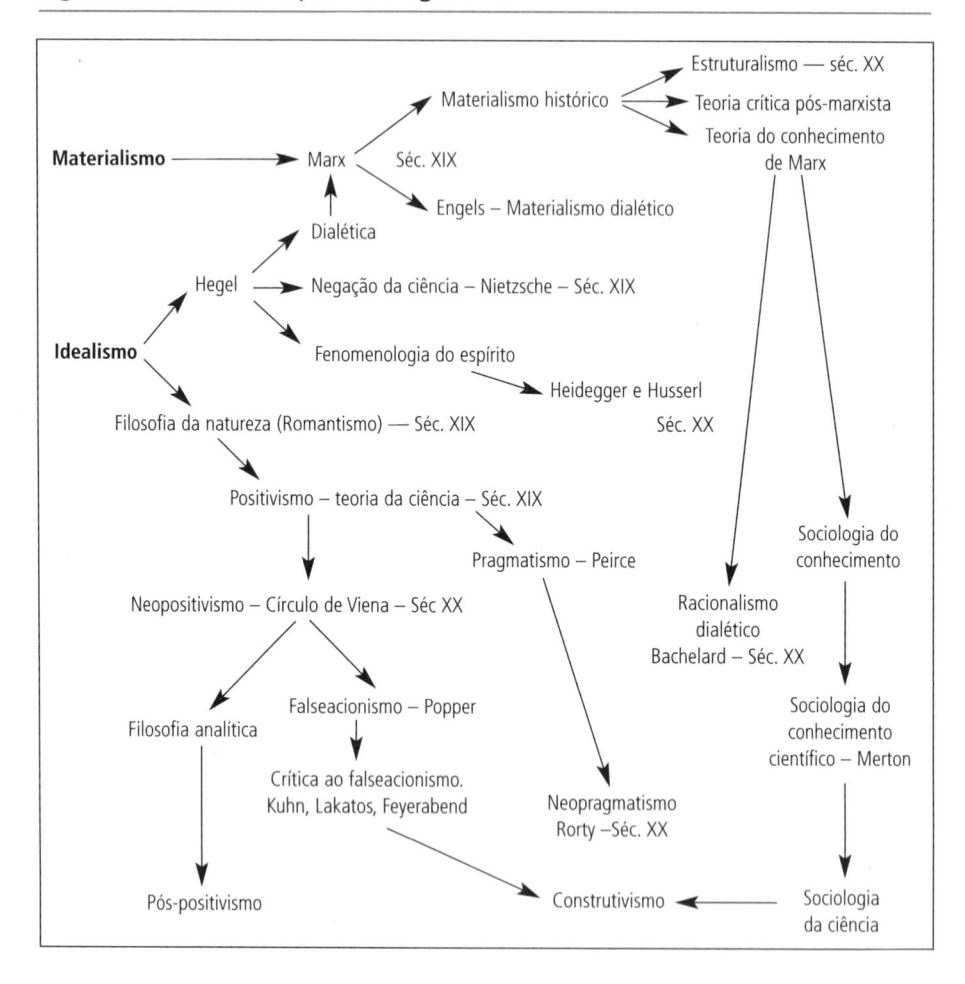

— apoiar o dinamicismo originado de Boscovich (Cap. III), que para alguns estava de acordo com a filosofia de Kant;

— buscar princípios gerais de unificação para interpretar todos os fenômenos.

As três primeiras características relacionam-se entre si profundamente. O dinamicismo propunha substituir a idéia newtoniana de partículas movendo-se no espaço vazio por centros de forças, as quais preencheriam todo o espaço, tornando a existência da matéria secundária. Aí, está o cerne do conceito de campo de forças que depois foi introduzido no eletromagnetismo e se espalhou por toda a física com a teoria dos campos. Os átomos seriam, pois, substituídos por centros de força (Cap. III). Os dinamicistas se opuseram aos mecanicistas e materialistas como Laplace, o qual era seguido pela maior parte dos cientistas franceses. Os princípios de unificação abrangem o conceito de energia, que se tornou importante na física. Como veremos ainda neste capítulo, Engels revela na sua *Dialética da natureza* uma proximidade em relação a algumas idéias da filosofia natural, embora esta se ligue ao romantismo, situado na linha do idealismo contrastante com o materialismo marxista.

A atmosfera do romantismo e da filosofia natural influenciou especialmente a teoria eletromagnética criada no século XIX, que estudaremos no Capítulo VIII, Vol. II. Foram muito influenciados por Oersted, que fez importantes descobertas no eletromagnetismo, e por Faraday, a quem se atribui o conceito fundamental de campo (Cap. VIII). Um interessante exemplo da visão de Faraday pode ser encontrado em suas conferências reunidas em livro publicado recentemente no Brasil.[26] As idéias do romantismo e da filosofia natural também influenciaram Mayer, o primeiro a formular o princípio de conservação de energia,[27] que veremos no capítulo seguinte.

Houve no meio do século XIX um interregno em que ganhou fôlego na ciência uma oposição realista e materialista ao romantismo, segundo Brush. Datam desta época a teoria cinética dos gases, associada à termodinâmica, e a proposta de um modelo mecânico para a teoria eletromagnética de Maxwell.[28] Na química desenvolveu-se também o atomismo com a teoria da valência das ligações químicas entre átomos nas moléculas

Em reação ao interregno materialista, veio o neo-romantismo, desembocando no positivismo, que incluiu o empiriocriticismo e o energetismo, os quais estudaremos no próximo capítulo. Por enquanto, vamos retornar ao idealismo de Hegel, para a partir dele percorrermos a outros ramos do diagrama da figura 1, subindo em direção ao materialismo e à dialética de Marx.

Vamos percorrer os caminhos mostrados na figura 1 neste capítulo e no próximo volume, partindo da bifurcação ocorrida após Kant. Já vimos no ramo do idealismo a filosofia natural do romantismo, na direção do positi-

---

26. FARADAY, Michael. *A História Química de uma Vela. As Forças da Matéria.* Contraponto: Rio de Janeiro, 2003.
27. BRUSH, op. cit., p. 53-54.
28. Duhem faz uma crítica a estes modelos (Cap. VIII, Vol. II).

vismo, que deixaremos para o próximo capítulo (Cap. VIII, Vol. II). Vamos seguir agora o ramo superior na figura 1, subindo em direção à dialética de Hegel para chegar ao materialismo de Marx, que constitui uma exemplar imbricação entre tecnociência e humanidades — evidenciando a influência e, dialeticamente, a crítica do determinismo newtoniano na modernidade.

VII.3. A DIALÉTICA IDEALISTA HEGELIANA

Uma vertente importante da filosofia, a partir de Hegel, fez a crítica da ciência chegando a negá-la como um problema filosófico relevante. Outra vertente, o positivismo, colocou a ciência em um pedestal acima da filosofia e de qualquer outra forma de conhecimento. Hegel influenciou Marx quanto à dialética. Mas Marx assumiu uma posição completamente diferente daquela de Hegel quanto à importância da ciência, embora se tenha diferenciado também do positivismo. Este é incompatível seja com a dialética marxista, seja com o a abordagem histórica e social do conhecimento científico em Marx. Por sua vez, a filosofia de Hegel desdobrou-se: por um lado na negação da ciência no niilismo de Nietzsche no século XIX e, por outro, no século XX na fenomenologia de Heidegger e de Husserl. Não nos ocuparemos destes últimos autores agora, por uma opção na organização do texto, deixando-os para o capítulo XII (Vol. II). Lá, voltaremos à crítica da ciência através de membros da Escola de Frankfurt, como Habermas, e de outros autores, desembocando na doutrina contemporânea do contrutivismo social da ciência. Veremos no presente capítulo a teoria do conhecimento de Marx.

Devemos nos ater a algumas idéias de Hegel pela sua importância para a dialética de Marx. Ao abordar Hegel, Habermas volta a Kant e, tal como Arendt, também postula para o conhecimento racional uma posição soberana frente à ciência.[29] Observa que, entretanto, a crítica de Hegel a Kant levava a filosofia a mudar de posição frente à ciência, renunciando tratar dela como um problema da sua esfera. Esta posição ficou insustentável com o avanço e a influência da ciência. Em contraste, o positivismo se apoderou no século XIX da herança da teoria do conhecimento de origem kantiana. Mas afastou-se de Kant e tornou-se tão só "uma metodologia para a autocompreensão cientificista das ciências".[30] Este cientificismo "sig-

---

29. HABERMAS, J. *Conhecimento e interesse*, Guanabara: Rio de Janeiro, 1987.
30. HABERMAS, 1987, p. 26.

nifica a fé da ciência nela mesma", a convicção de que a ciência é não apenas uma forma possível do conhecimento, mas identifica-se com o próprio conhecimento na sua essência. O positivismo de Comte usou a tradição empirista e a racionalista, para "solidificar a fé da ciência em sua validade exclusiva", sofisticada no século XX pelo neopositivismo moderno com "sucesso que não pode ser contestado".[31]

A ciência, por sua vez, teve sua origem, como vimos no capítulo I, no mito, na crença e na imaginação criativa. O mito pode se originar da observação dos fenômenos naturais, como o relâmpago e a trovoada atribuídos à ira dos deuses. Vimos ainda que a ação a distância da gravidade[32] de Newton tem um lado mágico (Cap. III). Os fundamentos lógicos da ciência empírica foram abalados, devemos lembrar, por Hume (Cap. V), aproximando-a de uma espécie de mito capaz de fazer previsões corretas em uma classe de problemas. O mito é uma "revelação discursiva do real" através de um monólogo.[33] O homem cria o mito por sua imaginação "procurando evitar contradições... quando o confronto com outra opinião ou mito engendra o desejo de uma prova... surge a necessidade de basear sua opinião em algo que não seja a simples convicção... procura-se um fundamento de valor superior".[34]

Ao criticar Kant, Hegel radicalizou, desqualificando a teoria do conhecimento kantiana. O materialismo de Marx completou o desmantelamento da teoria de Kant e, "nesta terra arrasada", o positivismo "erigiu o absolutismo da metodologia pura".[35] Em Hegel, a teoria do conhecimento foi substituída pela auto-reflexão fenomenológica, que não pode dispensar a dúvida incondicional. Assim o hegelianismo pretendeu ir além da teoria do conhecimento transformando-se em negação dela. Hegel imputa à teoria do conhecimento um "conceito ofuscado de saber" em comparação com o seu conceito de "saber absoluto".[36]

Embora, desde Descartes a Kant, haja "o propósito radical da dúvida",[37] a teoria do conhecimento, partindo da dúvida, supõe ser a ciência uma categoria privilegiada de saber, tomada como protótipo do conhecimento.

---

31. Op. cit., p. 27.
32. KOJÈVE, Alexandre. *Introdução à leitura de Hegel*. Trad. Contraponto e Ed. da UERJ, 2002, p. 435.
33. KOJÈVE, 2002, p. 429.
34. Op. cit., p. 431.
35. Op. cit., p. 27.
36. HABERMAS, 1987, p. 29.
37. Op. cit., p. 33.

Para Kant, como vimos, a física e a matemática são exemplos do progresso da ciência, em contraposição às "disciplinas onde se tateia entre conceitos vazios" — como a metafísica, na qual Kant queria fazer uma revolução, seguindo o exemplo da geometria e da mecânica. Procurou a partir delas chegar a conclusões sobre o potencial cognitivo da mente humana, assumindo a ciência como protótipo. Hegel se insurge contra isto. Kant queria estabelecer "um tribunal para proferir juízos acerca dos equívocos da razão quando esta se baseia na experiência" e não via problemas maiores nisto, porque nada lhe parecia mais certo do que a autoconsciência: "nela eu estou disponível para mim", ou seja, "eu penso acompanhando todas as minhas idéias e representações".[38] Para Hegel o eu era o que importava. Definiu experiência fenomenológica como a passagem da "contemplação ingênua do objeto como existente em si" para o "saber reflexivo", permitindo assim a consciência fazer uma experiência com ela mesma.[39] Hegel[40] criticou a pressuposição implícita da teoria do conhecimento de Kant, que distingue, de um lado, razão teórica e, de outro, razão prática. A *Crítica da razão pura* supõe um conceito de "eu" diferente daquele da razão prática, contrapondo o "eu" como consciência ao "eu" como livre arbítrio, fazendo uma separação entre o conhecimento e a "crítica do agir", isto é, entre ciência e ética. Saber e querer ficam separados e aqui está uma raiz do problema das "Duas Culturas" ou etos a que voltaremos no capítulo XIII. Hegel se opôs a esta separação e assegurou ser a consciência crítica um saber absoluto, mas ele ficou devendo a comprovação dessa assertiva.[41]

Paradoxalmente, Kojève[42] observa que o método de Hegel, ao pé da letra, nada tem de dialético, no sentido em que a dialética foi usada desde Platão (Cap. II), ou seja, de método filosófico baseado no diálogo e na discussão. A dialética busca adequar o pensamento discursivo à realidade. As origens históricas do método dialético de Platão estão no sofismo filosófico (I.10, Cap. I), ainda que o tenha superado. Aristóteles (Cap. II) tornou o método dialético em método aporético, ou seja, "a solução do problema resulta de uma discussão de todas as opiniões possíveis, isto é, coerentes e não contraditórias com elas mesmas". À primeira vista, Hegel foi um retorno a Platão, mas ele dispensou o método dialético platônico e buscou a ver-

38. Op. cit., p. 36.
39. Op. cit., p. 37.
40. HEGEL, William Benton Publisher, *Great Books of the Western World*, Vol. 46, 1978.
41. HABERMAS, op. cit., p. 39.
42. KOJÈVE, p. 429.

dade na dialética da história. Substituiu o método dialético, da discussão, pela dialética do real.

Com a investigação fenomenológica, Hegel[43] acreditava ter tornado a teoria do conhecimento supérflua. Apresentou a fenomenologia como um saber acima de toda a ciência empírica, considerando que Kant contentara-se com um conceito empírico de ciência. Hegel formulou um conceito de ciência que relativiza a teoria do conhecimento. Na concepção de Hegel, as ciências que atuam segundo um método são consideradas como limitações do saber absoluto e "dever-se-iam envergonhar dessa situação". Habermas[44] crítica esta posição radical por não esclarecer o papel da filosofia frente à ciência, eliminando as relações entre uma e outra. Para ele "o progresso científico, processando-se independentemente da filosofia deveria desmascarar a presunção hegeliana como pura ficção". Acrescenta: "Marx lhe poderia ter contestado, pois ele rastreou a crítica de Hegel a Kant sem compartilhar o pressuposto... que inibe Hegel".

Apesar disto, Hegel foi muito influenciado pelas ciências naturais,[45] o que parece contraditório com a crítica hegeliana à ciência. Exemplificando, ao tratar da matéria na sua filosofia, Hegel considera as moléculas como a essência da matéria e afirma que a matéria tal como a percebemos seria uma ilusão. Isto mostra a atenção de Hegel à física do seu tempo, ao contrário do que parece na crítica feita por Habermas. A teoria molecular e atômica da matéria, na química e na teoria cinética dos gases, data do século XIX, mas não era consensual, muito questionada pelos positivistas. Kilching, ao discutir Hegel, se refere às famosas duas mesas, a do senso comum e a dos físicos[46] (XIV.8, Vol. II).

VII.4. A Teoria Materialista do Conhecimento em Marx

VII.4.1. Crítica ao idealismo de Hegel
e ao naturalismo de Feuerbach

Ao fazer uma síntese da dialética idealista de Hegel com o materialismo naturalista de Feuerbach, superando-os, Marx criticou o "saber abso-

---

43. HEGEL, 1978.
44. HABERMAS, op. cit., p. 43.
45. KILCHING C. *Marxism and Science*, 1994, p. 26.
46. EDDINGTON, Cap. IV.

luto" da fenomenologia do espírito de Hegel,[47] e afirmou "a primazia da natureza frente ao espírito".[48] Entretanto, não contrapôs ao idealismo hegeliano um materialismo simplório. Embora tenha retomado o naturalismo de Feuerbach, já na primeira tese contra Feuerbach, passou do estudo naturalista-antropológico para o teórico cognitivo,[49] que nos interessa no estudo da teoria do conhecimento. Kant havia tomado o conhecimento científico como seguro, usando-o como referência na busca de uma fundamentação do conhecimento das humanidades, mais amplo do que o científico embora menos seguro (Cap. VI). Hegel havia desqualificado o saber da ciência como de segunda categoria e propugnava por um saber absoluto, originado da auto-reflexão, da fenomenologia do próprio espírito ao invés da fenomenologia da natureza.[50] Marx fundamentou o conhecimento como originado do trabalho, da manipulação do real pelo homem, para sobreviver e melhorar sua existência socialmente. Aí está a origem da teoria do conhecimento marxista, depois revista na sociologia da ciência (Fig. 1). A posição de Marx não se confunde com o positivismo de Comte, que reduz o conhecimento válido ao conhecimento científico de base empírica. Longe disto, a relação entre conhecimento, natureza e trabalho ultrapassa o empirismo, apesar da compreensão do conhecimento a partir do trabalho, em contraste com a abstração metafísica de Hegel.

O trabalho é, além de uma categoria antropológica, uma categoria da teoria do conhecimento, segundo *O capital*:[51] "O trabalho é, primeiramente, um processo entre homem e natureza", na qual o homem "regula e controla" a natureza. As forças naturais "pertencentes a seu corpo, braços e pernas, cabeça e mãos, ele as põe em movimento com o fim de apropriar-se do material da natureza em uma forma útil à sua própria vida".[52] Assim, o homem é visto como uma categoria de animal caracterizada por fabricar instrumentos, não só em um esquema de ação, mas em um esquema de concepção de mundo. "O homem não é apenas um ser natural, mas é ser natural humano" existente para ele próprio, afirmando-se "tanto em seu ser quanto em seu saber".[53]

47. MARX, K. *Manuscritos Econômico-Filosóficos*, 1844.
48. MARX, K. e ENGELS, F. Gesamtausgabe, Berlim, 1932, p. 122 (Obras Completas).
49. HABERMAS, 1987, p. 44.
50. Op. cit., p. 45.
51. MARX, K. Das Kapital (1867), trad. inglês, *Great Books of the Western World*, Vol. 50 (Parte III, Cap. VII), 1978.
52. MARX, op. cit., p. 85.
53. Op. cit., p. 85.

Algumas variantes do pensamento contemporâneo foram influenciadas por Marx. Sua concepção do trabalho como "categoria de mediação" entre "natureza objetiva" e "natureza subjetiva"[54] o leva a concluir que o homem, forjando instrumentos, destaca-se entre todas as espécies animais pela forma de reprodução do trabalho social.[55] Por este caminho a origem do conhecimento está no trabalho humano e não na auto-reflexão, o que se contrapõe à fenomenologia hegeliana. Habermas identifica aí uma crítica à teoria do conhecimento radicalizando a crítica de Hegel a Kant, mas não uma verdadeira teoria materialista do conhecimento,[56] no que podemos discordar de Habermas. A síntese dialética materialista de Marx é completamente diferente do conceito idealista de juízo sintético kantiano, definido em contraponto ao juízo analítico, referidos respectivamente como *a posteriori* e *a priori* com respeito à experiência (Cap. VI). O conhecimento deixa de ser apenas fruto de uma atividade do pensamento tornando-se fruto da produção material. Assim, a crítica da economia política toma o lugar da lógica formal na teoria do conhecimento de Marx.

VII.4.2. TRABALHO E CONHECIMENTO

Existe uma unidade do homem com a natureza, em graus diferentes conforme o grau de desenvolvimento da indústria. No hegelianismo, o espírito se unia à natureza, identificando-se nela em uma unidade, diz Habermas. Marx opõe-se ao idealismo que funde homem e natureza fazendo desta um sujeito. Para ele, o sujeito é o homem, e a unidade é imposta pelo sujeito à natureza. Esta consideração é polêmica para os teóricos da ecologia política contemporânea, pois coloca fora de questão pensar no primado da natureza, como tenderam a fazer outros membros da Escola de Frankfurt, como Marcuse e Adorno[57] (XII.7, Vol. II). A autonomia da natureza se restringe ao fato de que só podemos dominar processos naturais submetendo-nos às suas leis. E por mais que estendamos nosso poder, através da tecnologia derivada da ciência, a natureza conserva um "núcleo substancial" impenetrável, que não nos revela. Estas palavras nos lembram a coisa em si incognoscível de Kant (Cap. VI). Entretanto, Marx lida

54. HABERMAS, op. cit., p. 47.
55. MARX, op. cit., p. 86.
56. Op. cit., p. 49.
57. Op. cit., p. 50.

com a natureza como algo em si, que "tem prioridade sobre o mundo humano".[58] Ela penetra no processo de trabalho. O processo de produção é uma síntese entre homem e natureza que se materializa pelo trabalho. Nesta concepção, embora na teoria do conhecimento a natureza seja vista como existente em si, temos acesso a ela pelo processo de trabalho: a natureza em si fica como uma abstração de que necessitamos para pensar. Ela não é a natureza aparente com que nos deparamos por meio dos sentidos, valorizados por Locke como guia para o conhecimento, nem é como "a coisa em si" kantiana incognoscível, que nos obriga a buscar o conhecimento através do pensamento e da razão, como achavam os racionalistas desde Platão a Descartes e Leibniz. Em lugar dos sentidos e do pensamento, é o trabalho que produz o conhecimento na teoria de Marx, mas para isto não dispensa a razão e a auto-reflexão.

Nos *Esboços da crítica da economia política*, lemos que o processo de trabalho é uma sujeição dos objetos a um propósito subjetivo.[59] Comparando os elementos do processo de trabalho com aqueles que caracterizam o processo do pensamento em Kant, o primeiro envolve materiais, instrumentos e trabalho vivo, o segundo envolve percepção, compreensão e imaginação.[60] Esta observação, se tomada ao pé da letra, separa, nas ciências da natureza, o trabalho teórico do experimental. Devemos aqui registrar que nos primórdios da mecânica teórica, nascida com a Revolução Científica do século XVII, as relações entre saber científico e saber prático são explícitas. Galileu refere-se à sua gratidão para com os artesãos do Arsenal de Veneza e Newton, na introdução dos *Principia*, propõe-se a geometrizar a mecânica vista como arte manual dos artífices, sintetizando-a em uma só teoria com o sistema (solar) do mundo.

Há uma relação do materialismo com as ciências naturais em Marx, que relaciona o saber produzido na pesquisa científica, e aproveitado tecnicamente, ao saber pragmático do dia-a-dia, adquirido pelo método de tentativa e erro controlado pelo grau de sucesso. Para Popper (Cap. VIII, Vol. II), um antimarxista, as hipóteses das teorias científicas são também

---

58. Op. cit., p. 51.
59. MARX, K. *Grundrisse der Kritik der Politischen Okonomie*, Berlim, 1953, p. 389, em Habermas, 1987, p. 52. e p. 65; escrito entre 1857 e 1858, um esboço ou versão preliminar, depois modificada, do que veio a ser "O Capital"; só foi descoberta em 1923 e publicada em 1941 em Moscou.
60. HABERMAS, op. cit., p. 52.

engendradas pelo método da tentativa e erro, em substituição à pura indução empírica tradicionalmente evocada pelos positivistas para justificar a ciência. Nesse ponto, Popper se junta a Marx contra o positivismo.

VII.5. Materialismo Histórico, Ciência e Determinismo

VII.5.1. Ciência e progresso técnico

Como acabamos de ver, é inegável o teor instrumentalista da ciência para Marx, a quem se pode atribuir uma interpretação antropológica da cognição que tem a ver com o evolucionismo de Darwin.[61] Marx escreveu em *Ideologia alemã* que os homens começam a se distinguir dos animais logo que começam a produzir seus meios de vida.[62] Entende a história humana como continuação da história natural. Na justificação cognitiva das ciências naturais, Marx fica com Kant contra Hegel. Para ambos "um critério de cientificidade é o progresso metodicamente assegurado do saber", entretanto, Marx não entendeu como Kant esse progresso como evidente por si mesmo, mas o "avaliou de acordo com o grau de eficácia com que as informações científicas infiltram-se no fluxo de produção", pois não são outra coisa que um "saber utilizável".[63] É lapidar este trecho[64] sobre a ciência: "as ciências da natureza têm desenvolvido uma enorme atividade... A filosofia permaneceu contudo tão estranha a elas quanto estas ciências permaneceram estranhas à filosofia... De maneira tanto mais prática a ciência inseriu-se na vida humana através da indústria e a transformou...".

O conhecimento da natureza "desde o estágio do saber pragmático do cotidiano até a moderna ciência da natureza", vem do conflito primário do homem com a natureza, e age "enquanto força produtiva sobre o sistema de trabalho social, dinamizando seu desenvolvimento".[65] Esta ação se dá pela via do desenvolvimento tecnológico, que é uma preocupação de Marx. Segundo ele, a ciência natural e a tecnologia compõem a "autoconsciência do sujeito social". Habermas observa que, assim, a história da

---

61. Op. cit., p. 58.
62. MARX, K. *Deutsche Ideologie*, Werke, Vol. 3, cit em Habermas, op. cit., p. 81.
63. HABERMAS, 1987, p. 61.
64. MARX e ENGELS, 1932, p. 122.
65. HABERMAS, op. cit., p. 63.

tecnologia se sedimenta na história da consciência. Podemos interpretar que esta sedimentação contribui na formação da consciência de classe, no sentido marxista.

Todas as realizações do organismo humano são gradualmente transferidas aos meios de produção: primeiro as dos órgãos executores, depois as dos órgãos sensoriais e de produção energética, e, finalmente, as funções do órgão controlador, o cérebro. Habermas observa que esse processo de transferência leva a uma situação em que, de um lado, o sujeito social emancipa-se do trabalho forçado pela via do progresso técnico-científico e, de outro lado, o tempo do trabalhador e o trabalho deixam de servir para mensuração do valor de troca dos bens produzidos, que era no cerne da teoria marxista. Nada mais atual no fim do século XX e início do XXI, com a automação, de que trataremos no Volume III. Nos *Grundrisse*[66] há uma passagem que não reaparece em *O capital*, na qual é dito: "À medida que... a grande indústria se desenvolve, a geração da riqueza real fica menos dependente do tempo e da quantidade de trabalho empregado do que do poder dos agentes instrumentais que são postos em ação durante o tempo do trabalho e cuja poderosa efetividade não possui, ela mesma, relação direta com o tempo de trabalho necessário para a sua produção, mas, antes pelo contrário, depende do estágio genérico alcançado pela ciência e pelo progresso da tecnologia ou pelo nível de aplicação desta ciência à produção... O trabalho não mais aparece tanto inserido no processo produtivo, eis que o homem se comporta muito mais como vigia e regulador frente ao processo da produção". Devemos registrar nesta afirmação a previsão de Marx sobre as mudanças do capitalismo industrial, que se delineavam naquela época, mas hoje se concretizaram. Habermas vai tratar especificamente da redução do papel do trabalho na produção, em virtude da tecnologia, em *Ciência e técnica como ideologia*, que veremos no capítulo XII (Vol. II).

Em uma visão utópica, Marx fez a defesa do livre desenvolvimento das individualidades em oposição à divisão forçada do trabalho. Raymond Aron pergunta: como suprimir a divisão do trabalho em uma sociedade complexa?[67] Extrai de Marx a resposta de que não se poderia pensar que a especialização desaparecesse com o socialismo. Podemos acrescentar que nos *Grundisse* lemos: "trata-se de reduzir em termos universais o trabalho necessário na sociedade a um mínimo", permitindo a formação artística e

---

66. MARX, 1953, p. 592.
67. ARON, Raymond. *O Marxismo de Marx*, trad., Arx: São Paulo, 2004, p. 220.

científica dos indivíduos no tempo que lhes ficou disponível.[68] Marx criticava a divisão do trabalho imposta a cada indivíduo como uma fatalidade conforme a classe social em que nasce, como um determinismo natural, mas acreditava que poderia ser organizada de outra forma, voluntária. Para compreender isto deve-se lembrar que Marx acreditava firmemente na igualdade natural básica entre os homens, sendo as desigualdades criadas pelas condições sociais.[69] Nestas, inclui-se a educação. Aron, em outra parte do mesmo livro, ressalta a afirmação de Marx de que "o dinheiro e a instrução são os critérios principais" para as diferenças na sociedade.[70] Qualifica-a de "magnífica porque permanece 90% verdadeira ainda hoje"[71] e refere-se à crítica feita pelo socialismo contemporâneo à meritocracia, que estabelece a hierarquia na sociedade por méritos concedidos por "canudos universitários". Questiona se a hierarquia dada pelo "acaso dos genes" é tão ruim quanto o privilégio do dinheiro. Aqui, temos um claro confronto com o liberalismo que cultua a competição, condenando os perdedores à exclusão social hoje, no início do século XXI mais do que ao tempo de Aron.

Esta velha idéia de transformação do processo de trabalho, retomada no fim do século XX como novo paradigma (Seção VII.13.2), muito otimista, liga-se à idéia do jovem Marx de que as ciências da natureza e as do homem englobam-se mutuamente, o que tem tudo a ver com nosso tema: tecnociência e humanidades. Mas, segundo os *Grundrisse*,[72] a transformação da ciência em maquinaria não libera necessariamente o trabalhador, transformando-o em sujeito consciente e senhor do processo produtivo. Ou seja, a questão não se reduz ao "agir instrumental" frente à natureza. Ao se incluir as interações dos homens entre si na sociedade, o controle consciente da vida social pelos trabalhadores não se confunde com a regulação automatizada do processo produtivo. Outra parte dos *Grundrisse*[73] refere-se à primazia das ciências, com as suas aplicações tecnológicas, nas forças produtivas, como resultado direto do "uso de leis mecânicas e químicas que capacitam a máquina a executar o mesmo trabalho outrora exe-

---

68. MARX, 1953, p. 592.
69. ARON, op. cit.
70. MARX, K. *Critique de la Philosophie de l'État de Hegel*, Ouvres Completes, cit Aron, 2004, p. 137.
71. ARON, op. cit., p. 137.
72. MARX, 1953, p. 588.
73. Op. cit., p. 591.

cutado pelo trabalhador". Em uma impressionante dialética entre utopia e realismo, ele fala da transformação do processo do trabalho em processo científico, pela subordinação das forças naturais para "atuar em benefício das necessidades humanas", mas alertando que o desenvolvimento da maquinaria só se verificou depois que "a grande indústria" pôs "o conjunto da ciência a serviço do capital".[74] Nada poderia ser mais atual. Esta tensão entre a crítica ao capitalismo e o elogio do progresso tecnológico no capitalismo permaneceu sempre uma questão complicada no marxismo, como discutiremos adiante neste capítulo, com Axelos e Wallerstein, e no volume II.

VII.5.2. O MATERIALISMO HISTÓRICO E O DETERMINISMO

Na *Crítica da economia política*, publicada em 1859, antes de *O capital* portanto, Marx escreveu que "na produção social de sua existência os homens estabelecem relações determinadas, necessárias, independentes de sua vontade, relações de produção que correspondem a um determinado grau de desenvolvimento das forças produtivas. O conjunto destas relações constitui a estrutura econômica da sociedade, a fundação real sobre a qual se eleva um edifício jurídico e político e à qual correspondem determinadas formas de consciência social. O modo de produção da vida material condiciona o desenvolvimento da vida social. Não é a consciência dos homens que determina sua existência, ao contrário é sua existência social que determina sua consciência".[75] Qual o significado da palavra "determinado" usada por Marx? Não há uma resposta simples.

Marx levou sua concepção de ciência às ciências humanas e sociais, servindo-se do exemplo da física — dando curso ao que fora iniciado pela economia clássica, que estendeu a idéia de lei natural às leis econômicas. Jamais deixou de salientar a analogia com as ciências da natureza. No prefácio à segunda edição de *O capital*, Marx[76] transcreve um comentário à primeira edição atribuindo a este livro o objetivo de achar "a lei dos fenômenos que investiga e sua mútua conexão com um dado período histórico, a lei da variação e do desenvolvimento, da transição de uma forma em

---

74. Op. cit., p. 591.
75. MARX, K. *Critique de l'Economie Politique*, trad., em Marx Oeuvres, Gallimard, Paris, 1963, p. 267.
76. MARX, 1978, p. 10.

outra". O objetivo de *O capital*, segundo o comentário transcrito por Marx, é "demonstrar através de uma rigorosa investigação científica a necessidade de determinadas ordenações sucessivas das relações sociais... como um processo histórico natural, dirigido por leis que não apenas independem da consciência e da intenção dos homens mas, antes pelo contrário, determinam seu querer, sua consciência e seus propósitos". Ao fim da transcrição, Marx observa sobre o comentário: "o que está ele descrevendo senão o método dialético?". Portanto, naquele momento, ele endossava esta interpretação.

Aí, está uma base para a interpretação estrita da teoria marxista como um determinismo histórico, adotada por uma vertente do marxismo e contestado por outra, que considera um erro supor que, porque um acontecimento foi historicamente determinado, estava "destinado a acontecer antes de ter sido causado".[77] Podemos acrescentar: por causas imediatas que podem ser fortuitas, isto é, irredutíveis a causas gerais ou podem ter origem desconhecida, o que, do ponto de vista epistemológico, dá no mesmo. Fica claro aí uma diferença com relação ao determinismo newtoniano definido por Laplace (III.4.2).

Na mecânica, a força pode ser vista como a causa que, junto com as condições iniciais, determina a evolução do sistema. Mesmo na mecânica, a força pode ser universal, como é a atração da gravidade, porém as condições iniciais em um dado problema podem ser fortuitas para o observador e desempenham papel essencial na determinação da trajetória. Se continuamos a ler o texto de Marx de 1859 citado no início desta seção, encontramos um distanciamento entre sua teoria e o determinismo físico:[78] "em certo estágio de desenvolvimento, as forças produtivas materiais da sociedade entram em colisão com as relações de produção (que incluem as relações de propriedade)...Começa então uma época de revolução social". Distingue duas ordens de coisas: 1ª "a alteração material das condições de produção econômica", que deve ser verificada "com o espírito rigoroso das ciências naturais" e 2ª "as formas jurídicas, políticas, religiosas... (ideológicas) pelas quais os homens tomam consciência deste conflito".

Na interpretação de Raymond Aron, "o propulsor do movimento histórico é a contradição... entre forças de produção e relações de produção",

---

77. MILIBAND, Ralph; em Bottomore, T;. *A Dictionary of Marxist Thought*, trad. Jorge Zahar Ed., Rio de Janeiro, 1988, p. 99.
78. MARX, (1859), trad. 1963, p. 267.

associada à dialética da história.[79] Isto está longe do esquema puro de causa e efeito da mecânica de Newton e do determinismo segundo Laplace. Aron vê como central na filosofia de Marx o movimento dialético da história: o homem produz "seus meios de existência", transforma a natureza exterior (ao seu corpo) por seu trabalho e modifica a si próprio pela criação das condições em que vive. Mas, Marx não "diviniza a história", a vê como "uma abstração" construída pelo "homem real", que, a partir da "produção dos meios para satisfazer as necessidades" (humanas), cria as forças produtivas e tem consciência de si.[80]

O debate no âmbito do marxismo gira em torno de serem os acontecimentos históricos: 1 — determinados, portanto, inevitáveis; 2 — previsíveis, isto é, podem ser conhecidos antecipadamente através de teorias adequadas; 3 — controláveis na margem de variação compatível com as teorias, isto é, não são fatídicos.

Embora outras passagens de Marx possam dar a entender um determinismo em senso estrito, para alguns autores ele identificou as leis da economia como tendências, reconhecendo uma multiplicidade de causas para produzirem os resultados históricos.[81] Dessa forma, diferencia-se do newtonianismo que o inspirou. A favor desta interpretação, pode-se citar um trecho de *O capital*: uma base econômica "pode manifestar variações e gradações infinitas, devido ao efeito de numerosas circunstâncias externas, influências climáticas e geográficas, influências históricas do exterior".[82] Engels, por sua vez, escreveu que "a situação econômica é a base", mas os vários elementos da superestrutura "também exercem sua influência" e em muitos casos "têm preponderância na determinação da forma".[83] Althusser criticou tanto o determinismo associado ao reducionismo econômico como o historicismo de Lukacs e Gramsci.[84]

Mészáros, discípulo de Lukacs, afirma que foram os inimigos que acusaram o marxismo de determinismo econômico, mas, ao contrário, ele visa "a emancipação da ação humana do poder das implacáveis determi-

---

79. ARON, 2004, p. 46.
80. ARON, p. 215.
81. MILIBAND, op cit., pode ser um erro atribuir às leis da ciência uma "ingênua ontologia realista".
82. MARX, 1978, III, Cap. XLVII, cit. em Miliband, 1988, p. 99-100.
83. ENGELS, carta a Bloch, de 21/9/1890, cit. em Miliband, 1988, p. 100.
84. ALTHUSSER, Louis. *Contradiction e Surdetermination*, Paris, 1962.

nações econômicas".[85] E continua: "Marx demonstrou que a força bruta do determinismo econômico desencadeado pelas desumanizadoras necessidades da produção do capital impera", demonstrando ao mesmo tempo seu "caráter histórico — ou seja necessariamente transitório" e tocou na "ferida da ideologia burguesa": o vazio da sua "crença metafísica na lei natural" associada às "relações de produção vigentes". Portanto, o marxismo não deve ser interpretado como uma teoria determinista estrita, no sentido de que os acontecimentos futuros, em um certo prazo, estão *a priori* ou desde há muito tempo atrás determinados pela história sendo, do ponto de vista presente, inevitáveis.

A palavra historicismo, escrita acima, tem sido usada com significados contraditórios. De um lado, historicismo é interpretado como relativismo, atribuído por Althusser a Gramsci e Lukacs, significando que as circunstâncias históricas relativizam a teoria marxista. De certo modo podemos ler neste sentido a designação do capitalismo histórico, feita mais recentemente por Immanuel Wallerstein,[86] como um sistema social historicamente determinado. Ao invés de procurar enquadrar a realidade em uma teoria, abstraindo do real conceitos gerais, Wallerstein descreve o capitalismo na história. Apesar disso, não se limita à descrição empírica, mas busca responder criticamente questões teóricas, ainda que em uma abordagem heurística de base indutiva, para oferecer uma interpretação da realidade histórica que permita agir no presente.[87]

Outro significado da palavra historicismo é o de atribuir à história uma lógica, que, se for compreendida, permite prever e conformar o futuro. Esta foi uma acusação de Popper[88] ao marxismo. Esta afirmação pode ser feita sobre o historicismo de Hegel, não sobre Marx,[89] para quem a história devia ser lida à luz de uma teoria, e não extrapolada empiricamente para prever o futuro. O que permite fazer previsões é a teoria aplicada à história, embora nela inspirada e não o inverso. Mas, a previsibilidade é condicionada a cláusulas *ceteris paribus* nem sempre verificáveis. O marxismo não é historicista como Popper o acusou, escreve Miliband.[90] Mas cabe

85. MÉSZÁROS, I. *Para além do capital*, trad., Boitempo e Ed. da Unicamp, 2002.
86. WALLERSTEIN, Immanuel, *Il Capitalismo Storico*, trad. Einaudi Ed., Torino, 1985.
87. Op. cit,. p. 10.
88. POPPER, Karl, *The Poverty of Historicism*, Oxford Univ. Press, 1957.
89. MCLELLAN, David, em Bottomore, op. cit,. p. 179.
90. MILIBAND, op. cit.

lembrar outra crítica de Popper ao marxismo (Cap. IX, Vol. II): se as previsões de uma teoria são imunes à refutação pela realidade dos fatos, ela se torna inexpugnável, logo não é científica. Aqui, a argumentação de Miliband falha, o que não significa que Popper estivesse certo, pois nenhuma ciência social cabe no seu critério de demarcação, muito menos as teorias econômicas do neoliberalismo, do qual ele foi um dos pais, com Hayek, a quem dedicou o livro *Conjecturas e refutações*.[91] Ademais, mesmo nas ciências da natureza a demarcação de Popper pode servir apenas como um primeiro critério, cuja suficiência já havia sido contestada, antes dele, por Duhem (Cap. VIII, Vol. II) e depois por Lakatos (Cap. X, Vol. II).

Finalmente, quanto à possibilidade de algum controle de eventos futuros *versus* o fatalismo, no sentido de os acontecimentos históricos ocorrerem quaisquer que sejam os atos das pessoas, Marx não é fatalista, pois para ele os homens fazem a história. Mas este problema se cruza filosoficamente com a questão da liberdade e do livre arbítrio, a que voltaremos na Parte II, quando estudaremos as atuais teorias da mente. Spinoza, no século XVII, ao tempo do nascimento da ciência moderna com a mecânica newtoniana, escreveu que os homens pensam ser livres e "esta opinião consiste unicamente para eles em serem conscientes de suas ações e ignorantes das causas pelas quais elas são determinadas".[92] Assim, a idéia da sua liberdade vem da ignorância das causas de suas ações.

Indo da filosofia de Spinoza para as ciências sociais, lemos em Bourdieu: que "enunciando as determinações sociais", a sociologia dá a oportunidade de "uma certa liberdade em relação a estas determinações", pois há uma ilusão de "liberdade em relação às determinações sociais", e a sociologia nos libera desta "ilusão de liberdade".[93] Aqui, lembramos Engels, para quem a liberdade não significa uma liberdade com respeito às leis da natureza e da sociedade, mas é sim "o conhecimento destas leis" e a possibilidade dada por elas de as utilizar metodicamente para fins determinados". Isto vale "tanto para as leis da natureza exterior" quanto para aquelas que regem a existência do homem, de modo que a liberdade é "a faculdade de decidir com conhecimento de causa".[94] Podemos aqui acres-

---

91. POPPER, K.; *Conjecturas e refutações*, trad., Ed. Univ. Brasília, 1982.
92. SPINOZA, Baruch; *Éthique* (1675), escólio da proposição XXXV, Ed. Gallimard, Paris, 1967, p. 389.
93. BOURDIEU, Pierre; *Choses Dites*, Ed. de Minuit, 1987, p. 25.
94. ENGELS, Friederich; *Anti Duhring* (1874), trad. Ed. Sociales, Paris, 1977, p. 143.

centar um exemplo trivial: a liberdade de voar, conquistada pelo conhecimento das leis da física (Cap. III), que permitem projetar e construir aviões, vencendo a atração da gravidade pela força de empuxo do ar sobre a asa a alta velocidade. Antes de terem este conhecimento preciso, homens que tentavam voar com asas improvisadas, buscando imitar os pássaros por pura observação sem uma teoria adequada, estatelavam-se no chão. Esta comparação *se non è vera è bene trovata*. As leis da física são inevitáveis, mas as soluções da engenharia, onde essas leis se aplicam, são controláveis pelo conhecimento, ou seja, pela capacidade de fazermos previsões com base na ciência.

Ainda que ao preço de desviarmos um pouco do assunto, é interessante lermos algumas considerações de Popper sobre o determinismo, embora isto nada tenha a ver com a teoria de Marx que estamos discutindo. Diz ele que "se a natureza é inteiramente determinista, o reino das atividades humanas o seria também", mas o contrário parece procedente: "se o homem é livre, pelo menos em parte", e o homem faz parte da natureza, então a natureza não é completamente determinista.[95]

O determinismo de Laplace (Cap. III) significaria que "a poesia de Homero, a filosofia de Platão e as sinfonias de Beethoven" estariam predestinadas há bilhões de anos pelo movimento das partículas elementares que constituem a matéria. Ou seja, pelo "big-bang" que iniciou o universo, pelo menos na sua forma atual, segundo crêem os físicos (Vol. III). Por sua vez, a interpretação probabilística de Born e de Bohr (Cap. IX, Vol. II) da mecânica quântica, se extrapolada para explicar a mente, levaria a vermos a criatividade humana como um jogo de dados, ao acaso. Mas, Popper nega, provavelmente com razão, que tudo no mundo possa ser reduzido a explicações físicas, sejam elas deterministas ou probabilistas. Entretanto, devemos acrescentar a observação de que tudo no mundo deva ser compatível com as leis da física. Ou seja, não podemos contrariá-las, embora elas não sirvam para explicar tudo. São necessárias, mas não suficientes para a compreensão do mundo. Esta afirmação não é certamente endossada pelas correntes atuais da epistemologia, por vezes rotulada de pós-moderna, que discutiremos no volume II, como o construtivismo e o neopragmatismo.

O determinismo é confrontado com o livre arbítrio em estudos cognitivos e na teoria da mente (Vol. III). Daniel Dennet aponta três equívocos

---

95. POPPER, K.; L'*Univers Irrésolu*, trad., Ed. Hermann, Paris, 1982, p. 105.

que procura desfazer afirmando que:[96] 1 — o determinismo não implica inevitabilidade; 2 — o indeterminismo não é necessário para o livre arbítrio; 3 — em um mundo determinista há reais e não só aparentes possibilidades de escolhas.[97]

VII.6. A Crítica ao Marxismo como Teoria Científica

Voltando ao tema do socialismo científico, a discussão da natureza científica do marxismo é, por vezes, confundida pelo fato de que o marxismo contém, simultaneamente, aspectos filosóficos, epistemológicos, científicos e políticos. 1 — Como filosofia, trata do homem e da sociedade, de suas relações entre si e com a natureza, como vimos neste capítulo. 2 —

---

96. DENNETT, Daniel, *Freedom Evolves*, Viking — Penguim Books, Nova York, 2003, p. 25.

97. Na defesa de sua tese, Dennet busca um exemplo simplificado do jogo computacional chamado jogo da vida, a que voltaremos na Parte II ao falarmos de autômatas celulares. Com regras deterministas para geração de quadrículas cheias ou vazias (pretas ou brancas) na tela do computador, são automaticamente construídas figuras. Surgem estruturas interessantes, que variam dinamicamente no tempo, dependendo da situação inicial. Elas se movem na tela do computador, comem umas às outras como uma ameba e incorporou matéria do meio em que viveu envolvendo-a, algumas sobrevivem e se estabilizam e enquanto outras são aniquiladas e desaparecem da tela. O jogador que brinca com o computador pode variar a situação, criando uma nova configuração inicial a um dado instante e, assim, obter resultados diferentes que emergem nas interações sucessivas, sem mudar as regras deterministas de geração de quadrículas pretas ou brancas. A variedade de configurações iniciais que podemos escolher é dada pelas combinações possíveis de quadrículas pretas e brancas na tela. Esta variedade é em geral imensamente grande. A interpretação de Dennet é que o jogador que, seguindo o que ocorre na tela, interage com o computador e procura mudar as situações em determinados instantes com o objetivo de obter alguma estrutura nova na tela, faz o papel que um deus criador teria no mundo. No fundo, ele tem informação visual do conjunto e faz algo com o desejo de obter um resultado, mudando a situação a partir da qual as regras deterministas operam. Mas, se admitirmos que esta informação possa ser distribuída, de uma maneira que Dennet não explica, às estruturas como se elas fossem inteligentes, teríamos algo como o papel de Deus — de criar ou de arbitrar — distribuído por elas, permitindo-as escolher situações conforme seus desejos ou objetivos, tal como fazem os seres vivos. Isto sem alterar as regras deterministas, o que o faz interpretar que há compatibilidade entre determinismo em um nível microscópico e de escolha em um nível superior, das estruturas.

Como epistemologia, propõe dois métodos: o materialismo histórico e o materialismo dialético, o primeiro foi definido na seção anterior e o segundo veremos na seção seguinte como método geral da ciência. 3 — Como ciência, trata da sociedade e da economia política, em especial do capitalismo e das transformações concretas sociais e políticas na história da Europa Ocidental, tendo para isto desenvolvido o método do materialismo histórico. 4 — Como doutrina política, propõe ações práticas de acordo com a teoria marxista e está em crise, como debateremos ao final deste capítulo.

No primeiro aspecto acima enumerado, o marxismo, como já vimos, se insere como uma corrente bastante fértil no pensamento moderno. No segundo aspecto, teve maior êxito o materialismo histórico. O materialismo dialético desenvolvido por Engels, na *Dialética da natureza* (Seção VII.7), é menos fértil com respeito às ciências naturais, do ponto de vista que exporemos adiante, embora não possamos desconsiderar o uso da dialética em alguns casos como um esquema interpretativo da natureza, em particular na biologia.[98] No terceiro aspecto reina maior confusão por duas razões:

a) a interpretação do marxismo não como ciência social, no campo das humanidades, mas sim com *status* idêntico ao das ciências da natureza, no campo da tecnociência, como vimos acima na citação feita por Marx no prefácio da segunda edição de *O capital* (Seção VII.5.2);

b) a polêmica não menos importante sobre a demarcação das ciências sociais, para as quais não se aplica o critério de cientificidade das ciências da natureza (Cap. XII, Vol. II).

No quarto aspecto, está a polêmica que deixaremos para as seções finais deste capítulo, nas quais discutiremos a crise do marxismo na virada para o século XXI.

O realismo científico marxista é considerado por um autor liberal, Kilching,[99] como uma epistemologia, mas ele se propõe a demonstrar que o marxismo não é uma ciência,[100] coisa que Popper (Cap. IX, Vol. II) também se propusera a fazer muito antes, usando seu critério de demarcação da ciência. Entretanto admite, ao contrário de Popper — antimarxista e um

---

98. SALZANO, F.; Evolução, Sistemas *Complexos e Caos*, em Nussenzveig, M. ; Complexidade e Caos, Ed. UFRJ, 1999.

99. KILCHING, 1994, p. 5.

100. No sentido das ciências naturais (Naturwisssenchaft).

dos pais do neoliberalismo — que proposições que "derivam do marxismo são verdadeiras e importantes",[101] embora não sejam científicas, no sentido das ciências naturais. Observa que há verdades que não se demonstram pela ciência e que foi um erro do marxismo, desde Marx, se auto-intitular de ciência, ao estilo das ciências naturais, dentro da idéia de um socialismo científico. O marxismo poderia, no entanto, ser classificado entre as ciências sociais e humanas, ou seja, nas humanidades.

Este foi o sentido da Escola de Frankfurt e do chamado humanismo marxista,[102] que não buscam as leis do desenvolvimento humano como leis naturais. Entretanto, devemos ter em mente que não só o marxismo, mas também a economia liberal clássica, desde Adam Smith no século XVIII, e a teoria econômica neoclássica, desde o século XIX, buscam as leis do desenvolvimento humano como leis do tipo usado nas ciências da natureza. Nem uma nem outra são referidas por Kilching, que se restringe à análise do marxismo. Para isso, utiliza uma técnica de análise de discurso que atribui a Wittgenstein, na sua segunda fase (Cap. XI, Vol. II).

No intuito de defender sua tese, Kilching faz comparações com aspectos atuais da ciência, incluindo entre suas características, além da experimentação a aplicação tecnológica. Considera a ciência natural uma prática que se distingue pelas atividades não discursivas: a) experimentação, pela qual as teorias são testadas; b) aplicação, pela qual a ciência é utilizada. Assim, de acordo com esta visão, quando um produto da ciência é tornado mercadoria, ele é submetido comercialmente à contínua experimentação. Começa por experimentos de inovação em laboratório e vai até o teste do produto.[103] Embora possamos ver nisso mera aplicação capitalista da ciência com fins comerciais, os profissionais, segundo Kilching, "vêem o que fazem como trabalho experimental pioneiro, projetado para ter o produto final livre de falhas", ou seja, um trabalho que tem base tecno-científica.

Podemos objetar que, embora razoável globalmente, quando aplicado a teorias específicas, o segundo critério acima negaria a cientificidade de ciências como a astronomia e a cosmologia, que não são aplicadas, nem seus resultados são utilizados comercialmente. Quanto ao primeiro critério, a ciência submete suas teorias ao teste experimental, chamado de "não

---

101. KILCHING, op. cit., p. 22.
102. Consideram-se como marxistas dentro das ciências humanas (Geiteswissenschaft).
103. KILCHING, 1994, p. 15.

discursivo", conforme a técnica de análise da linguagem usada. Aqui caímos nas críticas à testabilidade, segundo a epistemologia.[104] Kilching ressalva não confundir a testabilidade com o "falseacionismo ingênuo", que, embora ele não deixe explícito, podemos concluir ser o de Popper (Cap. VIII). Mas não deixa claro o que põe no seu lugar.

Um dos problemas para a testabilidade[105] é exatamente o uso da linguagem, natural e formal, matemática ou não, na descrição e interpretação do experimento, que não se reduz a uma simples observação direta da natureza sem intermediações. Duhem já tinha chamado a atenção para esta dificuldade no início do século XX (Cap.VIII, Vol. II). Kilching cai assim na própria armadilha da análise da linguagem.[106] Por outro lado, discute a objeção de que nem todas as ciências podem fazer experimentos, dando como exemplos a geologia, a meteorologia e a astrofísica. É claro que os astrofísicos não podem controlar experimentos como fazem os físicos nucleares ou os químicos. Mas podem fazer observações com telescópios e sondas espaciais para testar as predições de suas teorias. Algo semelhante se dá com a meteorologia, aliás, nela, experimentação e aplicação quase se confundem, pois é a mais aplicada de todas, na previsão do tempo cotidianamente. A geologia já não é bem assim, dada a escala de tempo. Mas em socorro da meteorologia Kilching lança mão do argumento de que se podem fazer modelos e simulações em computador. Devemos alertar que isto não substitui o experimento. Ademais, embora use modelos computacionais, a meteorologia testa experimentalmente suas previsões no dia-a-dia.[107]

Um outro ponto é a possibilidade de os físicos de partículas elementares engendrarem nos seus complexos experimentos[108] as condições de legitimação de suas teorias sobre a estrutura da matéria. Ou seja, o questionamento é serem estas condições artificialmente criadas para testar teorias em

104. Kuhn a Feyerabend (Cap. IX, Vol. II).
105. LAKATOS (Cap. IX, Vol. II).
106. Wittgenstein (Vol. III) clamara que logicamente a linguagem só permite dar nomes para apontar às coisas.
107. O que talvez Kilching queira referir é a ciência do clima, por exemplo, no efeito estufa de aquecimento da atmosfera junto à superfície da Terra, por gases como o dióxido de carbono produzido na combustão, cujos efeitos se dão ao longo de mais de um século.
108. Em máquinas existentes em pouquíssimos laboratórios, como o CERN em Genebra e o Fermilab em Chicago.

situações inexistentes na natureza.[109] Ora, este ponto é recorrentemente objeto de críticas de um lado e da defesa dos físicos, de outro,[110] como ocorre na chamada "guerra da ciência" que discutiremos no (Cap. XIII, Vol. II). Podemos de qualquer modo considerar, como reiteramos no início deste capítulo que, desde a Revolução Científica, a ciência interfere na natureza. Aqui, nos aproximamos do terreno do construtivismo, que discutiremos em outra parte (Cap. XIII, Vol. II).

Marx, segundo Habermas, jamais explicitou o sentido exato das ciências do homem. Ele próprio dava a entender que elas assumiam forma de crítica e não o sentido instrumental que atribuía às ciências da natureza. De certo modo, transparece uma contradição desta concepção crítica com a idéia também atribuída a Marx de unificar as ciências naturais e do homem em "uma única ciência" — tarefa tentada neste século pelos positivistas lógicos do Círculo de Viena, sob o modelo do método científico, sem êxito. Tangenciamos mais uma vez a questão colocada desde o início (Cap. 0) das "duas culturas".

Finalmente, devemos nos lembrar que o método tido como método científico é, de fato, o método da física, cuja hegemonia sobre a visão de ciência na modernidade é hoje contestada no confronto com a biologia (Vol. III). Nesta, em contraste com a física, há uma pluralidade metodológica[111] incluindo, de certo modo, o método dialético.[112]

VII.7. O MATERIALISMO DIALÉTICO COMO MÉTODO DA CIÊNCIA

VII. 7.1. O MATERIALISMO DIALÉTICO DE ENGELS NO "ANTI DUHRING"

Engels se estendeu sobre o materialismo dialético[113] no "Anti Duhring"[114] e na *Dialética da natureza*.[115] A expressão "materialismo dialético" é

109. GRINEVALD, J. GASPONER, A. HANOUZ, L.; LEHMANN, P. *La Quadrature du CERN*, Editions d'en Bas, Lausanne, 1984.
110. WEINBERG, S. *Sonhos de uma Teoria Final*, Rocco: Rio de Janeiro, 1994. Enquanto Grinevald et al [1984] criticam os grandes dispêndios do CERN, Weinberg, 1994, critica o corte de verbas do Fermilab (Cap. XI).
111. MAYR, E. *O Desenvolvimento do pensamento biológico*, Ed. Univ. Brasília, 1998.
112. SALZANO, 1999
113. COLLETTI, L. *Marxismo e dialética*, Ed. G. Laterza Roma; 1974.
114. ENGELS, F. *Anti Duhring*, trad., Paz e Terra: Rio de Janeiro, 1976.
115. ENGELS, F. *A dialética da natureza*, Paz e Terra: Rio de Janeiro, 1979.

de Engels, usada no "Anti Duhring", publicado em capítulos em 1877 no jornal do Partido Socialista Alemão, a cuja filosofia oficial ela se foi incorporada, propagando-se para o marxismo em geral. Lênin a usou sistematicamente. Raymond Aron acredita que foi definida mais caracteristicamente no "Anti Duhring", onde Engels[116] explica "a maneira de pensar" que ele chama de "materialismo dialético", opondo-o ao pensamento metafísico.[117]

Para Engels, os filósofos gregos praticavam a dialética, inclusive Aristóteles, bem como o fez também Descartes no século XVIII, mas a filosofia moderna tendeu às especulações metafísicas, especialmente os filósofos ingleses.[118] E continua dizendo adiante: "para o metafísico, as coisas e suas imagens no pensamento, os conceitos, são objetos isolados de investigação... observados um após o outro... como algo determinado... para ele há apenas o sim e o não... uma coisa existe ou não existe. Não concebe que esta coisa seja ao mesmo tempo outra coisa distinta... causa e efeito se opõem em uma rígida antítese... absorvido pelos objetos concretos não consegue enxergar suas relações recíprocas... obcecado pelas árvores não consegue ver o bosque".[119] O contrário acontece com a dialética, "que encara as coisas e as suas imagens conceituais... em suas conexões... e concatenação". Nesse ponto, toma o exemplo de um corpo de um ser vivo, em que a todo momento morrem e nascem células, de modo que no decurso de um período de tempo "a matéria de que está formado se renova radicalmente e novos átomos de matéria ocupam o lugar dos antigos", concluindo que o ser é o que é num momento e é um outro num momento seguinte. Clama que "a natureza é a pedra de toque da dialética" e agradece as "modernas ciências naturais", com a ressalva que "até hoje os naturalistas que têm sabido pensar dialeticamente são pouquíssimos".[120] O livro trata da filosofia na sua Parte Primeira, onde desenvolve o método dialético, dedicando o restante do livro à história, à economia e ao socialismo.

Com a Revolução Francesa de 1789 e o Iluminismo, a filosofia na França submeteu à crítica desde a religião e o estudo da natureza até a propriedade e o Estado. Tudo devia "justificar sua existência perante o tribunal da razão... o privilégio e a opressão seriam substituídos pela verda-

---

116. Engels polemiza no livro com o Sr. Duhring, um professor de filosofia.
117. ARON, op. cit., p. 477.
118. ENGELS, Anti Duhring, trad., 1976, p. 19.
119. Op. cit., p. 21.
120. Op. cit., p. 23.

de... pela igualdade baseada na natureza... Sabemos hoje que esse reinado da razão era apenas o reinado idealizado pela burguesia... a igualdade reduziu-se à igualdade burguesa perante a lei".[121] Pensava-se "instaurar um Estado racional, uma sociedade ajustada à razão", mas o Estado da razão fracassou e "o contrato social de Rosseau deu lugar ao regime do terror", a burguesia foi "refugiar-se na corrupção" do Diretório da revolução e, por fim, no despotismo de Napoleão, o "antagonismo entre pobres e ricos longe de desaparecer no bem-estar geral aguçara-se".[122] Já no início dos anos 1800, os ideais socialistas se apresentaram com três utopistas Saint Simon, Fourier e Robert Owen.[123] Embora não representassem o proletariado como classe que surgia como um produto histórico, eram humanistas que buscavam o reinado da razão e viam o mundo burguês como injusto e irracional, apesar de ter sido inspirado no racionalismo. Estes utopistas viam o socialismo como expressão da verdade absoluta e da razão, independente do tempo, do espaço, do desenvolvimento do homem e da história. Por este critério somente, "o acaso pode decidir quando e onde" se teria condições de instaurá-lo.

Entretanto, voltando ao início do livro,[124] podemos ler que o socialismo moderno é um produto histórico, dos "antagonismos de classe entre os possuidores e os não possuidores e da "anarquia que preside a produção", embora antes do socialismo científico os socialistas tenham tido uma postura ética e lógica, mas não histórica. Na Segunda Parte do livro, é tratada a economia política, como "a ciência das leis que regem a produção e o intercâmbio dos meios materiais na sociedade humana". Estas duas "funções sociais" são influenciadas por muitos fenômenos externos à economia, cada um deles regidos por leis específicas (das ciências sociais), mas de tal forma que produção e troca "se condicionam reciprocamente" uma a outra e delas depende a economia. As condições "sob as quais os homens produzem e trocam o que foi produzido variam muito para cada país e, em cada país, de geração para geração". Logo, "a economia política não pode

---

121. Op. cit., p. 17.
122. Op. cit., p. 223.
123. Owen era um jovem industrial que se tornou um reformador idealista, criando uma comunidade de 2,5 mil pessoas em torno de sua fábrica com condições de vida dignas, em contraste com a pobreza a sua volta naqueles anos da Revolução Industrial. Aclamado como filantropo, depois, quando radicalizou sua proposta foi renegado [Op. cit., p. 227-28].
124. Op. cit., p. 17.

ser a mesma para todos os países nem para todas as épocas históricas", ela é "uma ciência histórica". Seu estudo exige então a pesquisa das "leis específicas de cada etapa concreta da produção e da troca", para extrair as "poucas leis verdadeiramente gerais".[125]

No "Anti Duhring", além da explicação do materialismo dialético como maneira de pensar tanto sobre a sociedade como as ciências naturais, as quais foram depois objeto da *Dialética da natureza*, encontramos um resumo "impressionante" das "principais teses da crítica econômica de Marx, estabelecendo um vínculo entre esta, a previsão histórica e o advento do socialismo".[126] Raymond Aron o qualifica como a síntese mais profunda de elementos presentes em *O capital*.

VII.7.2. A DIALÉTICA DA NATUREZA E A CIÊNCIA

No prólogo à edição de 1939 da *Dialética da natureza* de Engels,[127] consta que o marxismo tem com a ciência dupla conexão. Primeiro, como qualquer outra atividade humana, a ciência depende das necessidades sociais, transformando-se e transformando os métodos de produção. Segundo, na aplicação das leis gerais da dialética à metodologia da ciência. Entretanto, veremos que, em geral, o uso da lógica dialética não indica ser melhor do que as análises das teorias científicas feitas pelas teorias da epistemologia não marxistas. Ao contrário, as dificuldades de sua aplicação são muitas, embora isto seja mais verdadeiro na física do que na biologia.

A primeira conexão é aceita em maior ou menor grau por muitos cientistas e epistemólogos, mesmo não marxistas. Esta questão foi a que discutimos na seção anterior, associada ao que se costuma designar de materialismo histórico. A segunda conexão, de que trataremos agora, é mais complexa: o materialismo dialético. Segundo este, a filosofia das ciências deve ser uma teoria geral do conhecimento que forneça as leis mais gerais de desenvolvimento do universo, as quais se refletiriam nas metodologias das ciências. A epistemologia seja do empirismo ou do racionalismo, que vimos atrás, seja do positivismo que veremos no próximo capítulo, nega este papel generalizante e não inclui em seu programa uma integração das ciências tão global.

---

125. ENGELS, op. cit., p. 127.
126. ARON, op. cit., p. 477.
127. HALDANE, J. Prólogo de *A Dialética da Natureza*, em Engels, 1979.

Entrando na *Dialética da natureza*, o texto publicado *post-mortem*, em 1927, é uma reunião de manuscritos, incompletos e longe de uma organização final, deixados inacabados por Engels.[128] Há alguns erros de física, como no caso da fricção das marés;[129] há algumas antecipações que se revelaram corretas, como a da carga elétrica elementar;[130] há trechos prolixos e vulneráveis conceitualmente, como a discussão sobre a força viva e quantidade de movimento.[131] Entretanto, não é pelos aspectos técnicos da física, em acelerada mutação naquela época e após, que o livro deve ser analisado.

No prefácio, Engels diz ser a investigação da natureza a única que "conseguiu um desenvolvimento científico, sistemático e múltiplo, em contraste com as geniais intuições filosófico-naturalistas dos antigos e com as descobertas, muito importantes, mas esporádicas... realizadas pelos árabes".[132] Associa este avanço ao surgimento da moderna sociedade burguesa e ao desenvolvimento das nações européias, com a derrota do feudalismo pela realeza, com apoio dos habitantes da cidade, alavancando as bases do comércio mundial e a transição do artesanato para a manufatura — ponto de partida para a indústria moderna. A ditadura espiritual da Igreja cedeu lugar à "alegre liberdade de pensamento imitada dos árabes e alimentada pela filosofia grega", numa época em que ainda não havia "a divisão do trabalho limitativa".

Sobre a física, exalta a obra de Copérnico, como grito de independência em relação à autoridade eclesiástica, e assinala que a astronomia de Kepler e a mecânica de Newton deixaram os demais ramos das ciências naturais muito distanciados. Engels introduz sua visão das teorias físicas, caracterizando a mecânica newtoniana pela noção de invariabilidade absoluta da natureza. Considera então a ciência natural que surge, embora mais avançada do que a da antiguidade grega, abaixo dela filosoficamente, pois para os gregos o mundo havia saído do caos e "se fora fazendo"; enquanto para os naturalistas a natureza era imutável e feita "de um só

---

128. ENGELS, *A Dialética da Natureza*, trad. 1979.
129. ENGELS, op. cit., p 10.
130. Op. cit., p. 76: "Falta ainda no domínio da eletricidade realizar uma descoberta como a de Dalton"; Engels refere-se aos átomos descobertos por Dalton — o elétron foi desoberto mais tarde.
131. A famosa polêmica entre Descartes e Leibniz, que vimos, solucionada por D'Alambert, criticado por Engels equivocadamente.
132. ENGELS, op. cit., p. 15.

golpe". Textualmente, diz:[133] "o que, realmente, caracteriza esse período é a elaboração de uma peculiar concepção, cujo centro é constituído pela noção da invariabilidade absoluta da Natureza". Ou seja, fosse qual fosse o modo pelo qual a natureza tivesse chegado a existir, uma vez passando a existir, devia permanecer tal como era, enquanto existisse. Os planetas e seus satélites, uma vez postos em movimento, pelo misterioso impulso primeiro, deviam continuar girando e girando, segundo as elipses estabelecidas, por toda a eternidade ou, pelo menos, até o fim de todas as coisas. As estrelas permaneceriam para sempre fixas e imóveis em seus lugares, sustentando-se nos mesmos graças à gravitação universal.

Em contraste com a história da humanidade, que se desenvolve no tempo, prescreveu-se à história natural um desenvolvimento apenas no espaço. Negava-se o desenvolvimento do universo como um todo. A ciência natural, tão revolucionária a princípio, defrontou-se, de repente, com uma natureza absolutamente conservadora, em que tudo era hoje da mesma forma que havia sido a princípio e na qual tudo teria que permanecer tal como era, até o fim do mundo ou por toda a eternidade. Dessa forma, a teologia continuava dominando a ciência, buscando-se um impulso inicial exterior não explicado pela própria natureza para dar conta da "força tangencial, não explicada (pela teoria de Newton), sem a qual seriam impossíveis as órbitas planetárias (elípticas)".[134] Podemos nos reportar aqui à crítica de Leibniz a Newton, dizendo que Deus teria de ser como um relojoeiro dando corda ao mundo. Acrescenta Engels: Copérnico desafiou a teologia, e Newton postulou o impulso divino. Elogia, então, Kant pela sua teoria da nebulosa que teria dado origem ao sistema solar incluindo a Terra, que se transformava com o tempo.[135] A hipótese da nebulosa, retomada por Laplace, dá uma história à Terra. Aqui, surge um ponto essencial da abordagem dialética: a unificação da transformação e do movimento no sentido não só de locomoção, mas de mudança (como em Aristóteles) presidindo a tudo na natureza. Isto se liga à primeira lei da dialética que veremos adiante.

Engels ressalta a importância de se ter encontrado os mesmos elementos químicos em todo o universo através da análise espectral. Este tipo de

---

133. Op. cit., p. 18.
134. Sobre esta força tangencial não é claro se Engels se refere ao momento angular inicial e conservado de modo a haver órbitas elípticas ou circulares sob ação de uma força central como a da gravitação.
135. KANT, *História natural e teoria geral sobre o céu*, 1755.

análise se baseia no fato de que cada elemento emite luz com comprimentos de onda características, uma técnica avançada àquela época, mostrando a atualização do autor. Considera as transformações da energia que foram descobertas a partir da transformação do trabalho em calor por Meyer e Joule. Diz a respeito: "chegava, pois, como havia chegado já a astronomia, ao resultado que aponta inevitavelmente, como princípio último, a eterna circulação da matéria em movimento".[136] Neste mesmo sentido, saúda com entusiasmo a sistematização de Dalton das combinações químicas, que levou à teoria atômica e molecular da matéria, chegando cientificamente à concepção atomista do materialismo grego. Nas palavras de Engels: "em toda a natureza desde o menor ao maior, do grão de areia aos sóis... há um eterno vir a ser e desaparecer numa corrente interessante, num incansável movimento e transformação".[137]

VII.7.3. As leis da dialética e o método científico

Até aqui, Engels se concentrou no princípio do movimento e da transformação na natureza, como um reflexo da 1ª lei da dialética na ciência em geral. No capítulo "Natureza Geral da Dialética como Ciência", consta que as leis da dialética são extraídas tanto da história da natureza como da história da sociedade humana. Elas são redutíveis a três leis:

1 — a transformação da quantidade em qualidade;
2 — a interpenetração dos contrários;
3 — a negação da negação.

Há, de fato, uma dificuldade para a aplicação da dialética à estrutura metodológica da física. A nosso ver, isto se deve principalmente ao fato de não só a base matemática, mas também a base empírica da física serem assentadas na lógica formal, que inclui o princípio da contradição. Este princípio estabelece que um enunciado não pode ser verdadeiro e falso ou nem verdadeiro nem falso ao mesmo tempo, enquanto a dialética, associada ao materialismo após Marx, considera a realidade contraditória e a unidade do ser e do não ser a um só tempo.

---

136. ENGELS, op. cit., p. 21.
137. Op. cit., pag. 23.

Podemos associar a dialética a esquemas lógicos não convencionais.[138] Há questões epistemológicas não consensualmente resolvidas na física, na interpretação da mecânica quântica, que discutiremos no Volume III. Independentemente do seu êxito operacional, sua interpretação leva a impasses segundo a nossa intuição, motivando a criação de uma lógica quântica. Daí a cogitação de se usar a dialética para "os estudos sobre a estrutura da matéria, revelando formas de comportamento dos objetos de dimensões ultra sensíveis... necessitando ser tratada por novos conceitos situados fora da lógica tradicional".[139] Um ponto muito discutido é o da interferência do observador na medida, relacionada ao princípio da incerteza da mecânica quântica. Mas, a questão da intervenção da experimentação na realidade, o experimentador criando o fato que pretende observar pode ser remontado a Galileu "ao apanhar objetos na superfície do solo a fim de os lançar do alto da Torre de Pisa e observar a queda deles".[140] Embora para alguns Galileu não tenha feito este experimento o que importa é o método, que está em discussão (Capítulo IV). Descartes, por sua vez, distinguia os objetos reais dos possíveis, "cuja matriz é o sujeito".[141] Portanto, a questão da interferência do observador não se restringe à física moderna.

A lógica formal, no entanto, "foi a da ciência clássica e ainda hoje é a que se aplica naturalmente à grande maioria dos fenômenos de que se ocupam as ciências do mundo físico".[142] O princípio de não contradição, que se associa ao princípio do terceiro excluído na lógica formal — que estabelece a existência sempre do certo ou do errado sem terceira alternativa[143] — permanece no pensamento teórico e na prática experimental da física, inclusive da física microscópica teorizada pela mecânica quântica. Por exemplo, no confronto do resultado do experimento com a predição teórica, este princípio é essencial para a refutação ou a aceitação da teoria:

138. STEGMÜLLER, W. *A filosofia contemporânea*, Ed. Pedagógica e Universitária: São Paulo, 1977.
139. VIEIRA PINTO, Álvaro, *Ciência e existência*. Paz e Terra: Rio de Janeiro, 1979, p. 175.
140. CAIO PRADO JR. *Dialética do Conhecimento*, Brasiliense: São Paulo, 1980, p. 557.
141. CAIO PRADO, op. cit., p. 569.
142. VIEIRA PINTO, op. cit. p. 179.
143. Por exemplo, se não especificamos que x pertence ou ao corpo dos números reais ou dos complexos, $x = \sqrt{-1}$ nem é verdadeiro nem falso. No contexto dos reais, é falso, pois não existem raízes quadradas de números negativos, mas no contexto dos complexos é verdadeiro. Logo, não é válido o princípio do terceiro excluído. Mas, uma vez especificado o contexto se restabelece a validade do princípio do terceiro excluído.

ou o resultado experimental coincide ou não coincide com a predição teórica. É claro que há as hipóteses *ad hoc*, introduzidas em geral para salvar a teoria, quando ameaçada como apontaram Duhem (Cap. VIII, Vol. II), Kuhn e Lakatos (Cap. X, Vol. II), mas ao fim de tudo chega-se sempre à comparação entre teoria e experimento, ainda que mediada pelas hipóteses *ad hoc*. Podemos admitir que estas complicações abrem espaço para a aplicação do materialismo dialético à ciência. Se abdicamos de aplicar ao método da física as leis da dialética e as aplicamos tão somente no nível da interpretação do conhecimento, as dificuldades são menores embora existam. Como vimos na seção VII.6, na biologia, a dialética foi usada como um esquema interpretativo da natureza em alguns casos.[144]

Na *Dialética da natureza* é identificada matéria com movimento, no sentido de que não há matéria sem movimento, nem movimento sem matéria. Aqui, há um problema com respeito à teoria clássica das ondas eletromagnéticas — um campo eletromagnético se desloca no vácuo sem haver matéria em movimento nem meio material, só o campo puramente. Na teoria quântica do campo, os "quanta" de energia são associados a partículas: os fótons no caso eletromagnético. Nesse caso, volta a haver uma partícula associada ao movimento, ainda que o fóton tenha uma massa nula quando em repouso, isto é, seja desprovido de matéria no sentido clássico. Mas em movimento ganha uma massa, de acordo com a teoria da relatividade. Na dialética de Engels, o movimento é a unidade do ser e do não ser, constituindo uma contradição dialética, pois um corpo em movimento está e não está em um dado lugar em um dado instante. Engels escreve que o movimento é uma sucessão contínua de contradições.[145] A dualidade onda-partícula da teoria quântica tem um ponto de contato com o ser e não ser da dialética.

VII.8. A Crítica ao Materialismo Dialético

A dialética é geralmente aceita como um ponto fechado da teoria marxista, embora o seu alcance não tenha sido estabelecido por Marx.[146] O mesmo podemos dizer da dialética de Hegel, que não é definida precisa-

144. SALZANO, op. cit.
145. ENGELS, F. *Anti Duhring*, Paz e Terra: Rio de Janeiro, 1976.
146. RIPERE, E. I *Conti col Marxismo*, Franco Angeli Editore, Milano, 1982.

mente na sua "Lógica". Kojève afirma que Hegel não usou a dialética no sentido clássico.[147] Sobre Marx, Kostas Axelos é peremptório: "O materialismo marxista é histórico", Marx "jamais falou em materialismo dialético.[148] Podemos encontrar crítica semelhante em Raymod Aron:[149] "a expressão materialismo dialético não é encontrada... sob a pena de Marx nem em suas obras da juventude, nem da maturidade". Assinala que Marx usou em sentido diverso o termo "dialética materialista". Esta objeção não é suficiente para invalidar o materialismo dialético no âmbito do marxismo. Afinal, Newton jamais definiu nem usou o conceito de energia, depois incorporado na teoria e que nela estava de fato contido apesar de não definido (Cap. III). O fato é que o materialismo dialético de Engels teve enorme presença nos textos dos seguidores do marxismo, embora autores marxistas como Jean Paul Sartre não acreditassem "que Marx estivesse de acordo com essa filosofia".[150]

Às três leis da dialética que transcrevemos acima (VII.7), foi acrescentada uma quarta: a da unidade dos opostos, mais tarde reconsiderada como redutível à segunda lei.[151] Mais recentemente alguns autores reduziram as três leis da dialética acima enunciadas apenas à primeira e à segunda, eliminando a terceira. Assim a primeira lei exprimiria os processos que conduzem a um salto como uma transformação da realidade pela negação dialética; enquanto a segunda lei indicaria o nexo entre o que nega e o que é negado. Outros autores, ao contrário, as reduziram todas a tão-somente uma, a terceira, que expressaria o caráter fundamental da dialética, identificando toda contradição com a negação da negação. Dela, decorreriam como conseqüência as duas primeiras leis enunciadas por Engels. Portanto, restaria a negação — contradição,[152] como conexão entre o velho e o novo que dele nasce.

Para Colletti,[153] o materialismo dialético, apesar do elogio que faz das realizações da ciência, tem sistematicamente assumido uma crítica negativa ao método da ciência. De acordo com esta crítica, enquanto na filoso-

---

147. KOJÈVE, ver Séc. VII. 3.
148. ALEXOS, Kostas, *Marx Penseur de la Technique*, Ls Éditions de Minuit, Paris, 1961.
149. ARON, op. cit., p. 476.
150. Op. cit., p. 30.
151. RIPERE, op. cit., p. 14.
152. Op. cit., p. 15.
153. COLLETTI, L. Tra Marxismo e No, Le Ideologie, Ed. Laterza Roma; 1979, ed. brasileira: *Ultrapassando o marxismo*, Forense, 1983.

fia grega a visão do conjunto obscurecia as partes, na ciência moderna a visão dos temas particulares tira a visão da totalidade. Assim, faltaria à ciência conciliar o conhecimento do todo com o das particularidades. Para isso, seria preciso revolucionar o método da ciência pelo uso da dialética. Colletti não vê progresso neste programa desde a *Dialética da natureza* de Engels. Aponta erros históricos, como a refutação da 2ª lei da termodinâmica pelo próprio Engels e as críticas posteriores dos seguidores da dialética à teoria da relatividade e à mecânica quântica. A genética equivocada de Lissenko[154] na antiga União Soviética, na época do stalinismo, originou-se da tentativa de subordinar de um modo estrito as ciências da natureza à dialética.[155]

Não só Colletti aponta estas distorções. Em uma interessante publicação de autores italianos,[156] críticos de Colletti, podemos ler que foi "falida a tentativa stalinista de fundar sobre as leis da dialética materialista o desenvolvimento de uma ciência socialista da natureza". Estes mesmos autores, polemizando com Colletti, entendem que a "inevitável presença dos juízos de valor na investigação científica" é um ponto importante da abordagem materialista — histórica da ciência.[157] Reaparece aqui o contraste entre a aceitação do que chamamos materialismo histórico na abordagem da ciência e o questionamento, ao mesmo tempo, do materialismo dialético como método da ciência. Alertamos para este contraste desde o início desta seção, mas observamos que estas considerações estão mais relacionadas à física do que à biologia, onde o método dialético encontra certo abrigo.

---

154. YOUNG, Robert; em Bottomore, Tom et al., *Dicionário do pensamento marxista*, trad., Jorge Zahar Ed.: Rio de Janeiro, 1988, p. 226.
155. LISSENKO, Trofim: defendia a tese de que, submetendo sementes a determinadas condições físicas, como temperatura e humidade, mudaria o rendimento do crescimento das plantas, sendo estas modificações transferidas às gerações futuras. Isto significa a transmissão dos caracteres adquiridos, contrariando a genética. Apesar de não possuir uma verdadeira formação acadêmica, Lissenko teve crescente influência desde 1927, por razões políticas e ideológicas, e em 1948 Stalin lhe deu carta branca. Os geneticistas que por razões científicas se opuseram a suas idéias foram perseguidos por aderirem à ciência burguesa. Os prejuízos causados às colheitas agrícolas, ao ensino e à pesquisa na ex – URSS foram enormes, constituindo uma espécie de escândalo histórico. Lissenko, que morreu em 1976, foi afastado após a morte de Stalin em 1953. [Young, R.; 1988].
156. GICCOTTI, G.; CINI, M.; DE MARIA, M. e JOANA LASINIO G. *L'Ape e l'Architetto, Paradigni Scientifici e Materialismo Storico*. Feltrinelli Ed., 1976, p. 11.
157. Op. cit., p. 42.

Um fato interessante é que em *Materialismo e empiriocriticismo* Lenin[158] tem uma posição diferente da *Dialética da natureza* de Engels. Lenin distingue o conhecimento científico do filosófico e diz que o materialismo dialético tem a ver mais diretamente com este último, inclusive, é claro, com a filosofia da ciência. Exime-se, portanto, de ditar as regras gerais para o método de uma nova ciência da natureza, embora fazendo a crítica histórica-materialista do pensamento científico. Esta é uma posição mais compatível com o método das ciências da natureza, como a física, embora Lenin não diga o mesmo das ciências sociais, nas quais vê a dialética como uma ferramenta importante.

Os seguidores do materialismo dialético tiveram um forte embate com o positivismo (Cap. VIII, Vol. II), e o neopositivismo, aí incluídos o empirismo de Russell e o positivismo lógico do Círculo de Viena (Cap. IX, Vol. II). Segundo a crítica dialética, Russell renovou o idealismo com ajuda da lógica matemática, repetindo as conclusões do positivismo do século XIX.[159] O mérito de Russell, o uso da lógica, sob este ponto de vista, se teria transformado no erro de considerá-la uma "ciência *a priori*". O próprio método da análise lógica de Russell é, então, criticado com base na demonstração, feita por Godel (Vol. III), de que é impossível mostrar a não contradição junto com a completeza da aritmética.

Nesta mesma linha, Carnap, um expoente do Círculo de Viena (Cap. IX, Vol. II), é criticado no marxismo por ter assumido que a tarefa da filosofia é analisar a ciência e, ademais, por sua preocupação formalista com uma linguagem universal para unificação das linguagens científicas. A crítica dialética ao empirismo lógico o associa ao "fisicalismo" ou "reducionismo", com que se pretenderia reduzir todas as ciências à física, negando as diferenças qualitativas e as especificidades das outras ciências. O reducionismo é remontado a Descartes e Newton sob a forma de "mecanicismo" e teria inspirado o neopositivismo.[160] Segundo Engels, as leis da dialética são abstraídas tanto da história da natureza como da sociedade humana; enquanto, em Hegel, eram leis da lógica em senso estrito.

O marxismo identifica na filosofia da ciência e nas filosofias espontâneas dos cientistas uma tendência empirista e outra formalista, que se re-

---

158. LENIN V. *Materialismo e Empiriocriticismo*, trad., Edições Progresso, Lisboa, 1982.
159. FATALIEV, K. *Le Materialisme Dialectique et les Sciences de la Nature*, trad., Ed. Progrès,1962, Capítulo 1.
160. FATILIEV, op. cit. p. 21.

vestem de aspectos particulares nas diferentes ciências.[161] Althusser qualifica o neopositivismo lógico como a síntese dessas diferentes tendências, do empirismo, do formalismo e do tecnicismo.[162] Assinala a grande distância entre a filosofia marxista e a filosofia idealista clássica, incluindo a teoria dos *a priori* de Kant e a teoria do saber absoluto de Hegel. Assim, o materialismo marxista se distingue de todos os materialismos anteriores e da dialética idealista de Hegel. No volume II, dedicado às Revoluções Pós-newtonianas, Incerteza e Pós-modernismo, retomaremos o fio da meada do positivismo, que foi reciclado profundamente pelo neopositivismo do século XX.

No restante do presente capítulo, discutiremos a crise do materialismo marxista no contexto do neoliberalismo e da globalização no limiar do século XXI, fechando assim o volume I em que tratamos do Determinismo Newtoniano na Visão de Mundo Moderna.

VII.9. Refutação Empírica do Socialismo ou Crise Teórica da Esquerda?

A crise do socialismo realmente existente deixou vulnerável o marxismo de um ponto de vista empírico, pelo menos como doutrina política, ou seja, a aplicação que foi feita dos seus preceitos teóricos falhou na prática. Entretanto, mesmo acuado pelo pensamento único do neoliberalismo desde o colapso do socialismo realmente existente no Leste Europeu, o marxismo permanece como uma teoria que, não só faz a crítica da estrutura econômica e social como se propõe a mudá-la. Tem assim forte apelo ético contra as desigualdades sociais e as injustiças do capitalismo. Apesar do colapso da ex-União Soviética e do socialismo soviético, que era infelizmente caracterizado pelo autoritarismo, a perversidade social do desenvolvimento excludente do capitalismo, recrudescida pelo neoliberalismo no final do século XX e no início do século XXI,[163] deixa latente, pelo menos como utopia, a questão do socialismo, como discutimos na Introdução (Cap. 0). A crise do marxismo não pode ser vista isolada-

---

161. ESCOBAR, C. *As ciências e a filosofia*, Imago: Rio de Janeiro, 1975.

162. ALTHUSSER, L. *Philosophie et Philosophie Spontanée des Savants*; Maspero, Paris, 1974, cit. Escobar, op. cit.

163. STIGLITZ, Joseph. *Quand le Capitalisme Perd la Tête*, trad., Fayard, Paris, 2003.

mente, é uma crise do socialismo e da esquerda, mas se imbrica não só na crise do capitalismo, como também no questionamento dos valores da modernidade. Aí, está incluído o racionalismo tanto nas ciências naturais — em particular o determinismo newtoniano — como nas humanidades, derivadas do Iluminismo tal como as ciências. Esta é a tese que debateremos nas seções seguintes em busca de uma saída à esquerda, no sentido amplo.

Sob a pressão ideológica e intelectual do neoliberalismo, parte dos acadêmicos de esquerda, órfãos de um esquema teórico julgado factível na prática, recuou ou se converteu ao novo credo do fim da história. Há uma bibliografia profícua sobre esta deserção de intelectuais de esquerda com relação aos ideais do socialismo após o colapso da ex-União Soviética, mas ela começa antes do colapso soviético e não se esgota nele. Entre os fatores que, no campo teórico, contribuíram para isto está o crescente ceticismo com respeito à capacidade de previsão da ciência. O determinismo newtoniano, associado à previsibilidade, tinha-se incorporado à visão de mundo[164] da modernidade (Cap. 0). Em geral, a crítica à ciência é associada ao pós-modernismo, que, na epistemologia, inclui o construtivismo e o neopragmatismo, que veremos criticamente no volume II. A idéia chave é que o mundo "não está sujeito ao rígido controle humano" com base na ciência, como pretendia a esquerda; ao invés disso, é um "mundo descontrolado", de incertezas, isto é, "aquilo que deveria criar uma certeza cada vez maior — o avanço do conhecimento humano e a intervenção controlada na sociedade e na natureza" está limitado por essa "imprevisibilidade".[165] Nesta visão, o determinismo que "tanto influenciou Marx deveria ser abandonado diante da insuperável complexidade da sociedade e da natureza".[166] Estes trechos transcritos de Giddens, um teórico da terceira via que discutiremos adiante, revelam uma influência, embora confusa, de conceitos da física contemporânea: a incerteza, inerente à teoria quântica (Cap. IX, Vol. II), e a imprevisibilidade, característica do comportamento caótico de sistemas dinâmicos não lineares (Vols. II e III).

Vejamos a confusão teórica de Giddens. Ele utiliza idéias importadas da física contemporânea que o influencia do mesmo modo que a idéia

---

164. Temos usado em sentido amplo "visão de mundo", "weltanschauung" em alemão.
165. GIDDENS, Anthony. *Para além da esquerda e da direita*, Ed. Unesp, 1996, p. 11.
166. Op. cit., p. 95.

newtoniana de ciência influenciou Marx. Que a sociedade e a natureza são complexas é um lugar comum, mas pelo menos no caso da natureza, isto não nos impede de compreender muitos dos seus fenômenos e controlá-los nas aplicações tecnológicas até certo ponto. A incerteza quântica é incorporada na física nuclear, cuja aplicação na tecnologia nuclear permite fazer explodir uma bomba acionando um dispositivo determinista. Com a sociedade, é mais difícil fazer previsões, mas isto não impede que grandes empresas transnacionais exerçam certo controle sobre seus mercados. Mais uma vez, velhas questões, colocadas desde Adam Smith com as leis do mercado e a mão invisível (Volume III), ressurgem vestidas de novos paradigmas. Hayek, que já citamos como um dos pais do neoliberalismo na economia, designava de "construtivistas" os que acreditavam ser possível agir sobre o rumo dos acontecimentos econômicos de modo a construir um futuro melhor. Identificava nesta categoria tanto Marx como Keynes (ver Adendo). Em conferência na Universidade de Brasília, disse Hayek:[167] "eu chamo de construtivistas pessoas que julgam que têm a capacidade intelectual de organizar tudo inteligentemente. Do outro lado, encontram-se os liberais, que têm consciência de que estamos comprometidos com um processo cujo mecanismo de decisão (o mercado) não podemos controlar".[168] Conforme veremos no volume II, na filosofia da ciência, o construtivismo é outra coisa: uma doutrina epistemológica para a qual as ciências da natureza e mesmo os fenômenos naturais são construções sociais.

O ceticismo se desdobra, de um lado, no neo-niilismo retomado de Nietzsche (Vol. II) por alguns autores, que se mantêm contestatórios da ordem vigente, e, de outro lado, na adesão pura e simples de outros ao credo neoliberal. Houve a sedução de grande parcela da esquerda européia pelo neoliberalismo, o que também ocorreu no Brasil. Podemos fazer um paralelo entre o economicismo neoliberal e o economicismo da ortodoxia marxista-leninista mantido por setores da esquerda mesmo ao renegarem o marxismo.[169] Devemos discordar da generalização deste paralelismo, mas podemos validá-lo em alguns pontos, como na questão do papel do Estado na economia, alvo predileto dos ataques neoliberais. Escrevendo

---

167. VON HAYEK, Friederich; Conferência na Unb em maio de 1981.

168. VON HAYEK, F. Em ASSMANN, Hugo et al. *L'Idolatrie de Marché*, CERF, 1993.

169. GUILLEBAUD, Jean Claude. *A Reinvenção do Mundo*, trad., Bertrand do Brasil: Rio de Janeiro, 2003.

sobre a esquerda no Brasil,[170] José Luis Fiori afirma que nela "sempre coexistiram grupos com posições anti-estatistas ou basistas, enraizadas no espírito dos anos 1960, mas muito próximas, para efeitos práticos, das propostas neoliberais".[171] Norberto Bobbio nos lembra que no marxismo o Estado "não é o reino do bem comum, mas sim do interesse parcial, não tem como finalidade o bem estar de todos, mas sim dos que detêm o poder", ou seja, o Estado é considerado sempre como uma ditadura, não interessando a forma de governo e sim "quem governa, a burguesia ou o proletariado".[172]

O neoliberalismo assume tal como o marxismo a postura de encarnar um conhecimento científico profético, só que os neoliberais reduzem tudo à realidade econômica governada pelas leis do mercado[173] em lugar do materialismo histórico e da dialética. Entendendo ter derrotado "o materialismo científico", o neoliberalismo "se apresenta como seu zeloso herdeiro", substituindo a utopia internacionalista e revolucionária do socialismo por uma antiutopia, que julga ser "também internacionalista e revolucionária", da globalização e do mercado; "a simples idéia de normas", sejam sociais, culturais ou associativas "é julgada negativa" pelos neoliberais.[174] Esta opinião é expressa por autores como Giddens, para quem o conservadorismo liberal "tornado radical enfrenta o socialismo que se tornou conservador", reduzido à tarefa modesta de "proteger as instituições previdenciárias".[175] De fato, a previdência social do Estado tem sido alvo do neoliberalismo em muitos países.[176] Entretanto, os conceitos de conservador e de radical têm aqui um emprego que deve ser qualificado. No início dos anos 1930, na Alemanha, era considerado conservador quem defendia a democracia, e radical quem defendia o nazismo.

Giddens é mais enfático ao dizer que, embora para alguns a história tenha chegado ao fim e acabou a possibilidade de mudança, para ele,

---

170. O que obviamente inclui o Partido dos Trabalhadores.
171. FIORI, José Luis, *O Globo*, Rio de Janeiro, 3/8/2003, p. 8; ver ao final deste capítulo as referências a livros de Fiori e de outros autores brasileiros sobre estas questões.
172. BOBBIO, Norberto, *O filósofo e a política*, trad., Contraponto: Rio de Janeiro, 2003, p. 78.
173. GUILLEBAUD, op. cit., p. 84.
174. Op. cit., p. 76.
175. GIDDENS, op. cit., p. 10.
176. Inclusive no Brasil, até mesmo no governo Lula.

longe disso, estamos sofrendo um excesso de mudanças.[177] Assim, embora os neoliberais achem importante a desigualdade "como um princípio motivador da eficiência econômica" e para a "flexibilidade necessária dos mercados de trabalho", eles "atacaram as formas tradicionais de privilégio com mais ênfase do que os socialistas dos últimos tempos", diz Giddens. Devemos aqui observar que o que os neoliberais chamam de privilégios são os direitos do trabalho e da previdência social conquistados pela luta do movimento sindical, fechando os olhos para os privilégios das grandes corporações transnacionais e do sistema financeiro mundial. Mas Giddens vai adiante afirmando que "há muito acostumado a pensar-se como vanguarda, o socialismo tornou-se arcaico" e propõe "enterrar" o socialismo, perguntando:[178] i) Até onde deve continuar "a animosidade da esquerda" em relação ao capitalismo"? ii) Por que não descartarmos parte das "críticas socialistas ao capitalismo"?

Em outras palavras, é colocada a indagação:[179] "a despeito das limitações do capitalismo, será racional buscar substituí-lo por um sistema totalmente diferente" ou seria preferível buscar novas reformas por "um capitalismo com rosto mais humano"?[180] Miliband responde que "esse canto de sereia exerce forte apelo para muitas pessoas de esquerda hoje em dia". E continua: o pós-marxismo e o pós-modernismo (Cap. XIII, Vol II) "têm servido, sejam quais forem as intenções de seus protagonistas, para fortalecer o retrocesso", pois enfatizam tão-somente "objetivos parciais, localizados, fragmentários e específicos em oposição às perspectivas universais e totalizadoras". Vê a origem disso "nos malogros e decepções" que a esquer-

---

177. Op. cit., p. 10.
178. Op. cit., p. 64.
179. MILIBAND, Ralph, *Socialismo & Ceticismo*, EDUSC e Editora Unesp, 2000.
180. Aqui podemos ver por trás do novo paradigma, no caso o da terceira via, a velha questão do reformismo, que data do fim do Século XIX e que propunha incorporar alguns pontos do ideário socialista em uma reforma do capitalismo. Hunt e Sherman [2001] recapitulam como reformismo: o Programa de Gotha na fundação do Partido Social Democrata Alemão em 1875, incorporando posições reformistas de Ferdinand Lassalle; os chamados socialistas fabianos na Inglaterra, entre os quais estava Bernard Shaw; e o socialismo evolucionário de Bernstein [1899].
HUNT, E. e SHERMAN, H., *História do pensamento econômico*, trad., Vozes: Petrópolis, 20ª Edição, 2001, p. 137.
BERNSTEIN, Eduard, *Evolucionary Socialism*, 1899, republicado pela editora Schocken Books, Nova York, 1961.

da sofreu, com "os catastróficos fracassos dos regimes comunistas" e com governos social-democratas cedendo "na urdidura da sociedade capitalista". A conseqüência foi a dissipação das esperanças da esquerda, ficando em seu lugar "a versatilidade e a vitalidade do capitalismo" e a autoconfiança da direita com "sua afirmação das virtudes do mercado, da superioridade da livre empresa e da concorrência, sua glorificação do individualismo".[181] A ideologia de que não há alternativa racional ao capitalismo neoliberal contribuiu para reações irracionais, "racismos... xenofobia, anti-semitismo, ódios étnicos, fundamentalismo, intolerância".[182] Isso aponta para a necessidade de mudança.

Alguns intelectuais da esquerda, como Giddens, pretendem uma terceira via, entre o neoliberalismo e o socialismo, a qual tem o mérito de ser pragmática e realista e de buscar re-fundar a social-democracia em crise. Entretanto sua contemporização serviu para legitimar a direita.[183] Afinal, o próprio título do livro referido, *Para além da esquerda e da direita*,[184] põe em dúvida a dualidade entre esquerda e direita, o que podemos rebater com o argumento de Eric Hobsbawm: "a esquerda continua a existir", em geral aqueles que a negam "pertencem à direita".[185] Mas é inegável que o significado do termo esquerda "mudou muito nas últimas décadas".[186] Hobsbawm dá várias razões para isso.[187] Em primeiro lugar, "o projeto de uma economia completamente socialista foi abandonado", não deu certo na ex-União Soviética, onde produziu resultados insatisfatórios. Por outro lado, "o projeto da esquerda moderada, como a social-democracia, depende do poder do Estado nacional", que foi reduzido no campo econômico pelo nível atual da globalização. A esquerda também "sofreu a erosão de sua base social", que era a classe dos trabalhadores industriais, hoje restrita na "forma pós-industrial da economia". Mas rea-

---

181. MILIBAND, op. cit., p. 104.
182. Op. cit., p. 105.
183. GUILLEBAUD, op. cit., p. 90.
184. GIDDENS, op. cit.
185. HOBSBAWM, Eric; *O novo século*, editor Polito, Antonio; trad., Companhia das Letras: São Paulo, 2000, p. 101.
186. HOBSBAWM, op. cit., p. 102.
187. HOBSBAWM, Eric; em resposta a uma pergunta que fiz no debate de que participei com ele, coordenado por Vicente Adorno, na Festa Literária Internacional organizada por iniciativa do Ministro da Cultura, Gilberto Gil, em Parati, em agosto de 2003, gravado e transmitido pela TV Cultura de São Paulo.

firma que a esquerda "acaba revivendo sob diferentes bandeiras ideológicas",[188] pois "o mercado globalizado tem produzido enormes dificuldades sociais e econômicas" e a "economia tecnológica moderna" cria sérios problemas "por trás do mercado livre". São identificadas contemporaneamente três esquerdas:[189]

1 — Os comunistas que foram "os únicos a construir uma sociedade socialista", que fracassou na ex-União Soviética e no Leste Europeu.

2 — Os socialistas em geral e social-democratas de esquerda (pois há também os que se não são de direita tampouco são de esquerda), que sofrem uma profunda crise intelectual por cinco razões, em ordem cronológica:

   a) por terem "alcançado seus objetivos" de bem-estar nos países desenvolvidos, em decorrência da luta operária e, também, do desenvolvimento do capitalismo avançado;

   b) por não terem outra proposta concreta nem modelo de sociedade além da capitalista;

   c) pelas mudanças tecnológicas e pelo declínio da industrialização, causando a redução da base operária;

   d) pelo crescimento da economia globalizada, que "atingiu os próprios fundamentos da esquerda" e abalou sua "capacidade de defender, dentro das fronteiras nacionais, sua base social, por meio de política distributiva, da proteção social e de uma política macroeconômica de pleno emprego";

   e) pela ideologia do neoliberalismo,[190] em que a liberdade é identificada com o consumo e a "escolha individual sem qualquer referência às conseqüências sociais"; por exemplo, "o processo de privatização condicionou até mesmo o senso comum das pessoas" e provocou "um grande abalo na esquerda que luta por objetivos coletivos".

3 — Uma nova esquerda atual, herdeira desta crise, que não "possui base sólida em uma classe tal como a esquerda operária" nem "projeto único", compondo-se com vários movimentos sociais.[191]

---

188. HOBSBAWM, 2003; deu como exemplo neste ponto o governo do presidente Lula.
189. HOBSBAWM, 2000, p. 108-111.
190. Hobsbawm fala aqui em sociedade de consumo, mas acho melhor referir à ideologia do neoliberalismo.
191. Talvez devamos ver, no Brasil, o PT como uma combinação destas três esquerdas, com a primeira delas em minoria.

VII.10. A Crise do Marxismo como Doutrina Política

VII.10.1. A crítica à ortodoxia marxista

Neste contexto, são importantes trabalhos recentes que criticam a ortodoxia marxista, mas não renegam a esquerda. Vamos ver, por seus livros recentes de repercussão internacional e traduzidos no Brasil, Hobsbawm, Mészáros, Miliband e Wallerstein, e vamos resgatar um autor menos recente, Axelos, em função da questão da tecnologia.[192] Comecemos fazendo uma crítica de caráter teórico a alguns pontos de Immanuel Wallerstein, que se tornou uma referência neste campo com sua teoria do sistema-mundo, abordada em livro que já citamos sobre o capitalismo histórico[193] e à qual voltaremos adiante. Publicou recentemente dois livros traduzidos no Brasil: *Após o liberalismo*[194] e *O fim do mundo como o concebemos*, título que seria talvez melhor traduzido como o fim do mundo que conhecemos.[195] Embora devamos discordar de algumas de suas posições epistemológicas, isto não afeta as suas conclusões políticas, corretas. O mesmo ocorre com Souza Santos,[196] que veremos no volume II.

Podemos identificar na argumentação de Wallerstein a influência do que chama de novo paradigma das ciências naturais (Vol. III), em substituição ao determinismo de inspiração newtoniana por ele criticado na ortodoxia marxista. Já em *Historical Capitalism* lemos que, nas ciências físicas, os processos de pesquisa "gerados pelo método científico moderno" colocam em dúvida "a existência de leis universais" e que "se fala em temporalidade"[197] das teorias,

---

192. Referências complementares incluindo outros autores brasileiros e de outros países, além dos citados ao longo do texto, estão ao final deste capítulo.
193. WALLERSTEIN, 1985.
194. WALLERSTEIN, Immanuel, *Após o liberalismo*, trad., Editora Vozes: Petrópolis, 2002.
195. WALLERSTEIN, Immanuel, *O fim do mundo como o concebemos*, trad.; Revan, Rio de Janeiro, 2003.
196. SOUZA SANTOS, Boaventura, ver Cap. XII, Vol. II.
197. A questão da dependência temporal das leis físicas é trivial, se vista do ângulo do advento de novas teorias que mudam as leis anteriores, por exemplo a relatividade de Einstein substituiu as leis de Newton. Mas há conjecturas como a da "variable speed of light" (VSL), esposada pelo físico português João Magueijo [2003] de que a velocidade da luz no vácuo, uma constante universal na teoria de Einstein, teria sido maior no início do universo, o que permite dar maior robustez ao modelo do "big-bang", de origem do universo (Vol. III).
MAGUEIJO, João, *Mais rápido que a velocidade da luz*, Record: Rio de Janeiro, 2003.

enquanto nas ciências sociais "o inteiro paradigma do desenvolvimento é hoje posto em dúvida".[198]

Devemos repetir aqui, por coerência, a crítica que fizemos acima a Giddens, embora os dois tenham posições políticas muito diferentes entre si. Wallerstein[199] fala em sistemas longe do equilíbrio, muito difundidos na epistemologia pelo físico-químico Ilya Prigogine (Vol. III), ganhador do premio Nobel e pai da termodinâmica dos processos irreversíveis. Refere-se também a pontos de bifurcação, caos, sistemas dinâmicos e ciência da complexidade. Coloca tudo isso no mesmo balaio em defesa da incerteza, em oposição ao determinismo newtoniano, e conclui que a busca científica de leis universais para os fenômenos naturais foi superada pelo paradigma da complexidade, inspirado na evolução biológica, caracterizada pela irreversibilidade e pela emergência de estruturas novas imprevisíveis. Escrevendo sobre a situação atual do mundo diz: "chega um momento em que as contradições são tão agudas que provocam flutuações cada vez maiores. Na linguagem da nova ciência isto implica o princípio do caos, a brusca diminuição daquilo que pode ser explicado por equações deterministas, que por sua vez resulta em bifurcações".[200]

Ora, a incerteza entrou na física teórica juntamente com a irreversibilidade no século XIX, com o caos molecular na mecânica estatística, e foi entronada com a mecânica quântica no século XX, como veremos nos capítulos VIII e IX (Vol. II). O caos, no sentido matemático da teoria dos sistemas dinâmicos, foi prenunciado por Poincaré há cerca de um século, no âmbito do determinismo newtoniano, que devemos distinguir da previsibilidade (Vol. III), com a qual é confundido. Ou seja, o caos é compatível como o determinismo, embora não com a previsibilidade. Nossa discordância deve ser limitada a estes pontos importados da física inadequadamente e ao uso deles na justificação da incerteza e da imprevisibilidade nas ciências sociais, erro também cometido por Giddens, com intenção oposta à de Wallerstein, como vimos.

VII.10.2. MARXISMO E MOVIMENTOS DE MASSAS

Uma crítica ao marxismo ortodoxo, como doutrina de ação política, é que ele desloca os argumentos racionais de persuasão na propagação de

---

198. WALLERSTEIN, 1985, p. 76.
199. WALLERSTEIN, 2002, p. 37.
200. Op. cit., p. 37.

suas idéias na sociedade, com base em duas conclusões:[201] 1 — passividade das massas populares no capitalismo é determinada ideologicamente em função da organização da sociedade; 2 — as massas só adquirem a consciência de classe nas condições apropriadas pré-revolucionárias, quando se abre a perspectiva real de mudar a organização da sociedade.

Nesse ponto, é ilustrativo referir um velho livro polêmico[202] sobre massas populares e propaganda política, escrito na França,[203] na época do nazismo, por um autor russo, Tchakhotine, que também presta um testemunho ocular dos métodos da propaganda soviética. Nele, podemos ver um paralelo da propaganda política com a velha questão da propaganda comercial, que nos novos paradigmas se liga ao conceito mais geral de "marketing" das empresas. Apesar de cometer alguns erros à luz da ciência de hoje existem problemas que permanecem, como o jogo com as emoções em processos políticos em lugar da razão, podendo servir para manipulação das massas populares.

A teoria de Marx se fundamenta em três vertentes do pensamento da modernidade: a filosofia alemã, especialmente a dialética de Hegel; a teoria econômica clássica inglesa; e o pensamento social revolucionário francês. Podemos enquadrar todas as três no rótulo mais geral do Iluminismo, dentro do qual destacamos o determismo científico newtoniano que influenciou tanto a teoria econômica liberal clássica como a teoria marxista. Tchakhotine considera que o marxismo pecou por ter assumido a preponderância dos fatores econômicos na história da sociedade, deixando em plano secundário fatores políticos e culturais. Formula a hipótese de que, remotamente, toda a atividade humana, individual e social, tem por trás quatro impulsos atávicos, que podemos denominar, modificando um

---

201. KILCHING, op. cit.

202. TCHAKHOTINE, Serge, *A mistificação das massas pela propaganda política*, trad., Argumento, Brasília, 2003.

203. Este livro, escrito em 1939, confiscado na ocupação nazista da França em 1940 e reeditado em 1952, foi traduzido por MIGUEL ARRAES em 1964 quando, como governador de Pernambuco, foi um preso político da ditadura militar. Foi publicado no Brasil em 1967 pela Editora Civilização Brasileira, de Enio da Silveira, por iniciativa de Arraes no exílio. Recentemente foi republicado em francês pela Editora Gallimard e agora reeditado em português pela Argumento. Recebi de Arraes, por intermédio do amigo que temos em comum, Dilton da Conti, presidente da CHESF, um exemplar e resolvi usá-lo didaticamente neste texto pela atualidade do tema.

pouco a denominação por ele empregada:[204] (1) sobrevivência, (2) agressividade e medo, (3) reprodução sexual e (4) proteção da prole (Quadro 1). Há clara interseção pelo menos entre o primeiro e o segundo impulso, bem como entre o terceiro e o quarto, como as setas mostram no topo do quadro 1.

Quadro 1. Impulsos, Sentimentos, Racionalização e Práticas.

Impulsos Básicos	Sobrevivência (1) ⟶	Agressividade e Medo (2)	Reprodução (3) ⟶	Proteção da Prole (4)
Componentes	Alimentação	Defesa	Sexualidade	Maternal
	Abrigo	Competição	Sensualidade	Grupal
Sublimação — sentimentos	Mistério da Natureza	Poder	Amor-prazer	Amizade
	Religioso	Segurança	Autoestima	Lealdade
Racionalização Intelectual	Filosofia	Humanidades —	Estética	Ética
	Ciências da Natureza	Ciências sociais	Arte	Educação
Prática e Instituições	Tecnologia	Política	Obras de arte	Escola
	Economia	Estado nacional	Lazer— conforto	Família
Deformação	Mercado capitalista	Violência	Hedonismo	Autoritarismo
	Pobreza globalizada	Militarismo	Consumismo	Populismo
Resistência	Socialismo	Cidadania	Cultura	Democracia
		Direitos humanos	Ecologia	

Este esquema (Quadro 1), inspirado no livro de Tchakhotine e aqui ampliado deve ser lido como uma representação de como podem ser vistas as coisas e não como verdade absoluta. Ele serve, entretanto, para identificar certas relações. Estas vão: (1) do impulso de sobrevivência e da necessidade de alimentos e abrigo ao mercado capitalista e ao socialismo, como resistência a este; (2) da agressividade e do medo até o Estado Nacional e o militarismo, tendo neste caso a cidadania e os direitos humanos como resistência; (3) do impulso sexual e sensual à obra de arte, à cultura e à ecologia; (4) da proteção da prole à educação, que se deforma no autoritarismo, contra o qual resiste a democracia. O interessante aqui é que neste esquema o socialismo em sentido puramente econômico não

---

204. Op. cit., p. 156.

basta, sendo necessário, além disso, levar em conta a cidadania, os direitos humanos, a cultura, a ecologia e a democracia. Todos estes aparecem na última linha do Quadro 1 como resistência a deformações das práticas e instituições existentes. A idéia de resistência tal como é usada aqui não consta do livro de Tchakhotine e será conceituada adiante.

O autor isenta Marx da responsabilidade pela evolução de seu pensamento feita por seus seguidores, que teriam sublinhado o aspecto econômico em demasia, e afirma que Marx enfatizava o caráter político da luta de classes. Mas vê uma insuficiência em seu sistema, no que diz respeito aos meios para se chegar ao socialismo e à tática que a classe operária deveria adotar na luta. Isto estaria no bojo da controvérsia entre comunistas e o que chama de socialistas-reformistas.[205] Assim, os ativistas seguiram as idéias de Marx, porém modificadas ou acrescidas pela doutrina de ação política de Lênin, que utilizou o impulso 2 do quadro 1. Tchakhotine via no socialismo a única esperança para a "humanidade resistir à maré fascista, última tentativa capitalista", mas afirmou que os escritos dos "velhos ateus", sem muita base teórica, eram "mil vezes mais capazes de tirar as pessoas do sono religioso!" do que "os repetidores do marxismo, fastidiosos, áridos". Seria então "a parte fraca de Marx e de seus continuadores" desconsiderar a psicologia de massas. Para agir o homem deve passar por um processo psíquico, mesmo quando a base para a ação política está nos fatos econômicos sua ação não é direta, pois passa pela "maquinaria psíquica".[206] Stalin fazia uso da psicologia de massa, enquanto Kautsky, um teórico do marxismo, considerava que para a massa atuar revolucionariamente em defesa de seus interesses bastava sua organização. Pode-se contrapor a isso o fato de os nazistas terem criado organizações de massa para a contra-revolução, cometendo "crimes cuja fria bestialidade" sobrepujou tudo o que sabemos das "atrocidades das multidões primitivas".[207] Kautsky só considerava as massas "sob o reduzido ângulo da luta de classes" e as via constituídas de operários e funcionários, excluindo os profissionais liberais e intelectuais que "tomam parte nas ações de massas e entre os quais se recrutam os líderes".[208]

---

205. Op. cit., p. 173.
206. Combina o conceito de Pavlov de reflexos condicionados com idéias de Freud, Jung e Adler na psicanálise.
207. Op. cit., p. 174.
208. Op. cit., p. 175.

Em outro trabalho[209] que estudou o papel das massas proletárias, o proletariado é descrito como "entidade" unida mecanicamente pelas condições de vida e de trabalho, de modo que "a revolta contra estas condições intoleráveis impele os indivíduos assim mecanizados pelo processo da produção industrial no sentido da luta organizada". Mas Tchakhotine observa em contraposição que "a tragédia do proletariado" é sua existência depender da sociedade que ele combate, o que podemos verificar na dependência do trabalhador em relação ao emprego que o capitalista lhe dá. Essa contradição é fundamental para entender seu comportamento. As revoluções se seguem a movimentos populares de massa organizadas e dirigidas por pequenas minorias. Tchakhotine conclui que mostrou-se errônea "a profecia de Marx" de que terminou o tempo de "revoluções por golpes de mão efetuados por minorias conscientes à frente de minorias inconscientes".[210]

Voltando a Wallerstein, ele distingue a teoria de Marx daquilo que chama de doutrina marxista, gerada pelo Partido Social Democrata Alemão antes da Primeira Guerra Mundial e, depois, pelo Partido Comunista Russo.[211] Esta doutrina foi abalada pelo colapso do socialismo realmente existente, mas não o marxismo como teoria. Entretanto o aspecto do marxismo como teoria da modernidade, elaborada em paralelo à teoria liberal, morreu para Wallerstein, junto com o marxismo-leninismo e o reformismo. Está vivo o marxismo como crítica à modernidade — da qual o capitalismo é uma manifestação histórica — e como um "impulso anti-sistema". Caracteriza o marxismo-leninismo por cinco proposições: a tomada do poder do Estado; o partido único universal; a ditadura do proletariado; o Estado socialista; o desenvolvimento industrial.

A Escola de Frankfurt, em que enquadramos Habermas, fez uma revisão do marxismo. Seus escritos mais importantes, aos quais voltaremos no capítulo XII (Vol. II), antecedem o colapso do socialismo soviético. Escrevendo sobre racionalidade nas sociedades capitalistas avançadas, Habermas vê a necessidade de mudar radicalmente estas sociedades, para que a verdade tenha ressonância social e política. Estas mudanças radicais incluem a igualdade no acesso à informação, o que exige mudar a forma de

---

209. GEIGER, T. *Die Masse und Action*, Edit. F. Enke, Stutgard, 1926, cit. em Tchakhotine, op. cit., p. 176.
210. Op. cit., p. 176.
211. WALLERSTEIN, op. cit., p. 222.

produção da comunicação e da persuasão pela mídia, bem como revolucionar a educação incluindo nela com prioridade o espírito crítico. Mas, diz ser necessário para isto a eliminação de todas as formas de desigualdades econômicas e sociais. Não seria isto o socialismo?

VII.10.3. A Volta a Lukacs como um Galileu do Século XX

Recentemente tornou-se um *best selling* um livro de Mészáros[212] — ao qual já nos referimos — um discípulo de Lukacs,[213] húngaro considerado por alguns autores o mais importante filósofo do marxismo ocidental, que influenciou a Escola de Frankfurt.[214] Lukacs usou a dialética na crítica ao materialismo economicista e ao dogmatismo. Elaborou uma teoria da alienação e da consciência de classe e influenciou a sociologia do conhecimento, que estudaremos no capítulo XIII (Vol. II). No Brasil, um livro de vários autores[215] tem o expressivo título *Lukacs, um Galileu no século XX*. Nele, é debatido o marxismo ocidental, caracterizado por uma teoria crítica, recusando uma concepção ontológica que tendeu "a equalizar natureza e história", cujo extremo foi *Dialética da natureza* de Engels, que vimos neste capítulo.[216]

Embora ao escrever *História e consciência de classe*, Lukacs buscasse contribuir para a revolução proletária no quadro histórico que sucedeu a Primeira Guerra, "o marxismo ocidental converteu temáticas e procedimentos críticos-metodológicos daquela obra em constatação (ora resignada, ora revoltada) da inviabilidade de uma revolução...".[217] Para Lukacs o diferencial do marxismo nas ciências sociais é o ponto de vista da totalidade. O capitalismo hoje "revela uma característica nova": evitar as crises e garantir os monopólios, racionalizando o consumo através de um sistema

---

212. MÉSZÁROS, op. cit.

213. PINASSI, Maria Orlanda; LESSA, Sergio; COUTINHO, Carlos Nelson; OLDRINI, Guido; KONDER, Leandro; NETTO, José Paulo; TERTUTIAN, Nicolas; *Lukacs e a atualidade do marxismo*, Boitempo: São Paulo, 2002.

214. BOTTOMORE, Tom, *Dicionário do pensamento Marxista*, trad., Jorge Zahar Ed.: Rio de Janeiro, 1988, p. 221.

215. ANTUNES, Ricardo e REGO, Walquiria. *Lukacs, um Galileu no século XX*, Boitempo: São Paulo, 1996.

216. NETTO, José Paulo, em Antunes e Rego, op. cit., p. 9.

217. Op. cit., p. 15.

para manipular a vida dos indivíduos; para isso se apoiou nas teorias neo-positivistas, que reduzem a realidade humana ao conhecimento formalista e logicista.[218]

A "ontologia do real" de Aristóteles, Hegel e Marx, que Lukacs considerava o ápice da filosofia, foi "substituída pela elucidação epistemológica dos discursos, segundo "uma tradição kantiana empobrecida".[219] Ele deu importância à "negação da ontologia, da totalidade e da história" pelo neo-positivimo, como um componente da ideologia burguesa e também do stalinismo, "responsável pela introdução de elementos positivistas" no marxismo.[220] Coutinho realça que uma das metas de Lukacs era resgatar, contra o neopositivismo e contra a herança kantiana, o princípio de que "a análise do ser deve preceder a análise do conhecer, já que este último participa de uma realidade mais ampla, ontológica, ou seja, a práxis social global. A fragmentação das ciências sociais estanques foi prejudicial deste ponto de vista.

Por outro lado, quando a epistemologia pós-moderna aponta a crise dos paradigmas da racionalidade, incluindo o marxismo, estabelece uma "falsa dualidade de formalismo vazio e empirismo cego".[221] Lukacs fala em constituição da realidade social "nos termos da teoria do valor e do conceito de fetichismo da mercadoria de Marx".[222] Maar faz uma comparação de Lukacs com a Escola de Frankfurt, em cuja teoria crítica identifica um certo positivismo, principalmente em Habermas, enquanto valoriza em Lukacs a "contribuição para uma teoria dialética da constituição da realidade, da história...".[223]

Mészáros retoma, como veremos a seguir, Lukacs e Marx, à luz dos acontecimentos que marcaram as últimas décadas do século XX. Isto implicou necessariamente em fazer uma revisão de Marx, tal como fez Einstein com a mecânica de Newton, apontando, com base nos avanços da física, erros que antes não podíamos identificar. Ou seja, "não se pode simplesmente voltar a Marx".[224] Marx não atingiu a meta do seu projeto ori-

218. COUTINHO, Carlos Nelson, em Antunes e Rego, op. cit., p. 17.
219. Op. cit., p. 17.
220. Op. cit., p. 18.
221. Op. cit., p. 19.
222. MAAR, Wolfgang, em Antunes e Rego, op. cit., p. 34.
223. Op. cit., p. 35.
224. LOWY, Michel, em LOWY, M. e BENSAID, D. *Marxismo, Modernidade e Utopia*, Ed. Xamã: São Paulo, 2000, p. 58.

ginal. A teoria marxista apenas oferece algumas indicações do que poderia ser a sociedade socialista, embora tenha feito uma excelente análise histórica do capitalismo.

Nesta análise, o capitalismo é caracterizado pelos pontos:[225] 1 — a produção para a troca é dominante; 2 — a força de trabalho é tratada como mercadoria; 3 — a motivação do lucro é a força reguladora da produção; 4 — há extração da mais-valia dos trabalhadores através da separação entre os meios de produção e os produtores; 5 — a mais-valia extraída dos trabalhadores é apropriada privadamente pela classe capitalista; 6 — a produção do capital tende a se expandir integrando um mercado internacional global.

Outra interessante revisão crítica do pensamento marxista foi feita por Kostas Axelos.[226] O interesse em resgatarmos aqui Axelos, entre tantos autores que fizeram a crítica do marxismo, reside no fato de ele abordar Marx como pensador da técnica, tema do nosso estudo: a relação entre tecnociência e humanidades. Axelos pretende o "diálogo com a filosofia e a dialética da técnica", a qual ele considera um "enigma da história universal".[227] Apresentou sua tese em 1959, muito antes do colapso do socialismo soviético e de ganhar popularidade a crítica ao socialismo realmente existente. Este foi objeto de uma série de *best selling*, de diferentes autores, entre eles Rudolf Bahro[228] e André Gorz,[229] tendo Perry Anderson escrito em contraponto *A crise da crise do marxismo*.[230]

Voltando a Axelos, para ele o que faz a teoria de Marx é:[231] (a) descreve o "estado de coisas" existente na Europa burguesa e capitalista; (b) descarta a possibilidade de esse estado de coisas, em que a técnica e a economia determinam o resto, seja uma realidade particular; (c) admite que a verdade atual do mundo ocidental é a verdade do planeta, a cultura ocidental é universalizada, e os trabalhadores do mundo todo devem se unir para realizar o desti-

---

225. MÉSZÁROS, op. cit., p. 1029.
226. AXELOS, 1961, ver Sec. VII. 8.1.
227. Op. cit., Prefácio.
228. BAHRO, Rudolf, *A alternativa para uma crítica do socialismo real*, trad., Paz e Terra: Rio de Janeiro, 1980.
229. GORZ, André, *Adeus ao proletariado, para além do socialismo*, trad., Forense Universitária: Rio de Janeiro, 1982.
230. ANDERSON, Perry, *A crise da crise do marxismo*, trad., Ed. Brasiliense: São Paulo, 1983.
231. AXELOS, op. cit., p. 114.

no global do mundo; (d) privilegia "a *techné*, a razão prática" — o modo de produção da vida material determina a política, a filosofia, a religião. Epistemologicamente, o ponto (a) revela um aspecto realista e, ao mesmo tempo, empírico-histórico; o (b), indutivo; o (c), racional, com a teoria da prática; e o (d), materialista e determinista. Para Axelos, "o realismo e o idealismo, o racionalismo e o empirismo", bem como "a teoria do conhecimento e a técnica" estão no cerne do Iluminismo e do Humanismo na modernidade, que "se estende sobre toda a superfície do globo".[232]

Sobre os pontos (a) e (b) devemos citar Wallerstein, para quem Marx sabia ser um homem do século XIX, "cuja visão era inevitavelmente circunscrita àquela realidade".[233] Marx nos apresenta uma crise histórica em que o homem se encontra alienado de sua verdadeira natureza, dos seus produtos, de seu trabalho e da história,[234] não apenas os homens como indivíduos são alienados, mas todos os homens, a humanidade. No entanto, Axelos nega que a história de toda a sociedade seja a história das lutas de classe[235], embora concorde que elas caracterizem a modernidade ocidental e o capitalismo. Para Axelos, a passagem de uma etapa histórica à seguinte não resultou na vitória do explorado sobre o explorador, mas "na manifestação de uma terceira força nova", dando exemplos como o surgimento da burguesia superando a luta entre servos e barões. Wallerstein[236] põe em dúvida, por sua vez, que tenha havido uma Revolução Burguesa na qual a aristocracia tenha sido derrotada por uma burguesia progressista. Para ele, ao invés disso, expoentes da aristocracia feudal se transformaram em burguesia.

Devemos aqui discordar de Wallerstein e de Axelos. É óbvio que membros da nobreza, como o marquês de Mirabeau, participaram notoriamente da Revolução Francesa. Entretanto, a incorporação de aristocratas na alta burguesia não invalida que tenha havido uma vitória da visão de mundo dos comerciantes, banqueiros e demais burgueses, contra o domínio exclusivo da nobreza e do alto clero (Cap. 0).

Ao negar a Revolução Burguesa, Wallerstein põe em dúvida a Revolução Socialista, derrotando a burguesia e colocando no poder o proleta-

---

232. Op. cit., p. 21.
233. WALLERSTEIN, 1985, p. VIII.
234. AXELOS, p. 74.
235. Op. cit., p. 119.
236. WALLERSTEIN, op. cit., p. 86.

riado. Axelos admite que do antagonismo entre capitalistas e proletários possa surgir uma terceira força.[237] Mas cabe-nos perguntar: seria ela identificável com o novo trabalhador moderno ou com a tecnocracia de classe média emergente no mundo globalizado pós-industrial, dos serviços, da informática? Escrita antes da época da globalização neoliberal, a tese de Axelos não responde esta pergunta, embora critique pontos essenciais da teoria marxista, tais como:[238] (a) os operários formam uma classe, isto é, um conjunto de pessoas ligadas entre elas e à economia de um modo determinado e possuindo consciência de classe; (b) o proletariado não é uma classe particular qualquer, mas possui um caráter universal como a última classe, capaz de conduzir à sociedade sem classes; (c) o progresso do capitalismo conduz a uma concentração cada vez maior de toda a riqueza nas mãos dos capitalistas, que possuem os meios de produção e cujo número se reduz mais e mais pela expropriação dos menos fortes.

Empiricamente, entretanto, não ocorreram tais previsões no século XX: nos países desenvolvidos não houve a pauperização da sociedade, as classes médias cresceram e os trabalhadores participaram dos benefícios do crescimento do capitalismo. De fato, a previsão de Marx, de que o capitalismo, que foi uma força impulsionadora do progresso, teria atingido um estágio em que passou a ser um entrave ao desenvolvimento das forças produtivas, não ocorreu até hoje como foi previsto. Miliband observa que "houve grande melhoria de vida das populações dos países do capitalismo avançado", mas o problema é que o capitalismo se tornou um entrave para a ampliação dos benefícios que ele mesmo trouxe, restritos "pela própria natureza do sistema".[239] Na época da globalização neoliberal, devemos acrescentar que os operários perderam a importância na economia quantitativa e qualitativamente, reduzindo as condições objetivas para manterem uma consciência de classe. O gozo das benesses do crescimento capitalista se estreitou, pela abolição do Estado do bem-estar.

É feita uma distinção por Mészáros[240] entre o capitalismo e o capital, a qual antecedeu o capitalismo e permaneceu no socialismo soviético, que é criticado no seu livro. Marx não tratou adequadamente da transição para o socialismo. A ditadura do proletariado pode ser vista como um estágio

---

237. Op. cit., p. 121.
238. Op. cit., p. 108.
239. MILIBAND, 2000, p. 103.
240. MÉSZÁROS, op. cit.

transitório em que a classe operária, uma vez no poder do Estado e tendo expropriado os bens de produção, cria um sistema autoritário para exercer o controle de si mesma, no lugar da classe burguesa. Um argumento contra a alternativa democrática no socialismo era que ela levaria à anarquia e à inadimplência na produção.

Lukacs apontou o problema de uma nova classe de burocratas, tomando o lugar da burguesia e assumindo seus privilégios. Milovan Djilas, dissidente do comunismo, há cerca de 40 anos já observara, sobre a ex-União Soviética, que "as previsões concretas de Marx mostraram-se inexatas e, de um modo geral, pode-se dizer o mesmo da esperança de Lênin de que uma sociedade livre, sem classes, seria criada com auxílio da ditadura". Mas a necessidade que "tornou inevitável a revolução — a transformação industrial à base da tecnologia moderna — foi satisfeita".[241] E continua: "a máquina estatal não é o instrumento que realmente determina as relações sociais e de propriedade, mas apenas o instrumento que protege essas relações... O Partido Comunista inclusive a burocracia profissional estão... por trás de todos os atos do Estado... É a burocracia que usa, administra e controla formalmente tanto as propriedades nacionalizadas e socializadas como toda a vida social".[242] Acreditava-se que as diferenças entre o trabalho intelectual e o trabalho físico desapareceriam e que o fim da propriedade privada traria a sociedade sem classes, mas, segundo Djilas, a nova classe formada pela burocracia política ganhou características semelhantes às da classe capitalista. Antes, o direito de propriedade

---

241. DJILAS, Milovan, *A nova classe*, Agir, 1963, p. 20. Djilas, antes de romper com o socialismo, foi um importante colaborador do presidente Tito da Iugoslávia. Este e os presidentes Neruh da Índia e Nasser do Egito formaram o que se chamou de Terceira Força, opondo-se à bipolaridade EUA–União Soviética (não confundir com a terceira via, hoje em moda). Uma vez independente da União Soviética, a Iugoslávia viveu uma experiência ímpar de autogestão operária das empresas. O socialismo iuguslavo tinha características democráticas. Quando trabalhava no International Center for Theoretical Physics, residi em Trieste, cidade italiana na fronteira com a Áustria e a Iugoslávia, onde ia com minha família semanalmente fazer compras de alimentos, lá muito baratos. Não havia complicações na fronteira, mesmo com passaporte do Brasil, então sob o governo militar anticomunista. A Iugoslávia no governo de Tito contrastava com países como a Polônia e a ex-Tchecoslováquia, nos quais também estive na mesma época atendendo a convites de universidades, embora com certa dificuldade para cruzar a então chamada Cortina de Ferro. Infelizmente, após a morte de Tito, a Iugoslávia se desintegrou e se entregou a uma guerra interna sem sentido.

242. DJILAS, op. cit., p. 21.

dava direito ao lucro, ao privilégio e ao controle. A nova classe não tinha a propriedade, mas sim o privilégio e o controle. Em boa parte, o colapso soviético veio deste afastamento entre o regime e o povo. Na raiz desse problema, está a divisão do trabalho na produção, com base na hierarquia dada pelo conhecimento técnico-científico e pelo poder de organização do detentor do capital, colocando em baixo a massa dos trabalhadores mesmo no socialismo (onde o detentor do capital passou a ser o Estado). Este problema não foi percebido devidamente por Marx.

A fragmentação da classe trabalhadora foi subestimada no marxismo e suas conseqüências permanecem mal resolvidas.[243] Entretanto, Marx havia escrito que "quanto mais se desenvolve a divisão do trabalho e aumenta a acumulação, mais se desenvolve a fragmentação do trabalho; o próprio trabalho só pode existir tendo como premissa a fragmentação".[244] Mas, parou aí sem chegar às conseqüências disso. A divisão social do trabalho se relaciona ao sistema de produção e à divisão em classes sociais. Marx via a existência das classes determinada pelas fases históricas do desenvolvimento da produção. A ditadura do proletariado era uma fase de transição rumo à superação, não à abolição, das classes.[245] A fragmentação do trabalho faz com que setores de trabalhadores se voltem contra os outros, longe da homogeneização prevista na teoria marxista. Mészáros considera que o fato de não ter reconhecido a conseqüência da fragmentação do trabalho foi "a mais aguda dificuldade teórica de Marx".[246] Esta fragmentação, entretanto, se agravou muito hoje com a tecnologia da automação e da informática.

VII.11. Ciência e Tecnologia, Globalização e Neoliberalismo

VII.11.1. Tecnologia, ciência e socialismo

Na discussão do processo que leva ao fim de um modo de produção e ao surgimento de outro, alguns autores reduzem a teoria da transforma-

---

243. MÉSZÁROS, op. cit., p. 1051.
244. MARX, *Ideologia Alemã*, Vol. 5.
245. MARX, carta a Joseph Weydemeyer, 1852.
246. MÉSZÁROS, op. cit., p. 1054.

ção histórica de Marx a uma questão apenas de mudanças tecnológicas. Marx teria, segundo esses autores, tendido a um "determinismo tecnológico".[247] Deparamo-nos novamente com a relação entre ciência e técnica. "Saídas da filosofia, as ciências se desenvolvem levando tão longe quanto possível a especialização"; assumiram uma forma "tecnicista de especialização" dentro dos limites que traçaram, mas pretendendo "tudo subordinar ao seu ponto de vista e ao seu método".[248] Sobre a tecnologia, cabe aqui uma outra transcrição de Axelos: "O desenvolvimento dos instrumentos de produção conduziu necessariamente à criação da máquina... o reino das máquinas potentes e aperfeiçoadas... o positivismo marxista, tão deslumbrado com o desenvolvimento das forças produtivas, se muda em romantismo apaixonado afrontando a máquina alienante e desumana... O homem se tornou escravo da máquina, como é igualmente escravo da divisão do trabalho, da propriedade privada, do capital, do dinheiro, da indústria e de toda a civilização tecnicista".[249] Marx não responde à questão: o que tornou possível o "monstruoso" (nas palavras de Axelos) desenvolvimento do "maquinismo" e do industrialismo?[250] Assim, "o que o romantismo de Marx deplora" no processo de industrialização, "a desnaturalização, seu positivismo admira".[251]

Um quarto de século depois do livro de Axelos, Wallerstein radicalizou a crítica à ciência, associando a visão de mundo dominante no capitalismo ao universalismo científico, como uma epistemologia, isto é, um conjunto de convicções acerca do que é cognoscível e de como se pode ter o conhecimento.[252] Podemos ver nisto o paradigma da ciência ou do racionalismo científico da modernidade, segundo o qual são formuladas afirmações de caráter geral sobre o mundo físico, tidas como verdades universais, buscadas desde Aristóteles. Este paradigma foi estendido também para o mundo social. Estas verdades, vistas deste modo, são a-históricas, ou seja não são determinadas pela história. O universalismo mais que uma epistemologia é uma fé e fundamental para o capitalismo, diz Wallerstein,[253] que o chama de ópio do mundo moderno, parodiando Marx, para

247. GANDY, D. R.; *Marx and History*, 1979, cit. em Bottomore, op. cit., p. 93.
248. AXELOS, op. cit., p. 21.
249. Op. cit., p. 143.
250. Op. cit., p. 145.
251. Op. cit., p. 148.
252. WALLERSTEIN, 1985, p. 64.
253. Op. cit., p. 65.

quem a religião era o ópio do povo e Raymond Aron, para quem o marxismo era o ópio dos intelectuais.[254] Somos educados para ver na ciência uma virtude de busca desinteressada da verdade, em benefício do progresso, que, entretanto, foi usado para justificar a modernização e a ocidentalização *manu militari* do mundo.

Tudo isto fica hoje englobado sob o rótulo da globalização, incluindo a padronização do modo de vida e a exportação de tecnologias para a periferia. Desse modo, o universalismo se combina com o racismo, abordado por Wallerstein como uma ideologia para justificação da hierarquia no trabalho e para a distribuição desigual da renda. No século XVII, o novo era a ciência de Galileu e o velho a Igreja, no século XX o novo era a modernização tecnológica e a racionalidade científica e o velho o *mullah* e a tradição das culturas locais.[255] Houve uma etnização da força de trabalho, reservando piores tarefas e menores remunerações para grupos étnicos e nacionalidades discriminadas — seja em seus próprios países, via divisão internacional do trabalho, seja nos países centrais, como imigrantes — em nome das diferenças de língua, de religião, de costumes, de cultura e de educação. Embora racismo e universalismo possam parecer irreconciliáveis entre si, a cultura científica fornece a linguagem comum aos técnicos e dirigentes, ao mesmo tempo que, tornada ideologia, legitima a hierarquia do trabalho pela meritocracia. Assim, serve para mascarar a irracionalidade da acumulação capitalista por trás da racionalidade técnica e da neutralidade científica. Não só na tecnologia, mas também no campo social e mesmo no socialismo ocorre uma supervalorização da tecnociência, daí a denominação de socialismo científico, como já vimos.

Lênin chegou a manifestar a expectativa de que as forças da técnica, da engenharia, liberadas das amarras do capitalismo, serviriam ao desenvolvimento socialista. Entretanto, estas forças traziam o código genético do capitalismo que as gerou. E este código estava na divisão do trabalho e na hierarquização do trabalho na produção. O capital permaneceu sem o capitalismo atuando no que Mészáros chama de metabolismo social para sua reprodução e ampliação.[256] Romper com isto exigiria abolir o Estado para ter no seu lugar os trabalhadores associados como produtores inde-

---

254. ARON, Raymond, *L'Opium des Intellectuels*, Calmann Levy, Paris, 1955; Hachette, Paris, 1991.

255. Op. cit., p. 59.

256. MÉSZÁROS, op. cit.

pendentes. Esta é a fórmula de Marx. Mészáros, porém, não explicita como se chegaria a isto em uma sociedade complexa e desigual, cujo funcionamento exige especialistas bem treinados e onde poucos têm educação suficiente. Portanto, se teria de mudar profundamente a estrutura e o funcionamento da sociedade, de um modo ainda não definido.

A questão foi colocada por Arendt[257] assim: deve o homem se adaptar à máquina ou a máquina se adaptar à natureza do homem? Ao contrário da esperança de Lênin de usar a tecnologia como instrumento para a libertação humana, a resposta dela é pessimista, pois o homem se adaptou a um meio no qual as máquinas são ubíquas, estão por toda a parte e se tornaram "uma condição de nossa existência". A ferramenta tinha de se adaptar às mãos do artesão que a conduzia de acordo com os comandos de seu cérebro, enquanto as máquinas exigem que o trabalhador seja seu servo e "adapte o ritmo natural de seu corpo ao movimento mecânico delas". Essas idéias revelam uma influência inequívoca de Heidegger, que estudaremos no capítulo XII (Vol. II), para quem "a técnica não é o que ela oferece de mais aparente" como as máquinas, ela não é um instrumento nas mãos do homem, é um "projeto metafísico, pois concerne todos os setores da realidade", a essência da técnica "não é absolutamente nada de técnico", tem a ver com "o ser".[258] Nessa visão, há uma crise de civilização cujos sinais são:[259] 1 — a uniformização planetária dos modos de vida e do pensamento; 2 — a neutralização do espaço e do tempo, a perda do sentimento de proximidade e de tempo, abolidos pelos meios de comunicação e de transportes; 3 — a circulação e o consumo de informação sem qualquer objetivo; 4 — uma certa insensibilidade com respeito ao excesso de dor com guerras e catástrofes tornadas espetáculos televisados; 5 — estoques imensos de energia e o consumo acelerado com dilapidação dos recursos naturais e do meio ambiente; 6 — enormes meios de destruição.

Devemos acrescentar a desigualdade e a pobreza, esquecidas nesta lista. Para Heidegger, "a ciência que persegue a matematização da natureza não é um projeto autônomo, ela está a serviço de um dispositivo técnico" e os tecnocratas não são a causa, mas a conseqüência disso.[260] As idéias

---

257. ARENDT, Hannah, *Condition de l'Homme Moderne*, trad., Ed. Calmann Lévy, Paris, 1993, p. 165.

258. HEIDEGGER, Martin, *Essais et Conferences*, trad., p 9; cit. Em Haar, 1987, p. 64.

259. HAAR, Michel, *Lê Chant de la Terre*, Ed. de l'Herne, 1987, p. 164.

260. Aqui, é incluído o regime nazista e o próprio Fuhrer, com quem Heidegger deploravelmente colaborou (Cap. XII, Vol. II).

de Heidegger, embora contenham críticas a aspectos do sistema dominante no mundo, têm um cunho direitista. Lembremos, entretanto, que Marx escreveu nos Grundisse que "a transformação da ciência em maquinaria não libera necessariamente o trabalhador, transformando-o em sujeito consciente e senhor do processo produtivo" (Seção VII.5.1). À questão da tecnologia voltaremos no capítulo XII, no qual retomaremos a relação entre as humanidades e a ciência & técnica.

De um lado, podemos compartilhar da posição dos que, como Colletti[261] (Seção VII, 8), criticam a identificação do conhecimento científico em si com o interesse de classe a ponto de não ver na ciência mais do que uma expressão da ideologia burguesa. Este ponto tem uma relação com o que discutimos neste capítulo e vamos aprofundá-lo no capítulo XII (Vol. II). De outro lado, devemos concordar com a crítica política e social à ciência: a ciência não está em um altar, livre de comprometimentos. O poder político e econômico, além de apropriar-se dos resultados da ciência, condiciona a pesquisa através dos financiamentos e induz o desenvolvimento de determinados setores da pesquisa em detrimento de outros.[262]

Mas, ao contrário de Colletti, devemos concordar com Wallerstein e com Cini[263] na tese de que o progresso científico e tecnológico serviu ao sistema capitalista no sentido de que se tem prestado "não tanto para reduzir o tempo de trabalho necessário à produção de bens de que a sociedade tem necessidade" e nem em benefício dos trabalhadores, mas principalmente para o desenvolvimento e a consolidação do capitalismo. Isto não equivale a negar todo e qualquer valor universal da ciência nem a defender a proscrição da técnica em favor de uma "volta à natureza" como reação aos efeitos negativos da tecnologia. Pierre Curie ao receber o premio Nobel declarou: "pode-se perguntar se a humanidade tem vantagem de conhecer os segredos da natureza".[264] Esta mesma questão se tem colocado no que concerne às armas nucleares que ameaçam a própria existência da humanidade. Pouco após a explosão das bombas de Hiroshima e Nagasaki, Sartre disse: "era necessário que um dia a humanidade tivesse posse de sua morte... Após a morte de Deus, eis que se enuncia a morte do homem".[265] No início do século XXI, após a comemorada passagem do

---

261. COLLETI, op. cit., ver VII. 8 acima.
262. COLLETTI, op. cit., p. 83.
263. CINI, em Giccotti et al., op. cit.
264. CURIE, P. ; citação de Coriat, 1976.
265. SARTRE, J. P. ; citação de POIRIER, L.; *Des Stratégies Nucléaires*, Hachette, 1977, p. 41.

milênio, ganham relevância novas questões, como a biotecnologia e os alimentos transgênicos, bem como a poluição global da atmosfera e, particularmente, o efeito estufa que aquece a superfície da Terra.

Algum esforço tem sido feito para aprofundar a questão da relação entre ciência e tecnologia, como será visto no capítulo XII (Vol. II). Colocando em questão não apenas os usos da tecnologia, podemos indagar se transformações da sociedade podem levar a um progresso técnico diferente, baseado não na divisão do trabalho, mas na associação dos trabalhadores em geral incluindo engenheiros e cientistas. A pergunta a ser respondida é em que medida "a técnica na sua concretização material contém as relações sociais sob as quais ela foi concebida"?.[266]

A este assunto voltaremos também no Volume III, ao tratarmos do relacionamento entre ciência e sociedade. Abordaremos a questão da ciência e da ética, detalhando o caso das armas nucleares e faremos uma reflexão crítica sobre a relação da ciência com a tecnologia e o papel de ambas na sociedade, especialmente no que se convencionou chamar de globalização.

VII.11.2. GLOBALIZAÇÃO E NEOLIBERALISMO

Neste ponto, antes de seguir em frente, vale a pena refletirmos um pouco sobre o significado da globalização, palavra apropriada pela ideologia neoliberal com conotação exclusivamente economicista. Escapando do ufanismo dominante, devemos relembrar Marshall McLuhan entre os autores que anteviram criticamente a atual intensificação do processo histórico de globalização. A globalização nem é motivo para ficarmos felizes, nem a causa de toda infelicidade, é tão-só um processo em curso, que traz no seu bojo uma "compressão do espaço e do tempo" na vida social.[267] Mas ela é experimentada de modo diferenciado. Para uns, é liberdade de negócios, de viagens e de comunicação, de transmissão de informação e de transferências financeiras na velocidade da luz. Entretanto, para a maioria é um processo de localização no espaço, um destino indesejado, pois "ser local num mundo globalizado é sinal de privação e degradação social".[268] Grande parte da população dos países mais ricos

---

266. CORIAT, B. Science, *Technique et Capital*, Seuil, 1976, p. 13.
267. BAUMAN, Z. *Globalização*, trad., Jorge Zahar Ed., Rio de Janeiro, 1999, p. 7.
268. Op. cit., p. 8.

vive no tempo, o espaço não importa,[269] pois se deslocam no mundo real com a rapidez do automóvel em auto-estradas, dos trens balas ou dos aviões com velocidades sub-sônicas, ou transpõem quase instantaneamente imensas distâncias na hiper-realidade do mundo virtual via Internet. Já a imensa maioria dos países pobres vive presa no espaço e no tempo em que todos os instantes parecem monotonamente iguais, como o "Pedro Pedreiro" de Chico Buarque de Holanda, esperando o trem, esperando o aumento que não vem, passivamente, tendo a realidade virtual da TV para alimentar seus sonhos.

Dreifuss[270] faz distinção entre globalização, planetarização e mundialização.[271] No Brasil, esse tema tem sido abordado por outros autores[272] que criticam a ordem mundial vigente. Há diferentes teorias da globalização.[273] Vamos nos restringir na literatura sociológica sobre globalização[274]

269. Op. cit., p. 97.

270. DREIFUSS, René, *A época das perplexidades — mundialização, globalização e planeta-rização*, Vozes, Rio, 1997; RENÉ DREIFUSS — infelizmente falecido em 2003, quando eu ultimava o presente texto — tornou-se muito conhecido como autor de um "best selling" na área das ciências políticas no Brasil [Dreifuss, 1981]. Nele, Dreifuss fez um estudo da ditadura militar, ao qual atribuo, além do valor intelectual, uma importância política similar a de um livro de Mario Pedrosa [1966], escrito logo após o golpe militar de 1964. Dreifuss foi meu colega como professor da antiga Área Interdisciplinar de Energia da COPPE/ UFRJ, à época em que lá lecionava também o economista Antonio Barros de Castro, em uma abertura acadêmica que sempre caracterizou a COPPE, impressa por seu fundador, o Coimbra. Depois, ele foi para as Ciências Políticas da UFF, onde venceu um concurso, e, mais recentemente, voltou à COPPE para colaborar comigo em um projeto interdisciplinar com a FAPERJ, no Instituto Virtual Internacional de Mudanças Globais (IVIG), hoje coordenado por Suzana Ribeiro. Ele jamais se subordinou aos cânones puramente acadêmicos, dedicava-se ultimamente a questões de estratégia nacional e política tecnológica, colaborou com o Instituto Rio Branco do Itamarati. Foi comigo membro do Conselho da Frente Democrática Popular, coordenado por Tarso Genro no Instituto de Cidadania, e participou das primeiras reuniões da campanha que levou à vitória do presidente Lula.

DREIFUSS, René; 1964: *a conquista do Estado*. Ação Política, Poder e Golpe de Classe, Vozes, Petrópolis, 1981.

PEDROSA, Mário; *A opção imperialista*, Civilização Brasileira: Rio de Janeiro, 1966

271. CHESNAYS, François, *La Mondialisation du Capital*, Syros, Paris, 1994 (trad. Ed. Xamã, São Paulo, 1996) e Stiglitz (Op. cit., 2003) usam o termo mundialização.

272. Ver referências ao final deste capítulo.

273. KOFMAN, Eleonore e YOUNG, Gillian, *Globalization: Theory and Practice*, Continuum, Londres, 2003.

274. GIDDENS, Anthony; *As conseqüências da modernidade*, Ed. Unesp, 1991, p. 70.

à abordagem das relações internacionais[275] e à teoria do sistema mundial ou sistema-mundo.[276] A globalização reflete um processo que intensificou as relações entre locais distantes em escala mundial, permitindo que eventos locais sejam rapidamente influenciados por eventos distantes. A teoria das relações internacionais estuda o Estado-nação desde sua origem na Europa, passando por sua difusão em todo o mundo na modernidade, crescendo dialeticamente a soberania de um lado e, de outro, a interdependência, até a crise atual do Estado. Uma limitação dessa abordagem é a colocação do surgimento dos Estados nacionais à frente do processo, pois a soberania do Estado moderno não antecedeu, mas sim surgiu junto com a interdependência entre Estados e/ou com a dominação ou a hegemonia de um ou de alguns deles sobre os outros. É negada, assim, a perda progressiva de soberania do Estado-nação, pois "a perda de autonomia por parte de alguns estados tem sido concomitante com um aumento dela por parte de outros".[277] Por sua vez, a teoria do sistema mundial associa a globalização intrinsecamente ao capitalismo e ao período moderno. Para Wallerstein[278] "o capitalismo foi desde o começo um assunto da economia mundial". Assim, o capitalismo teve um papel globalizante como fenômeno econômico que penetrou em áreas distantes do planeta. Devemos concordar com esta teorização se a confrontamos com o mundo real.

Trivialmente, como vimos na Introdução (Cap. 0), podemos dizer que o processo de globalização remonta às Grandes Navegações dos ibéricos, que levaram ao caminho marítimo para as Índias, aberto por Vasco da Gama, e ao descobrimento da América do Norte por Colombo e do Brasil por Cabral. Na História Ocidental, como feito tecnológico, isto foi relegado a um modesto segundo plano pela supremacia atual do mundo anglo-saxão. As Companhias das Índias Orientais e das Índias Ocidentais foram precursoras no alvorecer da Era Moderna, das multinacionais nascidas do império de Rockefeller no petróleo e difundidas até chegarem hoje a áreas tecnológicas imateriais como a do "software", dominada pela Microsoft. Na Era Moderna, as relações entre fatos sociais e econômicos locais e distantes foram progressivamente alongadas no espaço, enquanto o tempo de inte-

---

275. ROSENTHAU, James; *The Study of Global Interdependence*; Pinter, Londres, 1980.
276. WALLERSTEIN, Immanuel; *The Modern World System*, Academic, Nova York, 1974.
277. GIDDENS, op. cit., p. 72.
278. WALLERSTEIN, Immanuel, *The Capitalism World Economy*, Cambridge Univ., 1979, p. 19.

ração foi reduzido. As caravelas navegavam com velocidades cuja ordem de magnitude era de 10 km/h, o avião comercial hoje voa a cerca de mil km/h e, culminando, as telecomunicações são feitas com a velocidade da luz, potencializadas pela difusão dos computadores, pelo uso de satélites e pela Internet.

Essas tecnologias permitem hoje o que podemos chamar de intensificação da globalização. Essa intensificação se deu concomitantemente com um processo econômico-social — de intensificação do capitalismo, sob a ideologia neoliberal — e político-militar — de hegemonia de uma só potência mundial, os EUA, com o colapso soviético. Portanto, falar em globalização sem qualificá-la é vago demais para designar a fase histórica atual. Devemos falar em intensificação da globalização ou em globalização neoliberal. Não se trata de um processo de base puramente tecnológica, como é freqüentemente apresentado.

O desemprego crescente do fim do século XX não é inerente à tecnologia para Mészáros, mas ao processo que ele qualifica de cega subordinação da tecnologia e do trabalho ao capital. Ele critica as teorias da sociedade pós-moderna e pós-industrial, mas condena a sociedade do consumo produtora do desperdício, assumindo a defesa da preservação ambiental, aspecto omitido no marxismo ortodoxo. No que concerne à tecnologia, observa que a modernização tecnológica dos processos produtivos, pela via da competitividade e da concorrência capitalista, causou a transferência do trabalho não qualificado para o qualificado, levando a um novo padrão de desemprego emergente ao fim do século XX, aprofundando a crise crônica atual do capitalismo. O problema não mais se restringe aos trabalhadores da base da pirâmide de estratificação social, mas atinge todas as categorias, não só as multidões socialmente impotentes.

Há um ponto de vista segundo o qual "uma barbárie moderna acompanha como uma sombra o desenvolvimento da modernidade capitalista (e as experiências do socialismo burocrático)".[279] Walter Benjamin previu em 1940, antes da bomba de Hiroshima,[280] que "o desenvolvimento capitalista da técnica, em particular sua aplicação no terreno bélico, põe em

---

279. CORREA LEITE, José, em Lowy e Bendais, 2000, p. 11.
280. WELLS, H. G. *O mundo libertado*; 1914; cit. em GIDDENS, 1990; Wells, influenciado por Frederick Soddy, que trabalhava com Rutherford (Cap. IX, Vol. II), imaginou uma guerra mundial que começaria na Europa na década de 1950, na qual terríveis bombas feitas de uma substância radioativa seriam lançadas sobre as cidades com grande devastação.

perigo a existência da cultura humana".[281] Wallerstein desenvolveu uma abordagem histórica na qual — em lugar das "duas culturas"[282] ou etos de que falamos na introdução (Cap. 0), a ciência & tecnologia de um lado e, do outro, as humanidades — fala em "as duas histórias, os dois discursos"[283] que correspondem a duas modernidades: a modernidade tecnológica e a modernidade da libertação. Podemos diferenciá-las pela aceitação ou não delas no âmbito das três ideologias que, no sentido dado por Wallerstein, demarcaram os campos político, social e econômico da modernidade: a ideologia conservadora, a liberal e a socialista (Quadro 2). Devemos acrescentar a estas categorias de Wallerstein mais uma — a ideologia pós-moderna, na moda nas últimas décadas do século XX — que critica a modernidade tecnológica, diferindo da conservadora porque aceita a modernidade da libertação (Quadro 2).

Quadro 2. Ideologias da Modernidade.

Ideologias da Modernidade	Modernidade Tecnológica	Modernidade da Libertação
Conservadora	NÃO	NÃO
Liberal	SIM	NÃO
Socialista	SIM	SIM
Pós-moderna?	NÃO	SIM

Deixemos para o volume II o tema da modernidade e lá voltaremos às "duas culturas", entrando agora na questão das ideologias. Os conservadores, contrários a toda modernidade em quaisquer de suas formas, eram o inimigo comum que unificava os defensores das duas modernidades. Uma era a favor do progresso em si, assumido pelos liberais, que defendiam a livre iniciativa privada na economia, por isso se tornaram o sustentáculo ideológico do capitalismo. A outra era a da luta pela liberdade no sentido mais amplo, da democracia no sentido radical e, portanto, da igualdade, encarnada no socialismo. O Iluminismo unificava as duas modernidades. Assim, era também a ciência moderna na sua origem: Galileu lutava pelo

---

281. BENJAMIN, Walter, citado por Correa Leite, op. cit.
282. SNOW, C. *The Two Cultures and the Scientific Revolution*, Cambridge Univ. Press, 1959.
283. WALLERSTEIN, 2002, p. 134.

progresso tecnológico e pela libertação humana, confrontando-se com a Santa Inquisição.

Para Wallerstein, continuou-se confundindo as duas modernidades, como se fossem uma coisa só, no socialismo soviético, que ele vê como outra face da mesma moeda cuja face principal é o capitalismo. Os liberais, por sua vez, apesar do discurso do *laissez faire*, necessitavam do Estado, fosse para reprimir as "classes perigosas" dos excluídos; fosse para controlá-las, na sua forma mais evoluída, que é o Estado do Bem-Estar, hoje em crise. As duas modernidades entram em conflito entre si a partir de 1968, com as revoltas dos estudantes na Europa, que Wallerstein considera uma revolução de nível mundial. Antevia-se aí a crise do comunismo soviético, colapsado em 1989, e da esquerda ortodoxa, renegada pelos estudantes, bem como o esgotamento do Estado do Bem-Estar, o que levou ao neoliberalismo a partir dos anos 1980. Wallerstein identifica na superestrutura cultural dois sinais do conflito entre as duas modernidades. Um é o novo paradigma da ciência — o caos e a complexidade — desbancando o que ele chama de "ideologia do determinismo newtoniano-baconiano-cartesiano", que reinou absoluto na modernidade. Outro é o movimento pós-modernista nas ciências sociais e humanas, de que trataremos no volume II, embora já o tenhamos incluído como uma ideologia no quadro 2.

VII.12. Humanidades x Humanismo

VII.12.1. O marxismo entre as "duas culturas"

Ao leitor leigo, talvez, a palavra humanidades pareça ter uma conotação necessariamente humanista. Assim, a primeira e a segunda coluna do quadro 2 poderiam ser postas em correspondência com tecnociência e humanidades, respectivamente. Entretanto, não podemos generalizar. O humanismo contém em si um juízo de valor, obedece a uma ética voltada aos interesses gerais da humanidade, cuja imensa maioria é excluída de grande parte das benesses do "progresso" técnico e da globalização informatizada. Mas, há uma postura bastante difundida na academia que defende a prática de uma ciência social aética. Portanto, nem sempre as humanidades são humanistas, traem sua origem no Iluminismo, que, apesar de todas as suas limitações hoje apontadas, tinha uma intenção ética de usar o conhecimento em favor da maioria. Muitos vêm esta postura aética das ciências sociais como uma imitação das ciências naturais, tidas como "positivistas". Devemos discordar desta simplificação seja por razões epistemológicas, de um ponto de vista internalista ou conceitual como já vimos, seja por razões históricas, do ângulo externalista ou contextualizado socialmente. Temos como contra-exemplos maiores, no caso da física, não só Galileu, acima referido, mas Einstein. Este cometeu o erro de propor ao governo norte-americano, por sugestão de outros físicos, a pesquisa e o desenvolvimento da bomba nuclear. Mas fez isso porque estava engajado, por razões políticas e éticas, contra o nazismo e penou o resto da vida batalhando pela eliminação das armas nucleares, também por motivos obviamente éticos. A este tema polêmico voltaremos no volume II, em que discutiremos a relação entre conhecimento e interesse, bem como o papel dos juízos de valor na ciência, e no Volume III, em que trataremos do tema ciência e sociedade.

A teoria marxista pode ser vista como uma união e, ao mesmo tempo, uma tensão entre as "duas culturas" ou etos — a ciência e as humanidades. Desse modo, o marxismo emerge "como uma teoria (ou visão de mundo) que integra, em uma visão construtiva, o pensamento iluminista e o romântico"; há assim "uma corrente quente humanista — engajada, crítica da modernidade... — e uma corrente fria, cientificista e positivista — que enfatiza a idéia de progresso e o papel positivo da técnica e da racionalidade na modernidade" — sendo ambas inerentes ao marxismo como teoria revolucionária.[284] Um aspecto que faltou na discussão do caráter científico da teoria marxista, que vimos em seções anteriores deste capítulo, é uma peculiaridade da visão de Marx, unindo a ciência à ação prática. Esta se une à filosofia e à política, no que Gramsci chamou de filosofia da práxis: "ela inaugura não uma ciência da história — que já existia antes dele — mas uma nova concepção de mundo... a primeira e talvez maior contribuição de Marx à cultura moderna é seu novo método de pensamento e de ação".[285] Entretanto, vista do final do século XX, a teoria de Marx apresenta limitações, como a insuficiência de sua visão das relações da produção econômica com o ambiente natural e com a vida social e cultural, a que não atribui nenhuma autonomia. O seu objetivo maior, no entanto, não era o produtivismo sem limites alavancado pela

---

284. CORREA LEITE, op. cit., p. 12.
285. LOWY, M. em Lowy e Bensaid, op. cit., p. 61.

tecnologia, mas sim o tempo livre para os trabalhadores, em uma concepção humanista.

Estruturar a atividade humana com base em princípios humanistas diferentes daqueles do capitalismo, como o princípio do tempo livre disponível para todos, e mudar o tripé capital — Estado — trabalho (Fig. 2) são tarefas que exigem atores sociais articulados, com força política. Rosa Luxemburgo (Adendo) afirmava que o socialismo não será e não pode ser inaugurado por decreto, por um governo, e sim criado pelas massas com o proletariado à frente.

Um obstáculo ao socialismo está na fragmentação crescente dos trabalhadores, que discutimos acima e na dissolução, em parte, do proletariado pela terceirização e pela globalização da economia no fim do século XX. Mészáros fica em dívida com o leitor quanto à definição dos atores para a articulação de um processo de luta capaz de desarticular o tripé acima apontado. Não vê esperança nem no desenvolvimentismo keynesiano e no Estado do Bem-Estar, nem na social-democracia ao estilo do socialismo mitigado europeu, nem no comunismo ao estilo do partido marxista leninista. Tampouco, deposita qualquer fé na política, dentro dos quadros institucionais e partidários em cada país, e no sindicalismo, tal como existe fragmentado, criticando a separação entre política partidária na democracia representativa e sindicatos.

Figura 2. Relação entre capital, Estado e trabalho no capitalismo.

(*) Coerção → Compensações no Estado do Bem-Estar, hoje acuado pelo neoliberalismo.

VII.12.2. O IMPÉRIO GLOBAL

Em outro livro mais recente, Mészáros[286] retoma como central a questão do imperialismo, que não foi bem desenvolvida em *Para além do capital*, resgatando Rosa Luxemburgo (ver Adendo). Critica a "fantasia do imperialismo desterritorializado" que prescindiria da ocupação do território de outros países, nesta nova fase do imperialismo. Ele a chama de imperialismo hegemônico global, controlado por um só país. Os EUA buscam perigosamente assumir o papel de Estado único mundial garantidor do sistema capitalista em nível global.[287] Mészáros previu o desencadeamento de antagonismos entre os EUA e as potências de segunda classe que "se agarraram à casaca norte-americana",[288] o que ocorreu recentemente na invasão do Iraque. As contradições entre produção e desemprego, competição e monopólio, globalização e Estados nacionais, desperdício e pobreza, agravam-se chegando a uma crise estrutural — que não deve ser confundida com as crises econômicas cíclicas do capitalismo — de modo que as táticas keynesianas (Adendo) não se aplicam mais.[289]

Cabem aqui algumas considerações sobre três questões recorrentes na crítica ao capitalismo, relacionadas entre si: 1 — a hegemonia mundial dos EUA ou, como alguns autores referem hoje, o Império, associado à globalização neoliberal realmente existente; 2 — o papel dos Estados nacionais frente à globalização neoliberal e ao Império; 3 — a questão do desenvolvimento econômico e da pobreza da imensa maioria da humanidade excluída pela globalização neoliberal. Esta exclusão é pior nos países antes chamados de sub-desenvolvidos, depois de países em desenvolvimento ou do Terceiro Mundo, denominação menos usual após a queda do socialismo soviético e do conseqüente fim do Segundo Mundo, hoje enquadrado como economia em transição (para o capitalismo). Os países do Terceiro Mundo são agora chamados de países do Sul, numa mera alusão geográfica e não mais política e econômica.

Uma vez feitas estas digressões nominalistas, deixemos estes três temas para o adendo a este capítulo, no qual é feita uma crítica social e epis-

---

286. MÉSZÁROS, I.; *O século XXI: socialismo ou barbárie?*, trad., Boitempo Ed.: São Paulo, 2003.
287. Op. cit., p. 41.
288. Op. cit., p. 11.
289. Op. cit., p. 24.

temológica da economia enfocada em três aspectos: mercado, Estado e pobreza. Nele, vamos fazer uma retrospectiva eclética de algumas abordagens clássicas desses temas. Leremos Karl Polany, um vienense que emigrou à época do nazismo e foi professor de história da economia nas universidades de Oxford, Londres e Colúmbia, adepto do socialismo inglês de Robert Owen em lugar daquele de Marx. Polany publicou em 1944, em plena Segunda Guerra, portanto, um livro precioso em que faz a crítica da economia de mercado e historia a gênese do liberalismo.[290] Veremos também no adendo as idéias de um economista contemporâneo destoante do neoliberalismo atual, Amartya Sen.[291] A teoria do imperialismo no âmbito do marxismo do início do séc. XX será visto através da leitura de Rosa Luxemburgo[292]. Discutiremos a proposta de Keynes de intervenção do Estado na economia capitalista, a que Celso Furtado[293] se refere como Revolução Keynesiana, hegemônica após a recessão de 1930 e no pós-guerra, até a ascenção do neoliberalismo na virada da década de 1980 para 1990. A questão do desenvolvimento e da pobreza no Terceiro Mundo, será vista através de um economista das décadas de 1950 e 1960, Gunnar Myrdal.[294] Myrdal, hoje esquecido, foi notório no pós-guerra como um crítico do subdesenvolvimento. Sen é notório ganhador do Nobel de economia, preocupado com a pobreza e com o distanciamento entre economia e ética.[295] Em

---

290. POLANY, M., *A grande transformação*, trad., Ed. Campus, 2000.

291. SEN, Amartya, *Sobre ética e economia*, Companhia das Letras: São Paulo, 1999, p. 17; Amartya Sen ocupa hoje, na Universidade de Cambridge o cargo de decano do Trinity College, onde esteve Newton. Em uma recepção que ofereceu em Cambridge ao Conselho do Pugwash, instituição fundada por Einstein e Bertrand Russell, contra as armas nucleares, tive a oportunidade de conversar com ele, antes da eleição do presidente Lula, sobre problemas do Brasil, que conhecia surpreendentemente bem.

292. LUXEMBURGO, Rosa, *Apêndice à acumulação do capital*, trad., Nova Cultural, Ed. Abril: São Paulo, 1985.
GERAS, Norman, *A actualidade de Rosa Luxemburgo*, Ed. Antídoto, Lisboa, 1978.

293. FURTADO, Celso, *Em busca de um novo modelo*, Paz e Terra: Rio de Janeiro, 2002;

294. MYRDAL, Gunnar, *Teoria econômica e regiões subdesenvolvidas*, trad., Ed. Saga: Rio de Janeiro, 1965, p. 19.

295. A ética acaba sendo a motivação fundamental de intelectuais de esquerda, acima mesmo das convicções teóricas. Tive o privilégio de testemunhar isso na convivência com Hélio Pellegrino e com Herbert de Souza (Betinho), duas personalidades do Rio de Janeiro — embora ambos fossem mineiros — que marcaram a vida nacional pela postura ética radical, ambos fazendo muita falta à esquerda carioca desde que nos deixaram.

resumo: Luxemburgo foi uma lutadora adepta do Segundo Mundo, do comunismo, Keynes um dos mais distinguidos economistas do Primeiro Mundo, objeto dos estudos de História da Economia de Polany, enquanto Myrdal e Sen estudaram o Terceiro Mundo, onde este último nasceu, na Índia. Luxemburgo era uma marxista dissidente, e os outros, dissidentes da corrente dominante na teoria econômica. Nada mais plural, portanto.

Devemos desde logo discordar da redução do problema da pobreza como fazem hoje organismos multilaterais, ao problema da fome, substituindo a velha questão do desenvolvimento pelo novo paradigma da *po-*

Hélio Pellegrino, psicanalista famoso que se tornou um pólo da resistência à ditadura militar, foi um dos fundadores do PT e gozava do respeito do hoje presidente Lula, que, quando no Rio, ia a reuniões com ele na casa de outro psicanalista da esquerda carioca, Carlos Alberto Barreto. Nela, participávamos de encontros a que compareciam Apolônio de Carvalho, Frei Beto, Henfil, o grande cartunista irmão do Betinho, artistas militantes, como Sergio Ricardo, Osmar Prado e Lucélia Santos, e políticos da esquerda, como Jorge Bittar, Saturnino Braga, José Eudes e Regina Toscano. Conheci através do Hélio figuras notáveis da intelectualidade do Rio, como o escritor Mario Pedrosa, já falecido, o jornalista Jânio de Freitas e o poeta Ferreira Gullar.

O Betinho arrebatou o país com o movimento pela ética na política, à época do impeachment do ex-presidente Collor, e, depois, com o movimento contra a fome, que foi precursor do Programa Fome Zero do governo do presidente Lula. Convivi intensamente com Betinho e freqüentava a ONG que ele presidia (IBASE), colaborando em ambos os movimentos, quando fui diretor da COPPE e, anteriormente, como coordenador do Fórum de Ciência e Cultura da UFRJ. No Fórum participei com ele, André Spitz (depois coordenador de Desenvolvimento Humano e Responsabilidade Social do Grupo Eletrobrás quando presidi esta empresa) e o bispo Dom Mauro Morelli, da criação no governo do presidente Itamar Franco do Comitê de Empresas Públicas contra a Miséria e pela Vida (COEP), até hoje atuante no Fome Zero.

A mesma postura ética radical me foi passada por outros intelectuais de esquerda, como Florestan Fernandes (com quem eu tinha contatos freqüentes, quando fui presidente da Associação Nacional dos Docentes do Ensino Superior — ANDES — e na campanha pelas Eleições Diretas Já); Antonio Candido (participei com ele do Governo Paralelo do PT); Plínio de Arruda Sampaio (que coordenava a área em que atuei na segunda campanha presidencial de Lula); e Aziz Ab Saber (na SBPC, da qual ele foi presidente). Finalmente, o mesmo posso dizer da impressão que me passaram personalidades mundiais como Noam Chomsky, quando o convidei à COPPE/UFRJ, o físico e Nobel da Paz Joseph Rotblat, ao tempo em que fui membro do Conselho do Pugwash, por ele presidido, e Eric Hobsbawm, com quem debati em seminário organizado pelo Ministério da Cultura em Parati, em 2003. Em todos eles, a componente ética era dominante no pensamento e na ação.

verty alleviation. A propósito cabe a citação:[296] "as notícias são pautadas e editadas de modo a reduzir o problema da pobreza e privação à questão da fome"; assim mata-se "dois coelhos com uma só cajadada", pois "800 milhões de pessoas são permanentemente subnutridas, mas cerca de 4 bilhões vivem na pobreza" e a tarefa fica limitada a "arranjar comida para os famintos"; ao igualarmos a pobreza à fome deixamos de lado "horríveis condições de vida e moradia, doença, analfabetismo, agressões, famílias destruídas, ausência de futuro".[297] A propósito da ética, a separação entre as "duas culturas", ciência e humanidades (Cap. XIII, Vol. II), fez com que a primeira ficasse exclusivamente dedicada à verdade, deixando às humanidades a questão do que é bom ou mau para a sociedade.[298] Há os que vêem a economia como uma ciência neutra ou positiva como costumam dizer, enquanto outros vêem o seu lado de humanidades. Como veremos em Habermas no capítulo XII (Vol. II), não há ciência sem interesse, o que coloca a questão de quem julga o que é a verdade nos trabalhos científicos.

Uma idéia interessante é que a ideologia da globalização não é a causa, mas sim uma conseqüência do projeto antiigualitário neoliberal, que postula "as obrigações do livre comércio internacional, com a cantilena da redução dos déficits públicos e dos sacrifícios".[299] A forma atual da globalização, politicamente, tem a ver com a subordinação incondicional do mundo a um império militarmente poderoso.[300] Império foi a denominação dada por Antonio Negri e Michael Hardt[301] à forma tomada pela atual ordem mundial. Algumas idéias assumidas por Negri e Hardt — como a desmaterialização do trabalho, em que o capital cede o comando ao trabalhador social, devido às novas formas de produção viabilizadas pela tecnologia atual — são demasiadamente otimistas.[302] A própria conceituação que estes

---

296. KAPUCINSKI, R., Lapidarium, Varsóvia, 1996; em Bauman, op. cit., p. 81.

297. Op. cit.; a meu ver, isto não significa que não se deva combater a fome, denunciada na obra magistral de Josué de Castro (1961), participei como diretor da COPPE/ UFRJ da mobilização "Contra a Fome e a Miséria" do Betinho e, como membro da equipe do governo, do programa "Fome Zero" do presidente Lula. DE CASTRO, Josué, Geoplítica da Fome (dois volumes), Ed. Brasiliense: São Paulo, 1961.

298. WALLERSTEIN, op. cit., p. 225.

299. THIBAUD, Paul; Voyage dans la Maladie Française; *Le Débat*, nº 101, 1998.

300. A resistência à ALCA e a defesa do Mercosul dão atualidade prática a este problema.

301. HARDT, Michael e NEGRI, Antonio, *Império*, trad., Record: Rio de Janeiro, 2001.

302. SERRA, Sergio, *Crítica Marxista*, nº 15, Boitempo Ed.: São Paulo, outubro de 2002, p. 107.

autores fazem do império, com certa diluição territorial do poder político em contraste com a centralização econômica é criticável. Mas devemos reter a denominação de império como adequada para referir à fase atual do imperialismo sob hegemonia de um só país (ver Adendo). O demógrafo francês Emmanuel Todd[303] vai adiante no otimismo vislumbrando o pós-império. Podemos caracterizar o imperialismo hegemônico na globalização neoliberal ou simplesmente o império pelos seguintes aspectos bastante evidentes empiricamente: 1— pelo poderio militar; 2 — pelo controle das comunicações; 3 — pelas empresas multinacionais; 4 — pelos organismos multilaterais; 5 — pelo sistema financeiro internacional; 6 — pela tecnologia.

É interessante verificar o papel da tecnologia nos tempos atuais (Cap. XII, Vol. II), relacionado com o poderio militar do império. Mas, antes disso, é importante ressaltar a distinção conceitual que Wallerstein faz entre império e potência hegemônica ou entre poder imperial e poder hegemônico. O primeiro domina pela força, sendo exemplos no sistema mundial da Era Moderna os impérios de Napoleão e de Hitler, que duraram tempos relativamente curtos. Antes da Era Moderna, no Ocidente, o Império Romano foi muito mais duradouro na Antiguidade Clássica. A potência hegemônica necessita de algum grau de legitimação e de aceitação, como garantidora de uma ordem internacional, exercendo o domínio não só militar, mas também econômico, político e cultural. O Reino Unido e mais tarde os EUA são exemplos de potências hegemônicas em épocas diferentes.[304] Os EUA estariam agora perdendo toda e qualquer legitimidade como potência hegemônica, sem o fantasma da ameaça do comunismo soviético e com a dificuldade que enfrenta como garantidor da estabilidade e da ordem mundial, dado que a presença difusa do terrorismo torna ineficaz contra ele o poder militar. Mas, nesta escalada, os EUA transitam para a atitude de poder imperial decadente. Miliband chama a atenção para a distinção entre hegemonia no sentido de Gramsci, de capacidade da classe dominante transformar seus interesses e valores em senso comum de todos, inclusive das classes subalternas, e hegemonia no sentido de resignação dos dominados por falta de alternativa.[305] No curso de um debate realizado em 2003 no Rio de Janeiro, foi colocado por Wallerstein que os

---

303. TODD, Emmanuel, *Depois do Império*, trad., Record: Rio de Janeiro, 2003.
304. WALLERSTEIN, Immanuel, *O fim do mundo como o concebemos*, Ed. Revan: Rio de Janeiro, 2003, p. 13.
305. MILIBAND, 2000, p. 28.

EUA deixaram de ser uma potência hegemônica passando a um projeto de dominação imperial, perdendo legitimidade.[306] Isto pode levar a um processo de desgaste mais ou menos longo até surgir uma nova potência hegemônica. Para Arrighi[307] não é verdade que estar na vanguarda tecnológica, como ocorre hoje com os EUA, seja condição suficiente para o poderio militar absoluto. Por algum tempo no passado, a Alemanha teve a vanguarda tecnológica. Nem é verdade que os EUA tenham hoje um poder militar absoluto, a menos que usem seu arsenal nuclear, o que causaria imenso constrangimento por falta de qualquer legitimidade.[308] Há limites para a ação do império. Em outro debate já citado, organizado pouco antes em Parati, Hobsbawm[309] havia dito coisa semelhante, afirmando que nos EUA "há uma parte da opinião pública" que acredita ser possível manter o domínio unilateral do mundo pela "supremacia tecnológica militar", na qual os EUA têm sem dúvida uma enorme vantagem. Mas ele não acredita ser isso suficiente, pois "os EUA superestimam seu próprio avanço tecnológico em termos militares". O fato é que, nos últimos 50 anos, eles estabeleceram um controle sobre a economia e as organizações internacionais.

Apesar da globalização neoliberal, o Estado nacional continua como garantidor dos riscos do sistema econômico; Mészáros ironiza o lema "pense globalmente, aja localmente" (Cap. XII Vol. II) e afirma que os recursos "investidos pelo Banco Mundial e por outras organizações (...) na tentativa de aprimorar o local à custa do nacional, de arregimentar o apoio das elites acadêmicas e intelectuais por meio de conferências e projetos de pesquisa bem patrocinados, indicam o propósito de criar um Governo Mundial"; que seria "implacavelmente imposto de cima" para dominação da vida social.[310] Os regulamentos de transferência de tecnologia e as leis protecionistas dos países industriais "canalizados para as maiores empresas do mundo (...) serão irresistíveis e, se não forem contidos, abrirão caminho num setor após o outro para tecnologias mundiais".[311] Em muitos casos,

---

306. ARRIGHI, Giovanni; WALLERSTEIN, Immanuel; AMIN, Samir; em mesa coordenada por Teotônio dos Santos, de que participei como debatedor no Seminário Internacional sobre Hegemonia e Contra-Hegemonia, da United Nations University, no Rio de Janeiro, em agosto de 2003.
307. ARRIGHI, debate acima citado, 2003.
308. ARRIGHI, 2003.
309. HOBSBAWM, 2003.
310. WALLERSTEIN, op. cit., p. 49.
311. HESELTINE, Michael, declaração em 9/1/1986.

essas tecnologias, ao invés de promoverem o desenvolvimento, são excludentes e agravam a pobreza nos países pobres, como mostra Sen (Adendo). A crise estrutural do capitalismo levou ao agravamento da postura do império, ainda que a retórica fale em democracia e nova ordem mundial. Mészáros nega que o colapso soviético, por si, tenha sido determinante deste agravamento. Ao contrário, inclui este colapso como conseqüência da crise mais profunda do sistema do capital em nível global. Argumenta que a crise se evidenciou muito antes do colapso soviético, pois ela se iniciou na década de 1970. Após o colapso soviético em 1989, foi necessário inventar razões para a presente agressividade do império. O terrorismo não foi mais que um pretexto para o ataque ao Iraque.[312] O neocolonialismo do pós-guerra não criou um sistema estável de dominação econômica em substituição à dominação política e militar, o império não é permanente e o governo global é uma fantasia.[313] O enfraquecimento da ONU mostra isso. O capital tem uma relação defeituosa com o tempo, pois é incapaz de uma perspectiva de longo prazo, tendo as decisões das empresas uma escala de tempo inadequada para haver a sustentabilidade. Isto tem enorme implicação na destruição do meio ambiente.

A esquerda não realizou a previsão de Marx quanto à transformação da sociedade pela classe operária no capitalismo, substituindo "a velha sociedade civil por uma associação que há de excluir as classes e seus antagonismos".[314] Para esse fracasso, contribuiu a não superação da divisão dos sindicatos operários organizados por setores profissionais, do mesmo modo que a divisão do capital por diferentes empresas não foi superada apesar da concentração monopolista. Isto levou os sindicatos a ficarem entrincheirados defensivamente, ganhando sob certas condições vantagens, mais para alguns setores operários do que para outros. Os partidos de base operária se enquadraram nessa lógica. O Estado do Bem-Estar se viabilizou nos países mais desenvolvidos sob condições favoráveis do capitalismo. Estas condições se esgotaram com a crise estrutural do sistema do capital, bem como esses partidos se descolaram do movimento sindical, separando a política de um lado e os movimentos de outro, enquanto no comunismo stalinista os sindicatos foram reduzidos a correias de transmissão do

---

312. MÉSZÁROS, op. cit., p. 60.
313. Op. cit., p. 73.
314. MARX, Karl, *The Poverty of Philosophy em Marx and Engels*, Collected Works, V. 6, International Pub, 1976, Nova York, p. 210.

partido. Nos países capitalistas a posição de interlocutor do capital levou os partidos de origem operária à auto-censura, pois a crise estrutural levou-os a colaborar com as restrições das conquistas dos trabalhadores no chamado neoliberalismo.[315]

VII.12.3. A CLASSE TRABALHADORA EM LUGAR DO PROLETARIADO INDUSTRIAL

Uma visão diferente da elaborada por Mészáros, mas não antagônica, é a de Miliband, a que já nos referimos. Em contraste com o título *Socialismo & ceticismo*, podemos considerar otimista este seu livro publicado no Brasil em 2000,[316] no qual parte da idéia do socialismo factível.[317] Embora sustente ser o marxismo um dos mais importantes pontos de referência, faz uma reavaliação do socialismo afastando-se de algumas propostas marxistas.[318] Pensa o socialismo como um processo de transformação da ordem social, que se estende por muitas gerações, sem talvez jamais se concluir.[319] É hoje usual considerar que a classe trabalhadora é uma noção do passado. Os operários no capitalismo avançado são menos numerosos, mas os empregados na administração, em serviços os mais variados, os funcionários também integram a "classe trabalhadora" em um alargamento desta categoria para além da classe operária ou do proletariado da sociedade industrial.[320] A questão que devemos acrescentar é a consciência de classe, que no marxismo se forma nas condições objetivas do trabalho nas fábricas. Formar-se-ia entre os trabalhadores difusos nos serviços, inclusive de classe média? Miliband não responde adequadamente esta pergunta. A pergunta "por que não o capitalismo?" Miliband responde que é possível reduzir alguns abusos do sistema, mas não é possível eliminar "sua essencial desumanidade", pois ele é impelido pela "microrracionalidade da empresa" que nem sempre é compatível com a "macrorracionalidade da sociedade". Devemos aqui nos alertar para não confundir este conceito de Miliband com o de macroeconomia. Na macro-racionali-

---

315. MÉSZÁROS, op. cit., p. 92.

316. MILIBAND, 2000.

317. NOVE, Alec; *The Economics of Feasible Socialism*, Univ. Londres, 1983.

318. MILIBAND, 2000, p. 19.

319. Op. cit., p. 17.

320. Op. cit., p. 40.

dade está "a vida materialmente segura e moralmente decente para todos", cuja incompatibilidade com a primeira racionalidade é empiricamente evidenciada pela existência mesmo nos países capitalistas mais ricos de uma substancial parcela da população "imersa em calamitosa pobreza e degradação".[321] Nega, então, o fim da história vaticinado por Francis Fukuyama,[322] para quem o capitalismo neoliberal é o ponto final da evolução da sociedade.[323]

É mais pessimista a visão de Wallerstein, embora seu livro *Após o liberalismo — em busca da reconstrução do mundo*, já citado, tenha, em contraste com o de Miliband, um título otimista. Considera nossa época "um período negro" que tende a se prolongar "por meio século". Este é a duração que ele atribui ao que chama de fase B, descendente, de um ciclo econômico de Kondratieff, iniciado em 1989, em contraposição à fase A ascendente. Conjuga isto aos ciclos mais prolongados de hegemonia das potências mundiais, em ascensão e queda, coincidindo o ponto de inflexão deste ciclo de hegemonia com o de Kondratieff. Estaríamos hoje historicamente vivendo um longo período de conjunção das fases descendentes destes dois ciclos, com a desaceleração do crescimento da produção, o desemprego e outros sinais econômicos de um lado, e desordem mundial devido à decadência da potência hegemônica, do outro lado.[324] Isto nos remete ao que Mészáros chamou de crise estrutural do capitalismo — que para ele não deve ser confundida com as crises econômicas cíclicas — como vimos acima. Os prognósticos de Wallerstein são sombrios, mas há uma contradição na sua teoria. Os ciclos fatais, sucedendo-se periodicamente como o movimento planetário, são inspirados no paradigma determinista newtoniano, por ele mesmo negado ao eleger como novo paradigma o da ciência do caos e da complexidade, que privilegia a imprevisibilidade e a emergência de novas estruturas.

---

321. MILIBAND, 2000, p. 31.

322. FUKUYAMA, Francis, *The End of Histort and the Last Man*, Hamilton, London, 1992.

323. Ao invés de fim da história, Virilio [1997] e O'Brien [1992], citados por Bauman[1999], referindo-se à transparência das fronteiras territoriais na globalização neoliberal, falam em fim da geografia.

BAUMAN, Z., *Globalização*, trad., Jorge Zahar Ed.: Rio de Janeiro, 1999, p. 19.

VIRILIO, P., *Un Monde Superexposé: Fin de l'Histoire ou Fin de la Géographie*, Lê Monde Diplomatique, Paris, agosto de 1997, p. 17.

O'BRIEN, R., *Global Financial Integration: The End of Geography*, Pinter, Londres, 1992.

324. WALLERSTEIN, 2002, p. 36.

A globalização atual, mantida nos moldes neoliberais, leva à perda de controle racional do destino do mundo, a menos que haja um governo mundial, sonhado por Myrdal (Adendo), que parece ser inviável por enquanto. Mészáros vislumbra, no entanto, a possibilidade de um movimento socialista reviver, devido à assimetria da relação entre capital e trabalho. O capital depende do trabalho, por mais que a tecnologia da automação tenha se desenvolvido com a informática, mas o trabalho só depende do capital por uma contingência histórica superável. Nas condições históricas atuais de crise estrutural do sistema do capital, implicando no colapso do Estado do Bem-Estar, ficou inviável manter a dicotomia entre objetivos imediatos táticos e objetivos estratégicos globais. Do mesmo modo, como corolário, torna-se também insustentável a dicotomia entre igualdade formal — seja ela política no sistema de representação parlamentar; seja ela econômica no socialismo autoritário de tipo soviético — e a desigualdade hierárquica substantiva no processo de tomada de decisão do capital.[325] A divisão horizontal do trabalho tem uma dimensão libertadora, mas a divisão vertical do trabalho, através da hierarquia sob o comando do capital, não. Entretanto, foi mantida na experiência de socialismo colapsada na ex-União Soviética; Mészáros nos lembra que o capital se mantém sem o capitalismo.

VII.13. UTOPIA E RESISTÊNCIA, RACIONALIDADE E ÉTICA

VII.13.1. O SOCIALISMO DEMOCRÁTICO É POSSÍVEL OU UTÓPICO?

Neste contexto, que base há para mudanças? Voltando ao otimismo de Miliband, ele não vê o socialismo comprometido com os desvios do comunismo soviético.[326] Cita pontos de Marx e Engels contrários ao Estado centralizador e a favor do socialismo como livre associação de produtores, embora como contra-argumento possamos citar a tática revolucionária da ditadura do proletariado. Talvez aí estivesse o germe dos desvios posteriores: a tática no marxismo-leninismo se sobrepôs à estratégia e se perpetuou. O socialismo democrático deve juntar: 1 — democracia políti-

---

325. WALLERSTEIN, op. cit., p. 106.
326. MILIBAND, 2000, p. 77.

ca, com incorporação das liberdades burguesas e pluralismo; 2 — igualitarismo social, com redução da pobreza, eliminação da miséria e da fome, seguridade social e serviços públicos de igual qualidade para todos; 3 — socialização econômica, com empresas públicas, cooperativas e empresas privadas.

Comecemos pela democracia. A democracia realmente existente foi definida por Schumpeter como um acordo institucional em que, por meio da competição pelo voto para exercer funções de governo, alguns indivíduos adquirem o poder de decidir.[327] Devemos acrescentar que a imensa maioria da população tem mínima influência no local de trabalho e na sociedade, em contraste com a classe dominante e a elite do poder que tomam as decisões no capitalismo.[328] Se considerarmos a possibilidade de "o povo comum exercer real poder em todas as áreas da vida em que são tomadas decisões que lhe digam respeito, a idéia de que as sociedades capitalistas são democráticas faz parte da mitologia".[329] Entretanto, embora na maior parte de sua história não se tenha associado à luta pela democracia, o capitalismo se desenvolveu junto com o liberalismo político,[330] associado à Revolução Burguesa (Cap. 0). A incorporação das liberdades burguesas em uma democracia socialista é essencial para que não se imagine uma utopia totalmente fora da realidade, mas sim a soma de novas conquistas às que já existem,[331] como o sufrágio universal, os direitos individuais, o pluralismo político-partidário.[332] O socialismo deve ser visto como parte de um movimento democrático.

Quanto ao igualitarismo, este era um lema da Revolução Francesa (Cap. 0), voltado à igualdade política de todos perante a lei, independentemente da origem de cada um, ou a igualdade de oportunidades no campo econômico. No socialismo democrático, o igualitarismo seria a eliminação das desigualdades mais drásticas, o que implica: a redução da pobreza e a eliminação da miséria e da fome; a extensão da educação, da saúde, do direito à moradia com dignidade, com água potável, saneamento, energia

---

327. SCHUMPETER, J., *Capitalism, Socialism and Democracy*, Allen abd Unwin, Londres, 1943, p. 269.

328. MILIBAND, 2000, p. 87.

329. Op. cit., p. 47.

330. Op. cit., p. 45.

331. Op. cit., p. 108.

332. GERAS, N., Our Ethics, em Miliband et al (organiz.) The Socialist Register, Merlin Press, Londres, 1989, p. 208.

elétrica e transporte público; a real oportunidade de trabalho digno e minimamente remunerado. Tudo isto foi conquistado pelos trabalhadores nos países de capitalismo avançado, em particular, pela social-democracia. Mas o Estado do Bem-Estar, ao invés de se expandir, agora se restringe, se desestabiliza e se reduz. Logo, a questão é como universalizar estas conquistas e estabilizá-las. Este igualitarismo não significa uma igualdade absoluta, muito difícil de se obter[333] e que poderia sacrificar a liberdade que se deseja, como no passado ocorreu em regimes comunistas.

Enfim, a socialização deve abranger uma parte da economia para garantir as condições de realizar os objetivos acima. Schumpeter define sociedade socialista pelo controle dos meios de produção por uma autoridade central.[334] Miliband considera esta afirmação espúria.[335] O socialismo democrático comporta uma economia mista com empresas públicas, cooperativas e empresas privadas lado a lado. O mercado teria um papel importante, mas não dominaria tudo.[336] Planejamento e mercado seriam complementares, de modo diverso do modelo stalinista de planejamento total e detalhado, a que todas as empresas tinham de obedecer em detrimento do mercado.[337] Mesmo as empresas públicas podem ter autonomia de gestão dentro de certos objetivos. A opinião disseminada de que a empresa pública é necessariamente ineficiente foi reforçada pela experiência do comunismo soviético, que era autoritário e de comando centralizado.[338] Mas mesmo neste caso, a industrialização soviética deu resultados rápidos, surpreendentes, em vários campos.[339] Ademais, algum planejamento é sempre feito pelos governos no capitalismo avançado.[340] A desregulamentação e a privatização,[341] menos do que um imperativo econômico, intregraram uma política para governos neoliberais obterem receitas com a "venda da prata

---

333. MILIBAND, op. cit., p. 85.
334. SCHUMPETER, op. cit., p. 167.
335. MILIBAND, 2000, p. 81.
336. Op. cit., p. 164.
337. Op. cit., p. 160.
338. MILIBAND, 2000, p. 145.
339. KENNEDY, Paul, *Preparing for the Twenty First Century*, Harper Collins, Londres, 1993, p. 229.
340. MILIBAND, op. cit., p. 162.
341. ROWTHORN, R. e CHANG, H.; The Political Economy of Privatization, em Clarke, T. et al (Organiz.), *The International Theory and Practice of Privatization*, Rotledge, Londres, 1993, p. 59; Miliband, op. cit., p. 151; ver referências de autores brasileiros ao final deste capítulo.

da família", para reduzir a influência de decisões de governos democráticos e para dificultar ações de um possível governo de esquerda.

VII.13.2. A TRANSFORMAÇÃO SOCIALISTA ADIABÁTICA OU ASSINTÓTICA

Parodiando o imortal poeta Carlos Drummond de Andrade, fica a indagação: "E agora, José?". Ou, fazendo uma metáfora com a pergunta atribuída ao inesquecível jogador de futebol Garrincha dirigida ao técnico do seu time: "será que o beque adversário está de acordo?". Um governo de esquerda, uma vez eleito e no poder em um país, tem de governar em um contexto capitalista hostil às idéias socialistas.[342] Este é um problema que deve merecer preocupação crescente, pois abdicar dos objetivos programáticos em nome da simples governabilidade leva à desilusão com os partidos políticos de esquerda.[343] Isto tem sido minimizado por muitos autores, mesmo os mais moderados, que propugnam um socialismo de mercado.[344] Teria assim o socialismo se tornado uma utopia inatingível, pois um governo democrático socialista teria hoje uma tarefa inviável face à integração das economias nacionais na economia mundial?.[345] A resposta pode ser dada de duas maneiras de acordo com os autores que estudamos nesta seção.

1— Tomando como princípios cinco pontos que podemos extrair deste capítulo, como uma síntese do que vimos de Hobsbawm, Miliband e Mészáros:

a) O projeto de uma economia completamente socialista não deu certo na ex-União Soviética e, por outro lado, governos social-democratas cederam à urdidura da sociedade capitalista neoliberal;

b) O crescimento da economia globalizada atingiu os próprios fundamentos da esquerda e abalou sua capacidade de defender, dentro das fronteiras nacionais, sua base social, por meio de uma política redistributiva e de proteção social e de uma política macroeconômica de pleno emprego;

c) O socialismo é um processo de transformação da ordem social, que se estende por muitas gerações, sem talvez jamais se concluir, e há a possibi-

---

342. Este é o problema enfrentado pelo Governo do Presidente Lula, de que participo neste momento.

343. HOLOWAY, John, *Mudar o mundo sem tomar o poder*, trad. de Emir Sader, Viramundo: São Paulo, 2003.

344. LE GRAND, J., e ESTRIN, S., Market Socialism, Clarendon Press, Oxford, 1989.

345. STRANGE, Susan, *Casino Capitalism*, Blackwell, Oxford, 1986, p. 92.

lidade de reviver um movimento socialista, que poderíamos irreverentemente batizar de adiabático, isto é, lento e reversível sem esquentar o ambiente, ou assintótico, isto é, só se completaria em um tempo infinito, o que significa que não se completaria;

d) Há uma assimetria na relação entre capital e trabalho, pois o capital depende do trabalho, por mais que a tecnologia da automação tenha se desenvolvido com a informática, mas o trabalho só depende do capital por uma contingência histórica superável;

e) Nas condições históricas atuais de crise estrutural do sistema do capital, implicando no colapso do Estado do Bem-Estar, não é sustentável manter a dicotomia entre objetivos imediatos táticos das empresas e objetivos estratégicos globais válidos para a sociedade.

2 — Tomando um programa mínimo de ação imediata baseado no pessimismo de Wallerstein:[346]

a) Apesar de tudo "estamos fadados a agir", reconhecendo em primeiro lugar que o sistema internacional é marcado por grandes desigualdades econômicas, sociais e políticas;

b) O próprio sucesso do capitalismo "como gerador de produção material", que pode ainda crescer, anula qualquer justificativa de desigualdade; a saída viável é um sistema "relativamente igualitário" e radicalmente democrático;

c) Devemos escapar do eurocentrismo, hoje convertido em centrismo norte-americano no império, buscando valorizar junto com os direitos humanos universais, os direitos das comunidades em todos os países, a proteção das diferentes culturas existentes no mundo e os direitos dos imigrantes;

d) Os países ricos do Norte devem assumir o ônus econômico da redução da pobreza não só no seu território, mas no mundo inteiro, pois "a riqueza do Norte foi em grande parte o resultado da transferência de excedentes do Sul", não se trata de caridade, mas sim de "reconstrução racional";

e) Estas lutas serão de "natureza política" mas não só "no nível de país"; a luta será também intelectual, desvencilhando-se da idéia da "neutralidade moral do pensamento científico".

VII.13.3. A RESISTÊNCIA

Embora sejam por demais imprecisos para um programa de ação, esses pontos têm uma conotação tal que podemos associá-los a uma resistência

---

346. WALLERSTEIN, 2002, p. 170.

humanista à barbárie. Nossa missão de imaginar uma nova ordem social "é a dos utopistas", pois embora o sistema mundial moderno, não igualitário, esteja chegando ao fim, este processo será longo e nada garante que resulte em um sistema melhor.[347]

A resistência[348] é uma perspectiva política que, embora pessimista com respeito à conquista do poder pela esquerda no sentido tradicional da palavra, não se confunde com a postura conciliatória da terceira via de Giddens que criticamos anteriormente. Ela tem uma conotação próxima do pós-modernismo, no sentido que Wallerstein se referiu, e do pós-marxismo — temas que deixamos para o volume II. Esta perspectiva da resistência sob o capitalismo tem algo a ver com Foucault[349] e Deleuze,[350] tidos como pós-estruturalistas.[351] Foucault se mostrou "reservado em relação ao marxismo", por razões "epistemológicas e estratégicas".[352] Ele teorizou sobre os mecanismos disciplinares e repressivos na sociedade moderna, enquanto Deleuze fala da sociedade do controle. A revolução industrial trou-

347. Op. cit., p. 150.
348. ROQUE, Tatiana, Resistências, em Global — A. Latina, janeiro de 2003, p. 25; Roque, do Instituto de Matemática e da Área Interdisciplinar de História da Ciência e da Técnica e Epistemologia da UFRJ, organizou um colóquio internacional sobre o tema "Resistências" no Rio de Janeiro em novembro de 2002. A tese principal debatida no colóquio é de que "a resistência pode ser um conceito afirmativo, que não se define por aquilo a que se resiste, mas diz respeito à afirmação de um modo de existência" (Roque, op. cit.). Há uma certa ambiguidade no uso da palavra "resistência", que Roque julga produtiva, tendo sido usada ora no sentido afirmativo de "re-existência", ora no sentido negativo usual. Devo confessar que assimilo, politicamente, o sentido de "resistência" do senso comum como importante em face da perplexidade da esquerda, que discutimos neste capítulo. Vou usá-la neste sentido adiante, como resistência ao império e ao neoliberalismo em um processo de "guerrilha política", por analogia à resistência oposta pela guerrilha à ocupação nazista na Europa.
349. FOUCAULT, Michel, *A arqueologia do saber*, trad., Vozes: Petrópolis, 1969.
350. DELEUZE Gilles, *Empiricism and Subjectivity*: An Essay on Hume Theory of. Human Nature, trad., Columbia Univesity Press, Nova York, 1991; O Que é a Filosofia, trad., Ed. 34: Rio de Janeiro, 1992.
351. LECHTE, op. cit., inclui dos autores que vimos e veremos neste texto: Bachelard na origem do estruturalismo; Althusser e Lévi-Strauss no estruturalismo; Deleuze e Foucault no pós-estruturalismo; Adorno, Arendt e Habermas no pós-marxismo.
352. BIETLOT, Mathieu, *Du Disciplinaire au Sécuritaire*, Multitudes, nº 11, Paris, 2003, p. 57.

xe a questão da disciplina na produção ligada à hierarquia no trabalho, inerente ao capitalismo, cuja dinâmica de expansão pretensamente infinita o leva à contínua metamorfose para superar crises periódicas e vencer resistências.

A segurança, incluindo o aspecto policial, mas não só este, está para a globalização neoliberal (mundialização sob o império) e para a produção pós-fordista assim como "a disciplina fabril estava para o desenvolvimento nacional em cada país e para a produção fordista".[353] Esta última exigia nas fábricas a disciplina das linhas de montagem caricaturadas por Charles Chaplin em seu famoso filme "Tempos Modernos" (Vol. III).

As mudanças das últimas décadas, sob rótulos de "pós-gerenciais", "toyotistas", *just in time*, flexibilidade, círculos de qualidade e outros deslocaram para um segundo plano a disciplina fabril de estilo caricaturado por Chaplin. O processo de trabalho necessita agora de outro tipo de controle, talvez mais ao estilo da crítica de Deleuze. Isto se articula com a sociedade dos serviços e da informação, na idealização de Negri e Hardt, que citamos, os quais enfatizam a desmaterialização do trabalho. Houve mudanças no processo de trabalho na evolução[354] (e revoluções[355]):

agrícola → industrial → serviços → economia imaterial

disciplina fabril → sociedade do controle → sociedade da segurança

Segundo esta visão houve mutação do trabalho conforme o quadro 3 mostra. O mundo real é cada vez mais envolvido por atividades cujos produtos são imateriais ou virtuais, softwares, dados, transações financeiras voláteis, publicidade, entretenimento — videogames, música, filmes, vídeos — de modo que os objetos materiais são reduzidos a meros suportes físicos destas criações virtuais[356] que ganham maior valor econômico.

---

353. BIETLOT, op. cit., p. 58.
354. GOLDFINGER, Charles, *Travail et Hors Travail*, Ed. Odile Jacob, Paris, 1998, p. 76.
355. Na Introdução (Cap. 0) falamos em revoluções Agrícola, Comercial, Industrial e Tecnológica. Esta última comporta o que Goldfinger (1998) desdobra em economia de serviços e economia imaterial; de certo modo a Revolução Comercial introduziu uma economia de serviços, baseada no comércio no início da Era Moderna.
356. DE MASI, Domenico, *Criatividade*, trad., Sextante Ed., Rio de Janeiro, 2002. De Masi visitou a COPPE/UFRJ a convite de Alessandra Magrini, que coordenava o Programa de Pós-graduação de Planejamento Energético, onde eu trabalhava.

Quadro 3. Mudanças Tecnológicas e Relações Dominantes no Processo de Trabalho.

Economia	Agrícola	Industrial	Serviços	Imaterial
Relações	Homem/natureza	Homem/máquina	Homem/homem	Homem/símbolos

Não resistindo a fazer comparações do novo paradigma com velhas questões, devemos lembrar Platão, cujo mundo real era o das formas, como vimos no capítulo I. Peirce no século XIX mostrou a importância dos símbolos inaugurando a semiótica que veremos no capítulo XI (Vol. II). Popper via três mundos igualmente reais — o físico, o da produção humana material e imaterial e o da mente (Vol. III). Quanto ao processo do trabalho, cabe aqui resgatarmos André Gorz, cujo livro publicado na França em 1980, já citado neste capítulo apresenta nove teses para uma esquerda futura, abaixo resumidas, mudando a ordem original delas:[357]

1 — A sociedade do desemprego vem se instalando com a tecnologia de automação, exigindo mudanças sociais profundas, como se sugere nos próximos pontos.

2 — Abolição do trabalho tal como existe hoje e aumento do tempo livre para todos.

3 — Estímulo ao desenvolvimento de atividades autônomas por todos no tempo livre.

4 — Criação de novos mecanismos de distribuição de renda independentes das leis do mercado;

5 — A padronização tecnológica permite a redução da duração do trabalho, de modo a aumentar o número de empregos e que todos disponham de tempo livre para as atividades autônomas.

6 — A alienação no marxismo se restringe às relações de produção capitalista, mas ela é de fato inerente ao processo de produção e à divisão do trabalho em uma sociedade complexa moderna, mantendo-se no socialismo real.

7 — A "não classe" de "não trabalhadores" definida por Gorz é a portadora do futuro, apesar de sua incapacidade de tomar o poder, que não deve ser tomado, mas sim reduzido e talvez abolido.

8 — A "não classe" de que fala Gorz não tem unidade nem a missão de mudar a sociedade, sendo por isso uma "não classe"; constitui a negação da ordem, do

357. GORZ, 1982, p. 9-22.

poder e do sistema, em nome do direito de cada um sobre sua própria vida; é portanto uma resistência.

9 — Gorz vê nesta realidade histórica uma força, mas também uma fraqueza por ser refratária à organização, à delegação de representatividade, à integração política e descrente dos partidos de esquerda.

Gorz confessa não saber que forma pode tomar esse processo "nem que forma política é capaz de conduzi-lo".[358] Portanto a questão crucial foi deixada sem resposta por Gorz, a espera de uma solução. Mas não é nova, foi colocada pelo jovem Marx, como vimos na seção VII.5.1, ao postular "reduzir em termos universais o trabalho necessário na sociedade a um mínimo", permitindo a formação artística e científica dos indivíduos no tempo que lhes ficou disponível. Hoje, um quarto de século depois de Gorz e mais de um século após Marx, permanece o debate, não restrito à esquerda e à busca da utopia, mas inclusive entre economistas que estão longe de serem radicais, com constatações como "a globalização está no centro da questão da reestruturação do trabalho", havendo uma nova desigualdade e "uma classe trabalhadora com novos valores, menos solidária".[359] Outra proposta é a de recriar o trabalho como fonte de prazer e de satisfação pessoal,[360] o que se aproxima do ponto de vista de Domenico De Masi.[361]

Há quem veja a exigência de mão-de-obra qualificada como um freio à exploração dos assalariados pelo capital, o que evitaria a pauperização das massas prevista por Marx. Negri e Hardt[362] acreditam que o capital cederá o comando ao trabalhador devido às novas formas de organização científica do trabalho. O fascínio de alcançar uma utopia pela via do conhecimento científico e tecnológico é comum na visão dos cientistas e engenheiros, em uma ética ingênua que contrasta com a postura aética da economia neoliberal, apontada por Amartya Sen (Adendo). O professor de engenharia industrial da Universidade de Colúmbia (EUA), Seymour Melman, no livro *Depois do capitalismo*[363] — mais um da série de títulos do tipo

---

358. Op. cit., p. 22.
359. HUTTON, Will, diretor executivo da Fundação do Trabalho, em Londres, em entrevista ao repórter Silio Bocannera, em Primeira Leitura, São Paulo, fevereiro de 2004, p. 31.
360. ZELDIN, Theodore, Universidade de Oxford, entrevista, op. cit., p. 34.
361. DE MASI, op. cit.
362. NEGRI e HARDT, op. cit.
363. MELMAN, Seymour, *Depois do Capitalismo*, trad., Ed. Futura: São Paulo, 2002.

"após" ou "pós" alguma coisa — escreve sobre as perspectivas da democracia no local de trabalho. Embora criticando o que chama de capitalismo de Estado — no qual o poder de governos protege interesses do grande capital, o que ele associa ao neoliberalismo e à desindustrialização — defende a tese de que o capitalismo está caminhando para "uma economia baseada na democracia no local de trabalho".[364] Prevê "ferramentas de alta tecnologia" projetadas para o bem-estar dos trabalhadores que a utilizarão.[365] Mas do lado de fora deste paraíso tecnológico, está o desemprego, a flexibilidade do emprego, a "desterritorialização" da produção e do trabalhador.[366]

Associados à globalização neoliberal, estes fatores desestabilizadores nos transferem do paraíso da utopia tecnológica pós-moderna para o inferno da incerteza, da insegurança e da violência. Daí emerge a sociedade da segurança, antevista ainda no século XIX por Nietzsche, a quem voltaremos no capítulo XI (Vol. II), quando escreveu:[367] "adora-se hoje a segurança como a divindade suprema", mas alertou acidamente que "justamente o trabalhador se tornou perigoso" e, portanto, o mundo está cheio de "indivíduos perigosos". Esta é uma velha questão que se renova. A sociedade da segurança e a ideologia da ameaça permanente[368] cumprem dupla função hoje. Uma é a de conter a população excluída, dos "supranumerários" que sobram no mercado de trabalho — seja dando-lhes qualquer ocupação provisória como inúteis para o capital, seja dando-lhes compensações para aliviar sua miséria e para fazê-los desaparecer das ruas e das vistas da classe média chocada com a pobreza. Em geral, esta função é deixada para os Estados nacionais. A outra função é reprimir tanto os crimes, o tráfico de drogas e o terrorismo, como os imigrantes, os descontentes e as "minorias" étnicas, postos todos no mesmo balaio dos indivíduos e grupos perigosos. Contra estes, em nome da paz da globalização neoliberal, praticam-se os ataques punitivos do império e as guerras locais de baixa intensidade que se perpetuam no tempo e se alastram no espaço do antigo Terceiro Mundo, estimulando o terrorismo.

---

364. MELMAN, op. cit., p. 585.
365. Op. cit., p. 596.
366. BIETLOT, op. cit., p. 62.
367. NIETZSCHE, Friederich, Aurore (1880), livre III, trad,. Ed. Gallimard, Paris, 1074, p. 181.
368. BIETLOT, op. cit., p. 64.

Portanto, embora não possamos deter a globalização como processo histórico, os movimentos antiglobalização têm um papel importante de resistência porque por atrás deles está a "imagem de um mundo diferente mais justo" e isto é uma força de mobilização.[369] Hobsbawm reitera que "a história do mundo nos últimos 500 anos é a história da globalização", como já vimos páginas atrás, e isto "não é algo que possa ser interrompido". A globalização não é o problema, mas sim a forma que ela toma "em uma determinada situação histórica, de anarquia da economia global e de fundamentalismo de mercado", criando "problemas severos e grandes injustiças".[370] Estas desigualdades, sim, devem ser o alvo destes movimentos de resistência.

O império (com seu poderio militar mortal a ponto de ameaçar a sobrevivência da humanidade com as armas nucleares) e a crise estrutural do sistema global — com o desemprego crônico, a destruição do meio ambiente[371] e os conflitos internacionais — trazem intranqüilidade para o futuro do mundo. Assim, é necessário encontrar uma alternativa globalmente.[372] Se o processo de luta pela utopia de um novo socialismo democrático ou da radicalização da democracia[373] tem necessariamente de ser global, face à globalização do capital, deverá envolver inclusive a sociedade norte americana, da potência mundial dominante. Para Mészáros, o futuro do socialismo será decidido dentro dos EUA,[374] afirmando-se nos países mais desenvolvidos, ou fracassará.[375] Mas, devemos contrapor a Mészáros o fato de que, contraditoriamente, o maior potencial de luta se apresenta hoje fora dos países desenvolvidos, no chamado Terceiro Mundo[376]

---

369. HOBSBAWM, 2003.
370. Op. cit.
371. PINGUELLI ROSA, Luiz e RIBEIRO, Suzana; *The Present, Past and Future Contributions to Global Warming of CO_2 Emissions from Fuels, Climatic Change*, 48, p. 289-307, 2001.
372. HARDT, Michael, Democracia Global trad., em Global A. Latina, nº, 2003, p. 4.
373. GIDDENS na ref. citada fala em realismo utópico.
374. MÉSZAROS, op. cit., p. 81.
375. MÉSZÁROS,I.; Marxism Today, Radical Philosophy; nº 62, 1992.
376. RAMOS, Guerreiro, *Mito e verdade da revolução brasileira*, Zahar, Rio de Janeiro, 1963. No Brasil, esta questão foi muito discutida na década de 1960. No livro citado, há uma polêmica com Álvaro Vieira Pinto sobre *A redução sociológica*, de Guerreiro Ramos, que trata da relação entre o compromisso de engajamento do intelectual no contexto da luta em seu país e "o ponto de vista universal da comunidade humana; o regional nacional e o nacional não são termos finais, são termos imediatos de concretização universal" (Ramos, op. cit., p. 195).

onde é maior o descontentamento. Nesse contexto, devemos discutir a luta ou a resistência global.

As organizações não governamentais (ONGs), muito valorizadas pela terceira via, têm tido um papel articulador em nível mundial na defesa de causas comuns. Entretanto, pela própria origem dos recursos que as financiam, muitas ONGs são conciliatórias com respeito à ordem global vigente, exceto em pontos específicos e fragmentários, em torno dos quais se organizam. Apesar disso, muitas ONGs contestam as injustiças econômicas e sociais e podem ter um papel articulador global. O Fórum Social Mundial,[377] organizado no início deste século XXI, pode representar um exemplo, ainda incipiente, de formas novas de organização internacional, mais efetivas do que a remanescente Internacional Socialista. Mas, o maior potencial de resistência ainda se manifesta localmente em níveis nacionais, como, na América Latina, os Chiapas mexicanos e os Sem-Terra brasileiros. Em ambos o aspecto cultural e social se soma ao econômico.[378] No mundo oriental, em particular no mundo de cultura árabe e muçulmana, a resistência toma a forma do fundamentalismo ou de guerra religiosa, levando, por vezes, à terrível violência do terrorismo contra a aparente racionalidade ocidental, de base científica e tecnológica, mas que também pratica a violência militar. Portanto, Mészáros pode estar errado ao não dar a devida importância ao nível nacional na luta pelas mudanças sociais.

Sem podermos ter clareza ainda dos desdobramentos destas potencialidades de resistência,[379] elas mostram que, sem ilusões com o modelo de

---

377. O Fórum Social Global realizou suas primeiras reuniões em Porto Alegre em 2001, 2002 e 2003, por uma iniciativa internacional para se contrapor ao Fórum Econômico Mundial de Davos, com apoio do governo local do Partido dos Trabalhadores. A idéia era um encontro que combinasse movimentos sociais e análises intelectuais, sem a participação direta nem de governos, nem de partidos. Em 2004, reuniu-se na Índia. Wallerstein fez na revista *Reportagem* de março de 2004 (p. 41) uma apreciação otimista do Fórum Social Mundial, após a reunião em Mumbai na Índia, onde ocorreu uma dissidência minoritária, chamada Resistência Mumbai, a qual classificou o Fórum como um "talking show" de ONGs financiadas por empresas transnacionais e propôs mudar seu slogan de "Um Outro Mundo É Possível" para "O Socialismo É Possível". O mais importante da Resistência Mumbai foi o estímulo que acabou produzindo nas discussões dentro do Fórum.

378. Mészáros refere-se a Hugo Chavez na Venezuela e aos Chiapas mexicanos, mas não a Lula, um fenômeno político na esquerda mundial, nem aos Sem-Terra brasileiros, que representam um fenômeno social de resistência.

379. Ver referências ao fim deste capítulo; voltaremos a esta discussão no Volume II.

socialismo autoritário que foi praticado, devemos buscar o caminho para um futuro melhor da humanidade — com base racional e ética, mobilizando para isso a ciência e as humanidades de uma nova forma, mais democrática e menos elitista — contrariando o prognóstico conformista de que a história acabou. Devemos para isso reiterar que a "posição aparentemente radical" do relativismo por vezes associada ao pensamento pós-moderno, cético com respeito à racionalidade e, portanto, à capacidade humana de compreender o mundo, abriga "no fundo um núcleo conservador". No relativismo de base anticientífica e antiracionalista, "nossas idéias de verdade, justiça e liberdade, culturalmente identificadas com a racionalidade científica ocidental",[380] tornam-se inúteis para "construir normas justas para vidas melhores".[381] Logo, o relativismo anticientífico torna-se na prática anti-humanista. Podemos aqui parodiar a antinomia da razão de Kant, transpondo-a para a velha questão da esquerda *versus* liberalismo econômico relativizado nos novos paradigmas (Quadro 4).

Como vimos no capítulo anterior (Cap. VI), até mesmo Kant, um arauto da racionalidade científica de base newtoniana, anteviu os limites da razão pura da ciência, hoje genericamente rotulada de positivista, na sua antinomia. Ao fazer isso não renegou a razão nem a ciência, ao contrário usou-a para estabelecer a necessidade do pensamento moral e da ética. Tratamos do conflito histórico entre a esquerda, cuja principal teoria é a de Marx, e o liberalismo econômico, balizado por Adam Smith, ambos inspirados na idéia de racionalidade científica newtoniana. O diferencial é que tanto Smith como Marx tinham maior consistência nas suas teorias do que ocorre hoje na combinação do relativismo cético e do anticientificismo com novos paradigmas importados da física pós-newtoniana contemporânea, desde a incerteza da mecânica quântica, que veremos nos capítulos seguintes (Vol. II) à imprevisibilidade do caos determinista e da teoria da complexidade inspirada na biologia, que deixamos para ver no Vol. III.

Da relativização das teorias nos novos paradigmas (Quadro 4), resultou logicamente a relativização do velho conflito entre esquerda e liberalismo econômico. Isto se revelou na prática com a subalternidade da Terceira Via e vias correlatas em face do neoliberalismo, como vimos em seções anteriores. Voltando à necessidade do julgamento moral, segundo uma ética além da racionalidade da ciência, podemos concluir que a meta

---

380. STEUERMAN, Emilia. *Os limites da razão*, trad., Imago: Rio de Janeiro, 2000, p. 15.
381. Op. cit., p. 16.

Quadro 4. Relativização do Conflito entre Liberalismo Econômico e Esquerda nos Novos Paradigmas.

Analogia → com Kant	Tese do Liberalismo Econômico	Antítese proposta pela Esquerda
Velho Conflito	Tal como ocorre com as leis de Newton na mecânica, tudo ocorre na economia de acordo com as leis do mercado, e, fora delas, não existe liberdade de escolha racional de intervir, planejando a economia para melhorar as condições econômicas e sociais.	O planejamento econômico socialista (*) tem base científica e é condição suficiente para determinar melhores condições econômicas e sociais, crescer a produção e criar trabalho, propiciando uma vida digna para todos e eliminando a pobreza.
Novos Paradigmas	As leis do mercado não determinam tudo, há incertezas e imperfeições, mas o mercado e a máxima competição possível, na economia globalizada, permanecem na prática uma condição necessária para haver alguma possibilidade de melhorar a economia nacional, atraindo investimentos externos.	O planejamento socialista perdeu base científica com a ruptura do determinismo newtoniano, dada a imprevisibildade caótica e a complexidade da sociedade na economia globalizada, restando regular os mercados para haver alguma possibilidade de melhorar a vida da maioria e aliviar a pobreza.

(*) Obs.: Inclui o planejamento econômico da social democracia e correlatos.

de melhorar as condições econômicas e sociais de todos e eliminar a pobreza é um imperativo com ou sem socialismo científico. Ter como meta apenas alguma possibilidade de melhorar as condições de vida das pessoas pela competição é eticamente inaceitável, mesmo na economia capitalista. Através deste julgamento moral, podemos inverter a opção da Terceira Via de aceitar o neoliberalismo refletindo pragmaticamente a atual força do capitalismo. Devemos admitir como um dos mundos logicamente possíveis, embora fora da realidade hoje, o recuo do neoliberalismo e o resgate do socialismo em moldes mais democráticos do que o socialismo real, que existiu. A este assunto voltaremos no volume II.

Para finalizar, cabem aqui as palavras de Hobsbawm no seminário de Parati em agosto de 2003:[382] "utopias não podem ser compreendidas por

---

382. HOBSBAWM, 2003.

definições, mas não podem desaparecer". Para ele, o mundo está "repleto de utopias, algumas más". Por exemplo, a idéia do fim da história, de Fukuyama — de que com o capitalismo neoliberal o mundo chegou a uma forma final de organização da sociedade, que será permanente — "é uma utopia à sua maneira". Os soviéticos acreditavam que o mundo teria uma forma final com o socialismo, mas "não funcionou". Precisamos distinguir entre utopias boas e más. Hoje, existem "más utopias ascendendo sob a forma de fundamentalismo". Uma vez reconhecido que não podemos erigir um movimento político com base apenas em utopia, devemos ter em conta que "sem esperança de uma transformação maior da sociedade, nem mesmo transformações menores podem ser alcançadas". Precisamos "ter esperança de alcançar grandes metas", mesmo que só possamos alcançar por agora "metas mais modestas"; seria "triste a juventude sem esperança". Até porque, acrescentemos, se abdicarmos das boas utopias, poderão restar apenas as más para mobilizar a juventude.

Obs.: *A eleição do presidente Luis Inácio Lula da Silva — cuja equipe de governo integrei, afastando-me provisoriamente do meu cargo de professor da COPPE-UFRJ, para onde voltei no momento em que finalizo este texto — é um exemplo de que pode haver um caminho. Mas, sem ufanismos, ele será árduo e temos de nos preparar para percorrê-lo sem vacilar. Boaventura de Souza Santos, autor que veremos no Capítulo XII (Vol. II), fez um interessante artigo — Lula, a Utopia Realista [Folha de S. Paulo, 3/2/2003, p. A3] — no qual busca diferenciar o governo Lula das experiências anteriores de governos de esquerda na América do Sul: de João Goulart no Brasil (1961 a 1964), de Salvador Allende no Chile (1970 a 1973), ambos abortados por golpes militares com apoio dos EUA, e de Hugo Chavez na Venezuela (atual), que tem enfrentado sérias dificuldades. Souza Santos identifica como fatores para o êxito do governo Lula a sua estratégia de propor, ao invés do socialismo, do bolivarismo ou do nacionalismo, a solidariedade ética e a luta democrática contra a pobreza e a fome, fazendo com que o chamado "mercado" passasse da hostilidade declarada ao que denomina de "neutralidade armada". Adverte para o que ocorreu na África do Sul, onde, como Lula, o operário excluído pela desigualdade social, um negro excluído pelo apartheid racial, Mandela, assumiu o poder colocando na área econômica do governo gente confiável para o mercado. Alerta que lá os objetivos sociais "acabaram por definhar ante... os imperativos neoliberais", mas a situação brasileira é distinta. Souza Santos identifica quatro condições para o êxito do governo Lula:*

1 — capitalizar as melhores práticas democráticas participativas do PT;

2 — a gestão das frustrações sem demagogia, mas sem perder a esperança de mudanças;

3 — resistir à globalização neoliberal opondo a ela duas globalizações regionais, uma latino-americana, pela via do Mercosul, buscando apoio da União Européia em oposição à Alca, outra com a Índia, China e África do Sul;

4 — mediação para transformações, articulando-se com iniciativas dos movimentos sociais.

Em outro artigo, publicado na revista italiana Global em abril de 2003, Giuseppe Cocco observa que houve mudanças desde o início do governo do PT em relação ao discurso tradicional da esquerda:

1 — Acreditava-se que a mudança da política econômica era uma condição necessária para o país crescer e gerar empregos; agora busca-se reduzir a desigualdade, melhorando a distribuição de renda nas camadas extremamente pobres, para abrir o caminho do crescimento econômico, não mais visto como condição de mudanças sociais, mas sim como conseqüência delas.

2 — A globalização era vista como um problema a ser circunscrito, passando agora a ser admitida no projeto de inserção internacional do país.

3 — A saída do horror neoliberal era antes a reconstrução do Estado para atuar diretamente no desenvolvimento, vendo-se agora o Estado como aliado do mercado, buscando-se construir um espaço público de universalização dos direitos, luta contra a miséria e contra os privilégios produzidos pelo Estado.

4 — A ausência de um modelo acabado constitui uma abertura para uma construção inovadora. O reconhecimento da falta aparente de alternativa fora do império parte do pressuposto que o espaço fora da globalização inexiste, sendo assumido como a alternativa real de construção democrática da globalização.

5 — A resistência, pode ser um motor inovador e produtivo, para além da luta entre modelos e da falsa alternativa entre Estado e mercado; o governo Lula assumiu a universalização dos direitos como eixo central da construção do espaço público.

A questão, ainda sem resposta, é saber que movimentos darão sustentação a este processo em um país onde permanece latente uma guerra civil endêmica fruto das desigualdades. Revelam-se, neste momento, as dificuldades de o governo Lula superar os limites que assumiu para ganhar credibilidade perante o capital internacional, com o objetivo de criar as condições mínimas da governabilidade, ameaçada pelos movimentos de reação do grande capital. Houve uma provocação de terrorismo financeiro com notícias alarmantes, evasão de dólares para fora e indução de alta do câmbio e da inflação no início do mandato presidencial. O novo governo reverteu isso mantendo a política econômica anterior de juros altos e de contenção dos investimentos públicos para gerar superávit primário e pagar a dívida interna e externa.

O êxito dessa tática tornou-se uma armadilha, pois o governo não consegue sair dela para dar curso a uma estratégia de transformação, que não se limite a reformas exigidas pelo *capital. Estas seriam a condição para conciliar estabilidade da moeda, investimentos e algum crescimento econômico capaz de gerar empregos. Francisco de Oliveira, um dos baluartes intelectuais do PT desde suas origens, escreveu um ensaio crítico,* identifica a elite sindical que hegemoniza o partido e agora está no poder, à frente do Estado, como uma nova classe, junto com os tecnocratas do PSDB de Fernando Henrique Cardoso. Assim, esta elite sindical assumiu o controle dos grandes fundos de pensão das empresas estatais, o que é verdade, e estaria entrando no jogo do capital como mostram Robert Reich e Robert Kurz, citados no ensaio. Isto pode ser, entretanto, uma tática transiente, para ganhar tempo em condições adversas para as quais não encontram saída na perspectiva da esquerda, ou uma estratégia, com uma perspectiva própria que caracterizaria um interesse de classe. Aqui, está a questão.*

Quanto a essa nova classe, discordo de Chico de Oliveira que cita, entre outros autores, Djilas, cujas idéias apresentei ao tratar de Lukacs (em VII.10,3). Nem no sentido da teoria de Marx, nem naquele considerado especificamente por Djilas, não identifico neste grupo uma classe. Talvez, seja mais próximo de um grupo de poder,** embora reconheça a amplitude do conceito de classe, conforme Chico mostra. Começando por Marx, e Gramsci, passa por Perry Anderson e Edward Thompson e chega a Weber, cujo pensamento está muito distante daquele de Marx.***

Outro aspecto que devo comentar diz respeito a possíves saídas para o Brasil escapar da barbárie neoliberal. Em O ornitorrinco se lê: "não há possibilidade de... aproveitar as brechas que a Segunda Revolução Industrial propiciava; não há possibilidade de avançar, no sentido da revolução digital — molecular... o ornitorrinco está condenado a submeter tudo à voragem da financeirização...". Esta conclusão não deve ser lida no sentido de que não haja opção, porque estamos encurralados por todos os lados pela revolução molecular-digital, que eu chamei na Introdução (Cap. 0) de Revolução Tecnológica da informática e da engenharia genética. Se essa interpretação fosse correta, estaria-se jogando água no moinho dos neoliberais que propalam o fim da história, o fim do socialismo, o fim da esquerda. Daí o conformismo da Terceira Via, teorizada por Giddens (VII.9), que se reduz ao credo neoliberal com ornamentos sociais compensatórios, como o trabalhismo do primeiro ministro inglês, Tony Blair. Talvez, uma saída seja voltar-se para o mercado interno de bens e serviços essenciais, como alimentos, vestuário, habitação, educação saúde, saneamento, urbanização e infraestrutura básica, como energia elétrica.**** Timidamente, o governo deu

---

*   *O ornitorrinco*, publicado por Francisco de Oliveira no fim de 2003 em um livro, no qual a Editora Boitempo reuniu, com um outro texto, antigo, do autor, *Crítica da Razão Dualista*.

**   WRIGHT MILLS, C.; A Elite do Poder, Zahar Editores, Rio de Janeiro, 1962.

***   Acho relevante ao caso a *Elite do poder* de Wright Mills.

****   Esta me parece ser a alternativa que outro dissidente ex-petista, César Benjamin, tem veiculado em artigos, reunidos no livro *Bom combate*, publicado pela Contraponto em 2004. Ela tem merecido o apoio do outro baluarte do PT, Plínio de Arruda Sampaio, no seu jornal via Internet, Correio da Cidania.

alguns passos no apoio à pequena agricultura familiar e tem-se recusado a reprimir, como pedem seus aliados, a luta dos Sem-Terra pela reforma agrária.

Portanto, temos a opção política de mudar esta situação, que não é uma fatalidade da globalização nem fruto de um determinismo histórico, conceito bastante discutido (VII.5.2). Um contra-exemplo é a política externa de Lula, ao criticar a invasão do Iraque, ao apoiar Hugo Chavez e Fidel Castro, ao se aproximar da China e de países africanos e ao buscar fortalecer o Mercosul em relação à Alca. O problema são os limites possíveis sem uma ruptura violenta com o império, de alto risco, lembrando Vargas, Allende e Goulart. Na avaliação do governo de aliança da esquerda com o centro liberal, o preço a pagar pela resistência externa foi a manutenção internamente da política econômica, pois não acredita dispor de alternativa sustentável a ela. Ampliar a resistência para o âmbito da política econômica é uma necessidade e exige uma reavaliação dos limites da governabilidade e do grau de enfrentamento suportável com chance de êxito. Essa é uma escolha que, não só a cúpula do governo Lula tem de assumir, pois a esquerda brasileira, em sua maior parte, participa do governo em diferentes níveis.

REFERÊNCIAS COMPLEMENTARES AO CAP. VII

SOBRE O BRASIL E A ESQUERDA:

BENJAMIN, César, *Bom combate*, Contraponto: Rio de Janeiro, 2004.

OLIVEIRA, Francisco. *Crítica da razão dualista e o ornitorrinco*. Boitempo: São Paulo, 2003.

CANDIDO, Antonio; *Florestan Fernandes*, Ed. Fund. Perseu Abramo: São Paulo, 2001.

FIORI, J. L. e MEDEIROS, Carlos. *Polarização mundial e crescimento*. Vozes: Rio de Janeiro, 2001.

FIORI, J. L.; *Brasil no espaço*, Vozes: Rio de Janeiro, 2001.

KURZ, R.; ARAUJO, A; SADER, E.; BETTO, F.; STÉDILE, J. P.; BOFF, L.; KEHI, M. R.; FELINTO, M., SANTOS, M. *Sete pecados do capital*, Record: São Paulo, 1999.

BENJAMIN, C.; ALBERTI, A. J.; SADER, E.; STÉDILE, J. P.; ALBINO, J.; CAMINI, L.; BASSEGIO, L.; GREENHALGH, L. E.; ARRUDA SAMPAIO, P.; GONÇALVES, R. e BARCELAR ARAÚJO, Tania. *A opção brasileira*, Contraponto: Rio de Janeiro, 1998.

SADER, Emir. *O poder — ensaios para uma nova esquerda*. Boitempo Ed.; São Paulo, 1997.

KURZ, Robert. *Os últimos combates*. Vozes: Rio de Janeiro, 1997.

SOUZA, Herbert (Betinho). *Revoluções da minha geração*. Ed. Moderna: São Paulo, 1996.

SOARES TEIXEIRA. Fernando, *Pensando com Marx*. Ed. Ensaio: São Paulo, 1995.

PINTO LYRA, Rubens. *Socialismo, impasses e perspectivas*. Scritta: São Paulo, 1992.

SOBRE ECONOMIA E NEOLIBERALISMO:

FURTADO, Celso. *Em busca de um novo modelo*. Paz e Terra: Rio de Janeiro, 2002.

GONÇALVES, Reinaldo. *Vagão descarrilado*. Record: Rio de Janeiro, 2002.

TEIXEIRA, Aloísio. *Utópicos, heréticos e malditos*. Record: Rio de Janeiro, 2002.

TAUILE, José Ricardo. *Para reconstruir o Brasil contemporâneo*. Contraponto: Rio de Janeiro, 2001.

LESSA, Carlos. *O Conceito de política econômica*. Ed. Unicamp, 1998.

TAVARES, Maria da Conceição e FIORI, José Luis. *Poder e dinheiro*, Vozes: Rio de Janeiro, 1997.

FIORI, José Luis. *Os moedeiros falsos*. Vozes: Rio de Janeiro, 1997.

ALMEIDA MAGALHÃES, J. Paulo. *Paradigmas econômicos*. Ed. UERJ: Rio de Janeiro, 1996.

SOBRE GLOBALIZAÇÃO:

ARRUDA, Marcos e BOFF, Leonardo. *Desafios socioeconômicos, éticos e educativos*. Vozes: Rio de Janeiro, 2001.

IANNI, Octavio. *A Era do Globalismo*. Ed. Civilização Brasileira: São Paulo, 2001.

SANTOS, Milton. *Brasil século XXI*. Record: Rio de Janeiro, 2000.

SANTOS, Milton. *Por uma outra globalização*. Record: Rio de Janeiro, 1999.

PINHEIRO GUIMARÃES, *Samuel. quinhentos anos de periferia*. Contraponto e Ed. da Universidade: Rio de Janeiro, 1999.

ORTIZ, Renato. *Mundialização e cultura*. Brasiliense: São Paulo, 1999.

HADDAD, Fernando. *Desorganizando o consenso*. Vozes: Rio de Janeiro, 1998.

DREIFUSS, René. *A época das perplexidades — mundialização, globalização e planetarização*. Vozes: Rio de Janeiro, 1997.

MENDES, Candido e SOARES, Luiz. *Cultural pluralism. Identity and globalization*. UNESCO: 1996.

SOBRE PRIVATIZAÇÕES E IMPACTOS DO NEOLIBERALISMO:

SAUER, Ildo; PINGUELLI ROSA, L.; D'ARAUJO, Roberto; CARVALHO, Joaquim; TERRY, Afrânio; PRADO, L. Tadeu; LOPES, J. Eduardo. *A reconstrução do setor elétrico brasileiro*. Paz e Terra: São Paulo, 2003.

BRANCO, A.; SAUER, I.; CARVALHO, J.; PINGUELLI ROSA, L.; COSTA, H. e BRANCO, Z. *Política energética e crise de desenvolvimento*. Paz e Terra: Rio de Janeiro, 2002.

BIONDI, Aloysio. *O Brasil privatizado*. Ed. Fund. Perseu Abramo: São Paulo, 2001.

DANTAS, Marcos. *O processo de trabalho. Uma leitura crítica de marx*. Tese de Doutorado, COPPE-UFRJ: Rio de Janeiro, 2001.

LESSA, Carlos; OLIVEIRA, A.; BENJAMIN, C.; COSTA, D.; MELLO, H.; PINGUELLI ROSA, L.; POCHMANN, M.; METRI, P.; LESSA, R.; D'ARAUJO, R.;

PINHEIRO GUIMARÃES, S.; SOARES, S.; KLAGSBRUNN, V. e VICTER, W. *O Brasil à luz do apagão.* Ed. Palavras & Imagem: Rio de Janeiro, 2001.

PINGUELLI ROSA, L. *O apagão.* Revan. 2001.

PINGUELLI ROSA, L. *Participação privada na expansão do setor elétrico ou venda das empresas públicas?* COPPE-UFRJ: Rio de Janeiro, 2001.

PINGUELLI ROSA, L.; TOLMASQUIM, M.; PEREGRINO, F.; ULLER, A, GORINI, R.; D'ARAUJO, R.; SOARES, S.; DRUMOND SARAIVA, J.; HOFFMANN, C. A. *Um país em leilão — vol. II — das privatizações à crise de energia.* IVIG/ FAPERJ e COPPE/UFRJ: Rio de Janeiro 2001.

VAINER, C.; FRIGOTTO, G.; GUIMARÃES, G.; SOUZA e SILLVA, L. A.; SINGER, P.; TODESCHINI, R.; LIANZA, S.; *Sindicalismo & cooperativismo.* Unitrabalho: São Paulo, 1999.

PINGUELLI ROSA, L.; PEREGRINO, F.; SOARES, S.; FERRAN, A E CERQUEIRA, M. *Um país em leilão — vol. I — A privatização da Vale do Rio Doce.* IVIG/ FAPERJ e COPPE/UFRJ: Rio de Janeiro 1999.

REFERÊNCIAS COMPLEMENTARES DE AUTORES ESTRANGEIROS:

CHOMSKY, Noam. *O lucro ou as pessoas.* trad. Bertrand Brasil: Rio de Janeiro, 2002.

CHOMSKY, Noam. *Novas e velhas ordens mundiais.* Trad. Scritta: São Paulo, 1994.

HARDT, Michael e NEGRI, Antonio. *Império.* Trad., Record: Rio de Janeiro, 2001.

JAMESON, Frederic. *A cultura do dinheiro — ensaios sobre a globalização.* Trad. Vozes: Rio de Janeiro, 2001.

ARRIGHI, Giovanni e SILVER, B. *Caos e governabilidade.* Trad. Contraponto e Ed. UFRJ: Rio de Janeiro, 2001.

ARRIGHI, Giovanni. *A ilusão do desenvolvimento.* Trad., Vozes: Rio de Janeiro, 1997.

ARRIGHI, Giovanni. *O longo século XX.* Contraponto e Ed. Unesp: 1996.

BALAKRISHNAN, Gopal. *Um mapa da questão nacional.* Trad. Contraponto: Rio de Janeiro, 2000.

BAUMAN, Z. *Globalização — as conseqüências humanas.* Trad. Jorge Zahar Ed.: Rio de Janeiro, 1999.

CHOSSUDOVSKY, Michel. *A globalização da pobreza.* Trad. Ed. Moderna: São Paulo, 1999.

KRUGMAN, Paul. *Globalização e globobagens.* Trad. Campus: Rio de Janeiro, 1999.

TODD, Emmanuel. *A ilusão econômica.* Trad. Bertrand: Rio de Janeiro, 1999.

HIRST, Paul e Thompson, G. *Globalização em questão.* Trad. Vozes: Rio de Janeiro, 1998.

MARTIN, H. e Schumann, H. *La Trampa de la Globalización.* Trad. do alemão, Taurus: Madrid (ESP), 1998.

FORRESTER, Viviane. *O horror econômico.* Ed. Unesp: São Paulo, 1997.

GALBRAITH, J. K. *A sociedade justa.* Trad., Campus: Rio de Janeiro, 1996.

SCHWEICKART, David. *Against Capitalism.* Westview Press: Oxford (ING), 1996.

HOBSBAWM, Eric. *Ecos da Marselhesa.* Trad. Companhia das Letras: São Paulo, 1996.

HOBSBAWM, Eric. *Era dos extremos. O breve século XX*. Trad. Companhia das Letras: São Paulo, 1995.

ROEMER, John. *Future for Socialism*. Harvard Univ. Press (EUA), 1994.

SALAMA, P. e VALIER, J. *Pauvretés et Inégaliés dans le Tiers Monde*. Ed. Découverte: Paris (FRA), 1994.

OMMEROD, Paul. *The Death of Economics*. Faber: Londres (ING), 1994.

ADENDO AO CAPÍTULO I

A Matemática na Natureza: do Movimento dos Corpos Celestes às Formas das Flores e aos Perfis das Montanhas

1. A IMPORTÂNCIA DA MATEMÁTICA NA FÍSICA

É de Galileu a afirmação de que, enquanto a Bíblia está escrita em linguagem comum, a natureza deve ser lida "neste grande livro do universo, que permanece aberto ao nosso olhar". Mas, continua Galileu, "o livro só pode ser entendido se antes se compreender a linguagem e aprender o alfabeto em que está composto. Ele está escrito em linguagem matemática (...)".[1] Portanto, antes de iniciarmos o estudo da Revolução Científica e do nascimento da física, devemos ter contato com sua linguagem. A matemática usa uma linguagem simbólica. Por exemplo, as palavras seno e co-seno de um ângulo representam certas relações entre lados de triângulos rctângulos, que contêm este ângulo, definidas na trigonometria, um ramo derivado da geometria grega, que foi aplicado à astronomia. Seria difícil exagerar a importância da matemática na física. Por mais que queiramos valorizá-la, por nosso julgamento, dificilmente estaremos exagerando, como veremos seguindo os rastros históricos das ciências físicas e das teorias do conhecimento, conforme discutimos na Introdução. Omnès[2] acha inconcebível a filosofia do conhecimento deixar de abordar a filosofia da matemática,[3] como, diz ele, "fazem muitos autores que se limitam a introduzir

1. SOBEL, D. *A filha de Galileu*, Companhia das Letras: São Paulo, 1999.
2. OMNÈS, Roland. *Filosofia da Ciência Contemporânea*, Ed. Unesp, 1996, p. 71.
3. SCHIRN, Mathias. *The Philosophy of Mathematics Today*, Oxford, 1998.

algumas considerações sobre a lógica". Einstein, citado por Pais[4] no livro *Sutil é o Senhor*, sobre sua vida e sua contribuição à física, afirmou "que a pura construção matemática nos permite descobrir os conceitos e as leis que os relacionam... para a compreensão dos fenômenos da natureza", no que foi criticado por Pais por "superestimar a capacidade da mente humana". Seja como for, a física se distingue entre as ciências da natureza pela incorporação indispensável da matemática no seu método desde Galileu.

Não é verdade, porém, que, antes de Galileu, a matemática não fosse usada nas ciências físicas. A astronomia grega fazia abundante uso da geometria e com sucesso de fazer inveja a Copérnico, que a revolucionou substituindo o sistema geocêntrico pelo heliocêntrico moderno. Até hoje nos impressiona como, por meio de cálculos trigonométricos, os gregos, desprovidos da instrumentação sofisticada de que hoje dispomos, conseguiram determinar grandezas relativas a corpos celestes distantes (Fig. 1).

Platão, como vimos no capítulo I, usou a matemática explicitamente como modelo nos seus estudos da natureza, ao contrário de Aristóteles. Mas mesmo este inspirou-se na geometria euclidiana na elaboração de sua lógica. Ronan[5] exibe uma página manuscrita de Aristóteles, guardada na Universidade da Basiléia, em que há desenhos de várias figuras geométricas nas margens em apoio à sua lógica. É nítida a inspiração exercida pela geometria na lógica de Aristóteles, na qual nos deteremos no capítulo II.

Também Arquimedes, já na fase helênica, usou a matemática no estudo do equilíbrio, partindo de postulados simples, como o equilíbrio de dois corpos iguais a distâncias iguais do ponto fixo de uma alavanca, para demonstrar vários teoremas da estática. Arquimedes, a par disso, associou a matemática à experimentação no estudo da estática e da hidrostática, daí o princípio que leva seu nome. Portanto, Arquimedes foi um precursor do método científico consagrado a partir de Galileu, associando matemática à experimentação. Por esta razão D'Abro[6] considera Arquimedes injustiçado, em geral, na história da ciência.

O livro *Principia* de Newton foi escrito em uma linguagem geométrica, difícil de ser lida, pois é completamente diversa do formalismo atual da mecânica newtoniana, que usa equações algébricas e diferenciais. Newton

4. PAIS, A. *Sutil é o Senhor*, Nova Fronteira: Rio de Janeiro, 1995, p. 135.
5. RONAN, *História Ilustrada da Ciência* — Universidade de Cambridge, Jorge Zahar Ed.: Rio de Janeiro, 1987, p. 96.
6. D 'ABRO, A. *The Rise of the New Physics*, Vol. I, Dover: Nova York, 1951.

Figura 1. Gravura representando observação astronômica dos gregos com uso da geometria.[7]

criou o cálculo diferencial e integral, também desenvolvido, de modo independente, por Leibniz. Esta associação íntima da matemática e da física se prolongou ao longo da evolução da mecânica de Newton. No século XVIII, Euler, Lagrange e Laplace contribuíram ao mesmo tempo para a física e para a matemática, bem como no século XIX Gauss, Cauchy, Abel, Jacobi, Hamilton, Weiertrass, Hermite, Riemann, Lie e Poincaré. Estes são os nomes citados por D'Abro,[8] mas podemos acrescentar outros, por exemplo, Poisson, Fourier, Liouville e Dirichlet.

O casamento entre a matemática e a física durou muito tempo, desde a Revolução Científica no século XVII ao século XIX, quando os matemáticos começaram a se interessar por uma variedade de temas, quebrando sua fidelidade na relação com a física, que a bem da verdade nunca foi exclusiva. No final do século XIX e no século XX a matemática foi ficando cada vez mais independente das ciências físicas. Podemos identificar três fatores para este desquite amigável, pois jamais a matemática rompeu sua relação com a física:

7. Gravura tirada do livro de CUNINGHAM, William, The Cosmological Glasse, 1559, citado por Ronan, 1987, p. 95.
8. D'Abro, op. cit., p. 117.

a)   a matemática como área de conhecimento autônoma;
b)   novas aplicações da matemática em diversos campos;
c)   o advento dos computadores no século XX.

Quando aplicamos a matemática, "exportamos a impressão de que a matemática se esgota nesta vocação de ser aplicada", entretanto "as matemáticas se constituem também dos fatos matemáticos que se opõem ou que oferecem resistência ao esquema teórico que tenta abarcá-los e, justamente desta resistência, nasce uma nova teoria matemática".[9] Em outras palavras, há uma vida interna da matemática, "como uma grande cidade, cujos subúrbios não cessam de progredir, de uma maneira um pouco caótica... enquanto o centro é reconstruído periodicamente seguindo um plano cada vez mais claro e uma ordenação mais majestosa, derrubando velhos quarteirões... para lançar em direção à periferia avenidas mais diretas, mais largas...".[10] Continuando, podemos ver hoje a matemática como um "reservatório de formas abstratas"[11] à espera de que a realidade desvendada pelos experimentos da ciência venha se moldar por suas teorias. Mas algumas destas têm origem nos problemas colocados pela ciência, como vimos acima no caso da física. Em paralelo ao crescimento da comunidade de matemáticos desvinculados da física teórica, problemas de matemática pura se acumularam para serem resolvidos. Isto a fez voltar-se para si, definindo ela mesmo seus próprios problemas. Aí, se inclui o programa a que Hilbert se propôs, de sistematização da matemática para unificá-la. Houve maior aproximação da lógica, com o advento da lógica matemática, da teoria dos conjuntos e da teoria dos números de Frege, Russell, Peano e Cantor. Para vingança da física, a paixão da matemática pela lógica acabou estremecida após Godel mostrar, na década de 1930, os limites lógicos da matemática, cujas teorias não podem ser ao mesmo tempo completas e consistentes. Apesar de ter sido abalado o narcisismo da matemática, que se pensava logicamente perfeita, jamais ela foi tão cortejada em tantos campos do conhecimento teórico e prático que a aplicam hoje.

---

9.   ROQUE, Tatiana. *Ensaio sobre a gênese das idéias matemáticas: exemplos da teoria dos sistemas dinâmicos*, Tese de Doutorado, Área Interdisciplinar de Epistemologia e História da Ciência e da Técnica, COPPE/UFRJ, agosto 2001, p. 4.
10. BOURBAKI, Nicolas (pseudônimo), *L'Architeture des Mathématiques*, Ed. Cahiers du Sud, Paris, 1948, p. 37.
11. BOURBAKI, op. cit.

No correr do século XX, abriram-se novas áreas da matemática aplicada, independentes da física. Desde o século XIX, a economia neoclássica importou os métodos matemáticos da mecânica analítica, embora sem atingir o mesmo sucesso desta em fazer predições. A estatística se aplicou, além de aos problemas físicos, a várias áreas, inclusive à econometria, que usa e abusa das regressões para ajustar curvas a dados. Toda uma nova área da matemática aplicada se desenvolveu para ajudar a tomada de decisão na economia, na engenharia, na logística, na gestão pública e privada. Esta matemática para auxílio à decisão foi muito estimulado durante a Segunda Guerra Mundial, que foi a primeira guerra científica e tecnológica. Nela, nasceu a terrível bomba nuclear. Assim, desenvolveram-se: a pesquisa operacional, a programação linear, a programação inteira, as teorias das filas, dos grafos.[12] Um outro exemplo é a teoria dos jogos, que se tornou um instrumento matemático da economia teórica e da administração empresarial.

A teoria da computação foi outra área onde a matemática ganhou importância.[13] O uso intensivo dos computadores permitiu a prática de uma espécie de matemática experimental. Os sistemas caóticos foram antevistos por Poincaré em problemas não lineares com alta sensibilidade às condições iniciais, nas equações diferenciais e na teoria dos sistemas dinâmicos.[14] Da matemática do caos, surgiu a da complexidade, inspirada na

---

12. A matemática aplicada para auxílio à decisão, no Brasil, foi introduzida pioneiramente no ensino de engenharia em 1967 na COPPE / UFRJ, no Programa de Pós-graduação de Engenharia de Produção e, depois, no Programa de Engenharia de Sistemas e Computação, na área de Otimização.

13. Um dos primeiros computadores dedicados à pesquisa acadêmica no Brasil, um IBM 1130, foi instalado na UFRJ, por iniciativa de Alberto Luiz Coimbra, na COPPE, onde trabalhava Tercio Pacitti, autor do, então, mais conhecido livro sobre computação em linguagem Fortran no País. Já havia então, há pouco tempo, no campus da Ilha do Fundão, um IBM 1620, menos potente, com o qual eu trabalhei no Instituto de Engenharia Nuclear, mas ele não pertencia a UFRJ. O Departamento de Cálculo Científico da COPPE criado em 1966 deu origem ao Núcleo de Computação Eletrônica (NCE) da UFRJ e ao Programa de Pós-graduação de Sistemas e Computação, criado em 1970.

14. O Instituto de Matemática Pura e Aplicada (IMPA) no Rio de Janeiro, hoje dirigido por Jacob Pallis, é um centro de vanguarda mundial na teoria dos sistemas dinâmicos. A Pós-graduação de Matemática na UFRJ foi criada nos anos 1970. Leopoldo Nachbim, um dos mais importantes matemáticos brasileiros, foi convidado pelo fundador da COPPE, Alberto Luiz Coimbra, e veio com Luis Adauto Medeiros, Jorge Alberto Barroso e Carlos Alberto Aragão Carvalho para constituí-

biologia, que passou a disputar com a física o papel de matriz de paradigma na ciência. Métodos computacionais como as redes neurais e os algoritmos genéticos mostram este fato. A este ponto voltaremos no Volume III.

Entretanto, é importante frisar que jamais a matemática rompeu sua relação com a física. O exemplo melhor é o próprio Poincaré, talvez o maior matemático moderno. Além de ter dado um novo enfoque à matemática e ter introduzido a teoria dos sistemas dinâmicos inspirada na mecânica, ele foi um precursor imediato da teoria da relatividade (Cap. IX, Vol. II). Poincaré retomou o problema da estabilidade das soluções das equações diferenciais,[15] estudado por Laplace, que, como Leibniz, criticou Newton por ter atribuído a estabilidade do sistema planetário a Deus. Newton ficara preso ao método geométrico, de síntese, que permite maior uso da intuição, criticada por Laplace. Este propugnou o uso da análise na mecânica, resolvendo as equações abstratamente. Apenas no século XIX, Cauchy demonstrou a existência de solução única das equações diferenciais, dadas as condições iniciais, completando com Laplace a nova base matemática do determinismo newtoniano. Para ir adiante Poincaré inaugurou o estudo qualitativo das equações, voltando à síntese geométrica, mas com uso da topologia, novo ramo da matemática que estuda as maneiras pelas quais as superfícies no espaço podem ser deformadas.[16]

Vejamos outros exemplos do casamento entre a matemática e a física. Mach, na sua crítica ao atomismo no século XIX, indagou por que visualizar moléculas como um arranjo de átomos a 3 dimensões. Já que não eram vistas, poderiam ser imaginadas em espaços com tantas dimensões quanto queiramos.[17] Apesar de provocativa na época, foi uma premonição. A física de partículas elementares do século XX criou, em adição às quatro dimensões do espaço-tempo, os graus de liberdade internos das partículas puntiformes como os quarks.[18] Mas cremos ser mais curioso o recente modelo de cordas, em que as partículas elementares não são

---

rem o Programa de Pós-graduação de Engenharia Matemática da COPPE, coordenado por Luiz De La Peña. Este foi depois diretor do Instituto de Matemática da UFRJ, para onde se transferiu a pós-graduação.

15. ROQUE, op. cit.

16. Topologicamente, uma esfera é idêntica a um pires e uma rosca (um toro) é idêntico a uma xícara.

17. MACH, Die Geschichte und die Wurzel, 1863, citado por Brush, 1976, p. 286.

18. BRUSH, S. *The Kind of Motion we Call Heat*, North Holland, Amsterdam, 1976, p. 287; Ver capítulo IX.

puntiformes e sim unidimensionais. Chegou-se a imaginar neste modelo um espaço de 26 dimensões, depois reduzidas a 10 no modelo chamado de supercordas. Seis delas se colapsam em uma escala ínfima, para penetrar na qual necessitamos de altíssimas energias, maiores que a dos aceleradores de partículas atuais, do Fermilab em Chicago ou do CERN em Genebra. Portanto, das 10 dimensões, restam à observação usual apenas as 4 dimensões do espaço–tempo. Esta idéia extravagante teve como precursor um matemático polonês, Kaluza, que, na década de 1920, propôs um espaço a 5 dimensões, sendo a quinta delas colapsada em um espaço fechado, como um pequeno círculo imperceptível normalmente, mas que se revela na ação da gravidade segundo a teoria da relatividade geral.[19]

Um outro exemplo ainda está na mecânica quântica, na qual os estados de um sistema físico são vetores de um espaço, chamado de espaço de Hilbert. Em uma representação destes estados, criada por Dirac em 1930, foi inventada uma espécie de função esquisita, chamada delta de Dirac, nula em todo espaço exceto em um ponto onde é infinita, mas sendo sua integral finita.[20] Criticada por Von Neumann por falta de rigor matemático, o delta de Dirac foi incorporado depois rigorosamente como uma distribuição na teoria das distribuições de Laurent Schwartz.[21] Na eletrodinâmica quântica — que é uma extensão da mecânica quântica no domínio da relatividade restrita, para tratar das interações envolvendo fótons (cuja velocidade é a da luz exigindo tratamento relativístico) — os físicos conseguiram manejar quantidades infinitas, cancelando-as algebricamente ou incorporando-as em constantes de um modo que "era muito *ad hoc* e confuso" nas palavras de Feynman.[22] Portanto, têm sido comuns procedimentos matemáticos na física teórica sem o rigor que a matemática exige.

O ponto de partida da longa história da relação entre a física e a matemática foi a da astronomia grega com a geometria à qual voltamos a seguir.

19. GROSS, D. String Thory, *Current Status and Future Prospects*, in Ellis e Tang, 1990, p. 193 Gross, 1990, p. 196.
20. DIRAC, P. A. M. *Die Prinzipien der Quantenmechanik*, 1930; Dirac, 1958.
21. JAMMER, Max, *The Philosophy of Quantum Mechanics*, John Wiley, Nova York, 1974, p. 8.
22. FEYNMAN, R. *The Pleasure of Finding Things Out*, Perseus Books, Cambridge, 1999, p. 197.

2. Das Origens da Matemática à Geometria Grega

Civilizações anteriores à grega desenvolveram e fizeram uso da matemática de várias formas. No capítulo I, nos referimos ao papel da ciência desenvolvida no Oriente, em particular na China, na Índia e no mundo islâmico. Mas, muito antes da Grécia, na Mesopotâmia, os sumérios, assírios e babilônios desenvolveram conhecimentos matemáticos. O filósofo da ciência e matemático francês Roger Caratini afirma[23] que estes povos deram uma contribuição magistral ao progresso da humanidade com a ciência dos números e, por seu intermédio, com a arte do raciocínio lógico-formal, "colocando a humanidade na rota do progresso intelectual". Ele considera que a matemática desenvolvida na Mesopotâmia, cujo território corresponde hoje aproximadamente ao Iraque,[24] tinha nível muito acima do atingido cerca de 1500 anos depois pela civilização egípcia. A Suméria floresceu do ano 2700 a 2350 a.C. e o império de Hamurabi na Babilônia foi de 1792 a 1750 a.C. Dessa época, datam os escribas matemáticos referidos por Caratini, que sabiam fazer cálculos para resolver problemas práticos. Problemas de matemática foram formulados e resolvidos, conforme atestam as descobertas de escrituras em argila em linguagem cuneiforme dos babilônios. Era conhecida a relação do teorema de Pitágoras, talvez sem demonstrá-la como teorema e sim verificada na prática, e sabia-se resolver equações algébricas de primeiro e segundo graus. As descobertas de escrituras dos babilônios atestam que eles tinham procedimentos numéricos e algébricos,[25] bem como foram identificados rudimentos matemáticos na cultura assíria, anterior.[26]

A geometria foi codificada por Euclides, mas sua origem é muito anterior, de antes dos gregos e entre eles é, pelo menos, do tempo de Tales e de Pitágoras, por volta de 400 a.C. aos quais se atribuem teoremas bem conhecidos. É um sistema dedutivo, o primeiro criado e que se tornou a matriz

---

23. CARATINI, Roger, *Lês Mathématiciens de Babylone*, Presses de la Renaisssance, Paris, 2002.
24. O acervo museológico do Iraque foi substancialmente atingido durante o ataque a Bagdá pelas tropas norte-americanas, durante a invasão do Iraque para a derrubada do regime de Saddam Hussein em 2003.
25. RITTER, James, cit em Mondot, Jean François, *Science et Vie*, nº 1018, julho de 2002, p. 130.
26. REY, Abel, cit. em Mondot, Jean François, *Science et Vie*, nº 1018, julho de 2002, p. 130.

racional das ciências matemáticas e físicas. A geometria de Euclides parte de alguns conceitos primitivos, tidos como consensuais, com os quais se formula um número mínimo de postulados cuja verdade é dada como evidente, de modo que com regras definidas de procedimento, contidas em axiomas, deduz-se teoremas e corolários necessariamente verdadeiros. Do ponto de vista puramente matemático, esta teoria pretende estar a salvo de inconsistências. Este é o critério de definição da verdade na matemática. Mas na sua origem a geometria teve uma forte base intuitiva e empírica dada pela observação das figuras no espaço. É possível, desenhando triângulos retângulos, verificar aproximadamente o teorema de Pitágoras: o quadrado da hipotenusa é a soma dos quadrados dos catetos de um triângulo retângulo. Os egípcios, antes dos gregos, já tinham descoberto algumas relações geométricas empiricamente. A geometria era útil para tarefas práticas. Tales mostrou que pela comparação das sombras de um bastão e de uma árvore, podemos calcular a altura desta medindo a altura do bastão e aplicando uma relação geométrica, assumindo o paralelismo dos raios de luz solar.

Os postulados de Euclides são:

1 — uma linha reta pode ser traçada de um ponto para outro qualquer;
2 — qualquer segmento de reta pode ser prolongado indefinidamente para construir uma reta;
3 — dado um ponto e uma distância, pode-se traçar uma circunferência com centro neste ponto e raio igual à distância;
4 — todos os ângulos retos são iguais entre si;
5 — Por um ponto fora de uma reta, só se pode traçar uma paralela a essa reta.

A esses Euclides adiciona cinco axiomas, que diferem dos postulados[27] por serem mais gerais que a geometria e se relacionam a regras de procedimentos usados nas demonstrações:

1 — duas coisas iguais a uma terceira são iguais entre si;
2   se parcelas iguais forem adicionadas a quantidades iguais, os resultados serão iguais entre si;
3 — se parcelas iguais forem subtraídas de quantidades iguais, os resultados serão iguais entre si;

---

27. No formalismo da matemática atual, o termo postulado não é mais usado, em geral, usando-se em seu lugar o termo axioma.

4 — coisas que coincidem uma com a outra são iguais;
5 — o todo é maior que as partes.

O quinto postulado, das paralelas, como está escrito acima é a versão de Playfair que no século XVIII substituiu a forma original de Euclides, cuja redação é mais complicada.[28] No século XIX, este postulado foi modificado admitindo-se outras geometrias além daquela de Euclides. Lobachevski postulou que por um ponto é possível passar mais de uma paralela a uma reta. Riemann modificou também a possibilidade de se estender indefinidamente um segmento, chegando a uma nova geometria. O espaço de Riemann é encurvado (podemos usar como analogia a superfície esférica no espaço euclidiano) e esta possibilidade foi incorporada na teoria da relatividade geral de Einstein no século XX.

Após a sistematização feita por Euclides dos trabalhos de seus antecessores, houve dois grandes geômetras gregos Apolônio e Arquimedes. O primeiro estudou as curvas cônicas, que se produzem ao fazermos a intersecção de um plano com uma superfície cônica: a elipse (da qual o círculo é um caso particular), a hipérbole e a parábola. Estas curvas ganharam imensa importância na mecânica que surgiu muito depois com a Revolução Científica no século XVII. Kepler mostrou que as órbitas dos planetas são elípticas. Com a força de gravitação newtoniana, não só se explicou teoricamente este resultado, como se demonstrou que a trajetória de um projétil na Terra é parabólica, aliás, como Galileu mostrara, e a trajetória em um espalhamento de um corpo por efeito de uma força proporcional ao inverso do quadrado da distância, como a gravitacional e a de Coulomb, pode ser hiperbólica. Sobre Arquimedes, falamos em outra parte do texto.

Para os gregos, a geometria só tratava do espaço físico intuitivo. Não lhes ocorria, como hoje se tornou trivial, representar outras grandezas em dimensões espaciais, como o tempo, marcado ao longo de uma reta, ou a velocidade e a aceleração como vetores a três dimensões. Galileu desenhou gráficos com o tempo marcado ao longo de uma reta. Descartes associou números aos pontos do espaço, correspondentes às coordenadas segundo um sistema de três eixos ortogonais convencionado com uma origem comum. Por este caminho, associam-se equações algébricas a curvas geométricas. É curioso que não ocorresse aos gregos uma associação tão trivial para nós, que vivemos na época em que tudo se representa em grá-

---

28. BARKER, S. *Filosofia da Matemática*, Jorge Zahar Ed.:, Rio de Janeiro, 1969, p. 30.

ficos em um plano, com o eixo horizontal marcando em uma escala o tempo, e o vertical servindo para qualquer coisa: os salários decrescentes dos trabalhadores ou o lucro crescente de empresas financeiras, o PIB de um país ou o número de desempregados, a produção crescente ou a falta de alimentação para os mais pobres.[29] Isso mostra a importância de entendermos melhor a evolução e as revoluções da ciência: coisas triviais para uma pessoa educada hoje não eram imaginadas pelos cérebros brilhantes dos expoentes da filosofia natural grega. Isso nos remete à reflexão sobre as teorias do conhecimento científico.

3. Espaços, Grupos de Transformações e Simetrias Físicas

O trabalho dos matemáticos ao longo dos séculos levou-os a abstrair a estrutura formal da geometria a partir de sua base intuitiva, definindo estruturas gerais, como a de espaço euclidiano, um caso particular de espaços métricos. Estes por sua vez são um caso particular de espaços vetoriais, cujas dimensões podem exceder às três do espaço físico e chegarem a ser infinitas. O espaço vetorial pode ser real ou complexo, conforme o corpo sobre o qual é definido seja o dos números reais ou dos complexos. O espaço físico tridimensional é real, o espaço de Hilbert formado pelos estados de um sistema na mecânica quântica é complexo. Nesta generalização, tudo que obedeça a uma axiomática adequada é um espaço vetorial, por exemplo, um conjunto de funções-soluções de uma equação, como a de Schroedinger da mecânica quântica, as quais dão o estado de um sistema físico.

Todo espaço vetorial é munido das operações de soma de vetores e de produto dos vetores por um número, sendo os espaços euclidianos dotados também do produto escalar de vetores, a partir do qual se define uma métrica que permite determinar distâncias. No espaço-tempo da teoria da relatividade restrita, um evento é representado pelo vetor a quatro dimensões (x, y, z, t) onde o tempo t é incluído como uma coordenada a mais, mas não é homogênea às coordenadas espaciais (x, y, z) porque a métrica não é euclidiana. Na relatividade restrita formulada por Einstein a métrica

---

29. Como foi constatado no Programa Fome Zero, no Brasil, em 2003.

difere pouco da euclidiana, mas na relatividade geral a métrica depende da massa e o espaço–tempo é encurvado.

Uma outra operação usada na física é o produto vetorial que associa dois vetores a um pseudovetor, que é um tensor de ordem superior ao vetor. O produto vetorial não se comporta como um vetor se invertemos os eixos coordenados, ou seja, se transformamos $(x, y, z) \rightarrow (-x, -y, -z)$. Todos os vetores, como o vetor $\vec{r}$ que dá a posição de um ponto ou a força $\vec{F}$, são invertidos, mudam de sinal $(\vec{r} \rightarrow -\vec{r} ; \vec{F} \rightarrow -\vec{F})$, mas o produto vetorial $\vec{r} \times \vec{F}$ não muda $(\vec{r} \times \vec{F} \rightarrow -\vec{r} \times (-\vec{F}) = \vec{r} \times \vec{F})$. Por isso, o produto vetorial é um pseudovetor. Esta transformação se inclui entre cinco outras que são importantes na física:

— translação espacial na qual mudamos a origem dos eixos de referência mantendo-os paralelos aos eixos originais;
— rotação espacial, em que os eixos de referência sofrem uma rotação;
— translação no tempo: $t \rightarrow t + \Delta$;
— inversão no espaço: $\vec{r} \rightarrow -\vec{r}$;
— inversão do tempo: $t \rightarrow -t$.

Essas transformações deixam invariantes certas grandezas físicas quando os sistemas físicos que a elas são submetidos possuem simetrias (Quadro 1), tratadas na física com ajuda da teoria dos grupos da matemática.

Quadro 1. Simetrias Físicas sob Transformações.

TRANSFORMAÇÃO	SIMETRIA DO SISTEMA FÍSICO NO ESPAÇO E NO TEMPO	QUANTIDADE FÍSICA CONSERVADA
Translação espacial	Homogeneidade do espaço	Conservação da quantidade de movimento
Rotação	Isotropia do espaço	Conservação da quantidade de movimento angular
Translação do tempo	Homogeneidade do tempo	Conservação da energia

Essas grandezas conservadas serão objeto de capítulo posterior em que veremos a mecânica de Newton.[30] As simetrias na física têm sua origem em idéias estéticas e de harmonia da natureza inspiradas na geometria, como

---

30. Ver Cap. III.

vimos na associação, feita por Platão, dos poliedros regulares aos constituintes fundamentais da matéria e do círculo ao movimento celeste.

4. Da Geometrização da Álgebra à Algebrização da Geometria

Na seção anterior, passamos da geometria euclidiana para a álgebra linear ao tratarmos dos espaços vetoriais. Podemos ver a álgebra linear como a geometrização da álgebra, o que se deu em época relativamente recente. O casamento entre a geometria e a álgebra foi feito há muito tempo por Descartes, que criou a geometria analítica, ao associar funções algébricas às curvas e superfícies, algebrizando a geometria.

Além da geometria, os números e a aritmética foram também estudados pelos gregos. As idéias de contínuo e de séries infinitas convergentes, importantes na teoria dos números na aritmética, levaram a paradoxos apontados pelos pré-socráticos, como Zenão, autor do paradoxo de Aquiles. Este, mesmo sendo muito veloz, partindo a uma distância L de uma tartaruga em uma corrida jamais a alcançaria segundo Zenão, pois ao percorrer a distância L a tartaruga teria percorrido uma distância L' à frente; quando Aquiles percorresse L' a tartaruga teria andado mais L" e assim em diante indefinidamente. A questão aí é: a soma de infinitas parcelas em uma série pode convergir para um valor finito, conceito que os gregos não possuíam. Podem nos parecer novamente estranhos os erros dos gregos nestes problemas, com os quais eles se deparavam, que resolvemos hoje com a matemática elementar. Mas, ainda no século XX, Russell mostrava que há paradoxos na teoria dos conjuntos, que lembram paradoxos semânticos apontados pelos gregos, como o de Epimênides ou do mentiroso que diz ser mentiroso: ora, se ele é mentiroso não é verdade sua afirmação, logo não é mentiroso, o que é contraditório. Discutiremos os paradoxos da teoria dos conjuntos no Vol. III.

A álgebra teve sua origem remota, como vimos na primeira seção, na Babilônia. Diofanto, na Grécia antiga, foi o autor das equações diofantinas para, cuja solução não existe algoritmo (Vol. III). Entretanto, tal como a conhecemos hoje, representando grandezas numéricas por letras manipuladas em equações, a álgebra é bem posterior e incorporou contribuições de origem hindu e árabe. Foi estudada, difundida e aplicada pelos árabes, de onde vem a palavra álgebra, de *Al-jabr*, que significa "reunião".

O primeiro tratado de álgebra escrito por Al Khuarizmi em 825 tinha como título *A arte da reunião do desconhecido para igualar ao conhecido*.[31] A álgebra por muito tempo foi vista como mera regra de procedimentos para resolver problemas, não axiomatizada e sem o *status* da geometria grega. Inicialmente, ao invés de soluções gerais para classes de equações, cada problema era resolvido como um caso individual, o que era um inferno para os pobres alunos. Os gregos resolviam alguns problemas algébricos, mas era difícil entender e generalizar o método usado, pois eles o descreviam com palavras e diagramas. Um conceito que permaneceu confuso por muitos séculos foi o de número negativo, interpretado, por volta do ano 1200, como uma falta, um débito pelo italiano Leonardo de Pisa,[32] vulgo Fibonacci. Foi um primeiro passo para o conceito abstrato de número negativo usual na matemática. Mais uma vez nós vemos que, curiosamente, obstáculos conceituais enfrentados no desenvolvimento da matemática tornaram-se, depois de removidos, trivialidades para qualquer aluno de nível médio.

A chave da álgebra é o uso dos símbolos, as notações convencionadas e sua manipulação sistemática. Podemos em um problema tratar x como variável livre e y como variável dependente, que consideramos função da variável livre: $y = f(x)$. Após Descartes, escrevemos, por exemplo, $y = Ax + B$, a equação de uma reta em que para cada valor de x no eixo horizontal corresponde um valor de y na direção vertical. No caso de três variáveis x, y, z que representam pontos no espaço tridimensional físico, a função $z = f(x, y)$ pode representar uma figura geométrica, por exemplo, a superfície esférica tem a equação $x^2 + y^2 + z^2 = R^2$, ou seja $z = (R^2 - x^2 - y^2)$, sendo R o raio da esfera, fixo.

Uma função é definida como uma relação entre os elementos de um conjunto e os elementos de um outro conjunto, mas, como Roque[33] observa, esta não era a idéia como foram concebidas as funções historicamente. Na origem do cálculo infinitesimal de Leibniz, a noção de função era associada, de uma forma geométrica, ao problema das equações diferenciais, tendo se tornado independente da geometria como uma forma algébrica com Euler no século XVIII.

---

31. BERGAMINI, D. *Mathematics, Times Inc, 1984*; tradução Biblioteca Científica Life, José Olimpio: Rio de Janeiro, 1969, p. 67.

32. BERGAMINI, op. cit,. p. 68.

33. ROQUE, op. cit., p. 12.

5. Funções Analíticas e Curvas não Analíticas Fractais

Função é um conceito matemático fundamental para a física. A função pode dar a posição de um ponto que se move com o tempo t ao longo de uma reta x = f (t) ou sua velocidade v (t) ou aceleração a (t). Na física, a função f (x, y, z) pode representar uma propriedade associada a cada ponto do espaço. Por exemplo, podemos representar a temperatura T de um corpo em equilíbrio térmico por uma função T = f (x, y, z) e se houver variação no tempo t teremos T = f (x, y, z, t).

Uma função y = f (x) é analítica se puder ser expandida em uma série de potências da variável x, chamada série de Taylor, que converge para o valor da função y a cada valor da variável x continuamente. Se duas funções analíticas coincidem em um trecho a < x < b, elas coincidem em todo domínio da variável. Fica claro que nem toda a função é analítica: se desenharmos uma curva qualquer, rabiscando-a livremente, o resultado não será em geral uma curva analítica, pois se o fosse, ao terminarmos um trecho, estaria determinada a curva inteira, o que contradiz o fato de a traçarmos livremente de acordo com nosso arbítrio. Se traçarmos uma reta com uma régua, então ao terminarmos o trecho ab, já determinamos qual é o resto da reta, pois é uma curva analítica. O mesmo ocorre se traçamos com um compasso uma circunferência, pois a curva está predeterminada ao escolhermos a origem e o raio. Fica claro aqui que há uma relação entre função e determinismo. Quando temos uma corda presa nas extremidades como em um violão e a puxamos por um ponto, fazemos uma curva com formato da letra V, não analítica pelo que vimos. Nem sempre na natureza as curvas observadas são analíticas. Por exemplo, a seqüência das temperaturas medidas em um ponto da atmosfera próximo à superfície, como fazem os meteorologistas, em um certo período de tempo, não forma uma curva analítica em geral.[34]

Como a mecânica deparou-se com curvas analíticas bem comportadas no estudo das trajetórias dos planetas e dos projéteis, chegou-se a pensar que apenas elas ocorriam na física. Mas não foi assim. O problema clássico de uma corda vibrando não pode ser esgotado na sua generalidade só com o uso de funções analíticas. Daniel Bernoulli, no século XVIII, construiu séries matemáticas para representar a curva formada por

---

34. D'ABRO, op. cit.

uma corda de uma harpa em vibração. Fourier construiu as séries de senos e cosenos superpostos para representar curvas, e Dirichlet estabeleceu, em meados do século XIX, as condições de convergência das séries de Fourier.[35] Dirichlet demonstrou que as séries de Fourier podiam representar todas as curvas analíticas e uma grande classe de curvas não analíticas, mas restavam curvas contínuas não representadas por elas. Ainda mais: embora representassem uma grande classe de curvas descontínuas não representavam todas elas. Weierstrass generalizou as séries de Fourier com este fim. O tratamento de curvas com descontinuidades levou à generalização da integração originada da formulação feita por Newton e por Leibniz.[36] Na mecânica quântica, na sua formulação mais geral, é usada a integral de Lebesgue.

Certamente, a linha do litoral e, o contorno de uma árvore ou de uma folha estão muito longe de serem curvas bem comportadas. Nesse caso, passamos a outro extremo, oposto ao da geometria grega, ao domínio de uma outra geometria, a das formas fractais, em ziguezague e repetitivas quando as observamos mudando de uma escala maior para menor ou vice-versa. Tal é o caso do contorno do litoral, ou seja, de uma linha costeira em um mapa (Fig. 2). Este assunto se relaciona ao caos determinista, mas vamos, por agora, nos ater à física clássica.

Antes de seguirmos adiante vale a pena pensar na questão da adequação da matemática para descrever fenômenos da natureza e, mais que isso, teorizar sobre eles, realizando previsões. Esta adequação se revelou desde os gregos na astronomia, com o sistema ptolomaico, modificado por Copérnico no alvorecer da Revolução Científica Moderna, completada pela mecânica de Newton, que cumpriu à risca o programa preconizado por Galileu de associar a matemática à experimentação no método da física, unificando o estudo dos movimentos dos corpos na Terra e no Céu.

Apesar de surgido da astronomia grega, depois estendido para a física e ciências afins, o uso da matemática encontra aplicações em outros campos da ciência. Antes mesmo da Revolução Científica, Fibonacci, que já citamos, descobriu a seqüência de números inteiros em que cada elemento é definido pela soma dos dois anteriores (1, 2, 3, 5, 8, 13, 21...). Esta seqüência foi identificada por biólogos em certas formas geométricas da

---

35. D'ABRO, 1951.
36. Op. cit.

Figura 2. Forma Fractal.

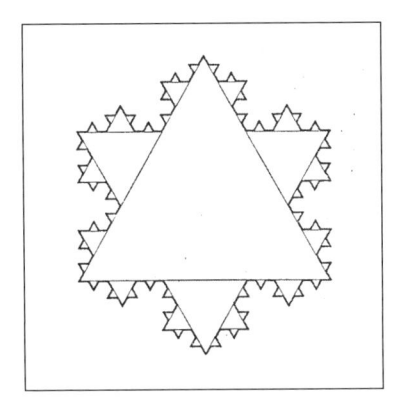

natureza, inclusive nas flores.[37] A partir de um estudo publicado em 1979, foi mostrado que isto tem a ver com a dinâmica do crescimento das flores, ligada curiosamente a um espaçamento entre seus componentes que maximiza a compacidade da estrutura da flor.[38] Hoje, com o desenvolvimento da geometria fractal outras estruturas encontradas na natureza, como vimos acima, encontram uma tradução matemática.

6. EQUAÇÕES DIFERENCIAIS E LEIS FÍSICAS. CAOS DETERMINISTA

A origem do cálculo integral e de derivadas é vista no capítulo III quando introduzimos a mecânica newtoniana. As equações da segunda lei de Newton são equações diferenciais que podemos resolver integrando-as. Vamos nos limitar na próxima seção a alguns aspectos qualitativos que têm a ver com as simetrias do quadro 1.

Referimo-nos à derivada como um limite de uma relação entre variáveis ao introduzimos a mecânica de Newton no capítulo III. O processo de integração é apresentado como o limite de um somatório com infinitos termos. A partir de derivadas ordinárias de primeira ordem, como é o caso da velocidade de uma partícula, igual à derivada da posição em relação ao

---

37. BERGAMINI, op. cit., p. 93.
38. STEWART, Ian, *La Nature et les Nombres*. Ed. Hachette, Paris, 1998, p. 148.

tempo, podemos interativamente ter as derivadas de ordem superior. A aceleração é a derivada da velocidade em relação ao tempo, ou seja, a derivada de segunda ordem da posição em relação ao tempo. A aceleração aparece na segunda lei de Newton, expressa por uma equação diferencial, cuja integração nos permite determinar a posição e a velocidade do corpo ou partícula em qualquer instante. Para fazer esta integração precisamos conhecer a força, cuja forma matemática pode ser complicada, pode depender da posição, da velocidade e do tempo. Além disso precisamos ter as condições iniciais: a posição e a velocidade em um dado instante. Finalmente, só teremos a solução determinada se soubermos resolver a equação integrando-a, o que nem sempre é possível. A física clássica se esmerou em encontrar soluções para certas classes de equações diferenciais, muito restritas em comparação à enorme variedade de possibilidades, mas que apesar disso foram extremamente úteis para lidar com muitos problemas da natureza, desde que se fizessem aproximações eficazes. Tal é o caso do movimento planetário no qual em primeira aproximação desprezam-se as interações gravitacionais entre os planetas, introduzidas como perturbação. Assim, reduz-se um problema de N + 1 corpos, N planetas e o Sol, a N problemas de dois corpos, cada planeta e o Sol. É bastante esperto este truque, quando possível.

Na formulação da segunda lei de Newton, a força é definida atuando em um ponto, por exemplo, o planeta representado por um ponto com massa. Esta redução de um corpo extenso a um ponto de massa é rigorosamente permitida pela definição de centro de massa, cujo movimento só depende da resultante das forças externas. No caso do planeta, a força gravitacional tem como causa a interação com o Sol distante. Newton descreve na sua lei de gravitação a forma como esta força decresce com a distância, dependendo da posição relativa do planeta, mas não considera como força que se propaga do Sol a esta posição. O efeito newtoniano se dá a distância e é instantâneo, nada havendo interposto entre eles, os dois corpos se atraem mutuamente (Fig. 3).

Newton teve dificuldade em justificar a ação a distância, negando-se a fazer hipóteses sobre o mecanismo de sua propagação, ao contrário de Descartes que as fez supondo vórtices no éter, mas não conseguiu dar conta das leis de Kepler, como é discutido no capítulo III.

Para considerarmos a propagação da ação no espaço com o correr do tempo, o instrumento matemático adequado é dado pelas equações de derivadas parciais, usadas na teoria eletromagnética que, junto com a termodinâmica, surgiu com a revolução da física no século XIX (Cap. VIII, Vol. II).

Figura 3. Ação a distância expressa pela equação diferencial da segunda lei de Newton.

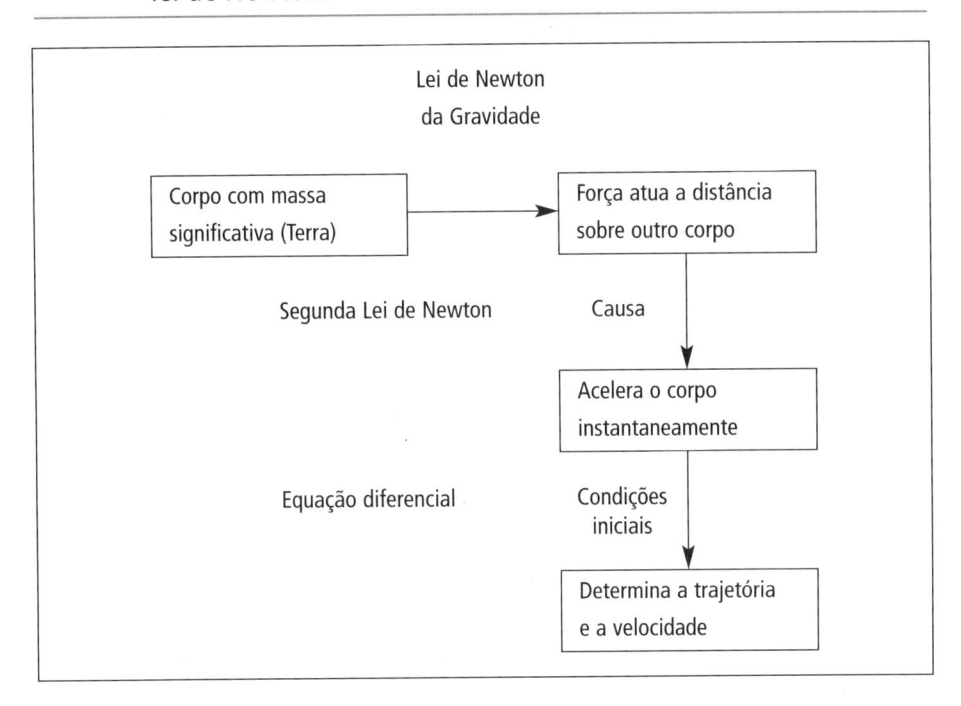

Maxwell mostrou haver propagação do campo eletromagnético. O conceito de campo foi definido a partir do conceito da força que se produz quando o campo atinge uma partícula com carga elétrica. Assim, o campo abstraído originalmente da força, como grandeza teórica, ganhou realidade tornando-se, quando atinge uma carga elétrica, a causa da força sobre ela, acelerando-a. Por outro lado, as cargas e correntes elétricas em uma região do espaço são fonte do campo, que preenche todo o espaço no entorno daquela região de modo que se atingir outra carga distante produz a força (Fig. 4)

O espaço agora é preenchido continuamente pelo campo. A carga atingida, uma vez acelerada, emite ondas eletromagnéticas que, por sua vez, também se propagam, levando consigo energia, o que implica em frear a carga ao emitir ondas.

Entretanto, as equações de derivadas parciais não surgiram com o eletromagnetismo, mas na mecânica dos meios contínuos, para descrever o movimento dos fluidos, tratados como corpos contínuos, e na teoria da propagação do calor. As derivadas parciais se aplicam a funções de diversas variáveis f (x, y, z, t), a cada uma delas separadamente.

Figura 4. Propagação do campo eletromagnético expressa por equações de derivadas parciais nas leis de Maxwell.

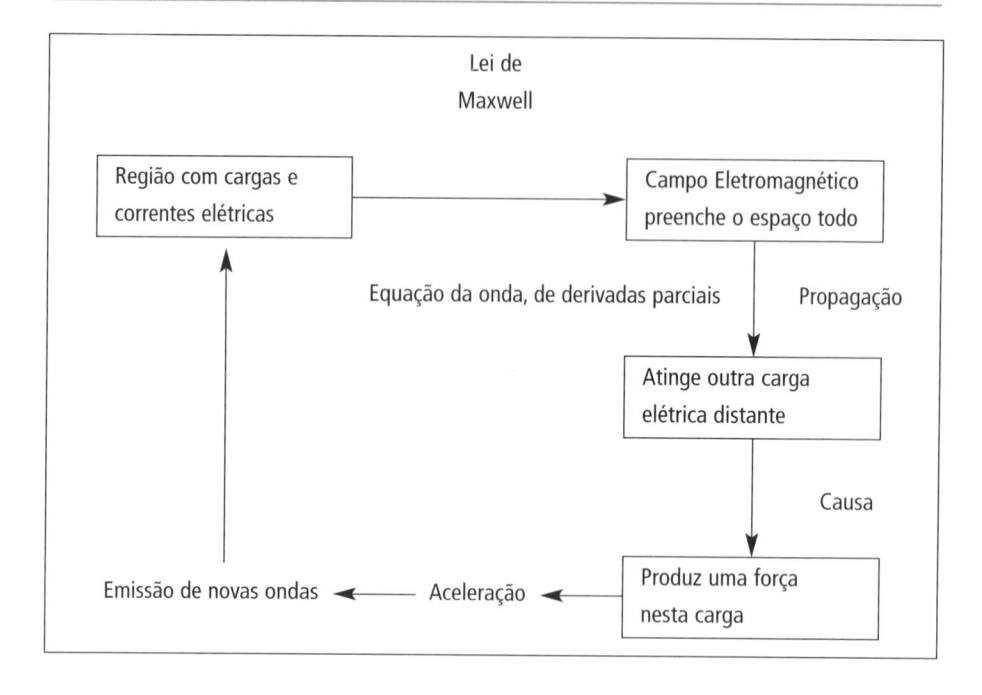

Para resolver as equações de derivadas parciais temos de saber as condições de contorno. No exemplo da distribuição de temperatura em uma sala, a condição de contorno é ao pé da letra o valor da temperatura nas paredes, no chão e no teto. Impostas as condições de contorno, certas equações só admitem solução para um conjunto determinado de valores de um parâmetro da equação, chamados autovalores. Esta propriedade é importante no eletromagnetismo e essencial na mecânica quântica. Para cada autovalor em geral ocorre um solução de equação. Cada equação comporta assim uma classe de funções que a satisfazem. Portanto, podem ser interpretadas como diferentes possibilidades para o sistema físico descrito. Em equações lineares, uma superposição de soluções também é solução.

Em alguns tipos de problemas, a solução da equação pode ser obtida estendendo a variável para o plano complexo, ou seja, substituindo números reais por complexos, compostos de uma parte real e uma parte imaginária. Faz-se assim uma continuação analítica da função para efetuar a integração.

Além das equações diferenciais, outras formas são usadas para expressar as leis físicas. Tal é o caso de leis probabilísticas, cuja origem remota está em Pascal e Fermat, que começaram estudando jogos de azar, mas que ganhou importância e respeitabilidade sendo aplicada em muitos problemas, cujas soluções não são deterministas, desde às ciências sociais à física. Finalmente, há leis simples como a dos gases perfeitos que relaciona pressão, temperatura e volume.

Embora tenha sido impressionante o desenvolvimento dos métodos analíticos na resolução dos problemas clássicos da mecânica, eles têm limitações para tratar de uma grande quantidade de problemas da física. Com o desenvolvimento dos computadores, os métodos analíticos foram dando lugar, cada vez mais, aos métodos numéricos, que entraram em moda na ciência como na engenharia, onde já eram usados em muitos problemas práticos. Temos uma solução analítica de um problema mecânico se ele é integrável. Um sistema com N graus de liberdade[39] integrável sempre possui N constantes do movimento. Esta é uma condição necessária, mas não suficiente, pois deve haver certa compatibilidade entre estas constantes por razões geométricas, muito complicadas para tratarmos aqui.[40] Os sistemas integráveis são uma pequena parte dos sistemas possíveis, embora tenham dominado o campo de estudo da mecânica clássica, como o movimento de dois corpos com interação gravitacional entre si. Mas basta adicionar um corpo para complicar o problema, como mostrou Poincaré no problema de três corpos. No caso do sistema planetário, as interações entre os planetas sendo desprezadas, recaímos no problema de dois corpos, o Sol e cada planeta, podendo-se incluir a interação entre estes como uma perturbação. A não integrabilidade vai caracterizar o comportamento caótico, que ocorre na maioria dos sistemas mecânicos não lineares, suscetíveis de serem extremamente sensíveis a pequenas variações das condições iniciais.[41]

Como exemplo, vamos representar um pêndulo fazendo pequenas oscilações que vamos considerar contidas em um eixo horizontal x. Marcarmos em um eixo vertical a velocidade v. O movimento do pêndulo nes-

---

39. Ver definição no capítulo III.
40. HAND, L. e FINCH, J. *Analytical Mechanics*, Cambridge Univ. Press, 1998, p. 237.
41. Idem.

te espaço, chamado espaço de fases (juntamos nele a posição e a velocidade), é representado por uma curva fechada (Fig. 5), pois, desprezando o atrito, o pêndulo volta sempre ao mesmo lugar com a mesma velocidade.

Figura 5. Atratores no espaço de fases.

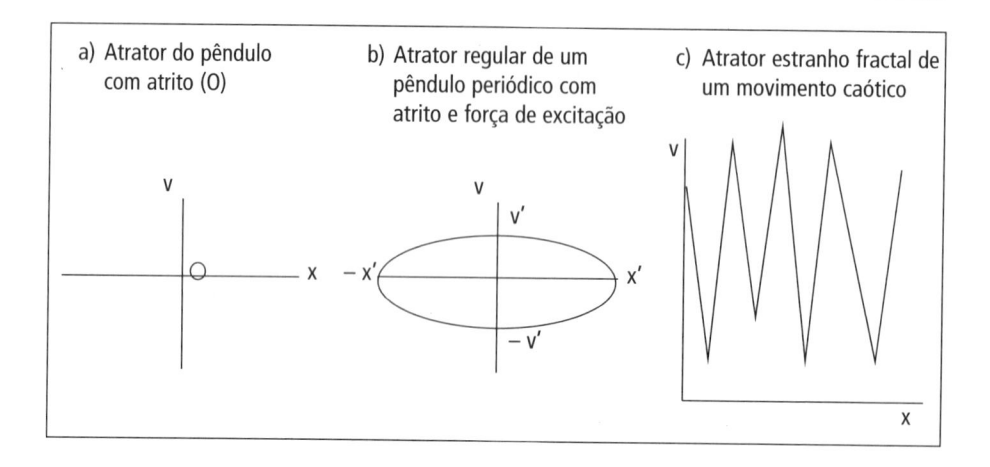

O pêndulo vai de –x' até + x' e sua velocidade varia de –v' a + v 'sendo a posição inicial de equilíbrio em x = 0 (Fig. 5b). Este caso é irreal, mas pode aproximar por pouco tempo a situação em que o atrito é muito pequeno. Se considerarmos o atrito, o pêndulo vai parando aos poucos e tende em espiral no espaço de fases para o centro (Fig. 5a), onde acaba ficando quando a velocidade chega a zero (x = 0, v = 0). Podemos chamar este ponto de atrator, pois a trajetória no espaço de fases vai acabar nele. Se, além do atrito, incluímos uma força que empurra o pêndulo, como fazemos com uma criança em um balanço, compensando o atrito de modo a estabilizar o movimento, voltamos à curva fechada (Fig. 5b), que, nesse caso, torna-se o atrator, ou seja, a trajetória tende para ela e nela se estabiliza.

O regime de caos ocorre quando a equação é não-linear, conforme a força impressa, diferentemente do movimento de oscilação harmônica. Há alta sensibilidade às condições iniciais, de modo que um pequeno desvio inicial resulta em enorme variação na trajetória que aumenta com o tempo. Ele é caracterizado por atratores estranhos, com formas fractais, como a figura 5c.

7. Método Axiomático.
Lógica e Filosofia da Matemática

A teoria dos números teve um forte desenvolvimento no século XIX e no início do século XX.

Os matemáticos do século XIX mostraram que os números mais complicados podem ser definidos a partir dos números inteiros, aritmetizando a análise ou reduzindo-a à teoria dos números. Os números inteiros positivos 0, 1, 2, 3... são chamados de números naturais, que são intuitivos e foram teorizados com 5 axiomas pelo italiano Peano, usando apenas três termos não definidos: zero (0), sucessor imediato (SI) e números naturais (NN):

1 — 0 é um NN

2 — Todo SI de qualquer NN é um NN

3 — NNs distintos nunca têm o mesmo SI

4 — 0 não é SI de qualquer NN

5 — Se algo vale para 0 e se valendo para um dado NN vale para seu SI, então valerá por todos NNs.

O último axioma expressa uma indução matemática dedutiva, que não se confunde com a indução das ciências naturais.

Os axiomas de Peano, embora permitam estabelecer as propriedades dos números naturais, não incluem as operações entre eles, de soma, subtração, multiplicação e divisão. É possível incluí-las usando as noções da teoria dos conjuntos (ver definição de corpo no apêndice). A partir dos números naturais, podemos construir os demais tipos de números, racionais, reais, negativos, imaginários, complexos.

Este caminho nos permite entender o matemático alemão Kronecker ao dizer que Deus criou os números inteiros, e o homem fez o resto.[42] Permite-nos também compreender que em torno da teoria dos números se colocam diferentes filosofias:

a) nominalistas — os números não são entidades abstratas em si e para interpretá-los devemos nos referir a objetos concretos que eles representam;

b) conceitualistas — os números são entidades abstratas criadas pelo espírito;

---

42. BARKER, 1969, p. 86.

c) realistas — os números são entidades reais que existem independentes do nosso pensamento.

Entre estes últimos, está Platão. Estas denominações nada têm a ver com as da teoria do conhecimento científico, onde Platão é um idealista, e Galileu, sim, é realista.

Faltou-nos referir ao conceito mais estranho de números, que é o de número transfinito. Cantor, estabelecendo uma correspondência biúnivoca entre membros de conjuntos, por exemplo, entre conjuntos de números inteiros (NI) e o dos pares (NP), concluiu que a cada número par corresponde um número inteiro, o que podemos ver pela relação NP = 2 NI. Logo, apesar do conjunto dos NI conter os dos NP ambos têm a mesma grandeza. Para expressar a grandeza de um conjunto infinito, Cantor definiu como cardinal de um conjunto infinito um número que chamou de transfinito, abstrato e que não podemos escrever com algarismos. O cardinal dos NP é igual ao dos NI ou dos números naturais, o que parece contrariar o axioma de Euclides na geometria, de que o todo é maior que a parte. Entretanto, este axioma não se refere a quantidades infinitas, domínio onde nossa intuição é falha, ou seja, a matemática com ajuda da lógica nos conduz a resultados verdadeiros que não parecem estar de acordo com nossa intuição. O que significa então ser verdadeiro na matemática, quando não conseguimos interpretar os resultados na linguagem natural intuitiva que usamos? Significa ser consistente, ou seja, pelas regras convencionais partindo dos axiomas da teoria matemática não podemos provar o contrário de um enunciado consistente de uma teoria. Um enunciado consistente é um resultado considerado verdadeiro em uma teoria matemática, por mais estranho que pareça à nossa intuição. Outro resultado de Cantor é que o conjunto dos números reais em um intervalo pequeno, como entre zero e um, tem grandeza maior (cardinal transfinito) do que o conjunto de todos os números naturais de zero a infinito (0, 1, 2, 3...). A um certo nível de abstração, somos obrigados a usar uma linguagem da lógica, formalizada, em lugar da linguagem natural, para tratar da matemática. Dizemos que a lógica é a metalinguagem da matemática.

Hilbert levou adiante o programa de reduzir a matemática à lógica, mas este programa depois bateu de frente com um teorema demonstrado por Godel, já em 1935, segundo o qual as teorias da matemática, a começar da aritmética, não são jamais consistentes e completas ao mesmo tempo. Vimos acima que uma teoria é consistente se conduzir apenas a resultados verdadeiros ou falsos, jamais a resultados indecidíveis ou que sejam verdadeiros por um lado e falsos por outro caminho. Em outras palavras, é excluída qualquer alternativa ao verdadeiro ou falso. Completa é a teoria capaz de demonstrar todo e qualquer resultado consistente, verdadeiro, que se possa escrever usando o formalismo sem infringir as regras de formação das assertivas, ou seja, as regras de escrita dos teoremas. Portanto, para uma teoria matemática ser consistente (sem o que ela não é matematicamente aceitável, pois pode levar a contradições lógicas), ela não é completa. Logo, haverá sempre assertivas verdadeiras, pelo critério de consistência, que não são dedutíveis pela aplicação sistemática de um algoritmo partindo dos axiomas. Podemos adivinhar, descobrir ou intuir (voltamos à intuição embora em âmbito matemático-lógico) resultados verdadeiros (consistentes). Pode estar aí a chave da criatividade da mente humana, que a diferencia dos computadores, ou seja, que impede o homem reproduzir em uma máquina a sua mente pela imitação do cérebro humano. A este ponto voltaremos no Volume III ao vermos a nova teoria da mente.

Na matemática, chegamos pela intuição a resultados verdadeiros não demonstráveis. Na física, a teoria demonstra serem verdadeiros resultados não intuitivos, em especial na mecânica quântica e na teoria da relatividade, que não são nada intuitivas.

O método axiomático, originado da geometria euclidiana e criticado por Descartes (Cap. V), foi retomado no século XIX com o grande interesse. Nesta época estreitou-se a relação entre a matemática e a lógica, a começar pela teoria dos números, considerada por alguns como parte da lógica. Até o século XIX, havia predominado o desenvolvimento da matemática para resolver os problemas da física, conforme vimos. O interesse pela axiomatização coincidiu com o afastamento da matemática dos métodos da física e com sua aproximação da lógica. Entretanto, isto não se deu sem forte polêmica, por exemplo, entre Poincaré e Hilbert, o primeiro intuicionista, e o segundo formalista.

Comparando os dois sistemas axiomáticos de que tratamos, o de Peano é mais rigoroso, pois Euclides omitiu, segundo uma concepção rigorosa, algumas das regras que usou. Suas demonstrações são feitas com freqüente auxílio da intuição, traçando figuras. Assim, a geometria de Euclides teria uma contaminação empírica corrompendo a pureza do rigor matemático. Um aspecto criticado é o uso da regra não explícita de transportar mentalmente uma figura para coincidir com outra em demonstrações. Hilbert refez a axiomatização da geometria e a generalizou, não só para dar conta da geometria analítica de Descartes. Há outros objetos que satisfazendo estes axiomas formam espaços análogos ao da geometria. Tal é o caso de certas funções que aparecem na resolução de equações diferenciais, como vimos.

Poincaré, de outro lado, criticava a abordagem axiomática por pretender reduzir a matemática à lógica, transformando-a em uma grande tautologia, como depois disse Wittgenstein (Vol. III): tudo se reduz a A = A escrito de uma maneira sofisticada. Para Poincaré, a lógica não bastava e era necessária a intuição na matemática. Assim, criticava os axiomas de Peano. Todo o conjunto de axiomas deve ser submetido a um teste de consistência, pois um deles não pode contradizer outro. Segundo Poincaré, neste exame de consistência dos axiomas de Peano usava-se o seu último axioma, da indução matemática. Apontava assim um círculo vicioso e para eliminá-lo propunha considerar o último axioma de Peano não como axioma, mas como regra de base intuitiva. Portanto, a lógica não seria suficiente para construir a matemática, necessitando a intuição da mente humana, extralógica.[43]

Insistimos neste aspecto, ligado à epistemologia da matemática. O trabalho da matemática não começa com um sistema axiomático dado, mas sim na construção dele.[44] Quando aprendemos uma demonstração passo a passo e a entendemos, ficamos convencidos da prova, mas quando tentamos repeti-la pouco tempo depois nem sempre temos êxito. Por que ocorre isso? Em geral, caímos em erro, pois na demonstração são usados truques em certas passagens. Estes artifícios introduzidos na demonstração não são uma necessidade lógica e aí está a criatividade. Estes são os passos cruciais da demonstração, e eles vêm à mente como um relâmpago subitamente ou ao fim de uma prolongada reflexão. São frutos de uma atividade psicológica e não lógica, por isso, são humanos e não meramente computacionais.

---

43. D'ABRO, 1951, p. 203.
44. Op. cit., p. 187.

Crítica Social e Epistemológica da Economia: Estado, Mercado e Pobreza

1. A Teoria Econômica Clássica e o *Homo Economicus*, Mercado e Liberalismo

Os mercados sempre integraram a vida social, mas não a dominavam. O sistema econômico era absorvido pelo sistema social, e não o contrário. A idéia de mercado auto-regulado inverteu isso. Karl Polany considerou irrealista a suposição de que a economia deveria ser racionalmente limitada a fatores puramente econômicos, separando-os dos fatores sociais não econômicos. Assim, a economia tornou-se a-ética. Na origem do capitalismo, na sua fase mercantil, os mercados se desenvolveram sob a égide de regulamentações. Não havia a economia de mercado como um sistema econômico "controlado, regulado e dirigido apenas por mercados", com base na hipótese falsa de que "os seres humanos se comportem de maneira tal a atingir o máximo de ganhos monetários".[45] A teoria econômica clássica no século XVIII se tornou a matriz do liberalismo econômico do século XIX. Adam Smith inspirado nas leis naturais de Newton formulou em 1776 as leis da economia clássica, estabelecendo que a busca individual de lucro é a melhor forma de se fazer crescer a riqueza

---

45. POLANY, op. cit., p. 89.

das nações em proveito de todos, como se um tipo de mão invisível atuasse para isso.[46]

Apesar disso, Polany considera que Adam Smith tratou a riqueza material separadamente, mas como um aspecto da vida social. Ele marcou o fim do período da invenção do Estado, iniciado por Thomas Hobbes. Ricardo colocou a questão da sociedade não estar sujeita ao Estado, mas sim sujeitar o Estado. Smith via a riqueza das nações como uma função da vida nacional, para ele a economia política era uma ciência humana. Inicialmente, os anseios "pela aplicação de leis newtonianas à sociedade foram apenas metafóricas". Buscava-se "descobrir uma lei universal para a sociedade como a lei da gravidade na natureza", mas pensava-se nela como uma "lei humana": uma força mental como o medo, o interesse próprio, a procura de utilidade. Os economistas "abandonaram os fundamentos humanistas de Adam Smith". A lei de Malthus do crescimento populacional acima da produção de alimentos e a lei de Ricardo dos rendimentos decrescentes que influenciou Marx, ambas relacionadas "ao pauperismo aparentemente insolúvel" no século XIX, expressavam um "mergulho no naturalismo". Entretanto, refletiam apenas a sociedade emergente do sistema de mercado, estranho "ao mundo moral", pois a pobreza nada tinha com a natureza em si, vinha do fato de a economia não estar sujeita a leis humanas. Mas, "o naturalismo passou a assombrar a ciência do homem". Apesar disso, Ricardo baseou sua teoria do valor no trabalho, deixando para trás a idéia dos economistas fisiocratas para os quais o valor se originava em última instância da terra, logo da natureza. Para Polany, o teorema de Ricardo de que todo valor deriva do trabalho é errado, como a teoria do valor dos fisiocratas, e a economia marxista falhou, porque Marx aderiu à idéia de Ricardo. Polany elogia Robert Owen que em 1817 alertou para as "conseqüências das manufaturas se deixadas a seu progresso natural".[47]

Há propensão do homem para o lucro em permutas como uma tendência da natureza do homem, o que foi chamado de postulado do "homem econômico", um axioma fundamental da teoria econômica do capi-

---

46. Antes de Adam Smith, Bernard Mandeville escreveu *A fábula das abelhas — vícios privados, benefícios públicos*, publicado em 1705, fazendo um paralelo entre as sociedades humanas e uma colméia onde cada abelha atua individualmente, mas produz um resultado benéfico para a sobrevivência do enxame, sugerindo que assim poderia ocorrer com os seres humanos, idéia incorporada na teoria da mão invisível do mercado[Guillebaud, 2003, p. 65].

47. POLANY, op. cit., p. 137–156.

talismo. Polany nega qualquer base empírica na história para este axioma, que se tornou um pilar e um tabu do liberalismo econômico. Max Weber (Cap. XI, Vol. II) apontou a importância do estudo de economias primitivas, julgado em geral irrelevante. O homem valoriza a posse de bens materiais em função de suas relações sociais. Em muitas comunidades estudadas pelos antropólogos havia, ao contrário, a valorização da cooperação e ausência da motivação para o lucro, prevalecendo os princípios da reciprocidade e distribuição, entre outros elementos descritos em detalhe no livro.[48] Ao violar o código de distribuição do excedente, o indivíduo se tornava "marginal"; ademais, os deveres são "recíprocos", e ele poderia vir a necessitar da ajuda da comunidade em uma situação desfavorável. Estes princípios vigoraram de forma diferenciada no reinado de Hamurabi na Babilônia e no Novo Império Egípcio, que eram despotismos centralizados, bem como no período greco-romano[49] e em todos os sistemas econômicos conhecidos na Europa Ocidental até o fim do feudalismo. Com o mercantilismo e a revolução comercial os mercados se desenvolveram sob a égide dos Estados nacionais que os regulavam.[50] Devemos desfazer qualquer ilusão de que esses sistemas fossem ideais, mas apenas desfazer empiricamente, com a leitura de Polany, a falácia teórica da economia de mercado competitivo como natural. Tanto o capitalismo como a economia de mercado são historicamente determinados, tiveram um começo e poderão ter um fim. A economia de mercado "é uma estrutura institucional, e sempre nos esquecemos disso, que nunca esteve presente exceto em nosso tempo e, mesmo assim, parcialmente presente".[51]

Havia no século XIX quatro instituições fundamentais: o sistema internacional de equilíbrio de poder entre os Estados mais importantes; a organização da economia mundial com base no padrão ouro; o mercado autoregulado; e o Estado liberal moderno. Entre estas instituições a economia de mercado era a base sobre a qual se erigiam as demais constituindo uma superestrutura. Mas para Polany, o mercado auto-regulado "não poderia existir sem aniquilar a substância humana e natural da sociedade, ele teria destruído fisicamente o homem e transformado o meio ambiente num deserto", portanto, inevitavelmente a sociedade teve de "tomar medidas para

---

48. Op. cit., p. 67.
49. Aristóteles (Cap. I e II) abordou a economia, opondo a produção para o uso à produção para o lucro, prevendo os efeitos socialmente negativos desta [Op. cit., p. 74].
50. Op. cit., p. 75.
51. Op. cit., p. 56.

se proteger".[52] Curiosa esta preocupação expressa em um livro da década de 1940, pelo menos duas décadas antes da destruição do meio ambiente se tornar uma preocupação política. O livro também descreve o sistema financeiro internacionalizado do século XIX e que prevaleceu no início do século XX, a *haute finance*, que nos remete a alguns aspectos do sistema financeiro globalizado atual;[53] os negócios envolviam "o uso impiedoso da força contra os países mais fracos, a corrupção desenfreada nos escalões administrativos".[54] Mais uma vez, vemos velhas questões hoje incorporadas em novos paradigmas. Daí, ser útil voltarmos ao liberalismo do século XIX, lendo Polany para entendermos o neoliberalismo do fim do século XX.

O padrão ouro ruiu no início do século XX, desembocando na "falência da própria economia de mercado" e nos conflitos representados pelas duas guerras mundiais. Essas guerras destruíram muitos milhões de vidas humanas e, ao seu fim, deixaram como herança as bombas nucleares de destruição de massa. Para Polany, esta grave crise da civilização ocidental se originou de uma verdadeira "convulsão social e tecnológica" ligada ao mercado auto-regulável.[55] Entre as conseqüências do colapso do sistema finaceiro internacional após a ruptura do padrão ouro, Polany engloba os planos qüinqüenais na Rússia e o *New Deal* nos EUA. Observa um consenso sobre o papel da moeda que vai de Ricardo, um economista clássico como Adam Smith, a Marx.[56] As "origens do cataclisma", na raiz do fascismo alemão, estão, não na crueldade e na loucura de um oportunista como Hitler, mas na desordem criada pela crença liberal cega no mercado auto-regulável, idéia originada da Inglaterra. Afirma: "a sociedade de mercado nasceu na Inglaterra, porém foi no continente (europeu) que a sua fraqueza engendrou as mais trágicas complicações; para podermos compreender o fascismo alemão temos que voltar à Inglaterra ricardiana".[57] Com a Revolução Industrial, o progresso acelerado dos meios de produção desarticulou a vida da população como um "moinho satânico".

---

52. Op. cit., p. 18.
53. Como mostram as afirmações: "os Rothschilds não estavam submetidos a nenhum governo" e incorporavam "o princípio abstrato do internacionalismo" [Op. cit., p. 25].
54. Op. cit., p. 28.
55. Op. cit., p. 19.
56. Unindo neste ponto comunistas e capitalistas, inclusive Trotski e Lênin [Op. cit., p. 41].
57. Cuja história econômica Polany estudou em profundidade [Op. cit., p. 47].

Ao contrário de Marx, que fez o elogio da economia capitailsta pelas mudanças tecnológicas e pelo progresso que promoveu na produção, embora a criticasse no plano social, Polany criticou "a crença no progresso" que considera um "sacrilégio" a intervenção do Estado na vida econômica, acelerando ou diminuindo as mudanças.[58] O credo liberal só enxergava o aspecto econômico e não compreendeu o problema social causado por estas mudanças, cujo ritmo, segundo Polany, "deveria ser contido para salvaguardar o bem-estar da comunidade" como mandava a filosofia social até então. Ao invés disso, acreditou-se nas "propriedades autocurativas" do progresso.[59] Seria possível intervir na economia? Ilustra com grande erudição o episódio histórico do cercamento dos campos abertos pelos senhores, no período dos Tudor, restringindo as áreas comuns usadas pelos servos para criação de animais e cultivo de subsistência. Mas os Tudors "salvaram a Inglaterra do destino da Espanha regulamentando o curso da mudança de forma a torná-la suportável" e reduzir os efeitos destruidores da vida social, ao contrário do que ocorreu com o povo inglês na Revolução Industrial, quando houve "uma fé cega no progresso" com um "fanatismo de sectários".[60] Os efeitos nas vidas das pessoas pobres foram terríveis, e a sociedade teria sido "aniquilada não fosse a existência de alguns contramovimentos", isto é, de uma resistência, tema este a que já desenvolvemos ao final do capítulo VII.

Polany considera que o século XIX foi palco de um duplo movimento, um deles foi a ampliação do mercado para as mercadorias genuínas e o outro foi o contramovimento que o restringiu no que chamou de mercadorias fictícias: o trabalho, a terra e o dinheiro. A sociedade se protegeu através da intervenção política na economia "contra os perigos inerentes a um sistema de mercado auto-regulável", isto é, resistiu a uma economia controlada pelo mercado. Cabem neste ponto algumas considerações sobre a teoria de Polany. Os mercados, na concepção moderna, não são internos à cada economia local, ligam-se a "um comércio de longa distância", que pouco tem a ver com os mercados locais onde os moradores de uma cidade pequena e camponeses vizinhos realizam suas trocas.[61] As mercadorias são objetos produzidos para a venda no mercado, que se realiza pelo

---

58. Op. cit., p. 55.
59. Op. cit., p. 51.
60. Op. cit., p. 97.
61. Polany contesta aqui pressuposições axiomáticas da economia clássica [Op. cit., p. 78].

contato real entre vendedores e compradores.[62] O trabalho, são os seres humanos que o executam, e a terra é o ambiente natural onde eles vivem. Como transformá-los em mercadoria? Isto exige a subordinação da sociedade e da natureza às leis do mercado. "Ao dispor da força de trabalho de um homem, o sistema disporia também da entidade física, psicológica e moral do homem" e, de outro lado, a natureza teria "conspurcadas as paisagens e os rios poluídos". Polany clama com lógica e, ao mesmo tempo, com indignação que o trabalho e a terra não são mercadorias por definição, pois não são produzidos para a venda. O mesmo se dá com o dinheiro. A administração do dinheiro pelo mercado é uma ameaça para as empresas, "pois as faltas e excessos de dinheiro" são desastrosos para os negócios. Aí, Polany revela "a extrema artificialidade da economia de mercado".[63] Junto com a complexidade das maquinarias e de fábricas especializadas que mudaram a organização da produção, trabalho, terra e dinheiro tornaram-se mercadorias fictícias, os mercados se difundiram pelo planeta, "a quantidade de bens envolvidos assumiu proporções inacreditáveis". Mas, em paralelo medidas políticas e instituições se organizaram em "um movimento bem estruturado para resistir aos efeitos perniciosos de uma economia controlada pelo mercado".[64]

Além do homem e da natureza, a própria organização da produção capitalista tinha de ser protegida contra o mercado auto-regulável. Polany vê "um duplo movimento", dois princípios organizadores da sociedade na Revolução Industrial: o liberalismo econômico e a proteção social contra o mercado auto-regulável. Identifica como "condutoras da nascente economia de mercado" as classes médias, que assumiram uma crença religiosa no liberalismo. O sufrágio universal foi conquistado pela classe trabalhadora, que passou a ter influência no Estado e surgiram tensões entre as classes sociais. Os dois princípios organizadores da sociedade, o liberalismo e a proteção social entraram em conflito entre si e, ademais, "surgiu o conflito de classes".[65] Polany mostra dois paradoxos: 1 — A filosofia global propunha reduzir o Estado, mas este foi usado para estabelecer o *laissez-faire*, sendo para isto dotado de "novos poderes, órgãos e instrumentos"; 2 — O *laissez-*

62. Os mercados são interligados e formam o que Polany chama de Grande Mercado [Op. cit., p. 93].
63. Op. cit., p. 95.
64. Op. cit., p. 98.
65. Op. cit., p. 164-165.

faire foi produzido pela "ação deliberada do Estado", mas as restrições ao *laissez-faire* surgiram espontaneamente como uma resistência.[66]

O liberalismo teve seu prestígio abalado na década de 1920 com a inflação, e "a estabilidade da moeda se tornara o ponto focal do pensamento político", sendo a restauração do padrão ouro o objetivo supremo. O pagamento dos empréstimos era "a pedra de toque da racionalidade política" e "nenhum sofrimento particular e nenhuma violação de soberania" eram considerados um sacrifício demasiado, nem "as privações dos desempregados", "a demissão dos funcionários públicos", "o abandono dos direitos", como um preço a pagar "pelo cumprimento da exigência de orçamentos estáveis e moedas sólidas".[67]

Este trecho de Polany escrito à época da Segunda Guerra Mundial se assemelha muito a um libelo da esquerda contra o neoliberalismo no início do século XXI. Mas a história foi dura. Na década de 1930, a ortodoxia monetária caiu por iniciativa mesma dos "zelosos guardiães do credo liberal", houve o crescimento do fascismo e depois a guerra, emergindo o período do keynesianismo que veremos adiante.

2. A TEORIA ECONÔMICA NEOCLÁSSICA E A QUESTÃO DA ÉTICA NA ECONOMIA

"Abandonai toda a bonomia vós que entrais" é a frase à porta do inferno na *Divina comédia* de Dante, referida por Sen[68] a propósito da iniciação na teoria econômica. Nas suas origens, o estudo da economia estava ligado à ética na filosofia grega, mas hoje os modelos econômicos excluem os sentimentos morais.[69] Pressupõe-se que a racionalidade equivale à maximização do auto-interesse individual. Polany, com base em pesquisas antropológicas, refutou, como vimos, esta suposição colocada *a priori* pelo liberalismo econômico.[70] Sen considera absurdo o egoísmo universal, do chamado homem econômico, ser um requisito de racionalidade. Observa

---

66. O "laissez-faire" foi planejado e o planejamento não, ao contrário do que diz o liberalismo econômico, op. cit., p. 172.
67. Op. cit., p. 174.
68. SEN, Amartya, Sobre Ética e Economia, Companhia das Letras: São Paulo, 1999, p. 17.
69. SEN, op. cit.
70. POLANY, op. cit.

que o êxito da economia de mercado competitivo no Japão "tem sido citado como prova da teoria do auto-interesse", contudo existem provas empíricas de que influíram muitos fatores como o dever, a lealdade, a boa vontade e o "etos" japonês.[71]

Entretanto, Sen admite o uso do que chama de modelos da engenharia na economia, originados de engenheiros que se tornaram economistas, como Walras, um dos fundadores no século XIX da teoria neoclássica, base da chamada economia positiva moderna.[72] Mas o positivismo aplicado à economia levou à busca de otimização de certas quantidades que expressariam coisas como o bem-estar social, usando funções de utilidade mal definidas, como já havia apontado Poincaré dirigindo-se a Walras (Cap. XIII, Vol. II). Estas funções expressam as preferências dos indivíduos no consumo, e a utilidade das mercadorias corresponde a esta preferência. Com este critério de bem-estar, define-se o ótimo de Pareto, outro economista neoclássico do século XIX, como o estado social em que não se pode melhorar a utilidade de alguém sem piorar a de algum outro. Um teorema da economia do bem-estar estabelece que o ótimo de Pareto ocorre no equilíbrio perfeitamente competitivo, sob certas condições, em geral ausentes no mundo real. Podemos estar no ótimo de Pareto havendo pessoas na miséria e outras riquíssimas, desde que não se possa melhorar as condições dos pobres sem reduzir o luxo dos ricos. A distribuição da renda, que determina a possibilidade do consumo de cada um, não é problematizada nesta teoria. As considerações éticas, que "afetam o comportamento humano real", foram deixadas de lado.[73]

Para dar um exemplo, vejamos a substituição do critério distributivo socialista voltado à redução da desigualdade pelo critério de eqüidade,[74] que podemos associar à economia do bem-estar de base neoclássica, segundo o qual se admite que ninguém inveje o conjunto de bens de nenhum outro indivíduo. Por este critério se pode conviver perfeitamente com a desigualdade e ter bem-estar. De fato podemos verificar que isto

---

71. Op. cit., p. 34.
72. Op. cit., p. 21.
73. Op. cit., p. 19.
74. PINGUELLI ROSA, Luiz e MUYLAERT ARAÚJO, Maria Silvia em PINGUELLI ROSA, Luiz MUNASINNKHE, Mohan. *Ethics, Equity and International Negotiations on Climate Change*, Edward Elgar Pub. Londres (ING), 2002; MUYLAERT ARAÚJO, Maria Silvia, Tese de Doutorado, COPPE-UFRJ, 2000. Esta tese desenvolve uma análise do conceito de eqüidade e suas aplicações.

pode ser verdade em alguns casos, mas não em todos os casos. Sejam W' e W" as funções de utilidade ou de bem-estar de duas pessoas, sendo x' e x" os conjuntos de bens usufruídos respectivamente, por cada uma delas, sendo a primeira pessoa mais rica e a segunda mais pobre. Logo, x' > x" por hipótese. O critério de equidade é dado por: (1) $W'(x') > W'(x'')$ mas $W''(x'') > W''(x')$ ao invés de: (2) $W'(x') > W''(x'')$.

A situação (1) pode ocorrer entre dois indivíduos de classe média alta ou ricos. Um deles é extremamente consumista e compra coisas (x') de utilidade duvidosa sob o ponto de vista do outro, que se satisfaz com o pacote x". Neste caso, a eqüidade pode existir com enorme diferença entre os bens possuídos ou consumidos por um e outro.

Imaginemos, entretanto, a situação típica do Brasil ou da Índia em que x' inclui uma ótima casa, boa alimentação, educação superior para os filhos, um bom plano de saúde familiar, um ou dois automóveis, etc., em contraste com x", que inclui tão-só um barraco na favela, pouca comida em casa, educação no máximo de primeiro grau para os filhos, dependência de um sistema público ineficiente de saúde, transporte público precário, etc. A desigualdade $W''(x'') > W''(x')$ neste caso é inaceitável. Sua generalização revela o grau de irrealismo a que pode chegar a aplicação da teoria econômica dominante. Podemos concluir que no caso geral é mais realista a desigualdade (2), segundo a qual o bem-estar do rico, W', com as coisas que ele possui, x', é maior que o bem-estar do pobre, W", com o pouco que tem, x". Isto corresponde de modo sofisticado ao ditado "dinheiro não traz felicidade, mas falta de dinheiro traz infelicidade". Sen, de modo academicamente contido, escreve: "há muita margem para duvidar da eqüidade do critério de eqüidade".[75] De certo modo, isso recoloca a questão distributiva, de que particularmente Marx se ocupou.

3. A Teoria Econômica Marxista: a Globalização do Imperialismo ao Império

A análise econômica de Marx teve reconhecidamente grande influência de Ricardo, um expoente da economia clássica como vimos na Seção 1

---

75. SEN, op. cit., p. 52.

deste Adendo. Mas há diferenças importantes entre Marx e os economistas clássicos.[76] Os economistas burgueses tratavam a economia como uma ciência empírica baseada na observação de fenômenos. Por exemplo, não faziam distinção essencial entre preço e valor, reduzindo este à simples determinação dos preços pelo mercado, enquanto Marx problematizou a questão do valor relacionando-o ao conteúdo de trabalho embutido no produto. Os clássicos não davam grande importância a questões históricas, sociais e políticas, nem à especificidade do capitalismo, tampouco tratavam das transformações da sociedade, abordando a economia de um modo estático. No capítulo VII, foram discutidos vários aspectos do marxismo. A teoria econômica de Marx está exposta em *O capital*, sua maior obra.

Rosa Luxemburgo criticou alguns pontos da teoria de Marx, tendo ela dito, ao rebater a reação que suas críticas provocaram entre os comunistas ortodoxos, que julgava estar apenas detalhando o óbvio sobre algumas dificuldades teóricas do marxismo, com as quais, segundo pensava, todos concordariam.[77] Mas, ao contrário, provocou reações despropositadas. Vamos nos ater a dois pontos polêmicos, (I) os fundamentos da expansão das economias capitalistas, que leva à teoria do imperialismo de Luxemburgo, e (II) a produção do dinheiro na teoria de Marx. Indo de marcha à ré, por razões pedagógicas, comecemos pelas críticas a Luxemburgo dentro da ortodoxia marxista.[78] Em resumo, para Marx, o valor de uma mercadoria no capitalismo é dado pelo trabalho socialmente necessário para produzi-la, sendo este o trabalho suficiente para satisfação da demanda existente desta mercadoria. Se for produzida uma quantidade maior do que a sociedade necessita, o trabalho incorporado na mercadoria excedente não é socialmente necessário, logo não cria valor. Para determinar a demanda social de uma mercadoria, Marx refuta de antemão a teoria, incorporada na economia neoclássica, da utilidade marginal fundada na psicologia do consumidor. Como poderia a psicologia determinar a demanda que um fabricante tem de uma dada máquina? A resposta é a demanda social ser dada pela renda e por sua distribuição, bem como pela perspectiva de lucro na produção para satisfazer esta demanda, estando estes fatores em relação recíproca

---

76. ARON, op. cit., p. 291.
77. LUXEMBURGO, Rosa, *Apêndice à Acumulação do Capital*, trad., Nova Cultural, Editores Abril: São Paulo, 1985, p. 325.
78. ECKSTEIN, G., Crítica à Acumulação do Capital de Rosa Luxemburgo, Apêndice Ee A Acumulação do Capital, trad., Nova Cultural, Ed. Abril, São Paulo, 1985, p. 407.

entre si, complicando o problema. Para resolvê-lo, Marx o simplifica, tomando inicialmente o caso idealizado que chamou de reprodução simples do capital, ou seja, o caso em que o capitalista não amplia seu capital. Esta simplificação inicial seria a "única saída da ciência":[79] reduzir primeiramente o complexo ao que é fundamental para sua compreensão, para depois incluir os fatores excluídos e ver seus efeitos modificando a solução inicial. Este teria sido o método adotado por Marx, inspirado como vemos na física. Assim, a partir da reprodução simples do capital, Marx passa à reprodução ampliada do capital, na qual ocorre a acumulação.

Segundo a crítica marxista ortodoxa, Rosa Luxemburgo, "argumenta que em Marx não dá para saber de onde provém a demanda crescente, que se apresenta como fundamento da expansão progressiva da produção... Caso esta crítica proceda resultará daí a falsidade (...) de toda a descrição que Marx nos apresenta".[80] Diz adiante o mesmo autor sobre Luxemburgo: "a autora se equivoca por completo, no concernente ao significado e à finalidade do modelo marxista. (...) A questão (...) em jogo é a da reprodução simples. (...) A camarada Luxemburgo contesta a validade da inclusão do material de confecção do dinheiro (ouro, prata) na equação da produção dos meios de produção".[81] Acusa então Luxemburgo de "incapacidade de trabalhar com os esquemas de Marx" e de "tentar refutar o modelo marxista", acima definido.

Vejamos agora o que Rosa Luxemburgo diz. Ela aponta uma contradição entre a forma do capital fixo e a reprodução simples do capital. "Marx não se ocupa diretamente com esta contradição. (...) Ele ressalta apenas a necessidade de uma constante superprodução, ou seja, de uma reprodução ampliada".[82] Outro ponto de discordância é a inclusão da produção de dinheiro no chamado departamento I da economia. Na teoria de Marx, os departamentos I e II produzem respectivamente os meios de produção e os bens de consumo. A tentativa de Marx de "inserir a produção de ouro como parte integrante do departamento I o leva a resultados muito duvidosos".[83] E, ao final do capítulo em que trata das tentativas de

---

79. ECKSTEIN, op. cit., p. 409.
80. Op. cit., p. 411.
81. ECKSTEIN, op. cit., p. 412.
82. LUXEMBURGO, Rosa, *A acumulação do capital*, trad., Nova Cultural, Ed. Abril: São Paulo, 1985, p. 47.
83. LUXEMBURGO, op. cit., p. 54.

solução das dificuldades de Marx, Luxemburgo conclui: "depois de fracassadas todas as tentativas de explicação da acumulação (...) Encerra-se assim a análise do processo de reprodução (...) sem que se chegasse à solução tão almejada para a dificuldade em questão".[84] E abre o capítulo seguinte afirmando que "a análise de Marx ressentiu-se da tentativa de resolver o problema partindo da pergunta equívoca sobre as fontes de dinheiro; (...) que a questão da fonte do dinheiro necessário à acumulação é uma formulação totalmente estéril (...) pode ser constatado no próprio Marx, em outro contexto".[85]

Os gastos dos capitalistas e dos trabalhadores não eram capazes, para Luxemburgo, de sustentar por longo tempo a mais-valia gerada na produção de mercadorias. Logo, era necessário encontrar uma explicação para o crescimento continuado do capitalismo. A explicação, para ela, estava na expansão para novas áreas geográficas ainda não incorporadas ao domínio do capital, que passavam a importar mercadorias dos países mais avançados. Lênin discordou desta explicação de Luxemburgo e elaborou uma teoria do imperialismo,[86] que foi um retorno a Marx nos pontos criticados por ela. Nesta teoria, o consumo das novas áreas incorporadas depende das exportações destas, para que disponham de moedas dos países ricos de modo a poderem importar os produtos destes e ampliar o consumo globalmente, como previa Luxemburgo. Mas, para isso, era necessário haver o crescimento econômico e a ampliação do consumo nos países ricos para eles ampliarem suas importações. Ou seja, quem surgiu primeiro: o ovo ou a galinha?

A despeito da crítica de Lenin, a teoria de Luxemburgo tem aspectos válidos, pelo confronto com os fatos.[87] Ela escreveu que "o imperialismo é a expressão política da acumulação de capital, em sua competição pelo domínio de áreas do globo ainda não conquistadas (...) é isso que determina a forma de atuação do capital internacional no cenário mundial (...) o imperialismo tanto é um método histórico de prolongar a existência do capital, quanto é o meio (...) de colocar um ponto final em sua existên-

---

84. Op. cit., p. 93.
85. Op. cit., p. 95.
86. LÊNIN, *Imperialism, the Highest Stage of Capitalism*, Lawrence & Wishart, Londres, 1939.
87. Quando este texto estava em revisão, foi publicado um artigo de Gilson SCHWARTZ cujo título é: "EUA e PT dão atualidade a teorias de Rosa Luxemburgo" [Folha de S. Paulo, 16/3/2003, p. B2].

cia...".[88] Assim, o capitalismo exacerba o nacionalismo, o militarismo e o racismo. Como podemos ver, isto permanece atual nos dias de hoje. O nacionalismo religioso dos fundamentalistas árabes mostrou que o império norte-americano, imbatível no domínio militar, é, entretanto, vulnerável ao terrorismo que se apossou dos meios tecnológicos para destruição em escala do World Trade Center. O militarismo se expressa na resposta violenta dos EUA através de ações militares externas contra o Afeganistão e o Iraque.[89] O racismo se revelou na discriminação aos árabes como suspeitos *a priori*, internamente no território norte-americano.

O Estado, nos países ricos, ao proteger os interesses dos capitais nacionais pelo mundo, estimula a economia interna por meio das despesas militares.[90] Diz Luxemburgo: "a multidão de insignificantes demandas individuais, de uma ampla variedade de mercadorias, é substituída por uma demanda estatal de caráter homogêneo... o atendimento dessa demanda pressupõe uma indústria de grande porte (...) sob a forma de contratos governamentais para o abastecimento de material bélico, o poder aquisitivo disperso dos milhões de consumidores concentra-se em grandes quantidades e, livre dos caprichos e flutuações subjetivas dos consumidores, alcança uma regularidade praticamente automática (...) O próprio capital acaba controlando este movimento (...) da produção militarista, por meio da legislatura e de uma imprensa cuja função é moldar a chamada opinião pública".[91] Esta passagem escrita em 1913, às vésperas da Primeira Guerra Mundial, antecipou o que se tornou evidente após a Segunda Guerra. Para

---

88. LUXEMBURGO, op. cit., p. 305.

89. Em seminário realizado na COPPE/UFRJ em 2002, PAULO MAURÍCIO BUSTA-MI, hoje embaixador do Brasil na Inglaterra, que foi por vários anos o presidente da Comissão de Controle de Armas Químicas da ONU, demonstrou a improbabilidade de que houvesse armas químicas no Iraque. Ademais, ele estava tendo êxito em trazer aquele país para assumir na ONU o compromisso de controle destas armas. Bustami foi afastado da Comissão da ONU por pressão dos EUA, que usou como argumento para invadir o Iraque em 2003, contra a posição da ONU, a acusação de que lá havia tais armas, jamais descobertas após a ocupação norte-americana.

90. GOLDMAN, Joshua; Long Cycle, Prosperity and War in the Modern Age; COYNBEARE, J.; A Radom Walk Down the Road to War; citados em SCHMIDT, Christian; La Guerre est elle Inscrit dans lês Cycles Économiques? *Le Monde Economie*, 4/2/2003.

91. LUXEMBURGO, citado por HUNT, E. e SHERMAN, H., *História do pensamento econômico*, Trad., Vozes: Rio de Janeiro, 2001, p. 159.

confirmação empírica nada é mais insuspeito do que o general Eisenhower, presidente dos EUA após ter comandado as Forças Aliadas na guerra. Ele definiu o que chamou "complexo industrial militar", que ganhou enorme dimensão com a Guerra Fria entre os EUA e a ex-União Soviética. Em uma conferência na Union for Radical Economics nos EUA, foi analisado o conceito de Eisenhower: "o estado bélico que construímos (...) tem uma ampla clientela. No alto da pirâmide, está o complexo industrial militar, que compreende, em primeiro lugar, o Departamento de Estado (...) a CIA, a NASA. Os almirantes e generais, os cientistas espaciais e os homens dos serviços de inteligência, bem como todos os burocratas governamentais empenham-se ativamente em fortalecer sua influência. Com essa finalidade, cultivam boas relações com congressistas e senadores (...) distribuem generosos favores aos legisladores. Antigos militares são enredados numa ampla malha de influência. (...) Os militares são escorados pela vertente industrial desse complexo, isto é, pelas grandes corporações. (...) Algumas dessas corporações destinam o grosso da sua produção aos militares. (...) Outras são importantes fornecedoras de material bélico, embora elas vendam a maior parte do que produzem aos mercados civis".[92] Infelizmente, com as devidas correções, colocando o Partido Comunista no lugar das corporações, o Kremlin no lugar do Departamento de Estado, e a KGB no lugar da CIA, o que se passava na ex-União Soviética não era totalmente diferente. O capital continuou a existir lá, com suas mazelas, sem o capitalismo.[93]

4. A Teoria Keynesiana e o Desenvolvimentismo, Papel do Estado e Neoliberalismo

Entramos na questão do papel do Estado nas economias capitalistas. Keynes, a quem nos referimos no capítulo III sobre Newton, defendia a intervenção do Estado na economia para gerar empregos, não necessaria-

---

92. FUSFELD, D. *Fascist Democracy in the United States*, 1968, em HUNT, E. e SHER-MAN, op. cit., p. 175.

93. Pode-se fazer uma analogia com o que se observou no Brasil, no processo das privatizações, em que tecnocratas no governo envolvidos no processo recebiam, depois, altos cargos no setor privado ao saírem do governo ou das empresas antes estatais. Nas economias em transição do ex-Segundo Mundo, muitos ex-dirigentes comunistas viraram os mais ávidos capitalistas, ex-defensores da estatização viraram neoliberais convictos.

mente em atividades produtivas, mas, sim, em atividades de interesse social. Há uma citação famosa: "se o Tesouro Nacional enchesse garrafas velhas com dinheiro, depois enterrasse as garrafas, a grande profundidade, em minas de carvão abandonadas e, em seguida, aterrasse as entradas das minas com entulhos das cidades e deixasse as empresas privadas, experientes no *laissez-faire*, entregues ao trabalho de desenterrar o dinheiro (...) não haveria mais desemprego. (...) Evidentemente seria mais sensato (o governo) construir casas..., mas se há obstáculos de natureza política (...) antes enterrar as notas que nada".[94] O keynesianismo tornou-se um antídoto capitalista contra os efeitos socialmente danosos das recessões cíclicas do capitalismo, como a de 1929. Esta doutrina oposta ao liberalismo econômico foi reforçada no pós-guerra e foi dominante até o advento, na década de 1980, do neoliberalismo, reforçado nos anos 1990, após o colapso do socialismo soviético. O importante, aqui, é que as idéias de Keynes contrastam com a doutrina do Estado mínimo do neoliberalismo, imposta aos países do Terceiro Mundo pelo poder imperial, cujos efeitos foram muito negativos.[95]

Por que alguns países se desenvolveram e outros não? Essa foi a questão formulada por Adam Smith sobre a riqueza das nações no século XVIII. Chomsky[96] repete hoje essa antiga pergunta, também colocada por Myrdal há meio século. Em 1956, Myrdal escrevia que mais de 2/3 dos habitantes do mundo não soviético viviam em países com renda *per capita* muito pequena.[97] Hoje, podemos incluir parte do mundo ex-soviético nesta categoria. Afirmava que a teoria econômica em geral não se aplica à realidade do subdesenvolvimento. Isso decorre logicamente de suas premissas serem irreais, como o equilíbrio estável, segundo o qual toda perturbação provoca reação dentro do sistema, no sentido de restaurar o equilíbrio. Myrdal observou então que a pressuposição do equilíbrio estável tornou-se uma forma de pensamento geral. Devemos acrescentar que

94. KEYNES, J. M. *The General Theory of Employment*, Interest and Money, Ed. Harcourt B. Jovanowitch, Nova York, 1936, p. 131.
95. Um exemplo foi o colapso da Argentina em 2002, após privatizar todas as suas empresas estatais, seguindo ao pé da letra a receita neoliberal dos organismos multilaterais e dos EUA. Outro exemplo é a junção da estagnação econômica com a escalada exponencial das dívidas interna e externa, sob a política neoliberal, no Brasil.
96. CHOMSKY, Noam. *O lucro ou as pessoas*, trad., Bertrand Brasil: Rio de Janeiro, 2002, p. 32.
97. MYRDAL, Gunnar, *Teoria econômica e regiões subdesenvolvidas*, trad., Ed. Saga: Rio de Janeiro, 1965, p. 19.

esta situação foi agravada hoje com o neoliberalismo tido como pensamento único. Poucos economistas do Primeiro Mundo, mesmo os que criticam esta suposição conseguem escapar totalmente de sua influência. Polany[98] concorda que a intervenção política na economia foi essencial no desenvolvimento dos países industrializados.

Myrdal[99] defendeu não só o papel do Estado na economia, mas também a necessidade do planejamento estatal para o desenvolvimento, hoje combatida pelo neoliberalismo. Teorizou sobre a falta de um Estado Mundial para promover o desenvolvimento dos países subdesenvolvidos. Esta visão de Myrdal permanece atual, quando se fala em globalização e governabilidade mundial, enquanto as organizações multilaterais, como o Banco Mundial, o FMI e a Organização Mundial do Comércio se reduzem a promotoras dos interesses das multinacionais dos países ricos, como mostra Chomsky. A própria ONU se encontra enfraquecida com as ações unilaterais militares punitivas dos EUA contra o Afeganistão e o Iraque, ou com a saída dos EUA em 2001 do Protocolo de Quioto, firmado na Convenção da ONU sobre Mudança do Clima, decorrente da poluição global causadora do aquecimento da Terra.[100] Para vencer a pobreza no mundo, para Myrdal, faz falta um Estado Mundial, pois foram os estados nacionais dos países ricos que atenuaram internamente suas desigualdades regionais, de acordo com políticas de desenvolvimento deliberadas. Denominava-se isto de efeitos propulsores. Myrdal escreveu que "a situação internacional é bem pior e desesperadora (...) para realizar no mundo inteiro a tarefa que incumbe ao Estado Nacional em cada país" e acrescentou: "a explicação das desigualdades internacionais (...) em crescimento é a tendência acumulativa inerente ao jogo absoluto das forças do mercado", porém, "de outro ponto de vista a explicação é a falta do Estado Mundial que possa intervir em defesa da igualdade de oportunidades".[101] Mas, conclui que, lamenta-

---

98. POLANY, Karl, *A grande transformação* (1944), trad., Ed. Campus — Elsevier Science: Rio de Janeiro, 2000, p. 17.

99. MYRDAL, op. cit., p. 69.

100. PINGUELLI ROSA, Luiz e RIBEIRO, Suzana; The Present, Past and Future Contributions to Global Warming of CO_2 Emissions from Fuels, Climatic Change, 48, p. 289-307, 2001; PINGUELLI ROSA, Luiz, TOLMASQUIM, Maurício, LA ROVERE, Emilio, LEGEY, LUIZ Fernando, MIGUEZ, José e SCHAEFFER, Roberto, Carbon Dioxide and Methane Emissions: A Developing Country Perspective, COPPE, UFRJ, 1996.

101. MYRDAL, op. cit., p. 103.

velmente, não existe solidariedade humana planetária como ocorre dentro de uma nação, com certa homogeneidade de cultura mesmo entre classes sociais e regiões diferentes, com alguma língua comum e com o sentimento de um mesmo passado histórico. Myrdal inclui, entre esses fatores, raça e religião.[102] Para ele, nos países adiantados, esta unidade atinge níveis sempre mais altos em relação à política de integração nacional. Sua análise está distante da teoria marxista de índole internacionalista e, ademais, contrasta com a visão dominante da economia de mercado globalizada.

Hoje, a tecnologia de informática e telecomunicações aproxima entre si as elites e boa parte das classes médias de todos os países, embora não tanto seus respectivos povos, excluídos do acesso à Internet. Mas a análise de Myrdall sobre a coesão nos Estados Nacionais permanece tendo uma base empírica, por exemplo, na reação dos norte-americanos ameaçados pelo ataque ao World Trade Center ou dos espanhóis atingidos pelo terrorismo em Madri em 2003. O espírito da globalização é efetivo, mas não eliminou o espírito nacional. Finalmente, permanece instigante, de um lado, o papel do Estado Nacional como propulsor da economia, quando organizado como ocorre nos países ricos, e, de outro lado, a utopia de um Governo Mundial ou Estado Mundial, não imperial,[103] capaz de formular e executar políticas para redução das desigualdades entre países desenvolvidos e não desenvolvidos.

Para fechar esta seção, voltemos a Rosa Luxemburgo,[104] que identificou no capitalismo uma forma econômica que tende a se estender por todo o planeta e a eliminar tudo que a ele se oponha, mas gerando contradições insolúveis para a satisfação das necessidades vitais da humanidade, cuja solução é a aplicação dos princípios de um socialismo internacionalista e harmônico. Como compatibilizar estes princípios com a prática democrática, com as diferenças nacionais e com as liberdades individuais é o desafio deste início do século XXI, em que a previsão de expansão planetária do capitalismo se realiza sob o rótulo de globalização neoliberal.

---

102. MYRDAL, op. cit., p. 103.
103. Regionalmente, a União Européia (UE) é um interessante exemplo de governabilidade supranacional vantajosa para todos os países que a integram. O mesmo não ocorre com a NAFTA, dominada pelos interesses dos EUA e pior ainda é a proposta original da ALCA, que seria uma espécie de URSS (onde a Rússia dominava todas as repúblicas soviéticas) capitalista. O Mercosul, apesar de incipiente, tem características mais próximas às da UE.
104. LUXEMBURGO, op. cit., p. 320.

IMPRESSÃO E ACABAMENTO:
YANGRAF Fone/Fax:
6195.77.22
e-mail:yangraf.comercial@terra.com.br